桃城年鉴 2021

TAOCHENG NIANJIAN 2021

衡水市桃城区地方志编纂委员会　编

方志出版社
Publishing House of Local Records

图书在版编目（CIP）数据

桃城年鉴．2021／衡水市桃城区地方志编纂委员会编．—北京：方志出版社，2021.12
ISBN 978-7-5144-5170-2

Ⅰ．①桃… Ⅱ．①衡… Ⅲ．①区（城市）-衡水-2021-年鉴 Ⅳ．①Z522.24

中国版本图书馆 CIP 数据核字（2021）第 275616 号

责任编辑：李志瑜
责任校对：刘玉霞
责任印制：梅中英
出 版 者：方志出版社
地　　址：北京市朝阳区潘家园东里 9 号（国家方志馆 4 层）
邮　　编：100021
网　　址：http://www.zgfzcb.cn
发　　行：方志出版社图书营销中心（010-67110500）
印　　刷：北京亢龙印刷有限公司
开　　本：889 毫米×1194 毫米　1/16
印　　张：20.5
字　　数：477 千字
版　　次：2021 年 12 月第 1 版
印　　次：2021 年 12 月第 1 次印刷
定　　价：290.00 元

衡水市桃城区地方志编纂委员会

《桃城年鉴（2021）》编委会成员

主　　任：孙希浩

副 主 任：张永强　赵衡普

《桃城年鉴（2021）》编辑部

组织协调：赵衡普

主　　编：马爱清

副 主 编：张娅娅

编辑说明

一、《桃城年鉴 2021》以马克思列宁主义、毛泽东思想、邓小平理论、“三个代表”重要思想、科学发展观、习近平新时代中国特色社会主义思想为指导，坚持辩证唯物主义和历史唯物主义的立场、观点和方法，记载衡水市桃城区行政区域内自然、政治、经济、文化、社会等方面所取得的新成就、新经验、新举措，反映新问题，为各级领导科学决策提供依据，为全社会提供年度资料，为国内外读者了解桃城提供资料信息，为修纂桃城区志积累资料。

二、《桃城年鉴 2021》着重记述 2020 年 1 月 1 日至 12 月 31 日期间，衡水市桃城区各项事业发展情况。部分资料为保持记载连续性和完整性，适当上溯或下延。

三、《桃城年鉴 2021》采用分类编纂法，由类目、分目、条目 3 个层次构成。除特载、专记、侧记、大事记和附录外，设区情概览、中国共产党衡水市桃城区委员会、桃城区人民代表大会、桃城区人民政府、中国人民政治协商会议衡水市桃城区委员会、纪检监察、群众团体、法治 军事、综合经济管理、农业、水利、工业和信息化、商务贸易、交通邮政、城乡建设管理、生态环境保护、财税金融、教育 科技 文化、体育 卫健医保、社会生活、乡镇街道、人物 22 个类目。

四、《桃城年鉴 2021》所采用资料主要由区直各部门、各乡镇（街道办事处）或驻区有关单位提供；部分资料来源于《衡水晚报》《桃城融媒》等市、区主流媒体信息。

五、《桃城年鉴 2021》有关全区经济与社会统计资料由区统计局提供，其余数据为各部门提供，各部门数据与统计数据不一致的，以统计数据为准。

六、《桃城年鉴 2021》对正文中的部分词语在附录中予以注释。

七、《桃城年鉴 2021》设双重检索，书前有目录，书末有索引。

“七一”文娱街区夜景（3月13日， 张汉荣 航拍）

滏阳河前进大街南段夜景（9月8日，张雨菡 航拍）

园博园（5 月 27 日， 张汉荣 航拍）

衡水湖·绿岛卧波（9月8日，张雨菡 航拍）

市奥体中心夜景（9月9日，张汉荣 航拍）

衡水湖归雁（11月18日，张汉荣 摄）

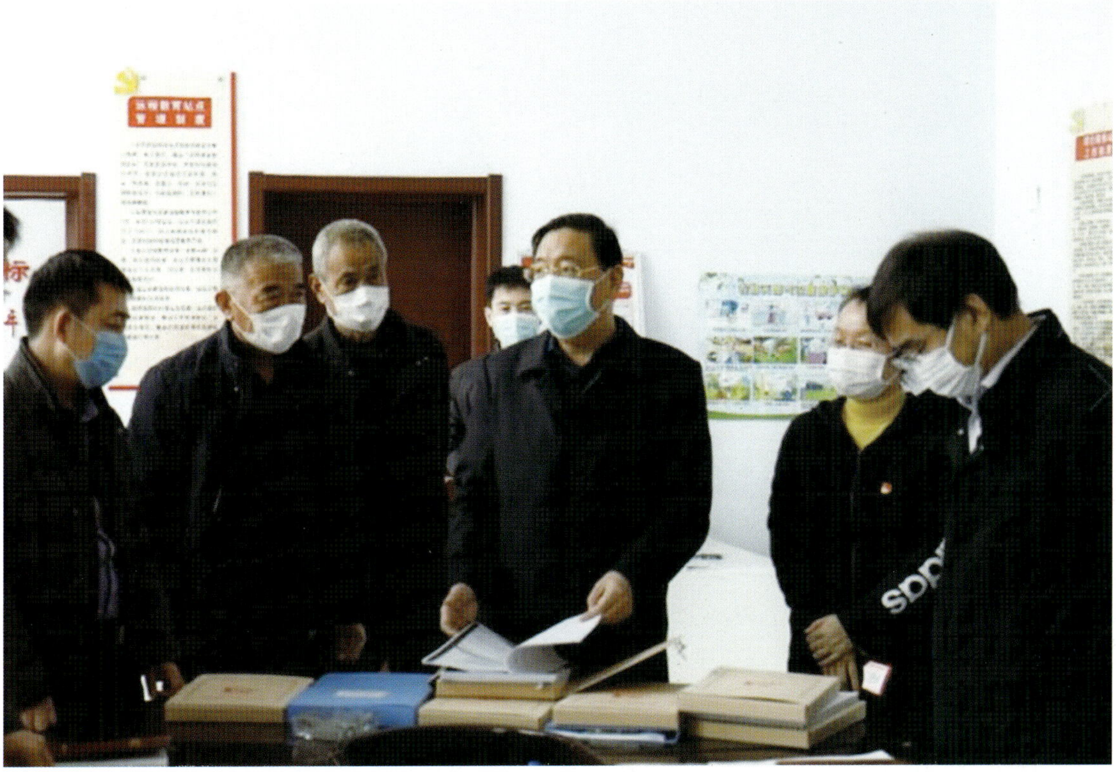

3 月 8 日，区委书记郝卫东（右三）深入一线调研脱贫攻坚工作 （桃城融媒 供图）

1 月 1 9 日，区长崔邦文（右一）调研消防工作 （区消防大队 供图）

7月21日，区委书记郝卫东（右二）到衡水创新创业孵化基地调研指导工作（区科技局　供图）

5月20日，北航天宇长鹰无人机科技有限公司总经理符俊辉一行到桃城高新区项目选址地块和智能制造产业园、衡水航空运动营地进行实地考察。市委常委、常务副市长王伟（左一），区长崔邦文（右一）陪同考察　　　　（桃城高新区　供图）

3月18日，桃城区最美社区工作者颁奖现场（区委社区办 供图）

2020年4月10日，医保局开展打击欺诈骗保宣传活动（区医保局 供图）

4月25日，区检察院干警在滏阳菜市场参与由桃城区政法委牵头组织开展的扫黑除恶专项斗争集中宣传活动　　（区检察院　供图）

6月24日，桃城区创业创新大赛决赛颁奖现场　（区人社局　供图）

6 月 29 日，市区振华路南延主体工程竣工通车（区地方志办公室　供图）

8 月 17 日，区纪检监察干部参加志愿服务活动（区纪委　供图）

10 月，区委组织部组织新任职年轻乡科级干部和选调生到中侨·中湖国际数字产业新城参加现场培训　　（区委组织部　供图）

12月，桃城区获得河北省委、省政府授予的“河北省文明城区”荣誉称号　　（区委宣传部　供图）

12 月，衡水车务段员工冒雪检修路轨（衡水车务段办公室　供图）

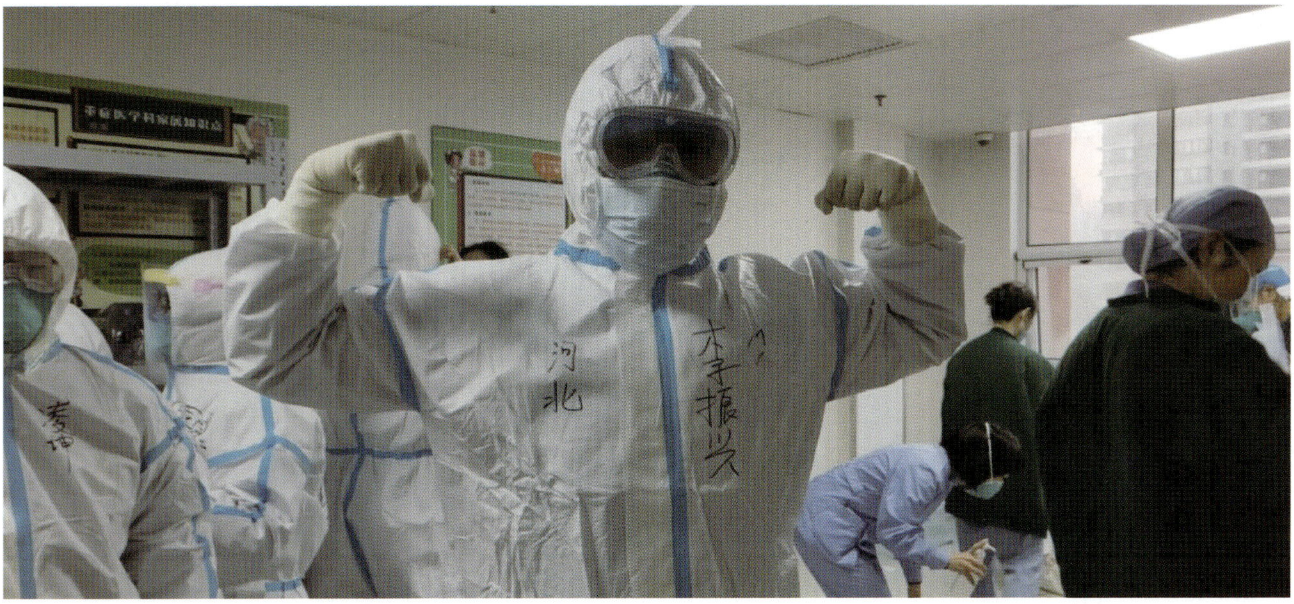

1 月 31 日，市第四人民医院医护人员驰援武汉（市四院　供图）

严格消毒，安全配送（2 月 4 日，李帅　摄）

村村严防（2月4日，贾向英　摄）

小区通道自动化消毒设施（2月24日，张海鹏　摄）

2 月 28 日，车站工作人员对旅客进行疫情防控检查（衡水车务段办公室　供图）

12 月 23 日，区工商联组织部分会员企业慰问区防疫指挥部、火车站、河东街道、滏阳高速口四个地点的防疫一线工作人员（区工商联　供图）

9月28日晚，第32届电视剧『飞天奖』、第26届电视文艺『星光奖』颁奖典礼，在衡水艺术中心大剧院隆重举行。

部分特约嘉宾在保利大剧院门前合影（张洪达　摄）

部分影视明星在保利大剧院门前合影（张洪达　摄）

颁奖典礼现场（一）（张洪达 摄）

颁奖典礼现场（二）（张洪达 摄）

1月30日晚，衡水学院音乐学院在西校区举行第二届技能大赛（舞蹈专场暨颁奖典礼）

舞蹈表演现场（一）（张洪达 摄）

舞蹈表演现场（二）（张洪达 摄）

12 月 10 日，区委宣传部在赵家圈镇开展宣讲活动
（区委宣传部　供图）

12 月 11 日，区委宣传部在郑家河沿镇开展宣讲活动
（区委宣传部　供图）

12 月 17 日，区委宣传部在邓庄镇开展宣讲活动（区委宣传部　供图）

9 月 16 日至 12 月 18 日，桃城区文化馆举办秋季免费成人、少儿艺术培训班并选聘专业教师进行授课。图为成人国画培训班现场　（区文化馆　供图）

12 月 29 日，由桃城区文化馆举办的 2020 秋季书画培训班结业展在桃城区文化馆展厅举行，图为展厅现场　（区文化馆　供图）

2020年，区委宣传部牵头开展多种形式的文明城区创建（以下简称创城）活动。本版为创城活动剪影，图片由区委宣传部提供。

社区志愿服务活动启动仪式

创城志愿服务活动进社区（一）

创城志愿服务活动进社区（二）

7月18日，区委宣传部组织“创城”宣传活动进社区（一） （区委宣传部 供图）

8月27日，区委宣传部组织“创城”宣传活动进社区（二） （区委宣传部 供图）

8月27日，桃城区校园文明创建现场观摩培训会现场 （区委宣传部 供图）

目　　录

拼搏进取　跨越赶超
为实现高质量跨越式发展奠定坚实基础

——在中共桃城区委五届六次全体会议上的报告

区委书记　郝卫东

（2020 年 12 月 31 日）

今年是桃城区发展历程中很不平凡的一年，是在大战大考中经受锻炼和考验的一年。面对突如其来的新冠肺炎疫情，面对“三个圆满收官”的繁重任务，区委常委会团结带领全区广大党员干部群众，坚持以习近平新时代中国特色社会主义思想为指导，深入贯彻党的十九大和十九届二中、三中、四中、五中全会精神，全面落实党中央和省委市委决策部署，按照区委提出的“11241”总体思路，深入推进“三重”任务，深入开展“三创四建”活动，坚持以人民为中心的发展思想，坚持稳中求进工作总基调，坚持以供给侧结构性改革为主线，科学面对挑战，准确把握机遇，统筹抓好改革发展稳定和经济社会发展各项工作，桃城政治生态、经济生态、自然生态、社会生态发生历史性新变化。

这一年，我们识大局、谋长远，不断加强政治建设和理论武装，提高政治站位，推动中央和省市决策部署落地见效。

区委常委会自觉把强化政治建设和理论武装作为重大政治任务，坚决扛起主体责任，坚持用习近平新时代中国特色社会主义思想武装全党、教育人民，确保各项事业沿着正确的方向发展。**一是党的政治建设不断推进。**坚决执行维护党中央权威和集中统一领导各项制度，严明政治纪律和政治规矩，持续开展政治性警示教育，确保中央和省市政令畅通、令行禁止。紧密结合形势加强思想政治引导，开展“抗疫情、保发展”“听党话、感党恩、跟党走”“党的十九届五中全会精神”等系列宣讲活动 1000 余场，“老井宣讲”成为闻名全省的“草根品牌”，增强广大党员干部听党话、跟党走的自觉性和坚定性，区委宣传部被评为“全省先进基层理论宣讲站”。**二是科学理论武装持续强化。**认真落实不忘初心、牢记使命要求，健全党员干部理论学习长效制度，持续推动党的创新理论学习往深里走、往实里走、往心里走。开展区委理论学习中心组学习会议 12 次，推动全区上下持续兴起学习贯彻热潮。邀请省内外知名专家学者做客“桃城大讲堂”，组织 4 期领导干部培训班和 4 期农村支部书记培训班，扎实推动党的创新理论“六进”和学校“三进”工作，筑牢团结奋斗的思想基础。**三是意识形态工作不断夯实。**重新修订《党委（党组）意识形态工作责任制实施细则》，意识形态阵地的管理日益加强，“学习强国”学员活跃度、人均学习积分等指标在全市名列前茅。“扫黄打非”系列专项活动深入开展，意识形态领域风险得到有效防控，全区意识形态领域呈现出积极、健康、向上的发展态势。同时，坚持大统战工作格局，扎实推进统一战线和宗教工作，探索建立“统战工作联络站”“新阶层人士联谊会”，“双创四进”活动和清真寺阿式建筑风格改造等工作受到市委统战部、民宗局好评。

这一年，我们战疫情、筑防线，始终坚持人民至上和生命至上，严格管控措施，推动新冠肺炎疫情防控取得重大成果。

区委常委会坚定不移筑牢“外防输入、内防反弹”防线，抓紧抓实抓细常态化疫情防控，扎实推动复工复产复学，有力保障人民生命安全和身体健康。**一方面，构建高效有序指挥体系，确保疫情防控工作决策科学。**第一时间成立新冠肺炎疫情防控指挥部，第一时间启动重大突发公共卫生事件Ⅰ级响应，第一时间下发落实上级部署的各项决定、决议、命令、通知、规定。区四套班子领导按照包联乡镇和街道分工，始终坚守在一线，亲自上阵指导、亲自督促落实，既当指挥员，又当战斗员，各级各部门主要领导带领全体干部不分昼夜奋战在疫情防控最前线，为疫情防控工作顺利开展奠定坚实基础。同时，坚持全国“一盘棋”，先后派出21名医护人员驰援湖北。**另一方面，严格落实各项管控措施，确保疫情防控工作覆盖全面。**广大机关干部、医护人员、农村社区工作者，第一时间下沉到社区（村），严把封堵关、排查关、隔离关、防控关、卫生整治关、市场监管关，运用“一册一图四挨个四标注”工作法开展农村社区集中大排查，对境外来衡人员全部落实农村隔离“六必须五提醒”、社区隔离“两测量两锁定五告知”等措施，有效发动群众参与联防联控，有效遏制疫情蔓延，全年共筛检30万人次、1.4万份冷链和环境样本，形成3000人份的日最大检测能力，位居全市之首，全区无新增确诊病例和疑似病例，实现疫情防控的阶段性胜利。

这一年，我们稳运行、强调度，全面做好“六稳”工作、落实“六保”任务，努力保持经济运行在合理区间。

区委常委会扎实做好“六稳”工作，全面落实“六保”任务，紧盯任务目标，强化工作举措，及时恢复生产生活秩序，经济社会各项指标企稳回升。1—11月份工业投资增速71%，位居全市第一；技改投资增速64%，位居全市第二。**一是精准发力援企稳岗促就业。**持续加强减税降费政策宣传，开展送政策上门服务，出台《桃城区支持企业复工复产财政支持政策》《桃城区商贸流通服务企业复市营业疫情防控实施方案》《桃城区外贸帮扶七条措施》等政策文件，全面及时兑现惠企政策，1—11月份，全区减税降费32.27亿元，累计提供就业岗位2615人，完成年初目标的131%。同时，设基金、搭平台，用好金融政策支持实体经济发展，与省发改委财金处、河北产业投资引导基金管理有限公司、省国有资产管理公司等部门，分别就10亿元衡水桃城产业投资引导基金、2亿元政府纾困基金初步达成合作意向，用于帮助中小微企业发展。**二是多措并举扩大内需促回暖。**开展“促消费、保发展、惠民生”系列活动，安排200万元专项经费，制作9万张“乐享桃城”电子消费券，引导各大商超开展联合促销，有效活跃市场气氛，提振消费信心。开展“谋跑争促”活动，争取中央、省直达资金2.46亿元、地方政府债券项目资金6.8亿元，扩大有效投资，最大限度发挥资金效益。**三是不断优化营商环境促活力。**推行审批事项“网上办、邮寄办、预约办”的“三个办”服务，推动“证照分离”“多证合一”改革，努力放宽企业的条件限制，取消企业名称预先核准，不断降低市场准入门槛，全面推行名称网上自主申报与设立登记合并办理，优化整合企业开办流程，实现1个工作日办结营业执照，有效激发市场主体活力。桃城高新区“标准地（标准厂房）+承诺制+代办制”改革被市委改革办列入全市特色改革典型经验。

这一年，我们调结构、促转型，坚决贯彻新发展理念，推动城市经济创新发展绿色发展高质量发展。

区委常委会始终坚持对经济工作的领导，深入开展“招商之冬”活动，引进、落地一批大项目、好项目，全区经济社会发展保持稳中向好的良好态势。**一是以项目建设驱动发展，经济发展质效不断提升。**按照集群化、高新化主攻方向，大力开展重点项目攻坚行动，制定《桃城区重点项目、重大基础设施和基本公共服务项目推进方案》，成立“五个协调指导组”，实行重点项目“五个一”领导分包责任制，中湖数字产业新城、北航（衡水）中小型无人机和临近空间飞行器生产与测试综合基地、航空飞行营地等一批重点项目进展顺利，新入统亿元以上重点项目31个，总投资143.8亿元。**二是以招商引资支撑发展，经济发展后劲不断增强。**借助“招商之冬”活动，全员招商、全面招商、全力招商，全区外出考察62批次、316人次，客商来访67批次、337人次，在谈项目49个，总投资近120亿元，签约项目14个，总投资约36亿元，成功举办“2020中国·衡水通航和航空运动发展论坛”“2020世界侨商衡水行”等系列招商活动。长安重工有限公司钢箱桥梁、河北扬天电子科技有限公司新材料空调、北京理工大学5G高速信号测试设备、安华冷链物流衡水基地等一批带动力、影响力俱佳的大项目、好项目纷纷落户桃城。**三是以科技创新引领发展，经济发展支撑作用日益凸显。**全力抓创新主体培育和创新平台建设，依托院士工作站、中关村天合衡水科转中心等平台，开展“双创双助”“科技成果直通车”“科技成果项目发布会”等活动，新认定国家级高新技术企业15家，新认定省级科技型中小企业149家，市级技术创新平台2家、市级科技型中小企业服务机构1家、市级产业技术创新战略联盟1家，县域科技创新能力位居全市第一。

这一年，我们抓统筹、提品质，坚决促进新型城镇化和乡村振兴，大力推进城乡融合发展，推动舒适宜居现代化主城区建设。

区委常委会以造福群众为最大政绩，扎实推进新型城镇化和乡村振兴战略，主城区辐射带动功能不断增强，设施更加完善、魅力更加彰显。**一是全力推进城市建设，城市形象大幅提升。**有效运用“6+1”联动监督机制，清理规范一大批违法违规占用土地问题。河东老城区建设蹄疾步稳，完成人民东路、胜利东路、京衡大街等7条道路的雨污分流改造，滏东街南延、胜利路拓宽、南门口街打通等重点工程进展顺利。对康宁街、自强街、永兴东路、新桥北街、谢村胡同、华育胡同等次干道、背街小巷进行改造提升，圆满完成70个老旧小区改造任务，群众满意率90%以上，其中，广厦家园被评为老旧小区改造省级示范小区。成功创建省级“文明城区”，何庄乡何家庄村、赵圈镇前铺村被评为第六届全国“文明村镇”，康复街小学被评为第二届全国“文明校园”。**二是优先发展农业农村，乡村振兴有序推进。**按照“产业兴旺、生态宜居、乡风文明、治理有效、生活富裕”的总要求，大力推进省级乡村振兴示范区建设。共建设美丽庭院4732个，精品庭院1005个，改造厕所4575座，达到改厕率一类县标准。衡水湖国际香料小镇、国际设施园艺产业园等重点项目加速推进，为乡村振兴提供有力产业支撑。高标准抓好农村集体产权改革，出台农村改革指导性文件8份，221个村建立股东大会、董事会、监事会，成立股份经济合作社。桃城区在乡村振兴工作中表现突出，被评为推进乡村振兴战略工作实绩考核结果先进单位，受到全省通报表扬。**三是深入践行“两山”理念，人居环境持续改善。**

积极推进扬尘治理、散煤治理、秸秆禁烧和“散乱污”整治，稳妥开展重污染天气应对，全区空气主要污染物浓度持续降低，空气达标天数不断增加，入河排污口和纳污坑塘整治日益规范化、常态化、制度化。认真落实河湖长制，累计8个月县乡村三级河长巡河率100%。超额完成年度地下水压采任务，实现全域江水置换，顺利入选全国第三批节水型社会建设达标县（区）。全年植树造林3844亩，赵家圈镇前铺村、邓庄镇北苏闸村被评定为国家森林乡村，天蓝、水绿、土净的美丽桃城逐渐建成。

这一年，我们保安全、护稳定，坚决防范化解重大风险，坚持底线思维，确保社会大局和谐稳定。

区委常委会认真贯彻落实总体国家安全观，聚焦重点领域、重点区域、重点人群，全力攻坚，务求实效，坚决防范化解重大风险，重点领域基本实现可防可控。**一是社会治安水平明显提高。**成立桃城区平安建设领导小组，制定《加快推进社会治理现代化开创平安桃城建设新局面的实施意见》，形成职责明确、责权统一、齐抓共管的工作格局。围绕“六清”行动和十大行业领域突出问题，深入推进扫黑除恶专项斗争，办结各类举报线索270件，群众满意度明显提升，在全省168个县市区“平安建设群众安全感”问卷调查通报中，位列全省第二名；在全省县市区政法队伍人民满意度调查中，位列全省第七名；何庄派出所被评为省级“枫桥式公安派出所”。同时，持续推进国防动员综合训练基地建设，警棍盾牌演练取得全市第一名的好成绩。**二是信访维稳工作持续向好。**牢固树立“桃城稳则衡水稳”的观念，认真落实“北京不能去，河北不能聚”目标要求，以“事要解决”为出发点和落脚点，着力打造“阳光信访、法治信访、责任信访”，进京赴省访大幅下降，网信办理及时有效，重复访治理效果明显，隐患排查处置措施得力，圆满完成全国“两会”、党的十九届五中全会、“双奖”颁奖典礼等十余项重大安保维稳任务。**三是社会治理体系不断完善。**智慧平安社区建设工作走在全市前列，经验在全市推广，并得到副省长、公安厅厅长刘凯等领导的充分肯定。社区公共服务体制机制建设不断完善，物业管理长效机制不断健全，社区党群综合服务中心建设加速推进，全区51个社区办公用房面积全部达标。开展“最美社区工作者”评选，打造出“楼院长”志愿服务新品牌，有效激发各阶层参与社区建设的积极性和主动性。

这一年，我们补短板、惠民生，坚决提升民生服务保障水平，增进民生福祉，推动人民群众获得感幸福感安全感不断提升。

区委常委会坚持以人民为中心的发展思想，扎实做好保障和改善民生工作，各项民生事业持续发展，人民生活质量和水平显著提高。**一方面，脱贫攻坚成果巩固拓展。**聚焦脱贫攻坚收官阶段重点任务，压实责任，强化措施，按照“三落实”“三精准”“三保障”和“四不摘”等要求，扎实推进健康扶贫、教育扶贫、产业发展、安全住房、安全饮水、消费扶贫、光伏扶贫、防贫预警监测等工作，持续巩固提升脱贫攻坚成果，高标准高质量完成脱贫攻坚各项任务。剩余的2户7人贫困人口，10月份成功脱贫，省脱贫攻坚成效考核取得好的等次。**另一方面，公共服务水平显著提高。**第十五中学、学苑中学、巨吴渠小学等学校建设加快推进，投资3474.57万元，新建装配式教室141个，市区“大班额”问题基本解决。我区成为全省首批7个《河北省中长期青年发展规划（2018—2025年）》实施试点县（市、区）之一。关心下一代工作荣获全国先进荣誉称号，全国关工委主任顾秀莲、省关工委主任叶连松亲临我区进行专题调研。全区家庭医生签约实现应签尽签，乡村卫生一体化管理工作全面推进，慢病防控队伍和运行机制初步建立，成为“河北省慢性病综合防控示范区”。完成农村生活水源置换、市区“停车难”综合治理、养老服务质量提升等一大批民心工程。文化惠民工程深入实施，实现基层综合性文化服务中心全覆盖。实施衡丰社区、河西街道等多个全民健身项目，全民健身公共服务体系日趋完善。

这一年，我们抓基础、强队伍，坚决推进全面从严治党，严格履行管党治党责任，推动全区政治生态不断优化净化。

区委常委会全面落实新时代党的建设总要求，切实担负起管党治党责任和主体责任，各级党组织更加坚强有力。**一是树立鲜明用人导向，充分激发干部队伍新活力。**严把干部政治素质关，严格规范选人用人程序，坚持“一线发现、一线识别、一线考察、一线重用”机制，注重在疫情防控、脱贫攻坚、项目建设和招商引资等重项工作和急难险重任务中发现和考察识别干部，全年共调整科级干部124人，为乡镇街道配备21名年富力强的领导班子成员，各方面反映良好，进一步在全区树立重实干、重担当的用人导向。修订完善区管领导班子和领导干部年度考核、绩效管理考评两个办法，干部考核的“指挥棒”作用得到有效发挥。**二是持续提升基层党建质量，打造坚强有力的战斗堡垒。**优化乡镇街道内设机构设置，圆满完成乡镇街道改革工作。以“抓党建、防疫情、促脱贫、保小康”活动为统揽，大力实施堡垒示范、先锋引领、能力提升、人才支撑、帮扶助力“五大行动”，不断深化“基层党建质量提升年”活动，674个基层党支部实现晋档升级。抓实抓细“两委”换届准备工作，选优配强“领头羊”，大力开展“四个专项整治”，着力实现全面换届、优质换届、平稳换届。全面推进省级城市基层党建示范区建设，积极探索全省社区工作者管理办法试点工作，完善“六位一体”社区治理体系，打造一支职业化、正规化的社区工作者队伍。在非公企业深入开展组织覆盖和工作覆盖攻坚行动，大力创建“双强六好”非公党组织，两次代表全市迎接全省非公党建的调研观摩。在公立医院全面落实党委领导下的院长负责制，有效保证党委对医院“三重一大”事项的决策权。**三是全面加强党风廉政建设，惩治腐败始终保持高压态势。**持续强化监督执纪问责和监督调查处置，不断深化派驻机构改革，健全监督制约机制。突出政治监督，紧盯关键少数，在压紧压实全面从严治党主体责任上不断发力，推动“六稳”“六保”、减税降费等决策部署落地落实。做实做细基层监督，聚焦脱贫攻坚、生态环保等领域开展专项整治，解决好群众身边的腐败问题。强化日常监督，严肃查处违反中央八项规定精神及“四风”问题，持续释放正风肃纪的强烈信号。坚持惩前毖后、治病救人，精准运用“四种形态”处理320人，处置问题线索176人，立案117人，党纪政务处分106人，移送司法机关10人，采取留置措施3人。同时，不断加大党风廉政建设宣传工作力度，通过“桃城清风”等媒体平台推送相关党规党纪、法律法规，不断增强党员干部拒腐防变的能力，不敢腐、不能腐、不想腐的体制机制得到进一步完善。**四是扎实做好新时代巡察工作，全面从严治党向纵深发展。**紧扣政治监督重点任务，加强巡察队伍建设，优化巡察人才库，对14个单位部门、170个农村开展巡察，实现农村全覆盖，发现问题1660件，移交问题线索9件，为全区经济社会高质量发展提供坚强政治保障。

在总结成绩的同时，我们一定要清醒地认识到，对照广大群众日益增长的美好生活需要，对照市委、市政府对桃城区的殷切厚望，我们的工作还存在一些不足，例如，部分经济指标排名靠后，经济结构不够优化，经济发展质量效益和后劲还有待进一步提升，民生领域还有短板，城乡建设步伐还需进一步加快，一些风险隐患还有待妥善化解，全面从严治党仍需向纵深推进，形式主义、官僚主义和群众身边的腐败和作风问题还有待加强整治，等等。对这些问题，区委常委会将高度重视，坚持问题导向、效果导向，在今后工作中采取更有力、更有效的措施认真加以解决。

2021年，我们一定要坚持以习近平新时代中国特色社会主义思想为指导，深入贯彻中央和省市决策部署，以时不我待的精神状态和一往无前的奋斗姿态做好各项工作，奋力开启“十四五”发展新征程，齐心协力谱写新时代全面建设经济强区、美丽桃城新篇章。

桃城区人民政府工作报告

——在桃城区第六届人民代表大会第五次会议上的报告

区长　崔邦文

（2021年2月7日）

一、2020年主要工作和“十三五”发展回顾

刚刚过去的一年，是桃城发展进程中极不平凡的一年。面对突如其来的新冠肺炎疫情冲击，我们坚持以习近平新时代中国特色社会主义思想为指导，深入贯彻党的十九大、十九届二中、三中、四中、五中全会精神，全面落实党中央、国务院和省、市、区委决策部署，勇于担当、攻坚克难、砥砺前行，统筹推进常态化疫情防控和经济社会发展取得积极成效。

（一）坚持科学防治，疫情防控取得重大成果。始终把人民群众身体健康和生命安全放在第一位，科学防治、精准施策，第一时间成立新冠肺炎疫情防控指挥部，启动重大突发公共卫生事件Ⅰ级响应，坚定不移筑牢“三道防线”，492名入境来桃人员全部闭环管理，建设核酸检测实验室4所，累计核酸检测33万人次、1.4万份冷链和环境样本，有效遏制疫情扩散蔓延。疫情防控期间，群众“米袋子”“菜篮子”货足价稳，防控物资供应有力有序，口罩产能从“零”跃升到日产69万只，21名医疗队员逆行出征湖北抗疫第一线，出色完成任务。

（二）坚持多措并举，经济运行企稳向好。扎实做好“六稳”工作，全面落实“六保”任务，深入开展“三包四帮六保五到位”帮扶纾困活动，全年减税降费32.27亿元，争取中央、省专项资金3.18亿元，抗疫特别国债9060万元。大力开展“谋跑争促”活动，累计争取地方政府债券资金6.8亿元。为237户企业提供贷款42.7亿元，为8520户市场主体累计减免电费近千万元，在最短时间内实现经济社会发展有序恢复。全年地区生产总值、规模以上工业增加值、服务业增加值增速逐月回升，均实现正增长。受疫情影响，尽管部分经济指标增幅低于年度预期目标，但基本符合国家和省市发展大势，全区经济社会依然保持持续健康发展的良好态势。

（三）坚持项目带动，发展后劲持续增强。24个省、市重点项目顺利推进，完成投资28.8亿元，衡水湖国际香料小镇农业科创中心建成投用，智能制造产业园一期建成，北航（衡水）中小型无人机和临近空间飞行器生产与测试综合基地入驻园区并实现生产。全面掀

起“招商之冬”热潮，累计举办外出招商对接活动67批次，签约项目22个，总投资52.4亿元。恒大高科农业小镇、扬天新材料空调、中铁长安重工钢箱桥梁等一批高端高新项目落户桃城。

（四）坚持提质增效，农业工作稳步发展。全力创建省级乡村振兴示范区，邓庄镇邓庄村、北苏闸村等8个示范村开工建设。“三区同建”步伐加快，河沿镇北沼村一期回迁入住。省级农产品质量安全区成功创建，顺利通过农村集体产权改革省级验收，建成全省首家市区一体的农村产权交易中心。压采地下水744.5万立方米，成功入选全国第三批节水型社会建设达标县。

（五）坚持建管并重，城市品质有效提升。启动9个城中村改造项目，清理违规违建项目78个、35.6万平方米，东康村“无震荡”拆违工作得到省、市领导高度评价。滏东街（永兴路至南环路）建成通车，改造提升8条次干道、小街巷。投资9800万元，完成14.6公里河东主干道和528个小区、街巷、机关单位的雨污分流改造。中华街道裕丰社区成为全市第一个实现物业全覆盖的社区。建成5个绿色社区，210个小区纳入智慧平安社区管理，省领导给予充分肯定，经验在全市推广。完成公共机构和中华办示范片区垃圾分类工作。成功创建省级文明城区，何庄乡何家庄村、赵圈镇前铺村被评为第六届全国文明村镇，康复街小学被评为第二届全国文明校园。

（六）坚持严管严控，生态环境明显好转。扎实推进九项治理，空气主要污染物浓度持续下降，入河排污口和纳污坑塘整治实现规范化、常态化、制度化。淘汰国三重型柴油货车1288辆，完成农村“气代煤”改造1788户，植树造林3844亩，5处断面水质考核全面达标。全年空气质量综合指数为5.16，全市排名第二，达标天数239天，全市排名第三。

（七）坚持民生优先，社会保持和谐稳定。全力推进学校建设，新建装配式教室141个，学苑小学一期投入使用，南门口小学具备入驻条件，第五幼儿园、巨吴渠小学、第十五中学主体完成。养老保险、医疗保险综合覆盖率稳定在98%，位居全市第一。强力推进严打整治专项行动，打掉犯罪团伙40个，破获各类刑事案件554起，在全省168个县市区“平安建设群众安全感”问卷调查中位列第二，何庄乡派出所被评为省级“枫桥式公安派出所”。

2020年主要工作任务的完成，标志着我区“十三五”圆满收官，全面建成小康社会如期实现。回首五年，宏观经济形势复杂多变，改革发展稳定任务艰巨，我们始终坚持稳中求进工作总基调，全力抢抓发展机遇，有效应对风险挑战，全区经济、政治、文化、社会和生态建设迈上一个新的大台阶。

“十三五”期间，经济总量不断扩大，综合实力取得明显跃升。2020年地区生产总值完成219.6亿元，居民人均可支配收入预计达到3.6万元，圆满完成全面建成小康社会“两个翻番”目标。一般公共预算收入14.1亿元，比“十二五”末增长39.6%；固定资产投资比“十二五”末增长22.7%，年均增长4.2%；规模以上工业增加值比“十二五”末增长26%，年均增长4.7%；社会消费品零售总额比“十二五”末增长41.7%，年均增长7.2%，圆满完成“十三五”规划确定的各项目标任务。

“十三五”期间，项目建设快速推进，产业结构取得明显优化。投资亿元以上项目282个，完成投资431.5亿元，其中列入省、市重点项目82个，完成投资136亿元。航空运动小镇一期建成，拥有1100平方公里优质稀缺空域，桃城机场正式获批B类通用机场，被国家体育总局航管中心命名为直属营地，是中国航空器材种类最全的飞行营地，也是中国最大的旋翼机培训中心，被评为“2019年河北省特色小镇”，荣获“2019年河北省体育产业示范项目”称号。开通“一河（滏阳河）、一湖（衡水湖）、一园（园博园）”空中看衡水旅游线路，填补京津冀地区航空运动产业空白，成功跻身国家AAA级旅游景区。学谷教育小镇一期建成，桃城中学全面入驻，在校师生达3万人。中湖数字产业新城一期全面推进，产业发展中心投入使用。以低空产业、高端装备制造、信息智能、新材料、文教旅游、都市农业等现代产业集群为主导的新发展格局基本形成。

“十三五”期间，科技创新步伐加快，支撑能力取得明显增强。大力实施“科技创新五年行动计划”，科技创新投入较“十二五”末增长30.3%，科技创新能力成功跃升至全省A类县行列。新增国家级创新平台3家、省级创新平台6家，高新技术企业达到40家、科技型中小企业达到560家。建成中关村e谷创业小镇、衡水科创中心、创新创业孵化基地等平台。创建院士工作站2家、省级产业联盟3家，培育省级技术创新中心2家，万人发明专利拥有量稳居全市第一。累计新增规上工业企业25家，投入技改资金35亿元，完成退城搬迁企业14家。基金总规模达到15亿元，扶持10家企业成功挂牌上市，金融工作稳居全市第一。桃城高新区全面完成“四项改革”，投资2.2亿元建成“四纵四横”园区路网主框架，基本具备“新九通一平”标准，累计引进23个项目，北京金太阳、顺隆千业、恒通腾发等疏解北京非首都功能的企业在园区落户投产。

“十三五”期间，改革开放深入实施，发展活力取得明显提升。深化“放管服”改革，圆满完成政府机构和乡镇街道改革，累计承接行政权力事项17项，下放行政权力事项2项。大力推行“互联网+政务服务”，全区34个单位开通1237项网上办理事项，开通率100%。营商环境持续优化，市场主体由2.1万户增加到5.9万户，是“十二五”末的2.8倍。实施“标准地+承诺制+代办制”改革，被市委改革办列入全市特色改革典型经验。招商引资力度空前，高水平举办“低空产业发展论坛暨系列航空运动赛事”“世界侨商衡水行”“国际智能服务机器人及特种机器人峰会”等系列招商活动，累计洽谈合作项目287个，签约项目88个，总投资833.75亿元。

“十三五”期间，乡村振兴开局良好，“三农”工作取得明显进展。累计完成改厕2.6万户，农村卫生厕所普及率达到92.6%，全市第一；100个村完成生活污水治理，167个村实现农村垃圾一体化处理；改造提升农村公路108公里，建成乡村振兴旅游环线14公里，完成63个村50.6万平方米的街道硬化；美化整治167个村，建设美丽庭院18796户，精品庭院3848户，完成村庄绿化115万平方米。承包地确权登记颁证到户率100%，受到省农业农村厅表彰；221个村集体产权制度改革经验在全市推广；全区流转土地10.1万亩，占家庭承包地的31.7%。累计压采地下水7565万立方米，全区深层地下水位平均埋深72.99米，比2015年同期水位上升6.26米。投资9300万元全部完成农村生活水源置换，12.26万农村人口用上长江水。

“十三五”期间，基础设施日臻完善，城乡面貌取得明显改观。新建、改扩建17条道路，改造提升126条小街巷，打通9条断头路，累计投入3.1亿元，是“十二五”时期的2.2倍。河东旧城区10个村完成拆迁改造230万平方米。全区拆除违法建筑39.3万平方米，清理违法占地68.6万平方米。投资5.2亿元，完成232个老旧小区改造，惠及居民2.9万户，广厦家园被评为省级示范小区。投资2.5亿元，完成中湖大道两侧景观廊道建设和人民西路改造提升。投资6.5亿元，建成植物园、宝云公园、孔颖达公园和7座街角游园，全区新增绿地面积39万平方米。投资1.3亿元，在全市率先实现城乡环卫一体化，环卫机械作业率达85%，较“十二五”末提升35%。投资800万元，新建市区公厕24座。投资4130万元，新建、改建便民市场14个，新增摊位2930个，基本消除“马路市场”。

“十三五”期间，三大攻坚战走深走实，全面建成小康社会取得明显成就。脱贫攻坚战全面打赢，现行标准下全区74户150名农村贫困人口稳定实现“两不愁三保障”，历史性地解决绝对贫困问题。超额完成“十三五”规划确定的生态环境领域9项约束性指标，优良天数较“十二五”末提高139天，重度及以上污染天数较“十二五”末下降42天，$PM_{2.5}$浓度较“十二五”末下降47微克每立方米。在全省率先实行以排污许可证为核心的“一证式”管理体制，铁腕取缔374家“散乱污”企业，改造“气代煤”195个村3.9万户，淘汰改造燃煤、燃气锅炉93台，在全市率先建成“禁煤区”。整治农村纳污坑塘58个、黑臭水体9处，316个河湖“四乱”问题全部销号。累计植树造林11.9万亩，营林抚育20.2万亩，森林覆盖率达到35%，赵圈镇前铺村、邓庄镇北苏闸村被评为国家森林乡村，赵圈镇前王家村、邓庄镇西葛村被评为省级森林乡村。防范化解重大风险有力有效，全面落实安全生产责任制，成功创建食品安全示范区，政府债务、金融系统等重点领域风险隐患得到有效预防处置。

“十三五”期间，基层治理更加有效，平安桃城建设取得明显成绩。深入开展扫黑除恶专项斗争，打掉恶势力集团3个，恶势力团伙5个，抓获涉黑涉恶犯罪嫌疑人96名。扎实推进“雪亮工程”，8个乡镇街道全部高标准建成乡级综治中心。51个社区办公用房面积全部达标。中华街道人民调解委员会被司法部授予全国模范人民调解委员会称号。河西街道杨树社区被评为全国民主法治示范社区。邓庄镇综治中心和赵圈镇前铺村法治乡村建设获得全市示范点建设“双第一”。着力打造“阳光信访、法治信访、责任信访”，圆满完成新中国成立70周年、十九届五中全会等10余项重大安保维稳任务。

“十三五”期间，民生保障持续改善，群众幸福指数取得明显攀升。民生领域累计投入98.7亿元，是“十二五”时期的1.8倍。投资7.44亿元，建成和改扩建中小学、幼儿园33所，新增学位2.1万个，新增建筑面积27.8万平方米，是“十二五”时期的2.9倍，基本消除市区“大班额”问题，顺利通过国家义务教育均衡验收。二院纳入三级综合医院管理，四院北院区医养结合体成为全省示范，五院通过二级医院等级评审现场验收，成功创建省级卫生城和慢性病综合防控示范区。城乡最低生活保障标准分别达到每月810元和500元，比“十二五”末提高59%和108%。新建、改扩建敬老院15家、日间照料中心33家。高标准建成图书馆和文化馆，免费向公众开放。成功举办“庆祝新中国成立70周年”等系列文化活动，“老井宣讲”成为闻名全省的“草根品牌”。

“十三五”期间，政府自身建设全面加强，工作作风取得明显转变。政府一般性支出压减5%，“三公”经费下降38%。全区内部审计和审计整改试点工作全面推开，审计监督成效大幅提升。严格遵守《中华人民共和国宪法》和《中华人民共和国民法典》，建立政府法律顾问制度，实现重大事项合法性审查全覆盖。“6+1”联动监督工作取得扎实成效，办理人大代表建议、政协提案994件，办结率100%。扎实开展“不忘初心、牢记使命”等系列学习教育，严格执行中央八项规定及其实施细则，坚决落实全面从严治党主体责任和党风廉政建设责任制，政府系统反腐倡廉工作取得新成效。

在肯定成绩的同时，我们也清醒地认识到经济社会发展中还存在一些不足：经济结构不够优化，经济发展质量、效益、后劲还有待提升；新兴产业支撑力不足，龙头企业少，经济增长还缺乏大项目和强有力的人才支撑；生态环境治理还存在反弹隐患，民生领域还有短板，城市建设步伐还需进一步加快；干部作风能力有待提高，思想还不够解放，担当精神还不够强。对这些问题，我们一定采取扎实有效措施，认真加以解决，努力把政府各项工作做得更好。

二、“十四五”时期发展的总体思路和主要任务

“十四五”时期，是我国全面建成小康社会、实现第一个百年奋斗目标之后，乘势而上开启全面建设社会主义现代化国家新征程、向第二个百年奋斗目标进军的第一个五年，也是我区实现跨越赶超、高质量发展至关重要的五年。我们必须要胸怀“两个大局”，增强机遇意识和风险意识，保持战略定力，在危机中育先机，于变局中开新局，在融入新发展格局中找准定位、发挥优势，树牢“高远站位、创新发展、拼搏包容、跨越提升”理念，紧紧围绕“增强辐射带动功能，建设设施完善、魅力彰显、舒适宜居的现代化主城区”定位，凝心聚力、奋发作为，不断开辟高质量发展新局面。

根据《中共衡水市桃城区委关于制定衡水市桃城区国民经济和社会发展第十四个五年规划和二〇三五年远景目标的建议》，区政府编制《衡水市桃城区国民经济和社会发展第十四个五年规划和二〇三五年远景目标纲要（草案）》（以下简称《纲要（草案）》），提请大会审议。

“十四五”时期，我区经济社会发展的指导思想是：**高举中国特色社会主义伟大旗帜，坚持以马克思列宁主义、毛泽东思想、邓小平理论、“三个代表”重要思想、科学发展观、习近平新时代中国特色社会主义思想为指导，全面贯彻党的基本理论、基本路线、基本方略，深入落实党的十九大和十九届二中、三中、四中、五中全会精神，按照省委九届十一次、十二次全会、市委四届八次全会和区委五届六次全会要求，坚持稳中求进工作总基调，以推动高质量发展为主题，以深化供给侧结构性改革为主线，以改革创新为根本动力，坚持区委新阶段“11241”总体思路，统筹发展和安全，加快融入以国内大循环为主体、国内国际双循环相互促进的新发展格局，大力优化经济结构，发展城市经济、实体经济、数字经济和民营经济，加快现代化经济体系和创新型桃城建设，着力推进治理体系和治理能力现代化，实现经济行稳致远、社会安定和谐，不断增强人民群众获得感、幸福感、安全感，推动“经济强区、美丽桃城”建设再上新台阶。**

《纲要（草案）》明确“打造绿色生态宜居之城、文化教育之城、高端产业之城”战略定位，提出未来发展的宏伟目标：到2025年，经济发展取得新成效，改革开放迈出新步伐，社会文明程度得到新提高，生态文明建设实现新进步，民生福祉达到新水平，社会治理效能得到新提升。到2035年，我区将与国家和省市同步基本实现社会主义现代化，新时代“经济强区、美丽桃城”再创新境界。

未来五年，我们将围绕区委五届六次全会“九个坚定不移”要求，紧盯六大重点任务，推动经济社会高质量发展。

（一）着力抓好产业项目，做大做强城市经济。围绕发展城市经济，深入推进制造强区、质量强区、网络强区和数字桃城建设，大力发展战略性新兴产业和现代服务业，着力提升城市经济质量和水平，持续优化经济结构，不断巩固产业基础，推动产业链、供应链、创新链相互融合，构建具有桃城特色、具有核心竞争力的现代产业体系。到“十四五”末，低空产业、高端装备制造、信息智能、新材料、文教旅游、都市农业等现代产业对经济的主导作用进一步显现，基本形成以现代服务业为

主、传统服务业有效配套的城市经济发展框架。

（二）着力实施创新驱动，充分释放发展活力。深入推进科教兴区、人才强区战略，大力培育创新驱动新引擎，积极融入京南国家科技成果转移示范区建设，加大科技创新协同战略平台建设，实施创新驱动提升工程、创新平台升级工程、成果转化促进工程，科技创新能力稳定在全省A类县行列，实现区域经济创新发展。深化“放管服”改革，以“互联网+政务服务”为抓手，实施审批流程深度再造，推动政务服务事项向基层延伸，持续优化公平竞争的市场环境，不断健全公正有序的法治环境，鼓励和扶持市场主体做大做强，全力打造一流营商环境。桃城高新区能级大幅提升，推进开发区扩区，着力打造京津冀产业转移基地和雄安新区高端高新产业配套基地。到2025年，高新区面积达到7平方公里，主营业务收入达到200亿元。

（三）着力做好“三农”工作，深入推进乡村振兴。积极调整农业结构，大力发展“四个农业”，推动农副产品规模化、产业化发展，保障粮食安全和种子安全。持续改善农村人居环境，全面提升农村水、电、路、气、通信和物流等基础设施保障水平。依法依规推进“空心村”治理、农村改厕、生活垃圾无害化处理和农村生活污水治理。深化农村土地制度改革、农村集体产权制度改革，发展壮大新型农村集体经济。全力推动城乡融合，以国土空间规划为引领，着力打造“133”空间模式，把城区和乡村作为一个整体，统筹生产、生活、生态三大空间布局，构建“中心城区+特色卫星城+新型田园社区”的城乡格局。

（四）着力强化生态文明建设，持续推进绿色发展。认真践行习近平生态文明思想，全面落实碳达峰、碳中和重大决策部署，深入打好“蓝天、碧水、净土”保卫战，强化环境污染深度系统治理，加快生态系统修复保育，推进生产生活方式绿色转型，生态文明制度体系更加健全，能源资源利用效率大幅提高，污染物排放总量持续减少，水林田湖系统治理水平不断提升，城乡人居环境更加优美。到2025年，全区$PM_{2.5}$浓度下降到48微克每立方米，累计压减地下水8033万立方米，森林覆盖率达到36.7%。

（五）着力加强制度建设，全面提升治理效能。深入贯彻总体国家安全观，构建完善的共建共治共享社会治理体系，依法治区迈出坚实步伐，社会公平正义进一步彰显，基层基础更加稳固，重大突发公共事件应急能力和防灾减灾抗灾救灾能力明显增强，防范化解重大风险和安全发展体制机制不断完善。到2025年，智慧平安社区基本建成，重大矛盾纠纷排查率、突出治安隐患整治率、高风险人群管控率均实现100%。

（六）着力改善人民生活品质，不断增强人民群众幸福感。坚持把稳就业摆在经济社会发展的优先位置，全面落实就业政策，建立创业带动就业、多渠道灵活就业的保障制度。建设现代化教育强区，进一步改善城乡办学条件，优化教育资源配置，提升教育教学质量，全民受教育程度明显提升。加强基层文化阵地建设，提升公共文化服务能力。全面推进健康桃城建设，大力提升医疗康养服务水平，加快优质医疗资源扩容和区域均衡布局，卫生健康体系更加完善。

“十四五”的宏伟蓝图已经绘就，全面建设社会主义现代化国家的号角已经吹响。只要我们万众一心、苦干实干，励精图治、拼搏奋斗，就一定能够铸就桃城新辉煌！

三、2021年政府主要工作

今年是“十四五”规划开局之年，也是现代化建设进程中具有特殊重要性的一年，经济社会发展要求高、挑战多、任务艰巨。开局决定全局，做好今年政府工作事关长远、意义重大。我们要按照市委、市政府和区委总体要求，统筹常态化疫情防控和经济社会发展，以开展“三重四创五优化”活动为抓手，扎实做好“六稳”工作，全面落实“六保”任务，持续巩固拓展“三大攻坚战”成果，保持经济社会持续健康发展，确保“十四五”开好局、起好步，以优异成绩庆祝中国共产党建党100周年。

经济社会发展的主要预期目标是：**地区生产总值增长7%左右，固定资产投资增长7%，一般公共预算收入增长7%，社会消费品零售总额增长8.5%左右，进出口总值增长5%，实际利用外资增长5%左右，居民人均可支配收入增长8.5%左右；居民消费价格涨幅、$PM_{2.5}$浓度等指标完成市定任务。**

站在历史发展新起点，我们将牢牢把握工作主动权，围绕区委五届六次全会提出的“四强力四突破”要求，重点做好以下工作：

（一）聚力疫情防控，持续巩固抗疫成果。严格落实“外防输入、内防反弹”总体要求，进一步压实四方责任，及时发现和处置苗头性、倾向性问题，做到未雨绸缪、有备无患。紧盯重点区域、重点场所、重点人群，严格实施入境来桃人员闭环管理，加强定点医院、发热门诊建设，落细落实学校疫情防控，确保万无一失。严密监测农产品和进口生鲜食品，完善进口冷链食品防控措施，强化全链条追踪管理，防止由物及人、由环境及人传播。积极稳妥推进疫苗接种，持续强化核酸检测、应急处置、救治能力建设和医疗卫生物资储备，坚决守护好全区人民群众的生命健康安全。

（二）聚力项目建设，全面夯实投资基础。牢固树立“项目为王”理念，围绕“六大产业集群”，大力开展“项目攻坚年”活动。全年申报省级重点项目3个，市级重点项目20个，新开工亿元以上项目5个，完成投资36.8亿元。**大力推进在建项目进度。**加快中湖数字产业新城创意中心、孵化中心建设，10月底前投入使用。北航（衡水）中小型无人机和临近空间飞行器生产与测试综合基地完成研发中心建设，年底前8条生产线全部投入使用。机电产业园、扬天新材料空调、高性能玄武岩纤维及复合材料产业园等项目力争年内开工建设。**大力推进前期项目开工。**河北北直直升机总部基地、航空器材交易展示中心、武汉卓尔飞机北方交付中心等项目年内启动建设，北京新发地果品批发市场及物流专线项目、安华冷链物流衡水基地项目力争年内建成投用。**大力推进招商引资。**持续放大“招商之冬”效应，开展“招商引资突破年”活动，坚持把京津冀、长三角、珠三角先进地区作为重点，谋划引进一批投资规模大、产业链条长、科技含量高的好项目，为稳定投资积蓄后劲。年内外出招商对接不少于80次，签约亿元以上项目不少于20个，谋划外资项目10个以上。**大力推进园区建设。**围绕高端装备制造、新材料、信息智能三大产业，加快延链补链强链，全年新开工项目8个以上，签约项目10个以上，五大“园中园”初具形象。进一步完善园区基础设施，年底前主干道及配套水网、电网、供热网等工程全部完工。

（三）聚力转型升级，加快构建新发展格局。以实体经济为着力点，持续释放新优势、挖掘新潜力、培育新动能，跑出高质量发展“加速度”。**做强城市经济。**改造提升传统产业，大力发展现代服务业，加快推进永安园区退城搬迁，为城市经济发展腾挪空间。培育壮大健康养老、休闲娱乐、文体旅游等生活性服务业，年内启动国际康养中心、吾悦广场建设，万达广场、爱琴海国际广场年底出形象，传统建筑“凝萃园”年底前开园运营。年内启动桃城区智慧文旅平台建设，中湖数字产业新城、衡水湖国际香料小镇争取年内达到国家AAA级旅游景区验收标准。**壮大工业基础。**以“亩均效益”为主线，以服务企业为切入点，做好国企沟通协调，抓好区企壮大提升，指导小微企业规范“升规”，切实提高工业经济实力。年内完成“小升规”企业6家。**提高创新能力**。实施新一轮科技型中小企业成长计划和高新技术企业后备培育工程，年内建成科技创新平台2家，新增高新技术企业5家、科技型中小企业95家，县域科技创新能力持续跃升，稳定保持在全省A类县行列。

（四）聚力改革开放，明显增强高质量发展活力。坚持以改革破解难题，以开放聚集资源，着力破解制约发展瓶颈。**打造高效便捷政务环境**。深入推进“放管服”改革，全面推行“互联网+政务服务”，打造全流程“网上办”，确保一般事项“不见面”、复杂事项“一次办”。持续推进“一会三书一证”和“标准地+承诺制+代办制”审批制度改革，年内落实标准地不少于500亩。**深化重点领域改革**。扎实做好政府部门权责清单编制工作，适时启动事业单位改革，构建更加科学高效的政府体系。大力实施“区乡同权”“区乡通办”，稳步承接划转的行政权力事项，确保审批事项放得下、接得住、管得好。加强社会信用体系建设，探索建立信用承诺制度，完善各领域联合奖惩备忘录，实现联合奖惩措施全覆盖。**扶持壮大民营经济**。探索出台具有桃城特色支持民营企业发展的政策措施，落实落细减税降费政策，弘扬企业家精神，构建亲清政商关系。继续深化“政府陪行长走产业”活动，加大企业纾困解难力度，年内协调企业贷款不低于40亿元。

（五）聚力乡村振兴，统筹推进农业农村现代化。按照“优先发展农业农村，全面推进乡村振兴”战略部署，大力实施强农富农工程。**持续优化调整农业种植结构**。严格落实农业结构调整三年行动计划，扎实推进高标准农田建设，年内完成9.1万亩优质粮食生产核心区、2.7万亩种植结构调整、2.39万亩季节性休耕和旱作雨养项目。全年粮食总面积稳定在40.2万亩左右，总产量达到17万吨以上，“万元田”蔬菜面积达到4000亩。**全力推进乡村振兴示范区创建**。大力实施“农业+旅游”“农业+科技”“农业+项目”，坚持走出一条现代都市农业发展新路子。年内，衡水湖国际香料小镇种植面积达到3358亩，种植香料23种；国际设施园艺产业园一期全部建成并投入运行；恒大高科农业小镇下半年开工建设；四川新雅轩建成全区首家辣椒产业基地。“三区同建”加快推进，全力跑办速流村回迁区前期手续，启动北沼家园二期和北沼社区建设。**深入开展人居环境整治**。巩固提高人居环境整治三年行动成果，年内建设美丽乡村重点片区1个、美丽乡村7个，完成干马村至巨鹿村、国家庄至西汪村等4条农村公路建设，完成邓庄镇石辛庄危桥改造，消除安全隐患。**扎实推进地下水超采综合治理**。继续实施“节、引、调、补、蓄、管”六大行动，年内新增引岗黄水量500万立方米，关停剩余35眼自备井，邓庄镇农业井有序关停。通过生态补水、农业种植结构调整及高效节水灌溉，完成剩余468万立方米压采任务，确保退出超采行列。**巩固脱贫攻坚成果**。对脱贫不稳定户、边缘易致贫户开展常态化监测预警，强化产业扶贫和就业帮扶措施，加强对农村低收入人口的分类帮扶，健全农村社会保障和救助制度，多渠道扶持村集体经济发展，确保所有村集体都有年收入。

（六）聚力城市管理，着力建设舒适宜居主城区。大力实施城市更新行动，推进精细化管理，全面提高城市品质。**拓展城市发展空间**。加快推进河东旧城区拆迁改造，以滏阳河文化带建设为突破口，着力引进一流企业参与开发建设，打造一批有影响力的现代化风情街区、商业综合体。年内力争启动胜利路片区二期、干马村等拆迁改造工作，确保胜利路片区一期回迁入住。**提升城市建设品质**。强力推进基础设施建设，完善河东老城区路网框架，年内完成南门口街、滏东街、胜利东路贯通工程。加快推进雨污分流改造工程，4月底前完成173个小区、20条小街巷和胜利东路、程富路等道路改造。全力推进疙瘩头村二期拆迁工作，12月底前打通政通街（人民路—胜利路）断头路。大力推进公园建设，滏东公园3月底前竣工并向公众开放，龙眼湖公园力争年内启动建设。实施老旧小区改造五年行动，年底前完成80个老旧小区改造提升。年内完成12个绿色社区创建。**强化城市精细化管理**。切实提高物业管理覆盖率，年内27个老旧小区进驻物业。深入推进垃圾分类工作，完成河东、河西、路北三个街道448个小区的垃圾分类设置工作，并实现机关、企业垃圾分类全覆盖。加快报社街民生市场改造提升，6月底前投入使用。

（七）聚力生态优先，持续改善环境质量。树牢"两山"理念，深入开展"蓝天、碧水、净土"保卫行动，全力打造绿色宜居美丽桃城。坚持以网格化监管为抓手，全面提升环保工作精细化管控水平。不断巩固"禁煤区"成果，严防散煤复烧、秸秆焚烧，统筹抓好柴油车超标排放整治、建筑工地和道路扬尘污染防控、工业废气治理等工作，全区空气质量优良天数比达到65%，$PM_{2.5}$浓度下降到50微克每立方米。持续加强河湖综合治理，严格管控排污口和农村生活污水，确保考核断面稳定达标。密切监管涉土重点企业，坚决防止危险化学品废物随意排放，维护区域土壤安全。以环湖绿化为重点，5月底前完成亲子耕作、密林探索1000亩景观节点建设，年底前完成环湖外围绿化8100亩。

（八）聚力民生事业，稳步提高人民福祉水平。加快社会事业补短板、上水平，在持续增强群众幸福感、获得感上实现新突破。大力推进学校建设，年内启动沁香路小学、昌盛街小学、第十一中学建设，第十五中学3月底前投入使用，第五幼儿园、巨吴渠小学9月份投入使用，年底前东明小学投入使用、第七中学完成主体建设，第十四中学力争创建省级示范性普通高中。完善全民健身公共服务体系，新建体育场地8个，全民健身中心2个，打造"10分钟健身圈"。加强就业和社会保障工作，落实"全民参保"计划，力争实现法定人员全覆盖，新增就业5500人，提供就业岗位2000个以上。加大公办养老机构服务能力建设，提高失能半失能特困人员集中供养率。全面提升卫生健康水平，6月底前启用四院西院区，11月底前完成妇幼保健院整体搬迁，年内启动二院肿瘤治疗中心、股骨头医院建设，五院力争评定为二级甲等医院，省级健康促进示范区创建确保通过验收。繁荣发展文化事业，深入开展"建党100周年"系列纪念文化活动，进一步弘扬社会主义核心价值观。

（九）聚力社会治理，全力开创共治共享新局面。以"平安桃城"建设为抓手，以人民群众安居乐业为落脚点，不断提升政府治理能力和治理水平。巩固扫黑除恶专项斗争，加大对"盗抢骗、黄赌毒、食药环"各类违法犯罪的打击整治，不断净化社会环境，消除各类社会隐患，促进社会大局稳定。加大"雪亮工程""智慧警务"建设力度，试点推进"日租房"智能化管理，重点提高农村、城乡接合部等公共空间视频监控覆盖范围，源头减少违法犯罪案件发生。加强应急管理能力，推进"智慧消防"建设，深化重点领域专项整治，提升食品安全水平，全力打造"食品安全示范街"和"医疗器械安全示范街"，坚决遏制重特大事故发生。规范政府举债融资，清理化解债务风险，加大不良贷款处置力度，有效打击非法金融活动。持续推进信访积案和社会矛盾纠纷化解，严格落实退役军人保障法，积极回应群众合法诉求，切实提高基层治理效能。

四、全面加强政府自身建设

新阶段、新理念、新格局对政府工作提出更高要求，面对第二个百年奋斗目标，我们将坚持为人民服务宗旨，切实增强政府自身建设，努力打造人民满意的服务型政府。

一是旗帜鲜明讲政治。坚持把政治建设摆在首位，以习近平新时代中国特色社会主义思想为引领，切实增强“四个意识”，坚定“四个自信”，做到“两个维护”，不断提高政治判断力、政治领悟力、政治执行力，确保中央、省、市和区委各项决策部署不折不扣落到实处。

二是依法行政守规矩。坚持把法治思维、法治方式贯穿政府工作全过程，严格按照法定权限和程序行使权力，坚持科学民主决策，自觉接受人大法律监督、工作监督和政协民主监督，切实增强政府公信力，确保推进依法行政、建设法治政府各项任务落地见效，政府权力在阳光下运行。

三是勇于担当抓落实。坚持把抓落实作为政府工作的第一要求，从严从实转作风，切实提高工作执行能力。进一步强化责任担当，始终保持真抓实干的精神状态，咬定目标，坚定信心，攻坚克难，坚决做到守土负责、守土尽责。

四是清正廉洁作表率。坚持把纪律和规矩挺在前面，深入推进党风廉政建设，全面贯彻落实中央八项规定，切实履行全面从严治党主体责任和“一岗双责”。政府带头过紧日子，严控“三公经费”和一般性支出，厉行节约、反对浪费，大力营造风清气正、干事创业的良好政治生态。

各位代表，奋斗成就梦想，实干创造未来。让我们更加紧密地团结在以习近平同志为核心的党中央周围，在市委、市政府和区委的坚强领导下，不忘初心、牢记使命，砥砺奋进、开拓创新，奋力谱写“经济强区、美丽桃城”高质量发展新篇章，开启全面建设社会主义现代化新征程，以优异成绩庆祝建党100周年！

关于衡水市桃城区2020年国民经济和社会发展计划执行情况与2021年国民经济和社会发展计划（草案）的报告（书面）

——在衡水市桃城区第六届人民代表大会第五次会议上

桃城区发展和改革局局长　商立峰

（2021年2月7日）

一、2020年国民经济和社会发展计划执行情况

2020年，桃城区全面贯彻党的十九大精神，坚持以习近平新时代中国特色社会主义思想为指导，在区委、区政府的坚强领导下，在区人大、区政协及社会各界的监督支持下，按照区委、区政府提出的“11241”总体思路和“23456”基本思路，坚持统筹抓好疫情防控和经济发展，扎实开展“六稳”工作，积极落实“六保”任务，尽量减少疫情带来的不利因素，全区经济从年初疫情的巨大冲击中逐步回暖，经济运行呈现稳步回升态势。

（一）主要指标完成情况

——地区生产总值完成219.6亿元，同比增长3.4%，低于计划目标3.6%左右。

——固定资产投资完成118.3亿元，同比下降3%。

——社会消费品零售总额完成109亿元，同比下降2.6%。

——一般公共预算收入完成140993万元，同比下降6.1%。

——规模以上工业增加值增速同比增长3.3%。

——规上高新技术产业增加值增速同比下降2.4%。

——服务业增加值完成161.7亿元，同比增长3%。

——进出口总额1—8月全区完成6.26亿元人民币，同比下降20.9%，其中出口完成5.89亿元，同比下降23%。

——预计2020年居民人均可支配收入36200元，比上年增长6%。

——城镇新增就业6681人，完成率111.35%。

——常住人口城镇化率达82%以上，完成目标任务。

——有效发明专利为189件，万人发明专利拥有量4.02件。

——$PM_{2.5}$平均浓度为52微克/立方米，比上年同期污染物浓度（55微克/立方米）下降3微克/立方米，变化率为-5.5%。每万元GDP能耗、每万元生产总值用水量、每万元生产总值二氧化碳排放量及化学需氧量、二氧化硫、氨氮、氮氧化物排放量，均已完成年度计划目标。

（二）项目建设积极推进

今年我区省市级以上重点项目24个，截至12月底，14个项目全部开工建设，开工率100%；累计完成投资28.8亿元，投资完成率为93.4%。10个前期项目，总投资104.7亿元，已有4个项目开工建设，其余6个项目正在抓紧跑办前期手续。2020年5000万元入库项目达到168个，在建项目100个，拟新开工项目9个，储备项目59个；项目总投资1325.97亿元，在建项目619.06亿元，储备项目653.68亿元。

（三）外贸招商逐步企稳

2020年全区实际利用外资394万美元，合同利用外资230万美元。1—8月份全区完成进出口6.26亿元，其中出口完成5.89亿元，进口完成0.37亿元。

2020年积极参加各类招商引资活动：省商务厅组织的5.18云签约经贸洽谈会；8月28日我市组织的衡水·宁波（长三角地区）区域合作系列对接招商会；9月16日召开的2020·河北衡水湖国际商务洽谈会和中国·衡水通航和航空运动发展论坛；12月16日我市举办的知名校友助推衡水经济发展系列活动；12月23日我市举办的衡水·深圳（珠三角）投资环境说明会等系列活动。自“招商之冬”活动10月份开始至12月底，我区参加市办活动5次，自办招商活动3次；全区外出考察67批次、335人次；客商来访共73批次、361人次；在谈项目57个，预计总投资168.9亿元；签约项目22个，总投资52.4亿元；2021年春季拟开工项目9个，总投资20.17亿元。

（四）工业科技势头向好

2020年规上工业企业有43家，规上工业企业增加值同比增长3.3%；实现销售收入118亿元，实现税金2.2亿元。工业投资增速71%，技改投资增速64%。1—11月，高新技术产业投资增长12.1%。县域科技创新能力全市第1名，有望进入全省A类行列。新认定国家级高新技术企业15家，累计达到60家；新认定省级科技型中小企业149家，累计达到743家，位居全市第一。新增创新平台4家。

（五）乡村振兴持续发展

2020年全区小麦种植面积17.6万亩，亩产468公斤；玉米播种面积达到18万亩，亩产488公斤；蔬菜播种面积3.5万亩，发展“万元田”700亩；1—12月，肉、蛋、奶产量分别为10480吨、6532吨、6767吨；生猪出栏7.1万头；水果种植面积2.27万亩。

积极开展农村人居环境整治。167个村生

活垃圾得到有效处理，生活垃圾无害化处理率达到100%。完成全区33个村农村生活污水治理任务，新完成农村生活污水管控村庄数41个，管控任务完成率100%。累计清理生活垃圾2万立方米，清理村内塘沟256处，清理残垣断壁300处，清理农业生产废弃物1507立方米，建设小游园、小菜园、小果园368个，全区累计共有170个村达到“五清三建一改”示范村标准，完成率达到100%。村庄绿化面积735亩。建设美丽庭院4732户，精品庭院1005户，大力推进农村“厕所革命”，完成4575座厕所改造任务。

（六）社会事业稳步提高

1. 社保方面。企业养老保险新增参保17486人，工伤保险新增参保20075人，失业保险新增参保16914人，城乡居民养老保险参保人数94039人，参保率达98.92%，各险种均超额完成全年任务目标。城镇新增就业6681人，完成年初下达的6000人任务数的111%。技能提升3457人，完成年初下达2620人任务数的132%。提供就业岗位2615人，完成年初民生实事承诺2000任务数的131%。引进全日制本科以上学历人才数量953人。

2. 医保方面。全区居民参保36.7万人，比去年同期增长1.8万人，参保率达97.6%，圆满完成2020年度城乡居民征缴任务。2020年我区居民医保基金征缴28620.18万元，基金支出27276.73万元。职工医保征缴方面，全区职工医保参保单位达到3581家，参保职工6.3万余人。全区职工医保基金收入24231.09万元，基金支出18873.33万元。

3. 卫生和人口方面。实现了4家卫生院对216所村卫生室人员、财务、药械、业务、准入退出、绩效考核、工资、培训教育、管理、奖惩的“十统一”管理，新建了35家集体产权村卫生室，招（选）聘49名乡村医生充实到乡村医生队伍。2020年累计为城乡低保户14419户、21136人发放临时价格补贴173.63万元，累计为7798户特困户发放临时价格补贴56.1万元。

4. 推进学校项目建设。2020年新改建6所学校，项目总投资约1.7亿元，建筑面积70480平方米；装配式教室建设涉及8所学校，新建装配式教室141个，总投资3474.57万元。

（七）民生实事扎实开展

桃城区2020年度老旧小区改造工程共涉及70个，建筑面积97.31万平方米，涉及居民10521户，涉及279栋，预计投资25501.88万元，已完成改造施工。对河东区域道路排水管网进行雨污分流改造，人民东路（滏东街—京衡大街）等7条道路的排水系统雨污分流改造已完成市级下达的改造任务；完成和平路（彩虹桥—人民路）等6条道路的雨污分流改造工作，实现河东区域排水管网全部雨污分流的工作目标。2020年新建生鲜超市6个并投入使用。投资4300万元的邓庄镇铺设供水管道65.5公里，实施农村生活水源置换项目，现已进行试通水工作。总投资3877.91万元的滏阳河桃城区段补水河道清理整治工程已完成。

（八）生态环境严格整治

1. 大气污染防治工作。2020年我区空气质量综合指数为5.16，全市排名第2名；$PM_{2.5}$平均浓度为52微克/立方米，全市排名第5名；PM_{10}平均浓度为82微克/立方米，全市排名第2名；桃城区达标天数共239天，占过去总天数366天的65.3%，在全市排第3名。

2. 水污染防治工作。2020年1—11月份，桃城区5处考核断面共达标51次，断流2次，超标1次，平均达标率94.44%。

3. 加强黑臭水体治理。一是对滏阳新河深槽（巨鹿—中湖大道）段进行清淤整治，恢复河道生态环境，达到黑臭水体治理的最终效果。二是于2020年5月完成胡堂排干（交警支队家属院段）暗涵整治工程。

（九）持续优化营商环境

开展“互联网+政务服务”改革，已经开通网上办理的478项，未开通网上办理的14项，网上办理功能开通率达到97.1%。打造出了600平方米无人值守的智慧办税服务厅，配置各类型的自助终端40余台，构建“网上办税平台为主、自主办税平台为辅、窗口办税平台兜底”的多元化智能办税服务模式。压缩企业注册登记时间至4小时，全年市场主体新增9619户、净增5221户，完成全年任务数的96.81%。

2020年通过积极工作，努力克服疫情带来的不利影响，主要经济指标止落回升，全区经济社会发展取得了一定成绩，但是也存在一些问题和不足：一是受疫情和宏观经济下行影响，经济指标未能实现预期目标，全区经济保持平稳较快发展面临诸多挑战；二是发展质量有待提升，推动经济发展的主导产业不强，“六大产业集群”的集聚效应还不明显；三是基础设施、公共服务等领域供需不足，基本公共服务水平有待进一步提升完善。

二、2021年经济社会发展年度任务目标和主要措施

2021年是“十四五”规划开局之年，我们将全面贯彻落实党的十九大和十九届二中、三中、四、五中全会精神，认真落实中央经济工作会议、省委九届十一次、十二次全会、市委四届八次全会和区委五届六次全会精神，高举习近平新时代中国特色社会主义思想伟大旗帜，在区委的正确领导下，按照区委新阶段“11241”总体思路，在经济形势逐步向好的方向转变的同时，统筹推进疫情防控和经济社会发展，全面落实“六保”任务，积极消化疫情带来的不利影响，奋力开创新时代全面建设经济强区、美丽桃城新局面，以优异成绩向建党100周年献礼。

2021年全区经济社会发展主要经济指标预计：地区生产总值增长7%左右；一般公共预算收入增长7%；固定资产投资增长7%；规上工业增加值增长7%；社会消费品零售总额增长8.5%左右；居民人均可支配收入增长8.5%左右；进出口总值增长5%，实际利用外资增长5%左右。

（一）全力以赴、推进项目建设

持续做好“谋、跑、争、促”工作，每个项目组建工作专班，制定具体推进方案，定期研究、调度项目进展情况，帮助项目完善前期要件，协调建设用地、资金等要素，落实项目投产所需的水电气暖等基础条件，保障项目顺利实施，力促每个洽谈项目早落地、早开工、早运营。

1. 全力推进省市重点项目建设。对国际香料小镇、大数据VR一期、国防训练基地、桃城壹号、胜都科技等23个省市重点项目进行全方位跟踪，实时掌握项目进度，督促项目方加快投资进度。中湖数字产业新城创客街区正式运营，孵化企业同步入驻；孵化中心、创意中心主体完工。国际香料小镇完成香料加工厂，原料加工区建设。国防动员综合训练基地4月底前投入使用。推动胜都科技建成投产并生产效益。积极推进总投资20亿元的北航（衡水）中小型无人机和临近空间飞行器生产与测试综合基地一期投产生效，二期开工建设。积极为公路铁路交通设施制造、扬天科技新材料空调新型建材、泰山石膏新型建材等项目提供前期手续服务，实现尽早开工快速投产。积极推进总投资5亿元的扬天电子空调生产项目开工建设。着力推进中铁二十局长安重工有限公司钢箱桥梁、北京航天和兴科技有限公司精密加工与制造等项目签约落地。

2. 全力推进招商项目落地见效。2021年，我区将以“招商之冬”活动为契机，打破固有观念，拓展创新招商引资工作思路。一是探索实施“精准招商”模式，按照“高、新、软、优”的产业发展方向，研究明确引进项目目标

准；二是创新“中介招商”模式，搭建招商引资综合平台。对接知名招商投资推广战略平台，解放思想、敢于创新，立足“珠三角”“长三角”“雄安新区”“环首都经济圈”，结合我区发展定位，定期组织招商活动，深化“走出去、请进来”的招商模式，持续拓展招商引资工作的广度和深度，提高桃城知名度；三是侧重产业链招商。针对县域特色产业集群，开展产业链招商研究，进一步完善产业链。四是突出网络媒介招商。积极与相关专业机构联合开展投资推广网络招商合作，扩大网络推介影响。将“招商之冬”常态化为“招商之年”，持续深化我区招商引资工作。

3. 全力推进政府投资项目尽快开工建设。特别是2021年老旧小区建设、雨污分流、滏东新城道路建设等区重大基础设施建设工作，同时推进国道307衡水市段改建工程、公安公共安全视频监控、哈励逊国际和平医院南院区等市级重点项目。积极启动实施预计投资2.39亿元的117个老旧小区改造项目。继续完成市级交办的投资3862.17万元的138个小区，20条小街巷的雨污分流改造。计划完成投资9721万元新建滏东街、南门口街、胜利东路、站北路4条道路项目；投资1667.69万元的隆庆街、南门口街2条道路改造项目；投资1083.08万元的维明街、规划东西路断头路打通项目等。

（二）坚持不懈、推动科技创新

扎实推进工业企业创新能力。完成1家工业设计购买服务项目，力争完成2家工业设计购买服务项目。争取完成1家工业设计中心的申报工作。在已完成2020年全省规模以上制造业工业企业设立研发机构的比例达到30%的目标任务的基础上，2021年，争取完成2家以上工业企业研发机构的认定工作。加大河北省“专精特新”中小企业入库申报工作力度，2021年争取3家中小企业进入河北省“专精特新”入库，落实河北省“专精特新”中小企业奖补资金，促进中小企业发展。**紧盯科技创新不动摇**。实施高新技术企业和科技型中小企业重点培育计划，孵化落地一批高科技项目，催生一批科技型旗舰企业。全年计划建成企业技术中心、技术创新中心、科技企业孵化器、众创空间等科技创新平台5家以上，新增高新技术企业8家，新科科技型中小企业95家。办争科技创新能力由B类晋升到A类。

（三）重点突破、加快园区建设

围绕高端装备制造、新材料、电子信息三大产业，推进建设无人机产业园、科技创新产业园、新材料产业园、机电产业园、京雄产业承接园五大“园中园”，年内均实现新突破。

无人机产业园中的一期项目年内要投用，具备50架中小型无人机总装下线能力；相应科研攻关中心建设完成，协议约定的各项科研项目出成果；无人机产业发展取得新的成就，带动园区形象得到大的提升。

科技创新产业园年内要签约引进企业5家以上，入驻率达到60%以上，以此为依托，吸引京津雄、长三角、珠三角和本地高新企业的入驻，科技创新平台的作用进一步彰显。

新材料产业园年内年产5000吨高性能玄武岩纤维项目开工建设，力争投产。以此为带动，逐步引入先进无机非金属材料、高分子新材料、先进复合材料等科技含量高、附加值高、带动作用强的绿色新材料产业集聚发展。

机电产业园年内4个项目全部开工达产，同时加快产业园周边土地的组卷报批工作，把产业园做大，吸引更多域内域外、产业链上下游的企业入园建设，增强集聚效应。

京雄产业承接园年内要力争再签约引进3家域外企业入驻，闲置土地和厂房资源得到充分利用，达到企业增收入、客商少投入、园区得发展的目标。

（四）坚定不移、推进民生实事

1. 绿色社区创建。按照省市绿色社区创建三年行动方案要求，以老旧小区改造、市政基础设施和公共服务设施维护等工作为抓手，改造提升社区供水、排水、供电、弱电、道路、供气、供热、消防、生活垃圾分类等基础设施；整治小区及周边园林绿化、环境卫生、道路照明、私搭乱建等环境问题，推动社区卫生服务中心标准化建设等工作。

2. 全面推进沁香路小学、昌盛街小学、第十一中学三所新建学校项目建设，计划投资9000万元，新建面积37640平方米。广泛开展冰雪运动，加大进校园力度，“小手拉大手”，掀起全民参与冰雪运动的新热潮。举办全区冰雪运动会和一些单项赛事。继续举办河北·衡水航空运动嘉年华赛事活动，扩大品牌赛事的影响力。持续完善全民健身公共服务体系。加强体育场地设施建设，增加供给，满足群众日益增长的运动需求。深入推进农民体育健身工程、社区全民健身路径工程，确保全覆盖、城市社区10分钟健身圈。

3. 进一步丰富群众文化生活，提升群众文化生活满意度。围绕建党100周年举办晚会、大合唱、美术、书法、摄影等群众文化活动。积极组织文艺爱好者围绕建党100周年进行文艺创作，争取创作出符合当代主旋律的文艺作品。继续开展文化惠民演出，全年“七进”文化惠民演出不低于75场。争取完成区智慧文旅大数据、一部手机游、文旅营销云平台三大平台建设，对接省、市大数据中心，通过“旅游+”整合我区吃、住、行、游、购、娱等资源，利用大数据分析对游客进行精准画像，利用“互联网+”为游客提供便捷的公共服务，实现“一部手机游桃城”。

4. 积极推进市四院西院区的投入使用；计划投资3845万元将原市妇幼人民路院区改造为区妇幼办公驻地；投资1000余万元改造提升市二院发热门诊；扎实推进三家公立医院的晋级评审筹备，实现医疗服务质量的提升；计划投资100余万元对区疾控中心实验室和冷链进行改造提升，满足水质监测和疫苗运输需求。

5. 继续落实好三重保障“一站式”结算政策，完善贫困人口医疗保障体系，减轻贫困人口医疗费用负担。进一步做好门诊慢性病管理服务，对于建档立卡贫困人口申办慢性病随时受理，保证符合条件人员及时享受医保待遇。

（五）持之以恒、促进创新创业

1. 建立“两网两库双线”就业平台，力争就业服务全覆盖。一是建立覆盖城乡的“信息传递”和“就业服务”网络。二是建立供需对接两个信息库。三是开展“线上+线下”多元招聘和培训活动。四是优化提升创业平台。2021年力争完成技能提升2000人以上、实现新增就业6000人、创业服务8600人次、提供就业岗位2000个以上。

2. 继续抓好创新主体培育。完善科技创新政策体系，扎实推进高新技术企业、科技型中小企业申报培育，积极推动企业吸纳技术合同工作。在原有11家定点技能培训机构基础上，继续选拔培育新增一批技能培训定点机构，提高技能提升培训能力。2021年至少举办5场包括室内、广场、线上等不同形式的大型主题招聘活动，充分挖掘就业岗位。

3. 完善社会组织和爱心企业参与帮助退役军人就业创业工作机制。通过加快发展会员企业，大力鼓励退役军人进行创业、就业，推动退役军人就业创业促进会与会员企业之间、会员企业与退役军人之间的信息流通、资源融通、优势互补。

（六）加强力度、推动农村建设

1. 做好农业节水项目。一是地下水超采综合治理季节性休耕项目，计划实施26300亩，投资1315万元，节水420万立方米，涉及各乡镇和河东办。二是地下水超采综合治理旱作雨养项目，计划实施3930亩，投资314.4万元，节水83万立方米，封停机井39眼，涉及邓庄、河沿、赵圈三个镇。

2. 做好人居环境整治工作。一是持续加大人力物力投入，继续实施农村“厕所革命”，引入市场运营管护，加强对第三方运维公司的监管，保证粪污无害化处理达到100%。二是生活垃圾无害化处理率达到100%，并加大对三个环卫公司监管力度，提高服务水平。三是农村生活污水方面，继续完善长效机制，加大农村生活污水原位消纳，循环利用，实现生活污水足不出户。四是对农村基础设施进行提档升级，逐步提高村庄绿化、亮化、美化比率。

3. 计划完成农村公路建设大修2项。即：干马—巨鹿段，里程8.149公里，路面宽度7米，总投资1491万元；国家庄—西汪（郎子桥—魏家庄）段，里程1.675公里，路面宽度8米，总投资362万元。计划完成农村公路危桥改造2座。即：石辛庄桥，拟建全长80米，全宽9米，总投资504万元；芦村桥，拟建全长50米，全宽9米，总投资360万元。

（七）优化环境、深化改革空间

1. 支持创新驱动发展战略，不断完善科技创新体制机制，加大财政对科技创新的投入力度，重点保障区委区政府安排的科技创新、产业转型项目建设的资金需求，补齐全区科技创新短板。

2. 进一步优化营商环境，把控用地政策，畅通绿色通道，确保重大项目用地需求优先保障。推进增减挂钩实施，加大挖潜力度，解决建设用地指标及“占补平衡”指标。探索增存挂钩机制，进一步消化批而未供土地。通过调整、置换盘活批而未用的存量用地以及低效闲置土地。

3. 持续推进“标准地+承诺制+代办制”改革、政府“双基”项目“一会三书一证”改革和深化工程建设项目审批制度改革，通过规范精简申报材料、压缩审批时限和提供更优质审批服务。紧盯我区的省、市、区重点项目，安排代办人员全程跟进，对接相关职能部门和上级部门，做好项目前期辅导和后期服务。

（八）持续进取、保护生态环境

1. 狠抓严治大气污染防治难点。一是强化“散乱污”排查整治。将严格落实乡镇的主体责任，发挥网格化监管的作用，继续加强对“散乱污”企业的巡查监管，严防严控，巩固“散乱污”企业整治成果。二是加强秸秆禁烧管控工作。将持续加强秸秆禁烧的巡查，回头看，对铁路沿线、高速沿线进行大力度巡查，组织网格化人员对路面杂草清理，确保将“禁烧”工作落实到位。

2. 严格强化资源保护。做好生态保护红线评估，在国土空间规划中统筹划定落实生态保护红线、永久基本农田和城镇开发边界三条控制线。落实耕地保护责任制和耕地保护考核制度，严守永久基本农田保护红线，依法依规做好项目临时用地保障。加大对土地违法违规案件的查处力度，建立长效管控机制，把违法占地行为遏制在萌芽状态。

2020年桃城区经济社会发展取得了一定成果。2021年任务更加艰巨，我们坚信，在区委、区政府的正确领导下，在区人大的监督指导下，齐心协力、砥砺前行，通过全区上下共同努力，一定能够圆满完成2021年国民经济和社会发展计划以及各项目标任务，实现“十四五”良好开局。

通航产业

【概况】　衡水航空运动小镇自2018年1月开始建设，占地549亩的飞行核心版块初步建成，拥有八项全国第一，先后荣获“河北省特色小镇”“河北省体育产业示范项目”“河北省旅游特色小镇”“河北旅游百大人气目的地”“河北省通用航空训练保障动员中心”“冀东南低空飞行服务保障体系试点示范单位”“衡水市中小学生研学实践教育基地”等荣誉称号。

2018年以后，桃城区航空运动成为国内备受关注的新兴产业。2020—2025年，将以衡水航空运动小镇为先导，打造“低空产业经济”和“航空体育运动”两个品牌。按照四大版块和五大产业链进行空间总体布局，包括：航空运动旅游版块、通航智能制造版块、通航运输物流版块、通航服务版块四大版块；航空制造、休闲体验、职业培训、展示交易、维修服务五大产业链，基本形成以通航运营为核心，带动通航服务保障、研发制造协同发展的全产业链格局，实现通用航空产业和经济社会双发展目标，成为桃城区产业结构升级、经济社会发展的重要推力。为抓住契机，做大做强桃城区通用航空产业链，协调好区直部门和乡镇街道做好相关工作，经区委常委扩大会研究同意，成立衡水通航产业发展委员会及办公室。

【机构职能】　桃城区成立衡水通航产业发展委员会，委员会主任由区委副书记、区长崔邦文担任，副主任由区委常委、宣传部部长孙希浩（主持日常工作）和区政府负责项目建设、招商引资、高新区的领导担任，成员单位有区委网信办、发改局、工信局、科技局、金融监管局、高新区、河沿镇、赵圈镇。

衡水通航产业发展委员会下设办公室，作为区委、区政府发展通用航空产业的临时办事机构，设在区政府。办公室主任由区委常委、宣传部部长孙希浩兼任，办公室常务副主任由区委网信办主任何童兼任。

【产业发展情况】　基础设施继续完善。衡水航空运动小镇跑道延伸至1400米（土方工程施工完毕，罗福士道面尚未铺装），建成3000平方米机库一座，200平方米的公厕2座（其中靠近游客中心公厕正在扫尾）。安装大小围栏2500多米，将跑道北端周围150米的区域全部纳入飞行安全区域，营地核心区增扩至1041亩。

飞行器与飞行服务更加健全。小镇拥有各类飞行器7个机种、16个型号、40余架，2020年总飞行时间3000小时，11000余架次，高空跳伞296架次，保障转场180场次，飞行时间和飞行架次均在全国航空飞行营地甚至全国通航机场中名列前茅。

开展航空运动职业培训。转旋翼机、动力三角翼、轻型飞机、高空跳伞、热气球等各类航空器的培训、体验以及交易全面开展。2020年共培训飞行员59名，飞行教员20名。其中，自转旋翼机飞行员12名，占中国自转旋翼机2020年培训总数的二分之一。

衡水桃城机场获批成立。2020年1月，国家民航局正式批复衡水桃城机场，是国内首家由航空飞行营地转型B类通航机场的成功典范。

成功获批国家AAA级旅游景区。开辟以“一河（滏阳河）”“一湖（衡水湖）”“一园（园博园）”为主要内容的“空中看衡水”旅游线路，开启衡水航空旅游元年，被河北省文化和旅游厅评为“河北旅游百大人气目的地”。

全国最大的旋翼机交付培训中心成立。中国最大旋翼机交付培训中心在衡水航空运动小镇成立，德国奥捷龙、法国DTA自转旋翼机交付中心落地。成立以来，交付旋翼机6架，培训飞行员12名。

衡水市航空运动协会成立。经过组织筹备，衡水市航空运动协会正式成立，标志着衡水航空体育步入“组织化、合作化、规范化”发展新阶段。

开展青少年航空研学活动。衡水航空运动小镇被衡水市教育局命名为“衡水市中小学生研学实践教育基地”。北京、天津等周边城市的青少年研学团定期到营地开展青少年航空科普、研学等。衡水市人民路小学、利民路小学等多所学校开办“航空兴趣班”。《中国体育报》，中央、省市电视台少儿栏目均进行专题报道。

完成特战学院伞降培训任务。中国人民解放军陆军特战学院10名教官在衡水航空运动小镇进行为期一个月的伞降集训，并训练全国首次利用热气球高空跳伞，完成各项预定任务。

两条“空中快线”开通。先后开通衡水桃城机场到德州平原机场、衡水桃城机场与沧州中捷机场的“空中快线”，为飞行员培训转场科目提供实践场地的同时，为后期的短途运输奠定基础。

举办2020中国·衡水通航和航空运动发展峰会。峰会上邀请国家体育总局航管中心、中国航协、中国民航科学研究院等领导和专家，围绕“航空体育产业发展之思考”“通航和航空运动产业发展趋势与前景分析”“航空运动飞行营地建设与通航全产业链发展”等主题，进行精彩演讲和热烈讨论，为衡水航空运动小镇后期发展指明方向。

开创中国轻型飞机单程最长飞行纪录。8月22日两架“运动之星”飞机从衡水桃城机场起飞，经过近5小时的连续飞行，横跨河北、山西、内蒙古三省，航程800多公里，顺利降落内蒙古四子王旗机场，开创中国轻型飞机单程最长飞行纪录。

出台衡水通航产业政策。制定发布《桃城区支持通用航空产业发展的若干政策》，一揽子支持政策的发布，被业内资深航空专家誉为“史上最强、最接地气、可执行性强”的通航产业发展支持政策，从六个方面提出二十九项政策保障措施，补齐政策短板，激发内生动力。

获得多项荣誉。会同省军区动员局专家组对衡水桃城机场进行现场评审，授予“河北省通用航空训练保障动员中心”称号，明确将衡水桃城机场列为全省首批低空飞行服务保障体系建设贯彻国防要求试点示范单位。

“飞天奖”“星光奖” 颁奖仪式在桃城举行

【概况】 9 月 28 日晚，第 32 届电视剧“飞天奖”、第 26 届电视文艺“星光奖”颁奖仪式在位于桃城区红旗大街路西、滏阳河畔北侧的衡水艺术中心大剧院举行。“飞天奖”“星光奖”是中国电视剧和电视艺术的最高奖项，来自全国各地的优秀电视人参加盛典。

【明星走红毯】 晚 6 时，第 32 届“飞天奖”、第 26 届“星光奖”明星走红毯仪式拉开帷幕。第一组走上红毯的是各卫视主持人，他们着装靓丽、步态端庄，不时向粉丝们挥手致意。当华少（胡乔华）、曹可凡和李好走上红毯时，现场掌声不断，红毯仪式进入第一波小高潮。随后，电视剧《小欢喜》《老酒馆》《在远方》《最美的青春》等年度剧作主创团队代表走上红毯。《老酒馆》主演陈宝国、秦海璐以及编剧等走上红毯时，现场再次掀起高潮，观众更是不停地拿起手机、相机拍照。在众多观众的期待中，张嘉益、孙俪、易烊千玺等走上红毯，全场再次沸腾，把整个红毯区的气氛推向高潮。除大家熟悉的明星外，更多的影视制作、幕后制作人也走到前台。

【颁奖仪式】 晚 8 时整，颁奖大厅座无虚席。颁奖盛典由著名主持人任鲁豫、春妮担纲主持，现场的贵宾区坐满了国内众多艺术家和一线影视明星。“星光奖”率先开出各大奖项，此前包括《创意中国》《国家宝藏（第一季）》《长江之恋》《中国脱贫攻坚》等在内的 75 部电视作品入围。现场评选出特别奖 6 个、广播电视节目大奖 14 个。《中央电视台春节联欢晚会（2018、2019）》获得特别奖，《经典咏流传》《闪亮的名字》等热门电视栏目摘得电视文艺栏目大奖。

盛典重头戏“飞天奖”颁奖环节，马继红凭借《外交风云》拿下优秀编剧奖。优秀导演奖被执导《老酒馆》的刘江收入囊中。秦海璐凭借在《老酒馆》中的精彩表现，获得优秀女演员奖。优秀男演员何冰（《情满四合院》）、林江国（《可爱的中国》）、刘智扬（《最美的青春》）、倪大红（《都挺好》）、唐国强（《外交风云》）入围优秀男演员提名，最终何冰获优秀男演员奖。其他各个奖项也先后揭晓、花落各家。

颁奖嘉宾中，曾任北京人民艺术剧院院长、北京市文联主席的衡水人张和平，一登场就赢得家乡观众的阵阵掌声。观众的热情让张和平深受感染，他表示：衡水近年发展很快，变化巨大，作为衡水人非常骄傲。这次“飞天奖”“星光奖”在衡水举办，对衡水来说是一次非常难得的机遇，希望家乡抓住机遇，争取更大发展。

【热心观众】 该次颁奖盛典，衡水市部分全国道德模范、全国劳动模范代表应邀请观演，全国道德模范林秀贞现场观看颁奖盛典，她激动地说：“看到衡水能圆满承办这么高规格的盛会，由衷感到骄傲，相信我们一定能通过办会推动文化衡水建设再上新台阶。”

场外观众热情高涨。当晚 8 时许，衡水上空飘起蒙蒙细雨，他们守候在明星出入的必经路口，只为一睹心仪的偶像。市民徐林洋在现场等候，却并不完全是为追星，在他看来，“双奖”在衡水成功举办，让外界真切感受到衡水的城市魅力，希望以后更多的优秀人才能走进衡水、感触衡水、爱上衡水。

【盛况播报】 该次颁奖盛典通过河北、北京、湖南、江西、吉林 5 家卫视同步电视直播，《人民日报》、新华社、中央广播电视总台等权威媒体，腾讯视频、优酷、爱奇艺等有影响力的网络媒体平台实时宣传推广。

（资料来源：《衡水晚报》）

大事记

1月

6日　河北省第三包联督导组一行4人就加快冰雪运动发展重点工作开展情况到桃城区新苑小学、第八中学进行督导检查，听取桃城区相关工作汇报，并对桃城区在冰雪运动发展方面做出的积极探索给予高度评价。区领导崔邦文、何红卫参加督导活动。

7日　区领导崔邦文、岳广龙、夏奎来与布瑞克（苏州）农业互联网股份有限公司、海流图（北京）投资基金有限公司、功夫动漫股份有限公司负责人一行就合作事宜及项目规划情况进行深入沟通交流。

同日　“衡水市桃城区消防救援大队”揭牌。

8日至10日　桃城区第六届人民代表大会第四次会议在市迎宾馆衡水会堂召开。9日，区六届人大四次会议举行第一次全体会议，区人大常委会主任胡建军主持会议。代区长崔邦文代表区人民政府向大会作《政府工作报告》。10日，区六届人大四次会议举行第三次全体会议。崔邦文当选为区人民政府区长。

8日至10日　桃城区政协第六届委员会第四次会议在衡水迎宾馆举行。

13日　桃城区在收听收看衡水市“不忘初心、牢记使命”主题教育总结大会后，召开“不忘初心、牢记使命”主题教育总结大会。区委书记郝卫东出席会议并讲话。市委主题教育第一巡回指导组组长倪兰香、成员常国庆到会指导。区领导孟洪义、王智杰、胡建军、张稳坐等在家的区四套班子领导及区委主题教育领导小组办公室相关负责人一并参加。

14日至15日　区委书记郝卫东、区长崔邦文分别带领相关部门负责人，看望慰问部分老党员干部、困难职工、残疾特困户、特困妇女等。春节前夕，孟洪义、王智杰、胡建军、张稳坐、刘素云、冀学志、李建高、高福顺、孙希浩、张建涛等区领导分别带领相关部门负责人深入基层，对困难党员群众进行走访慰问。

15日　桃城区召开离退休老干部迎春团拜会。郝卫东、孟洪义、胡建军、张建涛等区领导与20余名离退休老干部欢聚一堂，畅叙情谊，共话发展。区委书记郝卫东讲话。区委副书记孟洪义主持。

17日　桃城区召开2019年度武装工作总结表彰大会，区委书记、区人武部党委第一书记郝卫东出席会议并讲话。区委常委、区人武部部长王国斌，副区长岳广龙，区人武部政委谈文华一同参加。

同日　中共衡水市委书记王景武到市六届人大五次会议桃城区代表团，与代表们一同审议政府工作报告。市人大常委会副主任刘占强，区领导郝卫东、崔邦文、胡建军、刘素云、张建涛一同参加审议。

19日　桃城区召开散煤治理、农民工工资、人防工程工作调度会，区委书记郝卫东主持会议并讲话，区长崔邦文出席会议并就做好相关工作讲意见，区领导孟洪义、刘素云、冀学志、高福顺、孙希浩、岳广龙、明丙振、夏奎来、王加平及相关单位主要负责人一同参加。

同日　区长崔邦文分别到区人武部、消防救援大队三中队、武警中队、省军区民兵装备仓库进行春节走访慰问。区委常委、区人武部部长王国斌，副区长岳广龙及有关部门主要负责人一同参加。

20 日　桃城区召开基层党建工作述职评议会议。区委书记郝卫东主持会议并讲话。市委组织部组织二科科长马兰庭到会指导，区长崔邦文，区领导孟洪义、王智杰、胡建军、张稳坐、刘素云、冀学志、李建高、高福顺、孙希浩、张建涛出席会议，区直相关部门主要负责人约 170 人一同参加。

21 日　衡水市人民政府市长吴晓华春节前检查慰问市场供应、食品安全、消防安全、在岗职工等情况，实地检查桃城区滏阳便民市场商品供应并慰问环卫工作、城管执法人员，区长崔邦文陪同。

同日　区长崔邦文主持召开全区新型冠状病毒感染的肺炎疫情联防联控工作会议，贯彻落实省、市会议精神，对桃城区联防联控工作进行安排部署，副区长何红卫讲了意见。

22 日至 23 日　区委书记郝卫东、区长崔邦文分两路走访慰问节日期间坚守岗位的一线职工，向大家送上新春的祝福和亲切的问候，感谢他们为推动桃城经济社会发展做出的积极贡献。区领导郗亚明一同参加慰问。

23 日　桃城区召开新型冠状病毒感染的肺炎疫情防控工作部署会。区委书记郝卫东、区长崔邦文出席会议并讲话，区领导冀学志、孙希浩、何红卫出席会议，区卫健局、区属部分医院有关负责人参加。

25 日　区领导郝卫东、崔邦文、冀学志、何红卫、郗亚明带领卫健局等相关部门负责人，实地到区疾控中心、衡水市第二人民医院（以下简称二院）、火车站、大陆裕丰社区等地，调研新型冠状病毒感染的肺炎疫情防控工作。

26 日　区领导崔邦文、冀学志、何红卫召集各乡镇办及相关部门主要负责人召开会议，传达全市新型冠状病毒感染的肺炎疫情防控工作调度会会议精神，并对桃城区疫情防控工作进行调度部署。会后，区长崔邦文实地到相关乡镇、部门对疫情防控和应急值守工作进行督导检查，区委常委、常务副区长冀学志陪同。

27 日　市领导吴晓华、郭铁铮检查新型冠状病毒防控工作，实地检查桃城区郑家河沿镇王渡口村、邮政局家属院疫情防控情况，区长崔邦文陪同。

28 日　区领导郝卫东、孟洪义、何红卫就桃城区新型冠状病毒感染的肺炎疫情防控工作，先后到衡水市第四人民医院、邮政局住宅小区、IU 酒店、路北兴业小区、大西野营村、欧庄村、衡水东高速口、天鸿荣城小区调研。随后，区领导郝卫东、崔邦文、孟洪义、冀学志、何红卫就调研过程中发现的问题在桃城区疾控中心组织召开会议，对下一阶段疫情防控工作做安排部署。

同日　区长崔邦文主持召开新型冠状病毒感染的肺炎疫情防控工作紧急部署会。会上，传达学习市委常委会会议精神，学习借鉴兄弟县、市疫情防治的好经验好做法，听取各乡镇街道疫情防控工作的进展情况，研究解决防控工作中存在的困难和问题，并就进一步做好疫情防控提出明确要求。区领导冀学志参加。

29 日　省新型冠状病毒感染的肺炎疫情防控督导组到丽景名苑小区检查指导工作，区领导郝卫东、崔邦文、刘素云、冀学志参加。

31 日　区委书记郝卫东调研新型冠状病毒感染的肺炎疫情防控工作。他强调，要以最高标准、最硬作风，健全工作体系，加强分析研判，全面落实防控措施，全力做好新型冠状病毒感染的肺炎疫情防控工作。

同日　全区新型冠状病毒感染的肺炎疫情防控工作指挥部召开调度部署会议，区委书记郝卫东主持会议并讲话，区长崔邦文对防控工作提出具体要求。

2月

2日　区委书记郝卫东到东明蔬菜果品批发市场和区特困人员供养中心，检查新型冠状病毒感染的肺炎疫情防控工作。区委副书记孟洪义一同参加。

3日　在收听收看省、市两级新型冠状病毒感染的肺炎疫情防控工作会议后，区委书记郝卫东就疫情防控工作进行再安排、再部署、再落实。区长崔邦文，区领导孟洪义、王智杰、胡建军、张稳坐等在家的区四套班子领导与各相关单位负责人参加。

4日　区委书记郝卫东到信誉楼、北沼垃圾运转站、丽景君苑、德克士快餐店、桃城高新区管委会、赵家圈镇政府，调研新型冠状病毒感染的肺炎疫情防控、消杀及爱国卫生整治工作。区领导孟洪义、孙希浩、夏奎来、王兰贵一同参加。

5日　区长崔邦文到郑家河沿镇南沼村、盐堤口村，实地检查新型冠状病毒感染的肺炎疫情防控工作。郑家河沿镇主要负责人陪同检查。

6日　区委书记郝卫东主持召开全区重点项目建设及重项工作开展情况调度会。区长崔邦文出席，区领导王国斌、孙希浩、岳广龙、夏奎来、王加平、王兰贵及相关部门主要负责人参加。

7日　区委书记郝卫东就新冠肺炎疫情防控工作开展情况到区新型冠状病毒感染的肺炎疫情防控工作指挥部进行督导调研，并看望慰问奋战在一线的工作人员。区领导孟洪义、冀学志及各工作组负责人参加。

同日　区委书记郝卫东就新冠肺炎疫情防控工作，深入一线实地调研指导，并看望慰问一线工作人员。区领导孟洪义、高福顺、郗亚明一同参加。

8日　区委书记郝卫东就做好节后返程期间疫情防控等工作召开专题调度会。区领导孟洪义、何红卫及相关单位负责人参加。

同日　区委书记郝卫东就疫情防控期间大型超市购菜客流量大、人员聚集等问题召开专题调度会。区领导孟洪义、何红卫、郗亚明及各相关部门负责人参加。

10日　区委书记郝卫东不打招呼、不设路线，直奔社区、农村一线，突击调研新冠肺炎疫情防控工作落实情况，区委副书记孟洪义和有关部门主要负责人参加调研。

12日　就疫情防控期间重点项目建设情况，区委书记郝卫东深入一线实地调研，区长崔邦文、区领导孙希浩、王兰贵和有关部门主要负责人参加调研。

同日　区委书记郝卫东到衡水市第二人民医院、衡水市自然资源和规划局桃城区分局、国网桃城区供电公司调研新冠肺炎疫情防控、土地收储等工作，区领导孟洪义、何红卫及相关单位负责人一并参加。

14日　在收听收看全市疫情防控暨复工复产复学工作部署会议后，桃城区随即召开疫情防控推进暨复工复产复学工作部署会。区委书记郝卫东就桃城区疫情防控工作与复工复产复学工作进行再安排、再部署。区长崔邦文讲话，区委副书记孟洪义主持，区领导胡建军、张稳坐、冀学志、何红卫及区直相关部门和乡镇街道主要负责人参加。

15日　市委副书记邸义就衡水通航产业发展到桃城区调研，详细了解北航无人机、无人机集群测控基地和航空飞行营地的项目进展情况，实地考察高新区智能服务机器人项目，并就衡水通航产业发展提出具体要求。区领导崔邦文、孙希浩、王兰贵陪同。

16日　区长崔邦文就复工复产企业疫情防控工作落实情况，深入一线实地督导检查。区领导夏奎来及区直有关部门主要负责人一同参加。

18日　区委书记郝卫东到邓庄镇民兵训练基地、国际设施园艺产业园、衡水湖国际香料小镇，实地调研重点项目复工和疫情防控工作。区领导王国斌、张建涛、岳广龙，区人武部政委谈文华及有关部门主要负责人参加调研。

19日　区委书记郝卫东深入一线实地调研学校公厕建设和重点项目建设，区领导胡建军、何红卫、夏奎来及相关单位负责人一同参加。

同日　区长崔邦文主持召开市区综合排水工程工作会议，他强调，各级各有关部门要明确分工，强化责任担当，狠抓工作落实，有力有序推进市区排水系统综合整治工程建设。区领导王加平参加。

20日　市政协副主席苏振武到桃城区督导调研工业企业复工复产疫情防控工作，实地查看衡美纱线有限公司、衡水新光新材料科技有限公司、衡水友谊新材料科技有限公司、中铁（衡水）工务器材有限公司的疫情防控情况，区领导夏奎来、王兰贵、吴新巧陪同。

21日　区长崔邦文主持召开重点项目（工作）推进会议，逐一分析桃城区15项重点项目（工作）存在的问题，明确具体的推进措施和完成时限，要求各相关单位主要负责人要进一步统一思想，在推动重项工作中抓好疫情防控，在打好疫情防控阻击战中破解工作难题，确保如期完成年初制定的各项目标任务。会议对一季度经济指标工作也进行了安排部署。区领导孙希浩、王加平出席。

24日　区委书记郝卫东组织召开衡水湖区村庄搬迁工作调度会，安排部署当前及下一步工作。区长崔邦文出席，区领导冀学志、高福顺、王加平及相关单位负责人一同参加。

同日　区委书记郝卫东就企业疫情防控、复工复产及安全生产工作深入一线实地调研。区领导孙希浩、王兰贵及有关部门主要负责人参加。

同日　区长崔邦文就企业疫情防控和安全生产、滏阳河综合整治等工作深入一线进行调研检查。区领导明丙振及相关部门负责人一同参加。

26日　区长崔邦文主持召开复工复产工作调度会议，要求各乡镇办、区直相关部门要全面落实省、市、区关于复工复产的各项要求，一手抓疫情精准防控，一手抓复工复产，做到应复尽复、应开尽开。要严格落实企业用工、承诺书、员工登记、防护消毒、宣传教育、备案告知等措施，压实压紧企业的主体责任、乡镇办的属地管理服务责任和区直部门的行业监督指导责任，确保企业在疫情防控措施完全到位的前提下，安全有序复工复产。副区长夏奎来提出了具体意见。

28日　全区统筹推进新冠肺炎疫情防控和经济社会发展工作部署会议暨区委财经委员会第二次会议召开，区委书记郝卫东出席会议并讲话，区长崔邦文主持会议，孟洪义、胡建军、张稳坐等在家的区四套班子领导及相关部门主要负责人一同参加。

29日　区委书记郝卫东、区长崔邦文对河东老城区拆迁改造工作深入一线实地调研。区领导王加平及相关单位负责人一并参加。

3月

2日　区委书记郝卫东就重点项目复工、拆迁改造工作进展情况到郑家河沿镇实地调研。区领导高福顺、孙希浩、夏奎来及相关单位负责人一并参加。

同日　桃城区召开深化疫情防控开展爱国卫生运动植树造林暨环境集中整治现场推进会，区委书记郝卫东出席会议并讲话，区长崔邦文主持会议，区领导孟洪义、何红卫、明丙振、王加平及各乡镇街道、桃城高新区、区直相关部门一同参加。

同日　恒大旅游集团就建设高科技农业小镇项目到桃城区进行洽谈对接，区领导崔邦文、岳广龙参加。

3日　桃城区举行2020年春季项目集中开工仪式。市委书记王景武宣布项目开工，市领导孙世岩、郭铁铮、苏振武及市直相关部门主要负责人出席开工仪式；区委书记郝卫东介绍项目集中开工总体情况，区长崔邦文主持开工仪式，区领导孟洪义、王智杰、胡建军、张稳坐、冀学志、王兰贵参加开工仪式。该次集中开工项目共5个，分别是：胜都智能数字标识智慧灯箱安装、南门口小学迁建、牛付新村改造、胜利片区旧城改造、滏东街胜利东路道路建设项目，主要涉及智能智造、基础教育、城市改造、基础设施建设领域。

4日至5日　区领导郝卫东、崔邦文、孟洪义、王智杰、胡建军、张稳坐、王国斌、刘素云、冀学志、李建高、高福顺、孙希浩、张建涛等带头为支持新冠肺炎疫情防控工作捐款。区直机关党员干部也以不同形式踊跃捐款。各单位都作出具体安排，对所捐款项做好登记、严格管理，逐级汇总并如数上缴。

5日　区长崔邦文主持召开专题会议，对全区疫情防控、财税、秸秆禁烧、安全生产、地下水超采等工作进行再部署、再推动、再落实。区委常委、常务副区长冀学志提出意见。

同日　区长崔邦文分别实地调研检查疫情防控、帮扶支持和税收等工作。崔邦文要求，各企业特别是人员密集企业负责人要绷紧疫情防控这根弦，做到防控思想不松、责任不松、工作不松，各有关单位要设身处地为企业解决经营困难，提供更有温度的服务，通过多方努力切实做到疫情防控不松劲，复工复产稳增长，区领导张建涛、夏奎来、王洪兴参加。

7日　区委书记郝卫东走访慰问支援湖北一线医护人员家庭和优秀女性代表及群体，感谢大家为打赢疫情防控阻击战、推动经济社会发展做出的积极贡献。区领导孟洪义、何红卫一同参加。

8日　区委书记郝卫东深入一线调研脱贫攻坚工作时强调，要紧盯重点，精准发力，全力以赴坚决打赢脱贫攻坚战。副区长岳广龙，区委办、扶贫办、农业农村局、郑家河沿镇主要负责人一并参加。

9日　在收听收看全省决战决胜脱贫攻坚暨春季农业生产工作会议后，区委书记郝卫东对脱贫攻坚暨春季农业生产工作再安排、再部署、再落实。区长崔邦文主持，区领导孟洪义、胡建军、张稳坐、岳广龙及相关单位负责人一并参加。

12日　区委书记郝卫东就生态水系治理、乡村旅游道路建设工作深入一线实地调研。区领导岳广龙及相关单位主要负责人一并参加。

13日　桃城区召开2020年第一季度财税工作调度会，区委书记郝卫东出席会议并讲话，区领导孟洪义、王智杰、王国斌、刘素云、冀学志、李建高、高福顺、孙希浩、张建涛、岳广龙、何红卫、明丙振、夏奎来、王加平、王洪兴、王兰贵及相关部门主要负责人一同参加。

15日　区委书记郝卫东主持召开香料广场项目规划视频汇报会。副区长岳广龙出席会议，中慧长源工程设计集团北京分公司负责人、河北泰城公司负责人及区直相关部门主要负责人一同参加。

同日　市委副书记邸义到桃城区中华、河东、河西、路北4个街道办事处，深入生活小区，实地查看雨污分流工作。区领导崔邦文、王加平陪同。

同日　区长崔邦文就新建、迁建及改扩建学校建设情况深入一线调研并提出具体要求。副区长何红卫及相关部门主要负责人陪同。

16日　区委书记郝卫东在调研春季造林绿化工作时强调，要责任再压实，措施再强化，确保圆满完成植树造林绿化任务，赵家圈镇及相关单位主要负责人一并参加。

17日　区委全面依法治区委员会召开第二次会议。区委书记、区委全面依法治区委员会主任郝卫东主持会议并讲话，区领导孟洪义、胡建军、高福顺、孙希浩、张建涛、陈立平、郗亚明出席会议。区委全面依法治区委员会成员单位负责人参加会议。

同日　区委全面深化改革委员会召开第二次会议。区委书记、区委全面深化改革委员会主任郝卫东主持会议并讲话，区领导孟洪义、王智杰、刘素云、冀学志、李建高、高福顺、孙希浩、张建涛、王世江、岳广龙、何红卫、夏奎来、王加平、王兰贵、尹永水出席会议。

同日　区委审计委员会召开第三次会议，区委书记、区委审计委员会主任郝卫东主持会议并讲话，区领导刘素云、冀学志、张建涛、郑明辉出席会议。区直有关部门负责人参加会议，区审计局领导班子及工作人员列席会议。

同日　省委农村改水降氟工作督查组到邓庄镇留仲村实地检查相关工作，区领导崔邦文、岳广龙陪同。

18日　省第九督查组就经济社会发展和疫情防控工作到桃城区督导检查。听取桃城区企业复工复产、重点项目建设和疫情防控等工作进展情况汇报，并组织召开座谈会，就如何做好下一步工作提出指导意见。区领导郝卫东、崔邦文、孟洪义、冀学志、张建涛、何红卫、夏奎来参加。

同日　英特莱福油气集团董事长路斌一行到桃城高新区就石油装备加工配套产业园等项目落地事宜进行考察对接，区委书记郝卫东、区长崔邦文会见考察团，实地查看拟落地地块及为项目配套的公司，双方就合作进行详细广泛交流，达成合作共识，区领导王智杰、明丙振、王兰贵，市银监局、中国银行衡水分行、区直相关部门人员参加。

同日　桃城区召开重项工作、重点项目专题推进会，对全区15项重项工作、重点项目进行再安排再部署。会议要求：提高思想认识，强化政治担当，以高度负责的态度和攻坚克难的勇气，快速推进重项工作开展和重点项目建设；明确工作责任，层层传导压力，15项重项工作重点项目要分别成立工作专班，区级领导要亲自研究、亲自安排、亲自抓落实，相关责任单位要发挥主体责任，组织精兵强将，全面梳理工作流程，逐项明确推进计划；完善推进机制，按时做好上报，严格落实“日报告、周调度”制度，确保每日都有新动作、每周都有新进展，同时，加强沟通协调，按时按要求进行汇总上报。区领导孟洪义、冀学志、高福顺、孙希浩、明丙振、王加平、王兰贵出席会议并提出意见。

19日　省重点工作大督查第九组到邓庄镇国际设施产业园项目现场实地督导检查，区长崔邦文陪同。

同日　区领导崔邦文、夏奎来就有效应对疫情冲击，全力支持重点企业复产复工，陪同中国银行、中国农业银行、中国建设银行、中国工商银行、衡水银行、衡水农商行、民生银行等单位负责人深入美利达颜料工业有限公司、新光新材料公司、衡水酷祥贸易有限公司、众鑫橡塑公司开展“政府陪行长走产业”活动，详细了解企业复产复工情况、资金需求情况，随后，在赵家圈镇会议室与12家企业负责人进行座谈交流，听取各企业复工复产过程中存在的各类困难问题，了解各金融机构支持企业生产的金融产品情况，指出银企对接工作重要性，要求各有关部门把银企对接工作摆上更加突出的位置，切实打通银企对接“最后一公里”，推进银企合作向更广泛、更深入的领域发展。

同日　区委书记郝卫东、区长崔邦文组织召开全区重点项目建设调度会。传达市委主要领导就重点项目到桃城区调研和组织召开座谈会精神要求，逐一听取相关区领导包联重点项目建设进展情况、存在的问题及需要协调解决的事项汇报。会议强调，各级各部门要进一步统一思想、压实责任、传达压力，扎实推进重点项目、重项工作和重大基础设施和公共服务设施建设，加快建设步伐，确保完成年度各项任务。区领导孟洪义、刘素云、冀学志、高福顺、孙希浩、岳广龙、何红卫、明丙振、夏奎来、王加平、王兰贵参加会议。

23日　区长崔邦文到赵家圈镇调研检查扶贫及扶贫档案、春季造林绿化、农村人居环境整治等工作。崔邦文先后到支家村脱贫户孙福来家、支永茂家中询问老人生产生活状况以及存在问题困难，并到孙洼村党群服务中心和赵家圈镇检查扶贫档案工作，要求赵家圈镇和相关单位要对照要求、结合实际，对脱贫人口进行“回头看”，确保脱真贫、真脱贫。崔邦文还先后到赵村、前铺村、冯村检查春季造林绿化和“空心村”整治等工作情况。副区长岳广龙参加。

26日　郝卫东主持召开全区乡村振兴示范区规划汇报会，区长崔邦文出席会议，区领导孟洪义、李建高、高福顺、孙希浩、岳广龙及区直相关部门主要负责人一同参加。

同日　省农业农村厅副厅长左红江一行就农村宅基地管理和改革工作到赵家圈镇前王村调研，并召开座谈会，市、区领导刘玉华，崔邦文参加。

27日　区长崔邦文主持召开桃城区安全生产委员会第一季度全体会议。区领导冀学志、郗亚明及安委会成员单位负责人一同参加。

30日　全市驻外招商办事处项目视频签约活动举行，桃城区与英特莱福（上海）新能源技术有限公司成功签约英特莱福加工配套产业园区、地热能开发智能车载钻机建设项目。

31日　区委书记郝卫东实地调研七一街区、丽都社区和在建中小学、幼儿园项目，他强调，要加大力度，快速推进，确保重项工作实现新突破。副区长何红卫及相关部门主要负责人一同参加调研。

4月

1日　市城管局、区公安分局、何家庄乡等市区相关单位依法依规对站北路（育才街—中华大街段）两侧违建进行强制拆除。市、区领导邸义、郭铁铮，崔邦文、孟洪义、高福顺、郗亚明、王加平到现场督导。

2日　四川泛美航空教育投资集团董事长魏全斌一行就泛美航空城项目选址工作到郑家河沿镇进行考察。随后，举行项目对接座谈会。市、区领导王伟，郝卫东、崔邦文、冀学志，市、区相关单位参加相关活动。

同日　省体育局第三督导组一行就全民健身公共服务体系示范区创建工作到e谷小镇、宝云体育文化公园、第十一中学新址等地督导调研，区领导崔邦文、何红卫参加调研。

3日　桃城区举行援鄂抗疫英雄凯旋欢迎仪式并召开座谈会。区长崔邦文高度肯定桃城区支援湖北的医护人员的工作，号召各级各部门以援鄂英雄为榜样，学习他们的先进事迹和时代精神，区领导孟洪义、陈立平、何红卫、吴新巧参加座谈。

7日　区委书记郝卫东主持召开衡水湖国际香料小镇农田林网绿化规划汇报会，区领导岳广龙及区直相关部门主要负责人一同参加会议。

8日　全市创建省级文明城市工作推进电视电话会召开。桃城区设立分会场组织收听收看。区委副书记孟洪义，区委常委、宣传部部长孙希浩，各乡镇街道、区直各部门主要负责人在桃城区分会场参加会议。

同日　恒大旅游集团河北公司董事长李国正一行到桃城区考察，区长崔邦文与考察团一行就合作发展恒大高科农业小镇项目进行深入对接。副区长岳广龙及相关单位主要负责人一同参加活动。

同日　四川泛美航空教育投资集团董事长魏全斌一行，就衡水泛美国际航空教育城项目建设到桃城区对接洽谈。市委常委、常务副市长王伟，区委书记郝卫东、区长崔邦文，区领导冀学志及相关部门主要负责人一同参加洽谈。

9 日　市长吴晓华实地调研衡水市第三人民医院（以下简称市三院）、第二污水处理厂项目选址地，并主持召开振华污水处理厂提标改造专题会议，区长崔邦文参加调研。

同日　桃城区召开深化乡镇街道改革动员推进会，区委书记郝卫东出席会议并讲话，区长崔邦文主持会议，区领导孟洪义、刘素云、冀学志及各乡镇街道、区直相关部门主要负责人参加会议。

10 日　在收听收看全国安全生产电视电话会议后，桃城区召开安全生产安排部署会。区委书记郝卫东，区长崔邦文，区领导岳广龙、郗亚明、夏奎来、王洪兴及相关部门主要负责人一同参加部署会。

11 日　省教育厅副厅长侯建国一行到阳光中学及桃城中学高中部教室、宿舍、隔离区、物资储备室、医务室等地检查高三开学准备工作情况并召开座谈会，听取桃城区相关开学准备工作情况的汇报，区领导崔邦文、何红卫陪同。

13 日　桃城区召开文明城区创建工作推进会，区委书记郝卫东出席并讲话。区委副书记孟洪义主持会议，区领导孙希浩、王加平及区直相关部门主要负责人一同参加。

同日　市委副书记邸义就老旧小区综合治理工作到桃城区调研，并召开座谈会。他强调，要创新治理机制，满足群众需要，以系统化思维统筹谋划好老旧小区治理工作，让老旧小区居民生活更舒适更舒心。副市长刘玉华一同参加。区委书记郝卫东，区领导孟洪义、王加平及市、区直相关部门负责人参加会议。

15 日　2020 年“4·15”全民国家安全教育日宣传教育进社区活动暨桃城区国家安全宣传教育示范社区集中揭牌仪式在中华大街街道福苑社区举行。

同日　省体育局航空运动管理中心主任岳岩一行，就推进航空体育产业发展等相关事宜到桃城区考察调研。区长崔邦文会见考察团，区领导孙希浩及市、区相关部门主要负责人一同参加。

16 日　桃城区召开扫黑除恶专项斗争工作推进会议。

20 日　区长崔邦文就安全生产和食品安全工作深入一线进行实地调研。区领导冀学志、王兰贵及相关部门主要负责人一同参加。

21 日　人民日报社人民数据研究院院长周中华就云数据中心建设等事宜到桃城高新区考察，区领导崔邦文、王兰贵陪同考察，并就深化双方合作和近期推进计划进行座谈。

24 日　桃城区召开人大系统“6+1”联动监督动员会。区长崔邦文出席会议并讲话，区人大常委会主任胡建军主持会议，区委常委、常务副区长冀学志作表态发言，区人大常委会副主任王世江就《关于开展“6+1”联动监督的工作方案》作说明。区人大常委会有关领导及区直有关部门主要负责人，各乡镇街道党（工）委书记、人大主席（人大工委主任），区人大常委会联动监督组、工作组成员参加会议。

27 日　市领导王景武、孙世岩出席何家庄乡新成立机构挂牌仪式。仪式结束后，市领导王景武、马福华、孙世岩、崔海霞到育才社区、国税局家属区检查文明创建相关工作，区领导崔邦文、孟洪义、孙希浩分别参加以上活动。

29 日　桃城区召开安全生产、森林草原防灭火和防汛抗旱工作会。区长崔邦文出席会议并讲话，区领导冀学志、岳广龙及各乡镇街道和区直有关部门主要负责人参加会议。会议强调：一是提高政治站位，切实增强做好各项工作的责任感和紧迫感。二是突出重点任务，扎实有效做好当前各项工作。三是突出依法治理，狠抓各项工作责任落地落实，确保不出问题。

5月

6日　市领导吴晓华、崔海霞实地调研第四中学、第三中学初三开学相关工作，区长崔邦文陪同调研。

7日　光大金控财金资本有限公司负责人一行就投资事宜到衡水座谈。市、区领导王伟、崔邦文参加座谈。

9日　桃城区召开重点项目建设调度会，区委书记郝卫东主持会议并讲话，区长崔邦文出席，区领导王智杰、王国斌、冀学志、岳广龙、明丙振、王加平、王兰贵及相关部门主要负责人一同参加会议。

11日　区委书记郝卫东主持召开创客街区开业招商情况汇报会。区长崔邦文、区领导冀学志、夏奎来出席会议，中侨实业股份有限公司、阿里巴巴本地生活服务公司、国信优易数据有限公司、布瑞克（苏州）农业互联网股份有限公司、河北鑫考教育科技股份有限公司、北京瑞得艾致会展策划有限公司负责人及区直相关部门主要负责人一同参加会议。

同日　桃城区召开“6+1”联动监督工作汇报会，区人大常委会主任胡建军，区领导冀学志、王世江、郑明辉、陈立平出席会议。区直有关部门主要负责人，各乡镇街道人大主席（人大工委主任），区人大常委会、专门委员会组成人员参加会议。

12日　市、区联合组织的“5·12防灾减灾日”防火防震综合减灾应急预案演练在桃城区丽景福苑小区举行。区长崔邦文及市应急管理局主要负责人出席活动。

15日　桃城区召开省级文明城区创建工作推进会议，对全区省级文明城区创建工作进行再分析、再安排、再部署、再动员，真正找准问题、精准发力，引导全区上下进一步鼓足干劲、全面提升，高质量完成各项创建任务，坚决打好打赢省级文明城区创建这场硬仗。区委书记郝卫东出席会议并讲话，区长崔邦文主持会议。市委宣传部常务副部长、市文明办主任范世宏到会指导。区领导孟洪义、胡建军、张稳坐、刘素云、孙希浩、何红卫、王加平参加会议。

16日　在全国助残日到来之际，区长崔邦文到郑家河沿镇走访慰问部分困难残疾人，带去慰问品和慰问金，并对“软弱涣散村”整顿工作进行调研，区直相关部门主要负责人一同参加走访。

同日　桃城区举行民兵应急力量战备拉动暨集结点验活动，区长崔邦文出席活动并讲话。区领导孟洪义、王国斌、孙希浩及区直相关部门主要负责人一同参加活动。

同日　全市举行投资环境网络推介会暨重点项目云签约仪式，区领导郝卫东、崔邦文、胡建军、张稳坐、冀学志、岳广龙、王兰贵，区直相关部门主要负责人，各乡镇街道党（工）委书记及相关企业代表在桃城分会场参加云签约仪式。桃城区美年大健康项目、恒大高科农业小镇项目、英特莱福地热能开发智能车载钻机项目3个项目在云签约仪式上成功签约，总投资61亿元，引进资金60亿元。

19日　阳泉市委常委、盂县县委书记张其光一行就通用机场建设、运作模式等内容实地到桃城区航空小镇考察，区领导崔邦文、孙希浩陪同考察。

19日至20日　北航天宇长鹰无人机科技有限公司总经理符俊辉一行就北航中小型无人机和临空飞行器测试和生产综合基地项目相关事宜到桃城区考察座谈，实地考察桃城高新区智能制造园、无人机和临空飞艇项目选址地、航空小镇等地，市、区领导吴晓华、王伟，郝卫东、崔邦文、冀学志、孙希浩、王兰贵分别陪同参加。

21日　区委书记郝卫东就桃城区重点项目建设工作开展实地调研。他强调，要加快进度、倒排工期，抓住重点、主动作为，确保重点项目建设工作顺利推进、早日竣工。区领导孙希浩、夏奎来、王兰贵及相关单位负责人一并参加调研。

22日　市委常委、秘书长孙世岩就北部产业新城PPP项目相关工作，到桃城区调研检查，听取桃城区推进情况的汇报，区领导崔邦文、明丙振参加。

同日　团省委调研组一行5人，就省中长期青年发展规划试点工作到桃城区调研，并就有关工作交换意见，区领导郝卫东、崔邦文、孟洪义陪同调研。

同日　区委书记郝卫东主持召开衡水无人机和临空飞行器项目落地推进会。区长崔邦文、区领导冀学志、明丙振、夏奎来、王兰贵出席会议，区直相关部门主要负责人一同参加会议。

23日　区委书记郝卫东就衡水湖国际香料小镇建设情况深入一线实地调研。他强调，要以打造精品项目、激活特色农业为目标，加快项目建设进度，确保项目早日出形象、出效益、出亮点。副区长岳广龙及相关部门主要负责人一同参加调研。

26日　区长崔邦文就扫黑除恶专项斗争开展情况深入一线调研并召开座谈会。区委常委、政法委书记高福顺，区直有关单位主要负责人一同参加座谈会。

27日　区委书记、区委网信委主任郝卫东主持召开区委网络安全和信息化委员会第二次会议。区长崔邦文出席会议，区领导孟洪义、高福顺、孙希浩、明丙振、郗亚明及相关单位主要负责人参加会议。

同日　桃城区召开区委审计委员会内部审议、审议整改两项审计工作试点启动会议，区委书记、区委审计委员会主任郝卫东主持会议并讲话。区长崔邦文，区委常委、区纪委书记、区监委主任刘素云出席会议。区直有关部门负责同志参加会议，区审计局班子成员列席会议。

28日　市人大调研组一行就民生实施项目和“6+1”联动监督工作到桃城区进行视察，分别到北航（衡水）中小型无人机和临近空间飞行器生产与测试综合基地项目、赵圈地表水厂、市第二人民医院核酸检测实验室进行实地查看，听取相关工作汇报，并召开座谈会，区领导崔邦文、胡建军、王世江、郑明辉、陈立平、何红卫、王兰贵参加座谈会。

30日　桃城区召开违法建筑拆除现场会，拆除赵家圈镇东康庄村56套违建别墅。市委副书记邸义出席会议，区委书记郝卫东宣布拆违行动正式开始，区长崔邦文主持现场会，区领导孟洪义、胡建军、冀学志、高福顺、陈立平、明丙振、郗亚明，市法院、检察院、公安局、城管局、自然资源和规划分局、住建局及区直有关部门主要负责人，各乡镇街道党政正职参加会议。

6月

2日　区委书记郝卫东主持召开债券项目谋划储备申报工作专题会暨经济运行分析调度及扶贫攻坚部署会。区领导孟洪义、冀学志出席会议，各乡镇街道和区直有关部门负责人参加会议。

同日　市领导吴晓华、王世昆就重项工作推进情况实地到赵家圈镇东康村违建别墅现场、北航无人机项目、中国传统建筑“凝萃园”项目等地调研，区领导郝卫东、崔邦文、孙希浩、明丙振、王加平、王兰贵陪同。

3日　桃城区组织召开创建省级慢性非传染性疾病综合防控示范区暨健康促进区动员大会。区长崔邦文出席会议并讲话，副区长何红卫及各乡镇街道、区直相关部门主要负责人参加。会上，宣读了《桃城区省级慢性非传染性疾病综合防控示范区实施方案》《桃城区创建省级健康促进区工作实施方案》，并对创建省级慢性非传染性疾病综合防控示范区暨健康促进区创建工作进行动员部署。副区长何红卫参加会议。

4日　桃城区召开深入推进“三重”任务实现“双过半”夺取“双胜利”工作部署会，区委书记郝卫东主持会议并讲话，区长崔邦文就确保实现“双过半”进行安排部署，孟洪义、王智杰、张稳坐等在家的区四套班子领导及相关部门主要负责人一同参加。会上，传达省、市贯彻全国“两会”部署会议精神，通报全区经济运行情况，宣读《关于深入开展实现“双过半”夺取“双胜利”攻坚月活动的实施方案》。

同日　在收听收看全省“6+1”联动监督工作推进会之后，区人大常委会主任胡建军，区人大常委会副主任王世江、郑明辉、陈立平出席会议。区直有关部门主要负责人，各乡镇街道人大主席（人大工委主任），区人大常委会、专门委员会组成人员参加会议。

5日　区委书记郝卫东就脱贫攻坚和乡村振兴工作到河东街道、邓庄镇进行实地调研。他强调，要进一步提高思想认识，强化责任担当，落实精准举措，助力乡村振兴战略，交出脱贫攻坚满意答卷。区委副书记孟洪义及相关部门主要负责人一同参加。

9日　省人大常委会党组书记、常务副主任范照兵带队到衡水市调研督导“6+1”联动监督工作。市、区领导王金刚、刘永军、胡建军、王世江、陈立平、岳广龙参加调研。

10日　中国衡水旋翼机交付·培训中心在衡水桃城机场揭牌，市委副书记邸义出席仪式并宣布中国衡水旋翼机交付·培训中心正式启动，区委书记郝卫东致辞，区长崔邦文主持，区领导孟洪义、王世江、丁占宽，法国J-RO自转旋翼机衡水交付中心、河北天启通宇航空科技有限公司，德国奥捷龙自转旋翼机衡水交付中心、北京蓝宇丰航空科技有限公司，中国衡水旋翼机培训中心、中体飞行衡水通用航空有限公司及桃城区相关部门主要负责人参加仪式。

同日　桃城区举办2020年二季度项目集中开工活动。区委书记郝卫东宣布项目开工，区长崔邦文介绍该次项目集中开工总体情况，区委副书记孟洪义主持活动，区领导胡建军、张稳坐、王世江、丁占宽及相关部门主要负责人参加。该次集中开工的3个重点项目，总投资28.95亿元。

同日　区委书记郝卫东就桃城区复商复市和优化营商环境工作情况到九洲国际博览城实地调研，区领导孟洪义、王世江、丁占宽及相关部门负责人一同参加调研。

14日　区长崔邦文就老旧小区改造和雨污分流改造深入一线实地调研。区领导王加平及相关部门主要负责人一同参加调研。

17日　桃城区组织召开经济运行分析调度会暨债券项目谋划储备申报工作部署会。市、区领导王伟，郝卫东、崔邦文、孟洪义、冀学志参加会议。

19日　区委书记郝卫东就“抓党建、促脱贫、保小康”活动和“软弱涣散村”党组织整顿工作到赵家圈镇韩家洼村实地调研。区直相关部门主要负责人一同参加调研。

22日　桃城区召开征兵工作推进会，区委书记郝卫东主持会议并讲话。区长崔邦文，区委常委、区人武部部长王国斌，副区长何红卫，区人武部政委谈文华，各乡镇街道、区直各部门主要负责人一同参加会议。

29日　桃城区召开党的建设工作领导小组（扩大）会议暨纪念建党99周年区委书记

讲党课活动，区委书记郝卫东出席会议并讲话，区领导刘素云、李建高、高福顺、孙希浩及各乡镇街道党（工）委书记，区委党的建设（基层组织建设）工作领导小组成员单位主要负责人，部分先进基层党组织和优秀共产党员代表一同参加会议。

30 日　武汉卓尔宇航集团执行总裁徐强一行，就推进卓尔飞机制造项目落地和成立卓尔集团北方交付中心事宜到桃城区考察。区委书记郝卫东会见考察团，区领导孙希浩、王兰贵及相关部门主要负责人参加考察。

7月

2 日　区长崔邦文调研防汛备汛工作，先后到区综合执法局查看桃城区城市管理数字化平台，到滏阳河险工险段整治现场、滏阳新河后韩段险工险段整治现场听取水利局汇报整治情况。他强调，必须把防汛工作作为当前的重要工作来抓，时刻绷紧这根弦，确保遇到汛情能立即组织、快速应对、妥善处置，副区长岳广龙陪同。

3 日　区长崔邦文就桃城区高考准备情况进行调研指导。副区长何红卫及相关单位主要负责人参加调研。

7 日　桃城区召开扶贫开发和脱贫工作领导小组（扩大）会议，区委书记郝卫东出席并讲话，区长崔邦文主持会议，区领导孟洪义、冀学志、郑明辉、李乃刚出席会议，会上，对桃城区扶贫开发和脱贫工作进行安排部署，对下一步工作提出具体要求。

8 日　区委书记郝卫东就防汛备汛、农村路网工作，先后到周通桥排水泵站、衡水湖国际香料小镇调研。副区长岳广龙及相关单位负责人一同参加调研。

9 日　区委书记郝卫东主持召开衡水市北部产业新城 PPP 项目投资方案汇报会。区长崔邦文，区领导冀学志、明丙振出席会议，何家庄乡、路北街道、区直相关部门主要负责人以及荣盛公司、北大纵横公司、润扬公司负责人参加会议。

11 日　桃城区组织收听收看省委、省政府第七环境督察组督查衡水市工作动员汇报会，随后召开桃城区生态环境保护委员会 2020 年第一次会议。会议深入学习贯彻习近平生态文明思想，认真落实中央、省、市决策部署，听取有关情况汇报，安排部署重点工作。区委书记郝卫东出席会议并讲话。区长崔邦文主持会议。区领导孟洪义、冀学志、明丙振出席会议。

14 日　北京一撕得物流技术有限公司合伙人吴前兵一行就合作建设北京一撕得北方结算中心等项目到桃城区进行投资考察。区长崔邦文会见考察团，区领导冀学志、王兰贵以及市、区有关部门负责人一同参加考察。

15 日　区长崔邦文就省委省政府第七生态环境保护督察组交办群众信访举报问题深入一线实地调研。区直相关部门主要负责人一同参加调研。

同日　市委常委、秘书长孙世岩到桃城区召开北部产业新城 PPP 项目投资汇报会议，听取相关公司关于北部产业新城 PPP 项目投资、咨询意见，区领导郝卫东、崔邦文、明丙振参加。

17 日　桃城区召开文明委（扩大）会议暨省级文明城区创建工作推进会议。区委书记郝卫东出席会议并讲话。区长崔邦文主持会议。孟洪义、王智杰、胡建军、张稳坐等在家的区四套班子领导及区直相关部门主要负责人参加会议。

21 日　全国、省、市人大代表水污染防治工作专题视察组到邓庄镇北苏闸村、邓庄村视察农村生活污水治理相关工作，区领导崔邦文、胡建军、郑明辉陪同。

23 日　市政协副主席苏振武带领部分市

政协委员及市直有关部门负责人，就主城区城市规划建设及《中华人民共和国城乡规划法》贯彻落实情况到桃城区进行专题协商调研，区领导张稳坐、明丙振、吴新巧陪同调研。

同日　桃城区与中国移动通信集团河北有限公司衡水分公司推进5G产业建设发展战略合作协议签约活动举行，区领导崔邦文、夏奎来参加。

25日　桃城区组织开展“决胜创城·访千楼进万家共创文明城”主题志愿服务活动，区委书记郝卫东参加指导帮扶共建文明社区活动。区委办、宣传部、中华大街街道主要负责人一同参加。

27日　区长崔邦文就生态环境保护工作和重点项目建设深入一线实地调研。区领导王国斌、岳广龙及相关部门主要负责人一同参加调研。

同日　省委省政府第七生态环境保护督察组督查桃城区工作动员汇报会在区委会堂召开。省第五环境监察专员办公室处长杨勇就做好督查工作作指示，督察组其他人就督查工作提要求，区委书记郝卫东主持会议并作表态发言，区长崔邦文汇报近年来桃城区生态环境保护工作开展情况，区领导孟洪义、胡建军、张稳坐、冀学志、明丙振出席会议，区生态环境保护委员会成员单位主要负责人参加会议。

29日至30日　区委书记郝卫东，区长崔邦文，区委副书记孟洪义，区委常委、武装部部长王国斌，副区长岳广龙分别走访慰问驻军部队、武警官兵和退役军人。

31日　桃城区召开砂石料场、废品收购站集中整治工作部署会，区长崔邦文出席会议并讲话，他强调，各级各有关部门要进一步强化责任担当，全面摸底排查、集中整治攻坚，确保高标准严要求完成整治任务。副区长明丙振及相关部门主要负责人参加。

8月

4日　区委书记郝卫东就老旧小区改造工作深入一线调研。他强调，要抓紧时间节点，加大攻坚力度，切实打造群众满意的民心工程。区领导王加平，区直相关部门及街道主要负责人一同参加调研。

5日　区委书记郝卫东就重点项目建设进展情况深入一线实地调研。他强调，要加快建设进度，压紧压实责任，确保按时高质高效顺利推进。区领导孙希浩、夏奎来、王加平及相关单位主要负责人参加调研。

6日　区委书记郝卫东、区长崔邦文调研防汛备汛工作。郝卫东强调，要时刻绷紧安全度汛这根弦，扎牢防汛排涝安全网，确保人民群众生命财产安全。区领导孟洪义、王加平、王兰贵，区直相关部门及街道主要负责人一同参加调研。

7日　桃城区召开中关村e谷（衡水桃城）创业小镇提质升级推进会议，区委书记郝卫东、区长崔邦文，区领导孙希浩、夏奎来，区直相关部门及中关村e谷（衡水桃城）创业小镇主要负责人参加会议。会上，讨论通过《中关村e谷（衡水桃城）创业小镇提质升级行动方案》。

12日至13日　桃城区贯彻落实全市创建省级文明城市“九大专项行动”工作推进会议精神，开展省级文明城区创建工作观摩拉练活动，进一步了解掌握桃城区创城工作进展情况。区领导郝卫东、崔邦文、孟洪义、王智杰、胡建军等在家的四套班子领导及相关乡镇街道、区直部门主要负责人一并参加活动。

18日　省农村人居环境整治工作督导组一行到赵家圈镇马军营村、刘庄村、刘洼村督导检查农村厕所改造工作情况。区领导崔邦文、岳广龙陪同检查。

24日　区委书记郝卫东就工业企业运营、安全生产工作深入一线实地调研。郝卫东强调，要强化服务职能，积极落实惠企政策措施，抓牢抓细企业安全生产工作，助力全区经济稳定增长。区领导冀学志、夏奎来及相关部门主要负责人一同参加调研。

25日　区委书记郝卫东就三产服务业经营和创城工作深入一线实地调研。郝卫东强调要进一步提高思想认识，责任再压实，措施再精准，全力推动各项工作落深落细落实。区领导冀学志、孙希浩及相关部门主要负责人参加调研。

同日　区长崔邦文就中小企业纾困和安全生产工作深入一线实地调研。崔邦文强调，要进一步压实责任，精准服务，千方百计做好企业纾困和安全生产工作。区领导夏奎来、王兰贵及相关部门主要负责人参加调研。

同日　区长崔邦文到赵家圈镇走访慰问贫困对象，并就农村人居环境整治工作进行调研。区领导夏奎来及区直相关部门主要负责人参加调研。

27日　区委书记郝卫东就雨污分流、老旧小区改造、乡村振兴和农村人居环境整治工作进行调研。区领导孟洪义、王加平及相关部门主要负责人一同参加调研。

28日　区委书记郝卫东组织召开全区经济运行分析调度会。会上详细听取相关部门主要负责同志对经济运行情况的汇报，区委书记郝卫东就做好下一步工作提出具体要求。区领导夏奎来及相关部门主要负责人参加。

同日　区领导崔邦文、冀学志、王兰贵带领何家庄乡、发改局主要负责人到宁波参加衡水·宁波（长三角）投资环境说明会，并到宁波国家高新区、宁波软件创新共享中心、华为云沃土工场、均胜电子股份公司等地参观考察。

31日　市委副书记邸义带领市直相关部门主要负责人，就雨污分流改造工程进展情况到桃城区进行专题调度。邸义强调，要以更强烈的使命担当、更坚定的拼劲韧劲、更务实的举措作风，一招不失地抓好雨污分流改造工程，确保高效率高质量完成各项任务目标。区委书记郝卫东、区长崔邦文，王智杰、张稳坐等在家的区四套班子领导参加。

9月

1日　桃城区召开市区电网规划建设协调会暨东郊22千伏输变电工程启动会，区长崔邦文出席会议并讲话。会上听取桃城电网规划建设情况的汇报，与会领导就电网规划建设情况及存在问题讲意见。副区长夏奎来、市供电公司有关负责同志及有关区直部门主要负责人参加会议。

4日　区委书记郝卫东前往自强街房产生活区、供销社生活区、棉纺厂生活区等地暗访调研雨污分流和老旧小区改造工作。郝卫东强调，要用心用情办好群众操心事，不断增强群众获得感幸福感安全感。

7日　区委书记郝卫东前往衡水市国防动员综合训练基地、国际设施园艺产业园、衡水湖国际香料小镇等项目施工现场进行调研。郝卫东强调，要压实责任、加快进度，全力推进项目建设。区直有关部门及邓庄镇主要负责人参加调研。

同日　桃城区召开老旧小区、雨污分流和创城工作调度会，区委书记郝卫东出席会议并讲话。郝卫东强调，要强化责任担当，狠抓工作落实，切实打造人民满意的民心工程。区领导孟洪义、孙希浩、王加平出席会议，区直相关部门主要负责同志、“四办一乡”党政主要负责人一同参加会议。

同日　区委书记郝卫东就重点项目建设情况和农村人居环境整治工作深入一线实地调研。郝卫东强调，要压实责任，加快速度，全力推动项目建设提速提质提效。区直有关部门和邓庄镇主要负责人参加调研。

同日　桃城区召开北航（衡水）中小型无人机和临近空间飞行器项目调度会，区委书记郝卫东出席会议并讲话。郝卫东强调，要集中精力、主动作为，依法依规、快速推进，确保项目快起步快建设。有关区领导，区直有关部门主要负责人参加调度会。

8日至9日　区委书记郝卫东、区长崔邦文分别带队前往部分学校看望区教育工作者，并调研指导学校建设、疫情防控等工作。副区长何红卫及区直有关部门主要负责人参加调研。

9日　在第36个教师节到来之际，区长崔邦文先后到第七中学、河西小学进行走访慰问，向广大教师致以节日的祝福和慰问。副区长何红卫参加相关活动。

同日　区长崔邦文就老旧小区改造工作深入一线调研。崔邦文强调，各级各有关部门要责任再压实、攻坚再发力，确保改造工作快速推进。区直有关部门主要负责人参加调研。

10日　桃城区召开促进消费工作调度会，区委书记郝卫东出席会议并讲话。郝卫东强调要聚焦重点突破、压实工作责任，切实推动全区经济高质量发展。区长崔邦文，区领导冀学志、郗亚明及相关单位负责人参加会议。

14日　区长崔邦文主持召开2020年度老旧小区改造工作调度会议，听取区住建局和四个办事处工作情况的汇报，并从上级要求、施工质量和安全、档案资料、群众满意度等方面进行安排部署。区领导王加平也讲了具体意见。

16日　全市2020·河北衡水湖国际商务洽谈会开幕式暨百家央企、名企进衡水重点项目签约仪式在泰华酒店举行，区领导郝卫东、崔邦文、冀学志参加开幕式。

17日　2020中国·衡水通航和航空运动发展论坛在市迎宾馆儒乡园举行，市长吴晓华出席论坛并致辞，区委书记郝卫东主持论坛开幕式，区长崔邦文就衡水通航和航空运动产业规划、招商项目、招商政策、发展环境、人才引进等进行阐述和推荐。有关区领导和市、区相关部门主要负责人参加论坛。

18日　桃城区举行2020年三季度项目集中开工仪式。市委书记赵革现场督导并宣布项目集中开工，区委书记郝卫东介绍桃城区经济社会发展、全域规划、城区总规、产业分布等情况，区长崔邦文主持项目集中开工仪式。市、区领导孙世岩、郭铁铮、苏振武，胡建军、冀学志、孙希浩、王加平、王兰贵出席。开工仪式结束后，赵革实地到科技创新产业园、中湖数字产业新城、衡水航空运动小镇、安居小区老旧小区改革现场、南华村河东老城区拆迁改造项目现场调研检查，区领导郝卫东、崔邦文、孙希浩、夏奎来、王加平、王兰贵分别陪同。

18日　区委书记郝卫东主持召开衡水大数据&VR（虚拟现实）数字小镇项目招商对接会。郝卫东强调，要精准对接、高效服务、推动开展深层次合作，加快项目在桃城落地结果。区领导冀学志、夏奎来及区直有关部门主要负责人参加。

21日　五届区委第八轮巡查工作动员会暨巡前集体谈话会召开，区委书记郝卫东出席会议并讲话。郝卫东强调，要强化责任担当，持续精准发力，推动全面从严治党向纵深发展。

22日　区委书记郝卫东主持召开全区统计业务培训暨经济运行推进会，对全区统计及经济运行等相关工作进行全面安排部署，区长崔邦文就提高统计数据全面性、精准性、科学性，紧盯各项经济指标，抓好经济平稳运行工作讲具体意见。区领导冀学志、岳广龙、何红卫、明丙振、夏奎来、王加平，各乡镇办、区直各部门负责人参加会议。

同日　桃城区召开乡村振兴示范区乡村产

业发展规划汇报会，区委书记郝卫东主持会议并讲话。区长崔邦文，区领导孟洪义、李建高、孙希浩、岳广龙及相关单位主要负责人参加汇报会。

23日 区委书记郝卫东就第32届电视剧“飞天奖”第26届电视文艺“星光奖”颁奖典礼和省级文明城区创建工作深入一线实地调研。

25日 区委书记郝卫东会见中国热带农业科学院科技信息研究所副所长胡盛红一行，双方就引进和培育龙头企业发展壮大优势特色产业等事宜进行深入探讨。

同日 区委书记郝卫东就省级文明城区创建工作深入一线实地调研。郝卫东强调，要抓重点、补短板、强弱项，切实把创城工作做实做细做到位。区领导孟洪义、张稳坐，区直有关部门主要负责人参加调研。

同日 桃城区举行“乐享桃城”电子消费券发放启动仪式。区委书记郝卫东出席仪式并宣布活动开始，区领导孟洪义、胡建军、张稳坐、冀学志及相关单位负责人一同参加仪式。

28日 北航天宇长鹰无人机科技有限公司副总经理许慧远一行到桃城区考察座谈，区长崔邦文就股权投资合作相关事宜与考察团一行对接座谈。

10月

1日 区领导崔邦文、李乃刚实地到报社街市场、站前路市场、问津街小商品批发市场、信发商厦周边等地专项调研检查市场及周边创城各项工作开展情况，围绕问题，逐一分析原因，明确措施、责任人和完成时限。同时，对秋冬季疫情防控特别是“双节”期间人员密集场所疫情防控工作进行检查和部署。

8日 区长崔邦文就省级文明城区创建、安全生产、食品安全等重点工作进行调研。崔邦文强调，要始终坚持以人民为中心，毫不松懈抓好各项重点工作。副区长郗亚明及相关单位主要负责人参加调研。

同日 区领导崔邦文、郗亚明实地到市百货大楼、万德福超市河东店及电影院、汇中广场及电影院，对照一米线等候区、宣传标语、服务台设置等上级创城工作要求，逐项查看工作开展情况，查找存在问题、明确整改措施。同时，对疫情防控和消防安全等工作进行安排和检查。区创城办、区政府办、衡水市市场监督管理局桃城分局（以下简称市监分局）等单位主要负责人参加检查。

13日至14日 区委书记郝卫东就省级文明城区创建工作进行实地督导调研。郝卫东强调，要突出重点，聚焦细节，补齐短板，全力打好打赢创城攻坚战。

15日 桃城区召开“数字桃城”顶层设计汇报会，区委书记郝卫东主持会议并讲话。区领导崔邦文、冀学志、夏奎来，区直有关部门及国家信息中心、国信优易数据有限公司主要负责人参加汇报会。

15日至17日 北航天宇长鹰无人机科技有限公司战略分析研讨会在桃城区成功举办，市政府副市长吴波、区长崔邦文出席研讨会，并就低空产业发展规划，与北航天宇长鹰无人机科技有限公司一行进行对接研讨。区领导冀学志、王兰贵一同参加研讨会。

16日 桃城区召开重点项目建设规划委员会会议。区委书记郝卫东出席会议并讲话。区领导崔邦文、胡建军、张稳坐、冀学志、何红卫、明丙振、夏奎来、王加平及邓庄镇、区直相关部门主要负责人参加会议。

同日 区委议军会议暨党管武装述职评议会议召开。区委书记、人武部党委第一书记郝卫东主持会议并讲话。区领导孟洪义、胡建军、张稳坐、王国斌、刘素云、冀学志、李建高、高福顺、李玉红出席会议。各乡镇街道及区直部门主要负责人参加会议。

19日　全区2020—2021年秋冬季大气污染综合治理攻坚行动动员会议召开，区长崔邦文出席会议，从提高政治站位、聚焦重点任务、强化责任担当三个方面进行全面安排部署，副区长明丙振也讲了具体意见，区领导王加平主持会议，各乡镇办行政正职，区政府办、区生态办、区生态环境分局等单位主要负责人参加会议。

20日　区委书记郝卫东督导调研省级文明城区创建工作。郝卫东强调，要推动创城工作常态长效，确保创建成果利民惠民。区委副书记孟洪义及相关部门主要负责人参加调研。

21日　全区扫黑除恶专项斗争暨中国共产党中央委员会第五次全体会议期间信访稳定工作会议召开。区委书记郝卫东作讲话，区长崔邦文主持会议，区领导孟洪义、高福顺、郗亚明和其他县处级领导干部出席会议。各乡镇街道、区直有关部门负责人参加会议。

23日　市脱贫攻坚督导核查组组长、市住建局副局长孙慧慈带领督导核查组就2020年脱贫攻坚成效工作到桃城区考核验收，并召开2020年脱贫攻坚成效考核工作汇报会，区委书记郝卫东出席会议并讲话，区长崔邦文主持会议，区领导孟洪义、夏奎来、李乃刚及相关单位主要负责人一并参加活动。

25日　桃城区召开经济工作暨“招商之冬”和安全稳定工作部署推进会议。宣读《桃城区2020年招商之冬活动方案》《桃城区2020年前三季度经济运行情况解析及下一步措施》《关于进一步做好党的十九届五中全会期间信访稳定工作的实施方案》，就各项工作进行安排部署。区委书记郝卫东出席会议并讲话，孟洪义、胡建军、张稳坐等在家的区四套班子领导，各乡镇街道、区直有关部门主要负责人参加会议。

26日　河北省慢性病综合防控示范区评估组组长、承德市疾控中心主任赵国良带领评估验收组，就慢性非传染性疾病综合防控示范区创建工作到桃城区评估验收，并召开创建省级慢性病综合防控示范区现场评估汇报会。

28日　桃城区召开城市基础设施暨小区物业托管汇报会，区委书记郝卫东出席会议并讲话。会上就城市基础设施建设、小区物业托管等方面进行充分讨论研究。区领导孟洪义、冀学志、王加平，各街道、何家庄乡及区直有关部门主要负责人参加会议。

30日　桃城区召开党的建设工作领导小组会议暨基层党建重点工作推进会议。区委书记、区委党的建设工作领导小组组长郝卫东，区领导孟洪义、刘素云、李玉红、孙希浩出席会议。各乡镇街道和区直有关单位主要负责人参加。

30日至31日　“聚侨商侨智创数智衡水——2020世界侨商衡水行”活动在桃城区举行。文化和旅游部信息中心副主任信宏业，中国侨联副主席、河北省侨联主席包东，河北省侨联副主席孙晋康，河北省侨联经济科技部部长王晓光，衡水市市长吴晓华，市委常委、统战部部长商黎兵，衡水市政府副市长、市公安局局长郭铁铮，桃城区委书记郝卫东，区领导冀学志、李建高、夏奎来及相关单位主要负责人参加。来自全国的100余名侨商企业代表、侨商社团组织负责人、大数据龙头企业、上市公司负责人齐聚衡水，共谋发展良策。峰会后随即召开“2020世界侨商衡水行”专项对接会，推动进一步深化交流合作，实现精准对接、精准招商、精准投资。

11月

3日　区长崔邦文主持召开重点工作调度暨2021年工作谋划汇报会，全面总结2020年各项工作、分析当前形势、谋划明年发展。区领导冀学志、何红卫、明丙振、夏奎来、王加平及各乡镇街道、区直各部门主要负责人参加。

5日　省农业农村厅社会事务处一级调研员甄建新带领省农村人居环境三年行动工作验收组到桃城区验收，并召开汇报会，区长崔邦文出席会议并讲话，副区长夏奎来及相关单位主要负责人参加会议。甄建新对桃城区农村人居环境整治三年行动取得的成绩给予充分肯定。

8日　区长崔邦文带队到疫情防控重点场所，现场督导调研生鲜冷冻食品储藏、销售等疫情防控措施落实情况。区领导冀学志、何红卫及区疫情防控指挥部办公室相关负责人参加。

同日　区长崔邦文就冬季疫情防控工作深入一线进行调研。他强调，各级各有关部门要高度警惕当前疫情防控形势，进一步压实责任，全力以赴抓好冬季疫情防控工作。

9日　区委书记郝卫东就“气代煤”“电代煤”居民供热、公园建设情况深入一线实地调研。他强调，要强化责任担当，狠抓工作落实，切实打造群众满意的民心工程。区领导王加平及相关乡镇、区直部门主要负责人参加。

13日　区委书记郝卫东主持召开新雅轩衡水辣椒产业基地建设项目汇报会。他强调，要优化设计方案，加快建设进度，全力推动项目落地投产。

18日　中铁建设集团二十局、中铁长安重工董事长郑宗君一行到桃城区考察座谈，区长崔邦文会见考察团一行，并召开座谈交流会，双方就年产6万吨钢箱桥梁建设项目合作相关事宜进行深入对接交流。

19日　区委书记郝卫东主持召开“招商之冬”及重点项目建设调度推进会。听取发改局关于全区“招商之冬”开展情况的汇报，随后各有关区领导汇报分包重点项目进展情况，并就重点项目建设及招商工作进行安排部署。区长崔邦文及相关区领导、区直部门主要负责人参加推进会。

20日　全区第二届“最美社区工作者”表彰大会在红旗影剧院举行。市、区领导刘玉华、郝卫东、孟洪义、胡建军、冀学志、李玉红、孙希浩、王加平、吴新巧出席大会。各街道及区直有关部门党政正职、主管副职，各社区居委会主任，获表彰的“最美社区工作者”和“优秀社区工作者”、楼院长、志愿者代表等参加会议。会上，表彰10名“最美社区工作者”和20名“优秀社区工作者”。

20日　桃城区组织“桃城大讲堂”，邀请北京大学经济学院张春晓，围绕“党的十九届五中全会精神和国家‘十四五’规划解读”进行专题授课。区委书记郝卫东、区长崔邦文，区领导孟洪义、胡建军等在家的区四套班子领导及区直各部门主要负责人、各乡镇街道党政正职等90余人参加培训。

26日　桃城区召开“十四五”规划编制汇报会。区委书记郝卫东出席会议并讲话，他强调，要深入学习贯彻习近平总书记关于“十四五”规划编制工作的重要讲话和重要指示精神，精心谋划、精准发力，高标准高质量做好规划编制工作。区领导崔邦文、冀学志、李建高、高福顺及各乡镇街道、区直有关部门主要负责人参加会议。

同日　桃城区召开省第二轮生态环境保护督察反馈问题整改会议，区领导郝卫东、崔邦文、明丙振参加。会上宣读《关于制定省第二轮生态环境保护督察反馈问题整改措施的通知》《关于成立衡水市桃城区生态环境保护督察整改工作领导小组的通知》，并就省第二轮生态环境保护督察反馈问题整改工作进行安排部署。

29日　桃城区第二届冰雪运动会在裕华路小学举办。副区长何红卫，市体育局、市教育局和区直有关部门负责人出席开幕式。该届运动会由区政府主办、区教育局承办、裕华路小学协办，以“缤纷冬日·趣味健身”为主题，设置轮滑、陆地冰壶、冰上拔河3个竞赛项目，来自全区34所学校的近500名运动员参加比赛。

12月

2日　区领导崔邦文、王兰贵到衡水市建设投资集团有限公司沟通协调北航无人机项目股权投资事宜，就投资规模和方式达成一致意见。

4日　桃城区举办2020年四季度项目集中开工活动。市委书记赵革现场督导并宣布项目集中开工。市领导郭铁铮、苏振武出席活动。区委书记郝卫东介绍该次集中开工项目情况，区长崔邦文主持。区领导孟洪义、冀学志、郑明辉、王兰贵、吴新巧及市、区相关部门主要负责人参加活动。该次集中开工的重点项目共有3个，总投资44.1亿元。

9日　区委书记郝卫东主持召开全区信访化解、农村（社区）“两委”换届、主要经济指标、“招商之冬”活动调度会。他强调要紧盯关键环节，强化工作措施，确保高质量严要求完成重项工作。区领导冀学志、高福顺、法院院长刁宏震及各乡镇街道、区直相关部门主要负责人参加。

同日　区委书记郝卫东主持召开全区平安建设领导小组2020年第一次会议暨平安桃城建设会议。区委常委、政法委书记高福顺，法院院长、检察院检察长及相关部门主要负责人参加。

9日至11日　区长崔邦文赴广东省深圳市和福建省仙游县，实地到全屋优品公司、无人机行业协会、深爱人才馆、动漫协会、华侨城甘坑小镇、眼界科技运营总部、鲁艺家居公司、鲁艺工艺城等地学习考察，并与相关负责人对接洽谈，区领导孟洪义、王兰贵参加。

14日　区委书记郝卫东主持召开全区国土空间总体规划汇报会。区领导崔邦文、冀学志、明丙振、王兰贵及各乡镇街道、区直相关部门主要负责人参加。

同日　区委书记郝卫东主持召开衡水恒大高科农业小镇项目规划汇报会。区领导崔邦文、冀学志及邓庄镇、郑家河沿镇、区直相关部门主要负责人参加。

15日　区委书记郝卫东到赵家圈镇大田家圈村宣讲党的十九届五中全会精神，并调研指导农村“两委”换届工作。

同日　区委书记郝卫东就大气污染防治、安全生产、食品和消防安全工作，先后到格林集团衡水锋凯铸造科技有限公司、衡水卉明工程橡塑有限公司、酷祥贸易有限公司、忠义人家酒店路北店开展调研。何家庄乡、桃城高新区和区直有关部门负责人参加。

同日　中科院化学所韩布兴、范青华一行到桃城区开展对接交流。市、区领导吴晓华、吴波、郝卫东、崔邦文、夏奎来会见考察团一行。在座谈会上，市、区领导听取衡水新光新材料科技有限公司与中科院化学所整体合作情况、“航天特种耐高温酚醛树脂技术开发与产业化”项目基本情况、“新一代高性能树脂——聚硅氮烷的制备与产业化”项目进展情况的汇报，双方围绕合作细节进行深入交流。副市长吴波为中科院院士韩布兴颁发“‘创新引领、绿色崛起’衡水市首席科学家”证书。随后，衡水新光新材料科技有限公司负责人与中科院化学所负责人就“航天特种耐高温酚醛树脂技术开发与产业化”项目现场签约。

16日　桃城区召开村（社区）“两委”换届工作调度会，区委书记郝卫东出席会议并讲话。他强调，要以最强担当、最大合力推进工作，确保选出好班子、换出新气象。区领导孟洪义、王智杰、高福顺、孙希浩、郑明辉及各乡镇街道党（工）委书记、组织委员，区直有关部门主要负责人参加调度会。

同日　区长崔邦文到郑家河沿镇宣讲党的

十九届五中全会精神，并对农村“两委”换届，重点项目建设，冬季巡河等工作进行调研。

18日　区委书记郝卫东就滏东公园建设情况进行实地调研。他强调，各级各部门要切实增强责任感紧迫感，加快进度，压实责任，着力打造精品工程。区领导王加平，区直有关部门和河东街道主要负责人参加。

同日　就澜点色彩博物馆合作事宜，澜点羊绒衡水鑫博工贸有限公司、上海远东建筑设计院有限公司一行到桃城区洽谈对接，区委书记郝卫东出席洽谈会。区委常委、宣传部部长孙希浩及区直有关部门主要负责人一同参加洽谈。

31日　中共衡水市桃城区委五届六次全会召开。区委书记郝卫东出席会议并讲话，区长崔邦文主持会议。孟洪义、王智杰、胡建军、张稳坐等在家的区四套班子领导出席会议。各乡镇街道、区直各部门主要负责人参加会议。

区情概览

政区建置

【区域位置】 桃城区位于河北省东南部、衡水市中心地带，地跨北纬37°36′至37°49′，东经115°25′至115°51′，东部与武邑县交界，南部与枣强县、冀州区相连，西部、北部与深州市接壤，总面积602.5平方千米（管辖范围383平方千米）。桃城区是衡水市政府驻地，京九铁路、石德铁路、石济高速铁路在桃城区交会，是石德线连接京广、京沪、京九三条铁路大动脉的中心枢纽，北京至广州的106国道纵贯市区，大广、邢衡高速公路穿境而过。桃城区地域内有2个区、3个镇、3个乡、4个街道办事处，分别为衡水经济开发区、衡水湖国家级自然保护区，郑家河沿镇、赵家圈镇、邓庄镇，何家庄乡、大麻森乡、彭杜村乡，路北街道办事处、中华大街街道办事处、河东街道办事处、河西街道办事处。桃城区范围内有衡水高新技术产业开发区、衡水市滨湖新区、衡水桃城经济开发区3个省级开发区。其中衡水经济开发区和大麻森乡同属衡水高新技术产业开发区管理范围，衡水湖国家级自然保护区和彭杜村乡同属衡水市滨湖新区管理范围，衡水桃城经济开发区属桃城区管辖范围。衡水市中心城区位于桃城区，归衡水市管辖。

【行政建置】 衡水市桃城区古为桃县地，是在隋代建立的衡水县及1982年设立的县级衡水市基础上渐次演变而来的。春秋时期，属晋国东阳地。战国时期，属赵国。秦代，属巨鹿郡。西汉高祖十二年（前195年）置桃侯国，属信都郡。西汉元鼎五年（前112年）废桃侯国，立桃县。西汉元帝初元元年（前48年）废桃县，复为桃侯国。东汉建武元年（25年），恢复桃县，当年又废之，将桃县地域划归下博县，属安平国。桃县遗城改称“桃城”。东汉永平十五年（72年），桃城故地随下博县先后改属乐成国、安平国和安平郡。三国时期，桃县故地隶属魏国冀州安平郡。西晋时属冀州安平国。十六国时期，历经北魏、东魏和北齐三朝，属冀州长乐郡。隋开皇十六年（596年），“河北大使郎蔚之分信都北界、武邑西界、下博南界，置衡水县”，县城设于现在的旧城村，属河北道冀州。隋大业三年（607年）罢州改属信都郡。唐代，属河北道冀州。五代十国后梁时期，属赵镇冀州；后唐时期属成德节度使冀州；后晋时期属顺国节度使冀州；后汉、后周时期属成德节度使冀州。北宋时期属河北东路冀州。金代，属河北东路冀州。元中统二年（1261年），改属中书省真定路（1299年改为真定府）深州。明朝属京师（北直隶）真定府。清初，属正定府深州。雍正二年（1724年）改为直隶冀州。

中华民国2年（1913年），废府州为道，衡水县属大名道。中华民国17年（1928年），直隶省改称河北省，废道，衡水县直属河北省。

全面抗日战争开始后，中华民国28年（1939年）2月21日，中国共产党领导的衡水县抗日民主政府成立，属晋冀鲁豫区冀南区第三专区。1945年12月14日衡水县解放后，改属冀南区第五专区。

1949年7月28日，衡水专区设立，衡水县属之。

中华人民共和国成立后，1952年9月衡水专区撤销，衡水县改属石家庄专区。1958年11月5日，冀县、枣强县、武邑县撤销，并入衡水县，习称“衡水大县”。1960年5月石家庄专区撤销，衡水县划归石家庄市。1961年5月衡水县又划归同年复置的石家庄专区。5月10日，从衡水县析出冀县（含枣强县）。1962年1月1日出析出武邑县，衡水县恢复1958年11月前的行政建制。1962年6月27日，国务院批准恢复衡水专区，衡水县划归衡水专区。1967年12月9日，衡水专区改称衡水地区，衡水县仍属之。

1982年1月30日，国务院批准在衡水县辖衡水镇基础上设立县级衡水市，同年5月25日县级衡水市机关正式办公。1983年3月3日，国务院批准撤销衡水县，将该县行政区域划归衡水市，同年9月20日至10月20日完成，衡水县消失。

1996年5月31日，国务院批准撤销衡水地区和县级衡水市，设立地级衡水市。衡水市设立桃城区，以原县级衡水市的行政区域为桃城区的行政区域。同年7月19日，桃城区机关挂牌运行。

行政区划

【概况】 桃城区辖河西、河东、路北、中华大街4个街道办事处和郑家河沿、赵家圈、邓庄3个镇及何家庄1个乡，共辖51个社区、221个村。

【社区区划】 河西街道办事处（辖14个社区）：滨河、南菜园、萃景、广场、牛家佐、滏兴、滏阳、河西街、汇鑫、享园、杨树、站前、中心街、游园。

河东街道办事处（辖8个社区）：东湖、京大、桥东、太阳城、老白干、城东、南门外、京衡。

路北街道办事处（辖12个社区）：衡板、红光、华庭、冀衡、利民、宝力、金光、鑫城、裕康、牛佐新村、京华、丽都。

中华大街街道办事处（辖17个社区）：岸芷庭蓝、北盐道、南盐道、华东、幸福里、育才、区府、裕丰、育新、丽景、电业、广厦、平安里、同乐里、衡丰、永兴、福苑。

【村居区划】 郑家河沿镇（辖64个村）：郑家河沿、南沼、北沼、小辛集、旧城、新康庄、三岔口、种家庄、西里村、戴空城、白空城、张空城、张家庄、大杜庄、河东李、常家庄、河东刘、谈家庄、王渡口、路家庄、前孙庄、后孙庄、侯庄、郭家埝、戴家庄、北两店、北增家庄、西汪、焦高村、刘高村、陈张高村、种高村、国家庄、王阎庄、盐堤口、河北增、焦汪、南李庄、后韩家庄、冯家庄、新刘庄、阎家庄、张王庄、北律村、南律村、魏家庄、邵家庄、巨鹿、河南增家庄、新立庄、小刘家庄、南李村、道口村、陈家村、三杜庄、贾家庄、崔家庄、前韩家庄、段村、绳头庄、李空城、英家庄、韩家庄、南两店。

赵家圈镇（辖73个村）：大田家圈、冯家村、后田家圈、李家店、齐家庙、西杨家村、张家圈、赵家圈、北郎子桥、东郎子桥、卢家园、路口王、西郎子桥、相家庄、新于唐、徐家庄、白塔、北刘庄、蔡园、陈程庄、贡军营、纪家庄、李家庄、李军营、刘家军营、刘家洼、马家军营、西贡家庄、小韩村、小王村、东齐家村、东杨家村、后铺、胡家村、胡家堂、前铺、前王家村、苏家村、西马庄、赵家村、支家村、大柳林、东护驾庄、郭黄村、桥头、西柳林、岳贡桥、张柳林、戴家口、东贡家台、康庄、杜家村、高家村、耿李村、勾家村、韩家洼、三元店、徐家村、岳家村、张家村、张家口、种梁庄、曹家圈、东野头、高家圈、贡家圈、金家庄、骑河王、西孙庄、西野头、杨家庄、耿家庄、孙家洼。

邓庄镇（辖33个村）：留仲、速流、索水口、东庄、田家庄、梁家庄、南苏闸、北苏闸、胡家庄、武家庄、前邢疃、大成村、王单驼、孙单驼、艾单驼、东邢疃、中邢疃、大葛村、西葛村、西军卫、张泡庄、石辛庄、东葛村、曹家庄、东军卫、邓庄、张单驼、欧家庄、彭家庄、东王庄、顺河庄、周言、许家庄。

何家庄乡（辖31个村）：白庙、北滏阳、陈家村、大庙、东滏阳、疙瘩头、何家庄、侯家林、后马庄、刘里马、李里马、周家村、卢家村、马家村、南漳桥、前马庄、乔家村、青杨树、宋家村、孙三村、王里马、西滏阳、西康庄、夏家村、张里马、赵家庄、郑里马、仲代、东康庄、八里庄、前里马。

河东街道办事处（辖20个村）：北门口、北仁街、程家庄、大西野营、东隆庆、东明街、南门口、前野营、三徐庄、石家庄、王家庄、周通、小西野营、阜丰街、西门口、东门口、南华街、集贤、郭家庄、干马。

自然环境

地质地貌

【概况】 境内地层上部覆盖着厚度为440米至520米的河流相沉积第四系堆积物，有利于地下水储存。新近纪和古近纪地层还储有较丰富地热水资源。地貌呈微丘地形，地势平坦开阔。

【地质构造】 境域地质构造处于中期准地台（Ⅰ级）、华北断拗（Ⅱ级）内，跨越冀中台陷（Ⅲ212）、临清台陷（Ⅲ216）两个三级构造单元以及其所属的饶阳断凹（Ⅳ242）、新河断凸（Ⅳ267）、南宫断凹（Ⅳ268）和明化镇断凸（Ⅳ269）四个四级构造单元。

【地质断层】 发育在境内北部的无极—衡水隐伏大断裂带，为冀中台陷、沧县台陷与临清

8月11日，衡水湖·映日荷花别样红　　张洪达　摄

台陷三个三级构造的分界断层。断裂带西起河北省曲阳县以西，向东南经无极县、深州市、桃城区、景县、德州市以南延入山东，总体走向北偏西50°。断裂带断裂反应明显，前中生代落差900米至3600米。断面倾向北偏东，倾角39°至55°，形态类型属正断层。另外，境内一般性小断裂也较多且复杂。

【地貌特征】 桃城区为华北冲积平原的一部分，是古黄河、古漳河、古滹沱河、滏阳河冲积洪积区。滏阳河以西属滏阳河流域，以东属黑龙港流域。境内地势较平坦，由西南向东北略有倾斜。黄海高程在25.4米至18.1米之间，高差仅7米左右，地面坡降比一般在八千分之一到一万分之一。

历史上因受古黄河、古漳河、古滹沱河及滏阳河等河流道洪水泛滥冲刷淤积的影响，境内分布着许多大小不一、深浅不等的浅平状封闭洼地。较大的洼地南部有千顷洼（今衡水湖）、河沿洼，东北部有落龙洼，西部有胡家堂洼，北部有呼家洼。千顷洼是由古河道聚会冲积而成，湖区地层为河湖相沉积，湖底高程17.5米至18米，比周围平地低4米至5米。一般洼地如呼家洼、胡家堂洼，仅低于地面1米左右。

【地层】 境内地层自上而下分为新生界、中生界、古生界和中上元古界四代。

新生界地层　新生界地层指新生代时期形成的地层，为地质史上最新的一代，距今约6400万年。新生界地层自上而下分为第四系、新近系、古近系。

第四系。巨厚的第四系地层分布全区，底板埋深440米至520米，为河流相沉积，结构松散，是地下淡水主要储存层。岩相由浅黄、灰黄或棕红色黏土，以及亚黏土、亚砂土和砂层组成。第四系地层自上而下分布为全新统、上更新统、中更新统与下更新统。全新统厚度为40米至60米，以河流冲积为主，间有河洼地湖沼相松散沉积，岩性由灰色黏土、灰黄色粉质黏土、淤泥质粉质黏土、粉土及透镜状砂层组成，具水平层理，砂层多为细砂、粉砂。上更新统底板埋深180米至220米，厚度约140米至160米，以河流冲积为主的泥沙松散冲积物。下部的棕黄色粉质黏土夹亚砂土及沙层，上部为灰黄黏土、黄棕色粉质黏土、粉土夹砂层。砂层以粉、细砂为主。中更新统底板埋深360米至400米，厚度约160米至180米，为河湖相冲洪积泥砂质松散沉积物，下部多为棕褐、红棕色粉质黏土，上部为黄棕、棕色粉质黏土类粉土。砂层多为中细砂，下部砂层比上部颗粒粗，厚度大。下更新统底板埋深440米至520米左右，厚度约100米至120米，为河湖相砂泥质沉积物，以棕红、黄棕色粉质黏土为主，密实块状、水平层理发育。砂层以中、细砂为主，偶夹粗砂。

新近系。地层沉积厚度不均，自上而下分为明化镇组、馆陶组。明化镇组地层沉积厚度为670米至860米，底板埋深1.15千米至1.2千米，为浅棕黄色、浅灰色砂岩与棕红色泥岩互层。微固结—半固结、泥岩发育，与下伏馆陶组呈整合接触。该地层全区均有分布。馆陶组地层底板埋深1.2千米至1.5千米。主要岩层为灰白、灰绿、灰色砂岩，含砾砂岩与棕红、紫红、灰绿泥岩、砂质泥岩不等厚互层，半固结—固结状，底部普遍有一层厚10米至30米的砾石层。

古近系。地层自上而下分为东营组、沙河街组、孔店组。区内地热资源皆来源于该地层。东营组主要岩性为棕红、灰绿色泥岩、砂质泥岩与浅棕、灰绿色粉砂层、泥质粉砂岩不等厚互层。沙河街组为河流—湖泊相沉积，主要岩性以暗色泥岩为主夹砂岩、生物灰岩、油页岩。底部为砂岩、砾砂岩。孔店组为河流—湖泊相沉积，主要岩性下部紫色泥岩加砂岩、沙砾岩、底部为砾岩，与下伏白垩系不整合接触。中部页岩、砂岩，局部加砂岩；上部泥岩与砂岩互层、夹石膏泥岩。

中生界地层　中生界地层自上而下分为三叠系、侏罗系、白垩系。区内未探明三叠系地层，仅见侏罗系和白垩系地层。地层呈内陆盆地河湖相红色碎屑堆积，由砂岩、泥岩、沙砾岩和页岩构成，富含动植物化石。

古生界地层　古生界地层自上而下分为上古生界和下古生界。

上古生界包括泥盆系、石炭系、二叠系。域内未探明其存在。下古生界包括志留系、奥陶系、寒武系。其中，域内缺失志留系地层，仅探明奥陶系和寒武系地层的存在。奥陶系地层缺乏上统沉积。奥陶系的中、下统沉积为灰色和灰褐色白云质灰岩、灰岩、灰质白云岩，岩石裂隙较发育，半充填方解石脉。寒武系地层为浅海相泥质条带灰岩、鲕状灰岩及页岩组成，上部为灰色灰岩、泥质灰岩与棕红色泥岩，呈不等厚互层沉积。下部为灰褐色灰岩、缅状灰岩夹不等厚泥灰岩。

中上元古界地层　中上元古界地层自上而下为青白日系、蓟县系和长城系。

青白日系上部以白云质、泥质灰岩为主夹页岩，中部砂岩夹页岩，下部页岩为主夹砂岩及泥灰岩。顶界埋深1100米至600米。区内地热井钻孔大部分暴露该地层。地热井钻孔最深至2378米，穿透青白口系和蓟县系地层，尚未穿透长城系地层。

蓟县系以灰色、灰黑色白云岩、灰岩为主，夹少量砂岩和页岩。

长城系上部为灰色白云岩夹砂岩、页岩，下部以黑色页岩、灰白色、棕红色砂岩为主。

气候特点

【概况】　气候为暖温带大陆性季风气候，暖温带半湿润区。特点是四季分明，冷暖、干湿差异明显，光照充沛。春季，天晴日朗、干燥多风；夏季，降水集中、雨热同季；秋季，天气晴朗，冷暖适中；冬季，寒冷干燥、雨雪较少。

【四季特征】　春季。为每年3月至5月。受北方气旋和冷锋影响，境内多大风天气，不易产生大范围降水。冷空气过后，温度回升较快、蒸发量大，干旱频繁。常年平均气温14.0℃；平均降水量60.1毫米，占全年降水量的12%；日照时数731.9小时，为四季中最长。春季是冬小麦生长期和春播作物播种期，一般年份降水不能满足农作物生长所需水分，有“十年九旱”之说。主要灾害性天气为干旱、大风、干热风及偶发的低温与阴雨气候等。

夏季。为每年6月至8月。气温最高，降水集中。多年平均气温26.0℃；平均降水量344.1毫米，占全年降水总量69%；日照717.8小时，仅次于春季。主要灾害性天气有高温、暴雨、雷雨、冰雹、大风等，阶段性干旱则时有出现。

秋季。为每年9月至11月。是夏季环流向冬季环流转换的季节，暴雨和强对流天气明显减少，气温迅速下降，多为秋高气爽的天气。多年平均气温13.5℃；平均降水量80.3毫米，占全年的16%；日照时数622.4小时。主要灾害性天气为大雾、连阴雨以及寒潮天气引起的强降温和大风等。

冬季。为每年12月至翌年2月。受强大的蒙古冷高压控制，冷空气活动频繁，气候寒冷干燥，雨雪稀少。多年平均气温-1.3℃；平均降水量13.0毫米，占全年降水量的3%；日照时数513.1小时。主要灾害性天气为寒潮、大风、大雾、大雪等。

【气温】　桃城区多年平均气温13℃。年平均气温最高值14.3℃，出现在1998年；年平均气温最低值10.3℃，出现在1969年。7月份平均气温最高，为26.9℃；1月份平均气温最低，为-3.1℃。极端最高气温42.8℃，出现在2002年7月15日；极端最低气温-23.0℃，出现在1972年2月6日。

【降水】 桃城区多年平均降水量497.5毫米。每年7月降水最多，月均降水量为158毫米；1月降水最少，降水量仅为2.6毫米。降水量年际波动大，最多为1964年的892.8毫米，最少为1997年的233.1毫米。最大日降水量195.7毫米，出现在1987年8月26日。

【日照】 桃城区多年平均日照2585.2小时。日照时间最多的月份为5月份，日照时数274.6小时，平均每天日照8.9小时，充足的光照对冬小麦后期生长和春播作物出苗和生长十分有利。日照时间最少的月份是12月份，日照时数165.4小时，平均每天5.3小时，对设施农业生产不利。日照时数年际波动比较明显，日照时间最多年3064.8小时，出现在1965年；日照时间最少年2100.4小时，出现在2010年。

【风】 桃城区多年平均值风速2.3米/秒。年均最大值3.9米/秒，出现在1969年；年均最小值1.4米/秒，出现在2001年。瞬时最大风速20米/秒，出现在1972年6月29日。以瞬时风速达到17米/秒为大风日，桃城区年大风日数平均为10.9天，其中5月份2.2天为最多，3月至6月份平均1天至2天，其他月份均不足1天。年大风日数最多57天，出现在1962年。近年来，受气候变化和观测环境城镇化影响，平均风速减小，大风日数减少。

春季多出现偏南大风，也会出现偏北大风；夏季多为雷雨大风，风向不定，风灾较为严重；秋冬季多为偏北大风。

【其他气候】 降雪。降雪天气最早在10月25日，平均在11月26日。最晚在4月25日，平均在3月10日。

降霜。最早初霜在10月2日，平均在10月22日。终霜冻最晚在5月3日，平均在4月2日。年霜冻日数平均89.8天，最多114天，最少37天。无霜期平均275.2天。

冰冻。冰冻现象最早在10月17日，平均在11月1日。最晚在4月10日，平均在3月26日。年冰冻日数110.7天，最多128天，最少101天。

高温。日最高气温≥38℃的高温天气最早出现在5月14日，平均最早日期为6月19日。高温最晚出现在8月6日，平均最晚日期为7月2日。

雷暴。雷暴现象最早出现在3月20日，常年最早雷暴出现在4月27日。雷暴最晚出现在11月14日，常年最晚在9月27日。常年雷暴日数26天，最多47天，最少16天。

2020年气候状况

【气候特点】 2020年，桃城区气温较常年偏高，降水量、日照时数均接近常年。大雾、冰雹天气多于常年，气象干旱、高温、暴雨、霾、沙尘等天气气候现象少于常年。上半年大风天气为近15年最多，4月下旬历史罕见的晚霜冻害造成果树明显减产。

【主要气候状况】 气温 平均气温14.2℃，较常年偏高1.1℃。季平均气温冬、春、秋季偏高，夏季接近常年。冬季（2019年12月—2020年2月，以下同）平均气温0.3℃，较常年显著偏高1.5℃。春季（3—5月，以下同）平均气温15.3℃，较常年偏高1.1℃。夏季（6—8月，以下同）平均气温26.4℃，接近常年。秋季（9—11月，以下同）平均气温14.2℃，较常年偏高0.8℃。

降水 降水量493.6毫米，接近常年。季降水量：冬、春季偏多，夏季接近常年，秋季偏少。冬季平均降水量25.2毫米，较常年异常偏多1.3倍。春季平均降水量98.2毫米，较常年显著偏多43%。夏季平均降水量320.3毫米，接近常年。秋季平均降水量53.6毫米，较常年偏少33%。

日照 平均年日照时数2394小时，接近常年略偏少80小时。季日照时数：冬、夏季偏少，春季偏多，秋季接近常年。冬季平均日照时数383小时，较常年显著偏少117小时。春季平均日照时数817小时，较常年显著偏多101小时。夏季平均日照时数587小时，较常年偏少84小时。秋季平均日照时数568小时，接近常年。

水 文

【概况】 大气降水集中在夏季，年均蒸发量是年均降雨量的两倍多。河道境内建有拦河闸坝，拦蓄排泄季节性过境水。衡水湖涵养水源，保护生态。深层地下淡水，补给条件差，超采严重。浅层地下水多为咸水，尚不能利用，少量浅层淡水，有待充分开发。工农业生产需水量远大于天然补水量，属严重缺水区。

【地表水】 来源主要是大气降水、河道过境水、衡水湖引水和石津灌区供水。

大气降水。年均降水量490.02毫米、径流量815.80万立方米、径流深5.74毫米。

河道过境水。境内主要有滏阳河、滏阳新河、滏东排河过境。

石津渠供水。指石津灌区每年农田灌溉配给水，是区内地表水资源的主要组成部分，平水年配水2452.1万立方米，偏枯年配水1670.8万立方米，多年平均配水量2335.4万立方米。

衡水湖蓄水。通过冀码渠拦蓄部分汛期客水和卫运河——千顷洼引水工程引卫运河水和黄河水入衡水湖。衡水湖水面积75平方千米，总蓄水能力1.88亿立方米。多年平均蓄水量0.4840亿立方米。

【地下水】 桃城区地下水分Ⅰ、Ⅱ、Ⅲ、Ⅳ个含水组。依据地下水的水质（矿化度）、储存条件、水力性质以及开采现状，习惯上将地下水划分为浅层地下水和深层地下水。浅层地下水主要含咸水和少量淡水，深层地下水为淡水。

浅层地下水 浅层地下水即第Ⅰ含水组，它包括咸水底界以上的浅层淡水或咸水。地下水位埋深较浅，一般2米至4米。在少部分区域的咸水顶界以上，有浅层淡水分布。

浅层淡水。大多分布在古河道流域或古湖泊、古沼泽地带。历史上由于古河道反复改道，相互冲割，使古河道连续性受到破坏，浅层淡水多呈条带状或片状分布，赋存形式主要为空隙水，开采潜力大。全区浅层淡水面积171.31平方千米，占全区总面积的28.96%，其中底板埋深5米至10米的面积为86.06平方千米，底板埋深10米至20米的面积达62.75平方千米，底板埋深20米至30米的面积为21.4平方千米，底板埋深超过30米的为1.1平方千米。单井单位出水量1立方米/小时~5立方米/小时或5立方米/小时~10立方米/小时。浅层淡水化学类型分为西部、中部、东部三个水化学类型区。西部水化学类型为氯化物硫酸盐重碳酸盐-钠镁型水（$ClSO_4HCO_3$-NaMg），味稍咸。中部水化学类型为氯化物硫酸盐-镁钠型水（$ClSO_4$-MgNa），味苦涩。东部水化学类型为重碳酸盐氯化物-镁钠型水（HCO_3Cl-MgNa），味苦咸。

浅层咸水。储藏于浅层淡水和深层淡水之间，或自地面以下直至深层淡水顶板全部为咸水。咸水层厚度，滏阳河以西50米至65米，滏阳河以东65米至85米，最深达110米。含水层沙层西部以细沙为主，东部则以粉细沙为主，呈透镜状，连续性差。咸水矿化度5毫克/升~10毫克/升，尚无开发利用。自20世纪70年代以来，由于多年连续大量超采深层地下水，造成深层地下水位大幅度下降，普遍引起苦水层下移，一般咸淡水界面下移10米左右。

深层地下水　深层地下淡水，是咸淡水界面以下的淡水层，分为第二、三、四含水组，赋存于第四系地层。深层淡水各含水组的地质结构、水量、水化学类型及矿化度，各有不同。

第二含水组。顶界为咸淡水界面，底界埋深160米，属承压水。含水层平面分布岩性自西向东由粗变细，由厚变薄。西北部以中粗砂为主，厚度25米~30米。中部以细砂为主，厚度20米~30米。东北部以粉砂为主，厚度小于20米。单井单位涌水量，西部大、东部小，由每米每小时5立方米~10立方米减少到每米每小时2立方米~6立方米。水化学类型为L-N、LS-N型水，矿化度小于每升1克，水温17℃~20℃。

第三含水组。底界埋深350米，属深层承压水。含水层岩性自西向东由粗变细，即由以粗砂为主，变为以中砂为主，再变为以细砂为主。砂层总厚度大于50米，最厚为85米。砂层连续性好，是主要开采层。单井单位涌水量一般在每米每小时10立方米~15立方米，最大为每米每小时20立方米。矿化度小于每升1克，水化学类型为LSH-N和HLS-N型水，水温22℃~24℃。

第四含水组。底界埋深450米~520米，属深层承压水。含水层岩性自西向东由粗变细，依次由粗砂为主，变为以中砂为主，再为以细砂为主，微胶结及半胶结，砂层连续性较差。砂层厚度20米~40米，单井单位涌水量每米每小时为2立方米~8立方米，矿化度小于每升1克，水化学类型为HLS-N型和HL-N型水，水温28℃。

土　壤

【概况】　域内土壤分2个土类、4个亚类、5个土属、28个土种，耕作层土壤养分含有机质、全氮、碱解氮、速效磷、速效钾等，适宜农作物生长。

【土壤类型与分布】　潮土。潮土是域内主要土壤类型，面积43473.2公顷，占土壤总面积的99.82%。潮土母质主要由古黄河携带的泥沙沉积形成，土壤颜色以棕色为主。该土类在主要成土过程中同时受其他不同因素影响，而形成3个亚类4个土属26个土种。3个亚类为褐潮土、褐土化潮土和盐化潮土。4个土属为壤质潮土、黏质潮土、壤质褐土化潮土、硫酸盐—氯化物盐化潮土。

盐土。盐土是域内第二土类，面积76.9公顷，占土壤总面积的0.18%，为内陆盐土亚类，硫酸盐——氧氯化物盐土土属，含2个土种。分布在大麻森乡、彭杜村乡古河道决口处，耕作层含盐量大于1%，不能生长庄稼，只能生长盐土植被类植物碱蓬、红荆、羊角菜等。

【土壤肥力】　耕作层土壤养分为有机质、全氮、碱解氮、速效磷、速效钾和微量元素等。

有机质。土壤有机质是土壤肥力高低的主要指标，其含量取决于气候、土壤母质生物残体等因素。春秋气温适中，夏季高温多湿，土壤pH值多在7~8.5之间，有利土壤微生物活动，促进土壤有机质分解。郑家河沿镇、赵家圈镇及市区周边土质较黏，有机质含量为1%~1.2%。滏阳河以东土壤有机质含量为0.6%~1.0%，平均土壤有机质含量为1.09%。

全氮。耕作层土壤全氮含量是相应土壤有机质含量的5%左右，全氮含量为0.075%~0.1%的土壤分布在郑家河沿镇及市区周边，全氮含量在0.05%~0.075%的土壤分布在滏阳河两岸及郑家河沿镇、赵家圈镇，全氮含量小于0.05%的土壤多分布在赵家圈镇、大麻森乡、邓家庄乡，平均全氮含量0.059%。

碱解氮。碱解氮是短期内直接供给植物吸收利用的氮素成分，它直接与有机质、全氮相关。城区周围、郑家河沿镇、赵家圈镇等土壤碱解氮含量在60毫克/100万千克~90毫克/100万千克，其他乡碱解氮含量在30毫克/100万千克~60毫克/100万千克，平均碱解氮为51.87毫克/100万千克。

全磷和速效磷。土壤一般含磷量较高。耕作层全磷含量平均为0.128%，土壤质地越砂，全磷含量越低；土壤质地越黏，全磷含量越高。土壤中速效磷与全磷含量没有相关性。由于土壤系石灰性土壤，施入土壤中的速效磷极易与土壤中所含磷酸钙结合成难溶性磷酸钙盐，故土壤速效磷含量较低，平均为4.61毫克/100万千克，增施磷肥可起到明显增产效果。

速效钾。土壤速效钾含量平均为128.8毫克/100万千克，比氮、磷含量较丰富。速效钾含量主要受成土壤母质影响，土壤母质多含云母，故含钾较高。

微量元素。土壤中微量元素的含量平均为铁7.3/100万毫摩尔/升、锰6.2/100万毫摩尔/升、铜1.41/100万毫摩尔/升、锌0.81/100万毫摩尔/升。

自然资源

土地资源

【概况】 桃城区土地资源、矿产资源比较丰富，第四系堆积层储有淡水资源，3000米浅热层地热水资源比较丰富。

【土地资源】 2020年，桃城区总面积383平方千米。耕地总面积2.13万公顷，占土地总面积的55.61%。农村人均耕地面积0.13公顷。

【矿产资源】 发现的矿产有三类，能源矿产类有地热、石油；非金属矿产类有砖瓦用黏土；水汽矿产类有矿泉水。

地热资源　地热资源丰富，平均地温梯度3.16℃/100米。本区主要利用热储为新近系馆陶组孔隙热储层及基岩热储。底界埋深为1090米~2440米，热储中部温度为56℃~85℃，矿化度较高5~9克/升，pH值6.92~9.18。基岩热储，大部分都有分布，地层比较发育，单井出水量一般大于50立方米/小时，矿化度3.0克/升~15.0克/升。为保护生态环境，有效控制地热水污染，对地热资源的利用进行严格控制，地热井全部关停并进行热源替换。

饮用天然矿泉水　第四系矿泉水类型主要为锶型及锶。查明的一处矿泉水资源，位于桃城区刘家庄。

砖瓦用黏土　砖瓦用黏土资源全市广泛分布，为有效保护土地资源和生态环境，对砖瓦用黏土的利用进行严格控制，全部关停砖瓦窑。

石油　油气分布面积约9平方公里，查明的石油储量300多万吨。油气藏类型属古潜山油气藏和第三系油气藏。

水资源

【概况】 域内水资源分为地表水、地下水。水资源较为短缺，供需矛盾比较突出。

【地表水】 主要来源为大气降水、河道蓄水以及从境外引水。

大气降水　常年平均降水量490毫米。

河道蓄水　滏阳河多年平均径流量2298万立方米，在大西野营村西建有节制闸，最大蓄水量690万立方米；2019年9月，滏阳河清理整治项目启动，桃城区段全长23.5千米的补水河道清理整治工作2020年完工，项目完成后新增蓄水量245万立方米。滏阳新河深槽多年平均径流量3843万立方米，在康洼村南建有橡皮坝，每年可调蓄2次来水，每次蓄水量为206万立方米。滏东排河多年平均径流量1137万立方米，在五开村北建有节制闸，最大蓄水量1020万立方米。2017年，桃城区投资505万元，对周言干渠5.9千米渠道进行清淤整治并建设相关配套设施，新增蓄水量30万立方米。2019年，投资340万元，对速流干渠下游段2.5千米进行清淤并建设相关配套设施，新增蓄水量17.56万立方米。

石津灌渠供水　石津灌区每年为农业灌溉配给水，是桃城区地表水资源的重要组成部分。引水能力每秒14.8立方米，控制耕地面积1.05万公顷，配水面积0.79万公顷。由王家井和魏桥渠道管理所管理。每年根据岗南水库、黄壁庄水库蓄水多少和灌溉需要，向桃城区配水不等。

【地下水资源】　主要分为浅层淡水和深层地下水。

浅层淡水　全区浅层淡水面积171.31平方千米，占总面积的28.96%，单位涌水量3.5吨/时·米~7吨/时·米，可开采量为1671.4万吨/年。1991年至2010年，平均开采量为380.87万吨/年，占可开采量的22.75%。浅层淡水富水性和补给性较好，直接接受大气降水、河渠和农业灌溉水的渗透，开发利用浅层淡水潜力很大。

深层地下水　2014年，河北省人民政府发布《河北省人民政府关于公布平原区地下水超采区、禁采区和限采区范围的通知》，桃城区被划定为深层地下水严重超采区、深层地下水禁采区。桃城区认真贯彻通知精神，把地下水超采综合治理作为“三农”工作的重中之重来抓，强力推进地下水超采综合治理工作的开展。采取河道清理整治和补水、实施农业节水行动、落实河（湖）长制、加强地下水管控和推进水资源置换等具体措施。2014—2015年，相继实施完成2014年地下水超采综合治理盐河故道引水灌溉项目、井灌区高效节水灌溉项目、小型农田水利重点县项目；2015年地下水超采综合治理地表水灌溉项目，完成投资1.88亿元，涉及灌溉面积6493.33公顷，压采地下水量757.94万立方米。2018年，完成年度地下水超采综合治理农村生活用水置换项目、教育小镇项目及高新技术产业开发区供水项目；2020年地下水超采综合治理农村生活水源置换项目建成，年可压采水量128.49万立方米。

生物资源

【综述】　桃城区域内生物品种繁多，生物多样性突出表现在衡水湖。内地野生植物有陆生草本植物200余种，水生草本植物8种；有木本植物20余种，引进乔灌木树种9种。另外，原产南美洲的有害野生物种黄顶菊入侵本区，2001年在彭杜村乡和郑家河沿镇始被发现；有害挺水植物香蒲入侵衡水湖和小西河排干渠等排水渠道。原生性野生动物有近百种，其中陆生动物60余种，水生动物32种。由于农业连续多年施用大量农药，造成以虫为主要食物的乌鸦基本绝迹，老鹰和猫头鹰、蝙蝠也属罕见，蝈蝈也多年没有出现，青蛙也呈逐年减少趋势。而原生在山区的野鸡在田野却随处可见。据调查，1997年大麻森乡耿村养殖专业户耿治根所养2万只美国七彩山鸡，冬季遇大风雪袭击，鸡舍被大风吹毁，有400只成鸡四处逃散，致使这种野生能力和繁殖能力极强的物种，在域内迅速发展。

【植物】　域内植物有原生性野生草本和木本植物382种。

草本植物　野生草本陆生植物有200余种，分属51科。

主要野生草本陆生植物品种有：益母草、透骨草、砂引草、红荆、问荆、节节草、木贼、扁蓄、习见蓼、剪刀股、酸模叶蓼、水蓼、两栖蓼、毛脉两栖蓼、皱叶酸模、灰绿藜、大叶藜、东亚市藜、藜、蝇虫实、细苞虫实、扫帚菜、碱地肤、盐爪爪、碱蓬、猪毛菜、反枝苋、皱果苋、米瓦罐（麦瓶草）、王不留行、金鱼藻、茴茴蒜、毛茛、荠菜、离子草、播娘蒿、花旗竿、芝麻菜、涩芥、华北糖芥、盐芥、独行菜、诸葛菜、沼生焯菜、球果焯菜、瓦松、朝天委陵菜、米口菜、锦鸡儿、长萼、鸡眼草、细梗胡枝子、黄香木樨、草木樨、山绿豆、苦参、田籽野豌豆、细叶牧地香豌豆、太阳花、老鹳草、蒺藜、铁觅菜、猫眼草、地锦草、酸枣、苘麻、野西瓜苗、紫花地丁、早开堇菜、狐尾、蛇床、建地梅、二色补血草、罗布麻（茶棵子）、地梢瓜、鹅绒藤、萝摩、杠柳、藤长苗、打碗花、菟丝子、日本菟丝子、侧序斑种草、麦家公、附地菜、野薄荷、薄荷、夏至草、地笋、雪见草、水苏、曼陀罗、枸杞、龙葵、青杞、柳穿鱼、弹刀子菜、地黄、角蒿、列当、茜草、猪殃殃、野菊、艾蒿、小白蒿、茵陈蒿、阿尔泰紫苑、小花鬼针草、刺菜、鳢肠、小飞蓬、泥胡菜、旋复花、苦菜、苦荬菜、金叶马兰、蒙山莴苣、凤尾菊、细叶鸦葱、苣荬菜、蒲公英、苍耳、香蒲、蒙古香蒲、眼子菜、竹叶眼子菜、线叶眼子菜、菹草、大茨藻、獐毛草、羊草、假苇拂子茅、虎尾草、隐花草、狗牙根、马唐、毛马唐、双稃草、稗、旱稗、蟋蟀草、披碱草、画眉草、牛鞭草、毛鞘茅香、白茅、雀麦、狼尾草、芦苇、早熟禾、狗尾草、长芒草、虱子草、多花黑麦草、羊胡子草、香附子、球穗莎草、褐穗莎草、球穗扁莎草、荆三棱、浮萍、紫萍、细叶灯芯草、兴安天冬等。

野生草本水生植物品种主要有：榨草、芦苇、聚草、小眼菜等。

木本植物　原生性木本植物主要有杨、柳、榆、槐、椿、松、柏7种乔木。其亚种分为20余种。

杨树：白杨、青杨、黑杨、杂交杨。

柳树：旱柳、箕柳、垂柳、龙须柳。

榆树：白榆、小叶榆、大叶榆、黄叶榆。

槐树：国槐、龙爪槐、黄叶槐、洋槐。

椿树：香椿、樗（chu，臭椿）。

松树：马尾松、五针松、雪松。

柏树：侧柏、龙柏、翠柏。

引进的乔灌木树种：桑树、榕树、扶桑、木槿、紫荆、花椒、白蜡杆、梧桐、泡桐等。

【动物】　原生性野生动物有近百种，迁徙性候鸟有255种。迁徙性候鸟在衡水湖等地作季节性留居。

陆生动物　原生性陆生动物有两栖纲、爬行纲、鸟纲和哺乳纲60余种。

两栖纲：东方铃蟾、花背蟾蜍、大蟾蜍（癞蛤蟆）、金线蛙、黑斑蛙、沼蛙（郴声蛙）、北方狭口蛙。

爬行纲：无蹼壁虎、乌龟（金鱼）、鳖（团鱼、甲鱼）、北方草蜥、虎斑游蛇（竹竿表蛇）、赤链蛇（火赤链蛇）、黑眉锦蛇、红点锦蛇（水蛇）、白条锦蛇、中国水蛇。

鸟纲：苍鹭、大白鹭、绿鹭、绿头鸭、鸳鸯、赤麻鸭、豆雁（大雁）、大天鹅、红脚隼（老鹰）、鹌鹑、骨顶鸡、四声杜鹃、猫头鹰、戴胜（臭咕咕）、斑啄木鸟、家燕（燕子）、黑枕黄鹂、大嘴乌鸦（近年罕见）、喜鹊、灰喜鹊、画眉鸟、大苇莺、黄眉柳莺、黄腰柳莺、褐柳莺、极北柳莺、大山雀（白脸山雀）、树麻雀（麻雀）、黄雀、野鸡。

哺乳纲：刺猬、麝鼹（地排子）、蝙蝠、家蝠、草兔（野兔、蒙古兔）、小家鼠、田鼠、黑线仓鼠、黄鼬（黄鼠狼）、獾（猪獾）、狐（赤狐）、花面狸（果子狸）、达乌尔黄鼠（大眼贼）。

水生动物　水生动物主要包括鱼类和浮游生物。

鱼类：主要品种有鲫鱼、鲤鱼、黑鱼、棒花、马口、黄鳝、红鳍、鲇鱼、刺鳅、暇虎、青虾、青鱼、草鱼、鲢鱼（白鲢）、鳙鱼（大头鱼）、麦穗鱼（小麦穗）、黄颡鱼、泥鳅等。

浮游动物：主要品种有：砂壳虫、钟形虫、轮虫、单枝轮虫、壶状臂尾轮虫、萼花臂尾轮虫等原生动物；秀体蚤、裸腹蚤；挠尼类：镖蚤、剑蚤及其幼体等枝角类动物。

河湖渠道

【概况】 桃城区境内有4条河流，4条主要堤防，1个主要湖泊，14条骨干渠道。

【河流】 境内滏阳河、滏阳新河、滏东排河和索泸河4条河道，均系过境河流。境内段全长116.1千米。

滏阳河。原名滏水，发源于邯郸市峰峰矿区滏山南麓。从骑河王村入境经孟家村出境进入武邑县。境内段长49.5千米，控制流域面积427平方千米，行洪能力250立方米/秒。2009年2月至2011年7月，投资11亿元对城区内南外环桥至大西头闸长11.75千米河段进行综合整治，主河槽实施扩挖平整、砌石护坡等工程。水面宽度达60米~120米，水深达2.4米~3.5米，行洪能力由整治前的不足100立方米/秒提高到250立方米/秒。

滏阳新河。自邢台市宁晋县艾新庄枢纽起，至献县桥头村入子牙新河止，全长133千米。为根治海河时期人工开挖的泄洪河道，主要承泄滏阳河上游及其支流的洪水。境内河段从巨鹿村西入境，至东张庄出境，境内段长27.3千米，于1965年冬至1966年春和1967年冬至1968年春两个施工季完成。该河道为复式断面，行洪河道宽1500米，设计泄洪流量3340立方米/秒。深槽河道底宽11米~13米，河口宽60米左右，河底高程15.3米~12.5米，设计过水能力250立方米/秒。

滏东排河。起于宁晋县孙家口，至献县枢纽止，全长132.6千米。系1965年冬至1966年春为结合修筑滏阳新河右堤由人工开挖的骨干排水河道。境内河段由崔家庄入境，至顺河庄出境入武邑县，境内段长29千米。设计河底宽67米~70米、河底高程15.78米~12.96米、水位20.78米，设计流量534立方米/秒，控制排水面积144.09平方千米。

索泸河。旧有广川长河、沙河之称，又名索沪水、索芦河、索鲁河，原为漳河与卫河的分支，漳河与卫河南徙后形成季节性排沥河道。索泸河上起邢台市威县侯贯村，下至沧州市交河县文庙汇入江河，全长190千米。境内河段由枣强县入境大成村，至留仲村出境入武邑县，境内段长10.3千米，控制面积26.71平方千米。由于多年淤积，河床变浅、河底不平且多沙丘，排水能力低，1965年冬至1966年春疏浚扩挖。扩挖后河床底宽31米、河底高程17.5米~16.4米，设计流量88.8立方米/秒。现今河床淤积较为严重，排泄功能降低。

【堤防】 境内河流有主要堤防4条，含滏阳河和滏阳新河各2条。全长139.95千米。

滏阳河堤。境内滏阳河左堤自骑河王村南至北谢漳村北，长44.27千米，高1米~1.5米，顶宽2米~3米。右堤自河南增家庄西北至孟家村北，长39.74千米，高2米~2.5米，顶宽6米。1963年特大洪水从滏阳河大堤漫溢，堤防严重损毁，次年春全线修复。此后，对滏阳河边坡、堤防多次进行岁修，堤顶备有“土牛”，多处险工险段筑有砌石护坡。2009年后，城区堤段一部分堤顶修筑为硬面公路，并结合滏阳河城区段综合改造，将左堤和部分右堤以及河岸两侧建成沿河带状公园，既保障城区防洪安全，又为市民提供休闲场地。

滏阳新河堤。滏阳新河堤防是先筑右堤，后筑左堤。1965年冬至1966年春，利用开挖滏东排河的弃土先行修筑滏阳新河右堤。境内右堤由后韩家庄村西延至顺河庄村北，堤长28.64千米，高5米~6米，其中衡水湖堤段最高约9米，堤顶高程27.2米~24.81米，顶宽

8米，堤内外各设8米~10米宽平台。1967年冬至1968年春，利用开挖滏阳新河深槽弃土修筑左堤。左堤由巨鹿村西延至东张庄村北，长27.30千米，堤顶高程27.3米~25.05米，堤高、顶宽、平台宽度与右堤相同。由于右堤中有10.5千米堤段为穿越衡水湖水域筑堤，为两水夹堤，加之冬季施工，故堤防隐患较多。1987年和1991年，对右堤两次实施深层灌浆充填。2000年7—8月，对该段堤防进行电测与探坑开挖，查明隐患。2002年9月至2004年7月，投资1440万元分三期工程进行灌浆充填除险加固。

【衡水湖】 衡水湖位于北纬37°31′~37°41′，东经115°28′~115°41′，史称千顷洼，是跨越桃城区南部和冀州区北部区间的浅碟形自然洼淀，因其面积广达数千顷而得名。1958年，千顷洼被扩挖改造为水库，当时的冀县并入衡水县后改称衡水湖。2000年7月，国家林业局和河北省政府批准衡水湖为省级湿地和鸟类自然保护区。2003年6月，国务院批准晋升为国家级自然保护区。

衡水湖湖水面积有75平方公里，是华北地区单体面积最大的淡水湖，是华北平原唯一保持完整的水域、沼泽、滩涂、草甸和森林等内陆淡水湿地生态系统的自然保护区，具有独特的生态区位和生态安全屏障作用，被誉为华北大地的“绿明珠”、京津冀地区的“蓝宝石”。在中华人民共和国成立之初，经实地测量，千顷洼南北长20公里、东西平均宽6公里，总面积达120平方公里。

湖区水面浩渺、气候宜人，鱼虾繁盛、珍禽聚集，有许多珍稀鸟类于南北迁徙途中在此中转或居留。湖区先后发现811种野生动物、382种野生植物。2004年和2009年被水利部先后命名为国家级水利风景区和水产种质资源保护区。2010年，衡水湖成为蜚声国内外的重要自然保护区和生态旅游区。2013年7月1日，相继开通衡水—北京（Y501次/502次）、衡水—石家庄（Y503次/504次）两组“衡水湖号”旅游客运专列。同年11月，国家旅游局批准衡水湖为国家AAAA级旅游风景区。

【渠道】 境内共有骨干渠道14条，全长160.5千米。原配套齐全，既可灌溉又可排水，形成完整的灌排体系。近年使用频率下降，排灌能力降低。

北干渠。东湖大道滏东排河右岸至梁庄村入索泸河，全长12.4千米，灌排两用，过水能力35立方米/秒。1959年开挖，1974年扩挖。1991年再次扩挖时延长至19.4千米。

白马沟。南起大西头闸，向东、北折至孟家村间入滏阳河，全长10.3千米，设计流量12立方米/秒，1957年开挖，1974年扩挖。

巨吴渠。西起巨鹿村，东至干马村入滏阳河，全长13.3千米，设计流量31.5立方米/秒，1968年开挖。

郎子桥排干渠。西起相家庄入境，东至骑河王村入骑河王排干，段长3.5千米，设计流量13.5立方米/秒。20世纪90年代末，沿渠村民平整土地时将弃土倒入渠内，致使河道淤塞，丧失排水能力。

骑河王排干渠。北起岳贡桥村入境，南至骑河王村入滏阳河，段长15.6千米，设计流量70立方米/秒，1978年扩挖。

胡家堂排干渠。西起李家店村，东至西外环路（杜团马村）入城区，分为两支，一支经迎宾河入滏阳河，一支于东滏阳村西侧（今金域蓝湾小区）入滏阳河。全长14.5千米，设计流量41立方米/秒。2000年，对西外环路至前进大街城区段进行混凝土砌块护坡，并实施绿化。

小西河排干渠。西起刘营村入境，东至沟里王村入滏阳河，段长15.5千米，设计流量35立方米/秒，1965年扩挖。

三支排干渠。西起大田圈，东至旧城村入

滏阳河，全长13.6千米，设计流量8立方米/秒，1971年开挖。城区改造自然淤积和沿渠村民倾倒垃圾，堵塞较严重，排水不畅。

四支排干渠。西起郎子桥村，东至张庄家村入滏阳河，全长13.6千米，设计流量8立方米/秒，1971年开挖。

闸西干渠。北起魏家村，南至夏家村入滏阳河，全长3.5千米，设计流量25立方米/秒，1974年开挖。

班曹店排干渠。西起张家日村西入境，东至班曹店村汇入小西河排干渠，于沟里王村入滏阳河，段长14.4千米，设计流量49立方米/秒，1973年开挖。

四干三排干渠。西起西贡庄村，东至魏家村班曹店干渠，全长13.5千米，设计流量21立方米/秒，1975年开挖。

周言排干渠。东起梁家庄村通索泸河，西至周言村入滏东排河，全长6.8千米，设计流量19立方米/秒，1974年开挖。

速流排干渠。东起速流村，西至滏东排河，全长10千米，设计流量20立方米/秒，1974年开挖。

人　口

【概况】　截至2020年年底，常住人口173336户、545931人，男261914人，女284017人。其中市（或镇）人口454223人。出生4247人，死亡3660人；迁入42308人，迁出5520人。

【统计指标】　平均每户人数3.15人，年平均人口数526684人，男性人口占48.0%，女性人口占52.0%，市（或镇）人口比例83.2%，出生率8.06‰，死亡率6.95‰，人口自然增长率1.11‰，人口迁入率80.3‰，人口迁出率10.48‰，人口机械变动率69.82‰。

【数据分析】　全区人口545931人，2019年507436人，2020年比上年增加38495人。出生4247人，出生率为8.06‰。2019年出生4934人，2020年比上年减少687人。死亡3660人，死亡率为6.95‰。2019年死亡1178人，2020年比上年增加2482人。2020年市公安局前后下发三批户口核查人员名单，对照名单组织开展核实注销工作，故注销人数较之前多。出生4247人，死亡3660人，人口自然增长率为1.11‰。

市（或镇）人口454223人，市（或镇）人口比例为83.2%；2019年市（或镇）人口413515人，市（或镇）人口比例为81.49%。2020年市（或镇）人口比上年增加40708人，市（或镇）人口比例比上年增加1.71%。

总人口男女性别比例为0.92∶1，出生男女比例为1.15∶1，与2019年1.11∶1比有增加。

（赵静）

桃城区党政机构设置一览表

中共衡水市桃城区委机构设置表

纪律检查委员会监察委员会机关
办公室
组织部
宣传部
统一战线工作部
政法委员会
全面深化改革委员会办公室（设在区委办公室）
全面依法治区委员会办公室（设在区司法局）
国家安全委员会办公室（设在区委办公室）
网络安全和信息化委员会办公室
财经委员会办公室（设在区发展和改革局）
外事工作委员会办公室（设在区政府办公室）
机构编制委员会办公室
审计委员会办公室（设在区审计局）
教育工作领导小组秘书组（设在区教育局）
农村工作领导小组办公室（设在区农业农村局）
区直机关工作委员会
巡察工作领导小组办公室
区信访局
社区工作委员会办公室

说明：

衡水市桃城区委设置纪检监察机关1个，计入机构限额的工作机关11个（设在相关部门的区委议事协调机构的办事机构不计入机构限额）。其中，纪律检查委员会与监察委员会合署办公，实行一套工作机构，两个机关名称；区委办公室挂保密机要局（区国家保密局、区国家密码管理局）牌子；组织部挂老干部局、区公务员局牌子；宣传部挂区精神文明建设委员会办公室、区政府新闻办公室、区新闻出版局（区版权局）牌子；统一战线工作部挂区委台湾工作办公室（区政府台湾事务办公室）、区民族宗教事务局、区政府侨务办公室牌子；网络安全和信息化委员会办公室挂区互联网信息办公室牌子。教育工作委员会与区教育局合署办公，不计入机构限额

衡水市桃城区人民政府机构设置表

工作部门

- 办公室
- 发展和改革局
- 教育局
- 科学技术局
- 工业和信息化局
- 民政局
- 司法局
- 财政局
- 人力资源和社会保障局
- 住房和城乡建设局
- 城市管理综合行政执法局
- 交通运输局
- 水利局
- 农业农村局
- 文化和旅游局
- 卫生健康局
- 退役军人事务局
- 应急管理局
- 审计局
- 统计局
- 行政审批局
- 医疗保障局
- 地方金融监督管理局

说明：

衡水市桃城区人民政府设置工作部门 23 个。其中，区政府办公室挂人民防空办公室、区政府外事办公室牌子；发展和改革局挂商务局、招商局、粮食和物资储备局、数字经济发展局牌子；教育局挂体育局牌子；城市管理综合行政执法局挂城市管理局、园林局牌子；农业农村局挂扶贫开发办公室牌子；文化和旅游局挂文物局牌子；卫生健康局挂爱国卫生运动委员会办公室牌子；应急管理局挂地震局牌子；行政审批局挂政务服务管理办公室牌子；地方金融监督管理局挂金融工作办公室牌子

中国共产党衡水市桃城区委员会

综　　述

【概况】　2020年，区委常委会坚持以习近平新时代中国特色社会主义思想统揽桃城发展大局，加强政治建设和理论武装，提高政治站位，推动中央和省、市委决策部署落地见效。严格实施管控措施，推动新冠肺炎疫情防控取得重大成果。全面做好“六稳”工作、落实“六保”任务，努力保持经济运行在合理区间。深入贯彻新发展理念，推动城市经济创新发展、绿色发展、高质量发展。促进新型城镇化和乡村振兴，大力推进城乡融合发展，推动舒适宜居现代化主城区建设。坚持底线思维，防范化解重大风险，确保社会大局和谐稳定。提升民生服务保障水平，增进民生福祉，推动人民群众获得感、幸福感、安全感不断提升。推进全面从严治党，严格履行管党治党责任，推动全区政治生态不断优化净化。

重要会议

【区委全体（扩大）会议】　12月31日，中国共产党衡水市桃城区第五届委员会第六次全体会议在区委会堂召开。出席全会的有区委委员32人，区委候补委员8人。

列席全会的有：不是区委委员、候补委员的区人大、区政府、区政协领导及其他县处级干部；区纪委常委；不是区委委员、候补委员的乡镇街道和区直部门党政正职；区管医院、学校党政主要负责人；桃城区省第九次党代会代表、市第四次党代会代表和区第五次党代会代表中的部分基层人员。

全会由区委常委会主持。全会坚持以习近平新时代中国特色社会主义思想为指导，认真贯彻落实党的十九届五中全会、中央经济工作会议、省委九届十一次、十二次全会、市委四届八次全会精神，紧密结合桃城实际，对2020年工作进行总结，对“十四五”工作和2021年全区经济社会发展作出安排部署。会议听取区委常委会工作报告，审议通过《中共衡水市桃城区委关于制定衡水市桃城区国民经济和社会发展第十四个五年规划和二〇三五年远景目标的建议》。区委书记郝卫东作区委常委会工作报告并讲话，区委副书记、区长崔邦文就《中共衡水市桃城区委关于制定衡水市桃城区国民经济和社会发展第十四个五年规划和二〇三五年远景目标的建议（讨论稿）》作说明。

全会充分肯定区委常委会2020年工作报告。成绩来之不易，必须倍加珍惜，不断巩固提升。

全会强调深度谋划“十四五”，强力推进高质量跨越式发展，做到“九个坚定不移”：坚定不移抓产业项目，做大做强主城区经济；坚定不移抓科技创新，全力构建创新桃城；坚定不移抓农业农村，全力促进乡村振兴；坚定不移抓优化布局，全力推动城乡融合；坚定不移抓深化改革，全力释放发展活力；坚定不移抓绿色发展，全力建设美丽桃城；坚定不移抓改善民生，全力满足群众需求；坚定不移抓社会治理，全力提升治理效能；坚定不移抓党的建设，全力凝聚最大合力。

全会指出2021年重点在四个方面实现新突

破：强力推进城市经济发展，围绕“六大产业集群”，在建链延链补链强链上求突破；强力推进新型城镇化建设，以河东新城、东西两翼卫星城建设为抓手，在城市建设与管理上求突破；强力推进乡村振兴，狠抓农业种植结构调整，在发展节水高效农业、都市农业和品牌农业上求突破；强力推进民生事业改善，以“健康桃城、平安桃城、美丽桃城”为引领，在增强群众获得感、幸福感、安全感上求突破。

全会指出：落实“11241”总体思路，推进“十四五”时期经济社会持续健康发展，关键在党，关键在人，关键在各级领导班子和领导干部。全面加强党的领导，围绕态度和能力的提升，实施“党建引领工程、作风强化工程、能力提升工程、机制保障工程”，为顺利完成各项目标任务提供坚强保障。

全会号召全区上下要更加紧密地团结在以习近平同志为核心的党中央周围，深入贯彻落实党的十九届五中全会、中央经济工作会议和省、市全会精神，不忘初心、牢记使命，凝心聚力、奋发作为，以时不我待的精神状态和一往无前的奋斗姿态做好各项工作，推动新时代全面建设“经济强区、美丽桃城”迈出新的更大步伐，为实现“两个一百年”奋斗目标和中华民族伟大复兴中国梦做出桃城贡献。

【区委常委及扩大会议】 2020年，中共衡水市桃城区委常委会会议共召开33次，分记如下：

1月5日，第1次区委常委（扩大）会议。议题：传达市委四届七次全会精神；听取和研究关于《政府工作报告》起草情况的说明、衡水市桃城区人民政府工作报告；听取和研究关于2019年民生实事项目实施情况的报告、2020年民生实事候选项目形成情况的报告；听取和研究关于2019年预算执行情况和2020年财政预算建议的说明、关于衡水市桃城区2019年预算执行情况和2020年预算草案的报告；听取和研究关于2020年国民经济和社会发展计划主要指标初步安排意见的说明、关于衡水市桃城区2019年国民经济和社会发展计划执行情况与2020年国民经济和社会发展计划（草案）的报告；听取和研究关于《衡水市桃城区人民法院工作报告》起草情况的说明、衡水市桃城区人民法院工作报告；听取和研究关于《衡水市桃城区人民检察院工作报告》起草情况的说明、衡水市桃城区人民检察院工作报告；听取和研究关于《衡水市桃城区人民代表大会常务委员会工作报告》起草情况的说明、衡水市桃城区人民代表大会常务委员会工作报告；听取和研究中共衡水市桃城区人大常委会党组关于召开桃城区第六届人民代表大会第四次会议的请示；听取和研究衡水市桃城区第六届人民代表大会第四次会议选举办法；听取和研究关于《政协衡水市桃城区第六届委员会常务委员会工作报告》起草情况的说明、中国人民政治协商会议衡水市桃城区第六届委员会常务委员会工作报告；听取和研究中共衡水市桃城区政协党组关于召开政协桃城区第六届委员会第四次会议的请示；听取和研究关于当前信访稳定工作的汇报；听取和研究关于成立衡水通航产业发展委员会及办公室的汇报；听取和研究关于进一步明确脱贫攻坚任务责任的意见；听取和研究关于春节期间广泛开展慰问送温暖活动的安排意见；听取和研究关于春节期间广泛开展慰问送温暖活动的安排意见；听取和研究关于2020年春节开展走访慰问困难党员、老党员和离退休老干部工作的安排意见；听取和研究关于春节前开展送温暖走访慰问困难职工活动的安排意见；听取和研究关于在2020年春节前开展慰问民营企业困难职工活动的安排意见；听取和研究关于2020年春节期间走访慰问贫困残疾人活动的安排意见；听取和研究关于2020年春节前夕开展为特困妇女儿童送温暖活动的安排意见。

1月5日，第2次区委常委会会议。议题：

听取和研究关于2019年度全区意识形态工作情况的报告；听取和研究关于省、市会议精神的汇报及区老促会换届工作的意见和工作建议的请示；听取和研究关于确定区人民政府区长候选人和区六届人大常委会委员候选人的请示；听取和研究衡水市桃城区第六届人民代表大会第四次会议选举工作设置总监票人、副总监票人、监票人建议名单；研究干部问题。

1月28日，第3次区委常委（扩大）会议。议题：传达学习习近平总书记对新型冠状病毒感染的肺炎疫情防控工作的重要讲话、重要指示精神和李克强总理的重要批示精神及近期中央和省、市有关会议精神；听取和研究关于成立桃城区新型冠状病毒感染的肺炎疫情防控工作指挥部的意见；听取和研究关于桃城区新型冠状病毒感染的肺炎疫情防控情况、排查情况和疑似人员救治情况的汇报及下一步安排。

2月17日，第4次区委常委（扩大）会议。议题：听取和研究关于新型冠状病毒肺炎疫情防控工作汇报；听取和研究关于开展“三创四建”活动加快建设经济强区美丽桃城的实施方案；听取和研究桃城区重点项目、重大基础设施和基本公共服务项目推进方案；听取和研究关于中国长鹰（衡水）无人机制造基地项目有关情况的汇报。

3月10日，第5次区委常委（扩大）会议。议题：传达学习中共中央政治局常务委员会会议精神、听取和研究当前疫情防控和复工复产复学情况及下一步工作重点汇报；听取和研究各常委、副区长分包重点项目、企业复工复产、税收进展、存在的问题及下一步措施的情况汇报；听取和研究关于构建“五个协调指导组”工作体系逆势而上实干争先的实施意见；听取和研究关于省、市会议涉及桃城区工作及区委五届五次全会主要工作目标任务分解方案；听取和研究桃城区2020年脱贫攻坚工作要点；听取和研究关于开展“抓党建、促脱贫、保小康”活动的实施意见。

3月16日，第6次区委常委会会议。议题：研究干部问题。

3月24日，第7次区委常委会会议。议题：听取和研究桃城区深化乡镇和街道改革方案；听取和研究2019年纪检监察工作汇报及十九届中央纪委四次全会精神贯彻落实意见；听取和研究桃城区深化纠正“四风”和作风纪律专项整治2019年工作总结及2020年工作计划；听取和研究关于创建“奋斗青春 最美桃城”实施意见；听取和研究桃城区贯彻落实《新时代公民道德建设实施纲要》实施方案；传达全市宣传部部长会议精神、听取和研究桃城区贯彻落实意见；传达全市统战部部长会议精神、听取和研究桃城区贯彻落实意见；传达全市组织部部长会议精神、听取和研究桃城区贯彻落实意见；听取和研究关于区应急管理局党组改设党委的意见。

4月17日，第8次区委常委（扩大）会议。议题：听取和研究扶贫办关于2019年国家脱贫攻坚成效考核反馈问题整改工作方案；听取和研究自然资源和规划分局关于违法违规圈占土地排查工作进展情况汇报；听取和研究房屋征收中心关于房地产开发项目清理规范排查摸底工作情况汇报；听取和研究住建局关于违规违建项目清理规范工作的汇报、研究关于桃城区违规违建项目清理规范工作方案；听取和研究水利局关于地下水超采综合治理情况的汇报、2019年度桃城区河湖长制工作总结及2020年度河湖长制工作要点；听取和研究人社局关于贯彻落实河北省《改革和完善基本养老保险制度总体方案》若干措施的汇报；听取和研究市监分局关于桃城区区级党政机关领导干部食品安全工作责任清单。

4月17日，第9次区委常委会会议。议题：听取和研究人大办关于开展“6+1”联动监督的工作方案、关于召开“6+1”联动监督工作动员会的安排意见；听取和研究人大办关于进一步加强和做好人大工作的意见；听取和研究政协办关于新时代加强和改进人民政协工作的实施意见；传达学习关于全国、全省扫黑除恶专项斗争视频会议主要精神，研究全区贯彻落实意见和全区扫黑除恶专项斗争2020年工作要点；听取和研究政法委关于加强和创新社会治理的意见；听取和研究统战部关于中央宗教工作督查“回头看”反馈意见整改实施方案、贯彻落实省委深化宗教治理若干意见的任务分解清单；研究干部问题。

5月13日，第10次区委常委会议。议题：研究干部问题。

5月21日，第11次区委常委会议。议题：市委第一检查考核组反馈桃城区2019年度落实全面从严治党主体责任和党风廉政建设责任制专项检查的情况。

5月21日，第12次区委常委会议。议题：听取和研究关于桃城区乡镇和街道“三定”规定情况的汇报，桃城区乡镇和街道“三定”规定；听取和研究关于桃城区进一步加强公立医院党的建设工作实施意见；听取和研究关于强化党建引领基层治理的意见；听取和研究关于首次晋升一级主任科员及以下职级的推进方案；听取和研究关于排查和上报“软弱涣散村”党组织工作情况的报告；听取和研究关于2019年度区管领导班子考核情况的报告；传达全省巡视巡察工作会议、四届市委第八轮巡察工作动员部署会议主要精神，研究桃城区贯彻落实意见。

5月25日，第13次区委常委（扩大）会议。议题：传达全省重点工作推进落实暨作风纪律整顿会议、全市重项工作推进落实会议主要精神，研究桃城区贯彻落实意见；听取和研究桃城区贯彻落实全省重复信访事项治理的实施意见、桃城区深化信访突出问题专项整治工作方案、全国“两会”期间信访工作方案；听取和研究关于桃城区“雪亮工程”项目建设情况的工作汇报；听取和研究关于开展《河北省社区工作者管理办法（试行）》试点工作的实施方案；听取和研究关于加强新时代城市社区治理进一步理顺物业管理体制机制的实施意见；听取和研究关于抓好“三农”领域重点工作确保如期实现全面小康的实施意见；听取和研究关于进一步深化医药卫生体制改革的任务分解；听取和研究桃城区省级文明城区创建工作领导小组办公室关于加强省级文明城区创建工作督查指导的请示；听取和研究关于全区教育系统疫情防控工作情况的汇报；听取和研究关于桃城区2020年脱贫攻坚工作的汇报。

6月10日，第14次区委常委会议。议题：传达学习省、市领导对湖区村庄生态搬迁工作的批示精神；传达全省党校（行政学院）工作会议精神，研究桃城区贯彻落实意见；听取和研究中共衡水市桃城区委落实全面从严治党主体责任清单；研究干部问题。

6月28日，第15次区委常委（扩大）会议。议题：听取和研究关于深化桃城高新区改革开放的实施意见；听取和研究关于申请中湖国际数字产业新城补贴资金的请示；听取和研究桃城区2020年水旱灾害防御工作方案、桃城区排水防涝应急救援预案、关于调整区防汛抗旱指挥部组成人员的意见、桃城区防汛抗旱应急预案；听取和研究桃城区2020年上半年脱贫攻坚检查验收方案。

6月28日，第16次区委常委会议。议题：传达学习《纪检监察机关处理检举控告工作规则》；研究干部问题。

6月29日，第17次区委常委会议。议题：研究干部问题。

7月31日，第18次区委常委（扩大）会议。议题：听取和研究2020年退役军人信访工作“百日攻坚”行动方案；听取和研究关于北航（衡水）中小型无人机和临近空间飞行器生产与测试综合基地情况汇报；听取和研究桃城区防贫预警救助工作汇报；听取和研究2020年上半年安全生产、食品安全、消防安全工作情况汇报；听取和研究2020年上半年桃城区生态环境治理工作情况汇报。

7月31日，第19次区委常委会议。议题：听取和研究2020年上半年全区意识形态工作专题报告。

8月21日，第20次区委常委会议。议题：研究干部问题。

8月23日，第21次区委常委会议。议题：研究干部问题。

8月26日，第22次区委常委（扩大）会议。议题：听取和研究桃城区贯彻落实全省经济工作推进会暨防汛工作会议精神的安排意见；听取和研究河北省生态文明建设工作会议精神及桃城区2020年生态环境工作汇报；听取和研究关于加快推进社会治理现代化开创平安桃城建设新局面的实施意见；听取和研究关于依法推进基层社会治理体系和治理能力现代化建设的意见；听取和研究关于开展“两不愁三保障”目标落实排查整改情况的工作汇报。

8月26日，第23次区委常委会议。议题：听取和研究市委常委（扩大）会关于研究重点工作大督查工作会议精神及桃城区贯彻落实意见；听取和研究关于在加强区属公立医院党的建设中规范组织设置、明确党委职责的意见；听取和研究扫黑除恶专项斗争工作汇报及下阶段工作谋划；听取和研究关于成立衡水市桃城区国家安全人民防线建设领导小组的意见；听取和研究关于配合做好市委巡察指导督导工作实施方案；听取和研究五届桃城区委第八轮巡察工作实施方案。

9月27日，第24次区委常委（扩大）会议。议题：听取和研究关于决战决胜脱贫攻坚“回头看”工作相关指标标准暨迎接年度扶贫成效考核准备工作方案；听取和研究桃城区“雪亮工程”建设情况工作汇报；听取和研究全区未成年人思想道德建设工作汇报。

10月12日，第25次区委常委会议。议题：听取和研究区纪委监委关于当前纪检监察工作情况的汇报；听取和研究桃城区“统一战线和宗教工作”绩效目标考核评分办法；听取和研究关于加强全区法学会建设的实施意见；听取关于全市基层党建工作观摩推进会议暨乡镇（街道）党委书记“抓防促保”活动擂台赛精神，研究桃城区贯彻落实意见；研究干部问题。

10月16日，第26次区委议军会议。议题：传达学习省委、市委议军会议暨述职评议会议精神；8个乡镇街道党（工）委书记就党管武装工作进行述职；总结讲评2019年以后党管武装工作基本形势，提出进一步加强党管武装工作的意见；听取和研究关于进一步做好服务部队备战打仗几项重点工作的意见；听取和研究桃城区民兵训练基地关于招录人员的请示；听取和研究关于追加武警衡水支队机动中队预算的请示。

10月27日，第27次区委常委会议。议题：研究干部问题。

10月20日，第28次区委常委会议。议题：听取和研究区委组织部、财政局关于进一步提高农村“两委”干部基础职务补贴标准的意见；听取和研究区委宣传部关于桃城区党委（党组）意识形态工作责任制实施细则；听取和研究区委巡察办关于对区委巡察工作领导小组人员调整的意见；听取和研究区委巡察办关于区委巡察机构制定、修改相关制度的情况汇报；听取和研究区委巡察办关于落实省委巡视办对衡水市委第八轮巡察工作情况反馈意见的整改落实方案。

11月11日，第29次区委常委会议。议题：听取和研究区水利局、区生态环境分局、区工信局、区自然资源和规划分局、区住建局、区发改局、区卫健局关于“3+6+1”清理规范情况的汇报；听取和研究区委巡察办关于配合省委、市委专项巡视巡察上下联动开展专项巡察的工作方案；听取和研究区委巡察办关于成立衡水市桃城区协调配合市委专项巡察工作领导小组的意见；听取和研究区委巡察办关于配合市委专项巡察准备工作任务分工；听取和研究区委巡察办关于区委专项巡察工作巡察组成员名单及任务分工。

11月27日，第30次区委常委会议。议题：听取和研究区农业农村局关于桃城区调整农业产业结构促进农业高质量发展三年行动方案；听取和研究区工信局关于深化开展工业企业“亩均效益”评价工作的实施意见；听取和研究区残联关于进一步加强和改进新时代残疾人工作的实施意见；听取和研究郑家河沿镇关于申请中侨中湖国际数字产业新城基础设施配套建设资金的请示；听取和研究通航办关于桃城区支持通用航空产业发展的若干政策；听取和研究区社区办关于部分社区干部养老保险问题处理情况的报告；听取和研究区委宣传部和区文旅局关于举办2021年桃城区春节文艺晚会的意见；听取和研究区委政法委关于教育转化去存量工作汇报，研究下阶段工作任务打算；听取和研究区委组织部关于公务员首次职级晋升的意见；听取和研究区委组织部、区发改局关于桃城区招商引资工作考核办法。

12月10日，第31次区委常委会议。议题：研究干部问题。

12月28日，第32次区委常委会议。议题：研究干部问题；听取和研究区委办公室关于《中共衡水市桃城区委常委会2020年工作报告》；听取和研究区委办公室关于《中共衡水市桃城区委关于制定衡水市桃城区国民经济和社会发展第十四个五年规划和二〇三五年远景目标的建议（审议稿）》的起草说明、《中共衡水市桃城区委关于制定衡水市桃城区国民经济和社会发展第十四个五年规划和二〇三五年远景目标的建议（审议稿）》；听取和研究区委办公室关于召开中国共产党衡水市桃城区第五届委员会第六次全体会议的安排意见；听取和研究市监分局关于2020年桃城区食品安全工作总结；传达学习全国、全省安全生产工作视频会议精神、研究应急管理局关于桃城区安全生产综合监管工作制度；听取和研究水利局关于桃城区地下水超采综合治理实施方案；听取和研究区金融监管局关于化解衡水农商行风险处置工作方案；听取和研究区委宣传部关于2020年全区意识形态工作专题报告；听取和研究区委组织部关于桃城区村（社区）“两委”换届工作实施方案；听取和研究区委组织部关于深入贯彻落实新时代党的组织路线的若干意见；研究干部问题；听取和研究区委组织部关于撤销团区委党组的意见。

12月29日，第33次区委常委会议。议题：研究干部问题。

深化改革

【概况】 桃城区以习近平新时代中国特色社会主义思想为指引，围绕省、市部署与要求，坚持新发展理念，经济高质量发展、新旧动能转化、产业结构、城乡面貌、生态环境、民生改善等重点领域及关键环节改革破题起步，政策效应日益明显，取得丰硕成果，改革工作成为全区经济社会持续发展的强劲动力。

【经济领域改革】 供给侧结构性改革。推进质量提升体制机制改革，为传统产业改造升级提供制度保障。印发《桃城区质量强区工作实施方案》《关于深化开展工业企业“亩均效益”评价工作的实施意见》《桃城区大力促进民营经济高质量发展的实施意见》等一系列文件，为打破企业发展瓶颈，促进企业壮大提供制度支撑。支持企业实施智能化改造、绿色发展等技改项目。经过积极争取，衡水艾科赛林橡塑制品有限公司粉末涂料助剂生产线自动化改造项目、河北鑫德工业设备有限公司医药化工装备制造项目等7个项目列入省重点技改项目计划，衡水新光新材料有限公司功能性聚合物乳液工业设计中心列为市级工业设计中心，为工业经济发展积蓄后劲。帮扶企业参与行业标准修订上报工作，提高市场竞争力。144家企业上报341项标准，涵盖418种产品，其中《服务机器人通用能力检测方法》《黑姜温室栽培技术规程》相继成为河北省地方标准；提出《胶粘剂行业质量信用评价指南》团体标准，由河北省黏结与涂料协会发布实施。

科技体制改革。着力实施创新驱动发展战略，加大科技创新投入。2020年，区本级安排科技创新发展资金10461万元；培育壮大创新主体，新认定国家级高新技术企业15家、省级科技型中小企业149家，科技型中小企业新申报数、通过备案数及净增数超额完成本年度净增任务，均居全市第一。2020年桃城区科技创新能力评价得分达到80分以上，成功迈入河北省县域科技创新能力A类县行列；“鑫考云课堂”和“教育局线上疫情防控信息筛查系统”两项技术成果入选科技部第二批“科技抗疫先进技术成果”清单。

京津冀协同发展方面改革。发挥区位优势，抢抓雄安建设机遇，确定“一体两翼”的发展总布局，规划建设“京雄产业承接园”，精准对接承载京津雄外溢产业，北京金太阳、北京晨光兴业等企业入驻京雄产业承接园，利用标准厂房2.1万平方米。

围绕新兴主导产业，加大招商力度。以“六大产业集群”为重点发展方向，相继出台《桃城区重点项目、重大基础设施推进方案》《关于服务雄安产品及供应链情况的报告》《关于推进智能机器人产业发展对接服务雄安新区的方案》等一系列文件，全年组织外出招商54批次，邀请客商来访57批210多人次；洽谈合作项目76项，招商项目签约14项，总投资124.3亿元。

金融体制改革。以防范金融风险为底线，推动金融业稳健发展。制定《桃城区非法集资风险排查整治活动实施方案》，开展大规模打击非法集资专项行动，关停、驱离非法从事金融业务的企业20余家，约谈企业负责人30余人，7家非法开展担保业务的非法金融机构被列入经营异常目录，行业得到净化。

加大企业上市培育力度，创新金融支持方式，开展银企对接，切实解决中小微企业融资困难。助力道成电子等20余家企业获得信中贷款3000万元，持续开展“政府联陪行长走产业”活动，2020年累计走访367家企业，放款约39.06亿元。“新三板”挂牌企业2家、省级区域股权市场挂牌企业7家，全区企业挂牌上市后备资源库达到10家。

改善政务服务环境方面改革。深化“互联网+政务服务”改革，推进政务服务事项“网上办”，组织区直相关部门在省政务服务事项平台上进行认领、完善实施清单及开通“网上办”的工作。全区30个部门共认领事项903项，开通网上办理的893项，网上办理功能开通率达到98.89%。

高度重视“标准地+承诺制+代办制”改革、“一会三书一证”改革和“深化工程建设项目审批制度”改革，由过去的“串联审批”升级为“并联审批”，逐步实现项目“一门式一网式”办理，在全市工程建设项目审批系统中桃城区审批项目数61个，位列全市第一。

医药卫生体制改革。以卫生体制改革为契机，组织卫生部门积极对接北京、石家庄等地近30家医院，搭建远程心电诊断平台，二、四、五院均实现“基层检查、上级诊断”的远程诊断模式，为患者提供便捷。大力推进“互联网+医疗健康”应用，“银医一卡通”项目实现“信息多跑腿，患者少走路”，全面提高患者就诊体验，实现由“能看病”到“好看病”的跨越式转变。建设处方共享平台，市二院实现3家药房的外延处方系统对接，为患者提供便捷的共享处方购药服务。

教育体制改革。全力推进学校项目建设和装配式教室建设。2020年共建设6所学校，其中学苑中学、南门口小学投入使用；第十五中学主体及二次结构施工完成，预计2019年3

月投入使用；巨吴渠小学、第五幼儿园主体及二次结构完成，在进行外墙涂刷；东明小学进场施工。装配式教室建设涉及8所学校，共新建装配式教室141个，南华小学、三徐庄小学等6所学校建设完成并投入使用，榕花街小学、新苑小学进入施工建设阶段。

深入抓好教育科研工作。组织开展线上教学，组织参加市教育局“创新教学设计”和“战疫”教育叙事活动；参加衡水市名师工作室建设，桃城区名师工作室数量居全市之首；组织申报河北省教育科学规划办课题4项、衡水市教育科学规划办课题14项、衡水市基础教育成果11项。

推进全民健身公共服务体系。实施“3+X”工程，推进体育场馆建设，建成两座仿真滑冰馆；加强街道社区及乡镇农村公共体育设施建设，投资一千余万元为8个乡镇街道添置全民体育健身器材。

全力保障校园平安稳定。开展“双控”机制建设工作，制定《桃城区校园安全专项整治三年行动实施方案》，全区学校“双控”机制建设完成率达到100%。对区内26所寄宿制学校开展学校食堂升级改造行动，所有学校食堂都达到“明厨亮灶”标准，职教中心等3所学校实现“网络厨房”，接受公众的监督。强化学校安全管理，74所学校配备一键视频报警系统，并接入市110报警平台。2020年，全区中小学、幼儿园封闭式管理率，区属各校专职保安配备率，一键式紧急报警和视频监控系统与公安机关联网率均达到100%。

【农业农村领域改革】 农村产权制度改革。探索实施人员界定个人承诺书制度，在全区范围推广使用，提高人员界定效率。印发《桃城区农村集体产权制度改革规范提升工作方案》《桃城区农村集体经济资产收益清理整治专项行动实施方案》等政策文件。建立村集体资产网络服务平台及农经综合监管平台，实现农村“三资”网上支付、网上交易、网上监管。

脱贫扶贫体制改革。将农村低保制度与扶贫开发政策有效衔接，通过社会保障政策兜底、资产收益扶贫等实现稳定脱贫。建立健全脱贫防贫长效机制，将全部建档立卡户、低保户、特困供养户及部分低收入农户纳入防贫预警平台进行动态管理服务，防致贫、防返贫工作进入正常化轨道。

“三区同建”改革。深化“三区同建”改革，重点推进邓庄镇速流社区、郑家河沿镇北沼社区、赵家圈镇赵圈社区3个“三区同建”乡村振兴示范点建设，推动农业发展方式、农民生活方式同步转变，让广大农民共享发展成果。大力推进农村人居环境整治，全区累计有170个村达到“五清三建一改”示范村标准，完成率达到100%。2020年桃城区被评为全省乡村振兴战略实绩先进单位。

供销体制改革。出台《进一步深化桃城区农村产权流转交易市场体系建设的实施意见》。建立与省交易平台联网的5个乡级规范服务站、221个村级规范服务点，开放且有序的区、乡、村三级流转交易服务体系逐渐形成。桃城区供销社被市供销社授予“2019年度全市供销合作社系统综合业绩考核优秀奖”。

【社会司法领域改革】 司法体制改革。全力推动“枫桥经验”落地，开展民间矛盾纠纷排查调处活动，桃城区何庄派出所被评为省级“枫桥式公安派出所”。高度重视民间纠纷集中排查调解、社区矫正、安置帮教工作，精心谋划，强化措施，印发《关于做好“两节”期间民间纠纷集中排查调解、社区矫正、安置帮教工作的通知》，选择重要时间节点开展大规模的纠纷排查活动。2020年，全区共调解各类民间纠纷740件，调解成功739件，调解成功率99%。

社会治安综合治理体制改革。深入开展扫黑除恶专项斗争，打造“平安桃城”。印发

《2020年桃城区扫黑除恶专项斗争工作要点》等12个红头文件，制定扫黑除恶工作制度91项，建立健全标本兼治、长效常治的工作机制。强力推进“六清”行动，处理各类举报线索272件，域内涉黑涉恶目标逃犯全部缉拿归案；法院共受理涉黑涉恶案件18件117人，全部审结生效；纪委监委共受理涉及黑恶内容的线索79件，立案44人，处分41人，挽回经济损失429.42万元。充分利用现代化信息技术，实施“雪亮工程”。2020年，初步设计方案通过财政、审批部门的评审，进入开工建设阶段。

【生态环境领域改革】 绿色发展体制机制改革。持续推进节能减排工作，3台醇基燃料锅炉中1台停用、2台改造提升，均达到醇基燃料锅炉排放标准。17台生物质锅炉中4台停用、13台改造提升，均达到生物质锅炉深度治理排放标准。强化对涉水工业企业污水处理设施运行及排放情况监管，12家涉水工业企业和1家污水处理厂均达标排放。

环境综合治理体制机制改革。全面推进桃城区水资源均衡集约利用，编制完成《桃城区水资源均衡集约利用规划》，制定桃城区水系连通“五位一体”综合规划。推进县域节水型社会创建，2020年12月，达到《节水型社会评价标准（试行）》要求，入选全国第三批节水型社会建设达标县（区）。

持续开展“散煤清零”整治行动，制定《2020年采暖季复燃“冒烟”监督检查无人机飞行方案》《桃城区2020年采暖季散煤复燃“冒烟”监督检查方案》，成立8个散煤巡查包联小组，对辖区散煤进行入村入户巡查，利用无人机进行飞检，实现对散煤复燃“冒烟”现象全覆盖监督。推进秸秆禁烧网格化建设，落实网格区域管理责任，充分利用视频监控和红外线报警系统，确保辖区内秸秆禁烧全方位、全覆盖、无缝隙监管，2020年全区秸秆禁烧确认火情34起，罚款火情34起，罚款率100%，罚款总金额2.1628万元。实施取水井排查清理、电子标识认证和农村生活水源置换工作，累计铺设供水管道65.5千米，完成3.83万人水源置换工作。实施河湖连通清理整治工程，清理整治滏阳河主槽23.5千米，岸坡生态防护8千米，惠及郑家河沿镇11个村。

环保监管体制机制改革。持续推进“分表计电”、VOCs（挥发性有机物）超标报警装置及在线监控工作，2020年，132家企业安装分表计电设备，37家企业安装VOCs排放超标报警装置，智能化监管体系初步形成。强化机动车污染治理工作，2020年，累计开展路检路查50余次，检查车辆5020辆，排查出尾气检测超标车辆129辆，累计处罚金额25800元。推进辖区内非道路工程机械环保标识编码备案及抽检工作，2020年编码备案非道路移动机械共计512台，抽检非道路移动机械124辆，其中尾气检测不合格车辆9辆，罚款金额共计45000元。

【党的建设和纪检监察领域改革】 人才发展体制机制改革。发挥衡水千人发展研究院、衡水科创中心、衡水新光新材料科技有限公司院士工作站等人才工作平台的作用，柔性引进3名高端人才。完善“1+9”人才信息库信息，掌握库管人才8694人。培育衡水学子创业园、航空飞行营地人才体系建设等9个特色项目，为人才创业提供帮助。

基层组织建设体制机制改革。印发《关于全面开展农村社区“两委”换届摸底排查“回头看”的通知》《农村社区“两委”职数设置规则》等7个指导性文件，对全区221个村进行再梳理，确保摸准情况。印发《桃城区非公有制企业和社会组织领域“党建质量提升三个行动”实施意见》，筛选10个基础工作扎实的单位，加强活动场所建设，“六有”达标率达到90.63%。创新创业基地“红色365”特色做法，成功入选《共产党员——河北省

“两新”组织党建工作巡礼》专刊；中衡诚信“打造执业为民的‘红色律所’”经验被全国律协党委刊发推广。深入推进青年发展体制改革，争取到首批《河北省中长期青年发展规划》实施试点县（市、区），试点工作完成。

机构编制管理体制改革。推进乡镇和街道改革工作，印发《关于做好深化乡镇和街道改革推进工作的通知》《关于做好深化乡镇和街道改革的工作方案》，结合1乡3镇4办承担的不同职责、实际需求和承接能力，研究起草《桃城区深化乡镇和街道改革方案》。规范配置工作机构，于4月27日—29日集中完成挂牌工作，赋予乡镇和街道统筹使用编制自主权，明确乡镇和街道的职责。加强事业单位机构编制管理，完成2020年度事业单位法人证书年检工作。对全区137个法人事业单位统一社会信用代码证进行年检，为4个单位办理统一社会信用代码证的设立登记，为36个事业单位办理变更登记。加强事业单位统一社会信用代码证书的使用和管理。深入事业单位调研，对年检中存在的一些问题进行实地查看，进一步监督事业单位贯彻落实好《事业单位登记管理暂行条例》。

纪检监察体制改革。率先在全市建立并完善派驻监督工作机制，并就取得的阶段性成效多次到市纪委进行座谈交流，得到市委常委、市纪委书记、市监委主任李克良的肯定。2020年桃城区纪委监委案件审理室荣获“全省纪检监察系统十佳集体”荣誉称号。

【改革成果】 全市排名居前。桃城区2020年共有新认定国家级高新技术企业15家、新认定省级科技型中小企业149家，超额完成本年度净增任务，桃城区科技型中小企业新申报数、通过备案数及净增数均居全市第一。《衡水市关于督导工程建设项目审批管理系统使用情况的通知》所列系统审批项目统计数据显示，桃城区网上审批项目61个，在全市各县（市、区）位列第一。

经验获得推广。桃城区河西街道办事处杨树社区退役军人服务站工作在全国2020年第一期省及地级市退役军人服务中心业务骨干培训会上做典型发言，向全国推广桃城区工作经验，并在市委办公室《信息专报》第39期刊发，市委书记赵革批示“各地要认真学习借鉴”。疫情防控工作在《信息专报》第3期刊发，时任市委书记王景武批示“桃城区的做法请指挥部办公室转发其他县（市、区）学习借鉴”。河东老城区集中攻坚拆迁工作在《信息专报》第11期刊发，王景武批示“桃城区‘集中攻坚’拆迁河东老城区的做法值得充分肯定”，市委副书记郧义批示“桃城区的做法值得全市学习借鉴”。推进城市基层党建引领社区治理工作在《衡水组工信息》第19期刊发，在全市得到推广。桃城区打造执业为民的“红色律所”工作在《信息专报》第34期刊发并得到市委副书记郧义的批示。创新社区治理工作经验在2020年全市政法工作创新交流会上得到市委政法委书记钮兴辉表扬。

受到党中央国务院通报表扬。桃城区检察院大力宣传检察改革新成果，为新时代检察工作营造良好舆论氛围，荣获2020年度全国检察宣传先进单位称号，《检察日报》特发文表彰。供电公司积极作为、锐意进取，2020年供电公司营销团支部被共青团中央评为“全国五四团支部”，被国家电网有限公司授予“先进集体”称号。深入推进社会主义精神文明建设，全面提升社会文明程度，赵家圈镇前铺村和何家庄乡何家庄村荣获第六届“全国文明村镇”荣誉称号，康复街小学荣获第二届“全国文明校园”称号，河西街道滏阳社区童莉家庭荣获第二届“全国文明家庭”称号。加大农业机械化投入，加快发展现代农业，荣获全国第五批率先基本实现主要农作物生产全程机械化示范区称号。打造森林乡村，改善农村生态环境，推动美丽乡村建设和经济社会发展，邓庄镇北苏闸村和赵家圈镇前铺村成为第一批“国家森林乡村”。提高基层应急能力，充分利用多种宣传途径向社会普及灾害预防基本技能，桃城区河东街道桥东社区获评“全国综合防灾示范社区”。

受到省委、省政府通报表扬。开展县域节水型社会达标，因地制宜制订方案，创新宣传方式，普及节水知识，2020年成功入选水利部评选的第三批节水型社会建设达标县（市、区）名单。圆满解决中湖大道旅游开发项目拖欠工资问题的做法得到省政府副省长张古江的批示表扬，并特发表扬信，以资鼓励。桃城区被省委、省政府评为非贫困涉农县（市、区）推进乡村振兴战略实绩考核结果先进单位。省政府召开2020年河北省县域科技创新能力监测评价结果新闻发布会，桃城区科技创新能力评价得分达到80分以上，成功迈入A类县行列，省科技厅给予专项资金奖励。荣获第四批“河北省农产品质量安全县”荣誉称号。荣获“河北省慢性病综合防控示范区”称号，是全市唯一获此荣誉的县（市、区）。区人大常委会被评为全省人大系统“6+1”联动监督工作先进单位。区人社局荣获“全省人力资源社会保障系统先进单位”称号。区检察院荣获“全省先进基层检察院”称号，省检察院发文表彰。区纪委监委案件审理室荣获“全省纪检监察系统十佳集体”荣誉称号。区科技局被省科技厅、人社厅授予“2016—2020年河北省科技管理工作先进集体”荣誉称号。桃城区荣获“第二届河北省文明城区”荣誉称号，何家庄乡何家庄村和赵家圈镇前铺村荣获“2020年度河北省文明村镇”荣誉称号，河西街道中心街社区、路北街道丽都社区、河东街道桥东社区、国网衡水市桃城区供电公司邓庄供电所被河北省文明办授予“文明单位”荣誉称号，新苑小学被河北省文明办授予“文明校园”荣誉称号。邓庄镇西葛村、赵家圈镇前王庄村被认定为“省级森林乡村”。路北街道办事处裕康社区和河东街道桥东社区被省司法厅认定为河北省民主法治示范社区。桃城区广厦家园小区被评为老旧小区改造省级示范小区。

受到市委、市政府通报表扬。桃城区打造现代智能教育生态工作在《信息专报》第36期刊发，得到市委副书记郧义批示表扬。市供销社授予桃城区供销社“2019年度全市供销合作社系统综合业绩考核优秀奖”。国网衡水市桃城区供电公司团委被共青团衡水市委评为“衡水市五四红旗团委”。桃城区城东社区、南门外社区等10个社区被评为衡水市文明社区。

区委办公室工作

【概况】 2020年，面对新冠疫情突发，统筹推进疫情防控和经济社会发展双重任务叠加的大形势、大环境，区委办公室领导班子紧密团结带领全办人员，立足全局，着眼大局，以实施“攻坚提升年”为主线，靠前站位，强力争先，担当作为，充分发挥智囊团、思想库、参谋部、作战室的作用，当好区委“坚强前哨”和“巩固后院”。

【文秘值班】 以列入全省整治形式主义基层减负观测点为契机，重整旗鼓再出发，着力在办会、办文、办活动上下功夫，先后组织召开区委理论中心组学习会12次，常委会会议23次，常委扩大会11次，中央和省、市电视电话会议70余次，区委主要领导视察调研50次，全区性会议11次，领导调度会、办公会76次；审核、制发、报备区委和区政府及区委办公室和区政府办公室文件、非正式红头文件等各类文件94件，呈报请示报告89件，编发领导办公会纪要11期，收发、传阅中央和上级文件1566件。牵头组织重点项目建设集中开工等5次大型活动，顺利通过5次省、市委值班室视频查岗，并接受省委、省政府办公厅专项检查，受到好评。

2020 年度中共衡水市桃城区委主要文件目录

表 1

序号	文件名称	发布文号	发布机关	发布日期
衡桃发				
1	印发《关于开展"三创四建"活动加快新时代全面建设经济强区美丽桃城的实施方案》的通知	衡桃发〔2020〕1 号	中共衡水市桃城区委 衡水市桃城区人民政府	2020 年 2 月 21 日
2	关于进一步加强和做好人大工作的意见	衡桃发〔2020〕2 号	中共衡水市桃城区委	2020 年 4 月 21 日
3	关于新时代加强和改进人民政协工作的实施意见	衡桃发〔2020〕3 号	中共衡水市桃城区委	2020 年 4 月 25 日
衡桃字				
1	关于印发做好 2020 年民生实事工作任务的通知	衡桃字〔2020〕2 号	中共衡水市桃城区委 衡水市桃城区人民政府	2020 年 3 月 11 日
2	关于印发《桃城区 2020 年主要经济指标及重点工作任务分解方案》的通知	衡桃字〔2020〕3 号	中共衡水市桃城区委 衡水市桃城区人民政府	2020 年 3 月 11 日
3	关于构建"五个协调指导组"工作体系逆势而上实干争先的意见	衡桃字〔2020〕4 号	中共衡水市桃城区委 衡水市桃城区人民政府	2020 年 3 月 10 日
4	关于印发《创建"奋斗青春 最美桃城"实施意见》的通知	衡桃字〔2020〕5 号	中共衡水市桃城区委 衡水市桃城区人民政府	2020 年 3 月 25 日
5	印发《关于开展〈河北省社区工作者管理办法(试行)〉试点工作的实施方案》的通知	衡桃字〔2020〕8 号	中共衡水市桃城区委 衡水市桃城区人民政府	2020 年 5 月 26 日
6	关于深化桃城高新区改革开放的实施意见	衡桃字〔2020〕9 号	中共衡水市桃城区委 衡水市桃城区人民政府	2020 年 7 月 6 日
7	关于印发《桃城区支持通用航空产业发展的若干政策》的通知	衡桃字〔2020〕11 号	中共衡水市桃城区委 衡水市桃城区人民政府	2020 年 12 月 1 日
8	关于撤销共青团衡水市桃城区委党组的通知	衡桃字〔2020〕12 号	中共衡水市桃城区委	2020 年 12 月 28 日
衡桃办发				
1	关于印发《桃城区进一步加强公立医院党的建设工作实施意见》的通知	衡桃办发〔2020〕1 号	中共衡水市桃城区委办公室	2020 年 8 月 3 日
2	印发《关于当前全区意识形态工作情况的通报》的通知	衡桃办发〔2020〕2 号	中共衡水市桃城区委办公室	2020 年 8 月 3 日
3	关于印发《桃城区进一步加强公立医院党的建设工作实施意见》的通知	衡桃办发〔2020〕3 号	中共衡水市桃城区委办公室	2020 年 8 月 18 日
衡桃办字				
1	关于成立衡水通航产业发展委员会及办公室的通知	衡桃办字〔2020〕1 号	中共衡水市桃城区委办公室	2020 年 1 月 15 日
2	印发《关于深入开展"抓党建、促脱贫、保小康"活动的实施意见》的通知	衡桃办字〔2020〕2 号	中共衡水市桃城区委办公室	2020 年 3 月 12 日
3	印发《省市会议涉及我区工作及区委五届五次全会主要工作目标任务分解方案》的通知	衡桃办字〔2020〕3 号	中共衡水市桃城区委办公室 衡水市桃城区人民政府办公室	2020 年 3 月 12 日
4	桃城区深化乡镇和街道改革方案	衡桃办字〔2020〕4 号	中共衡水市桃城区委办公室 衡水市桃城区人民政府办公室	2020 年 5 月 22 日
5	印发《关于实行社区工作准入制度的实施意见》的通知	衡桃办字〔2020〕5 号	中共衡水市桃城区委办公室 衡水市桃城区人民政府办公室	2020 年 7 月 17 日
6	关于桃城区第二届"最美社区工作者"评选结果的通报	衡桃办字〔2020〕7 号	中共衡水市桃城区委办公室 衡水市桃城区人民政府办公室	2020 年 11 月 17 日
7	关于印发《桃城区政府部门权责清单编制工作实施方案》的通知	衡桃办字〔2020〕8 号	中共衡水市桃城区委办公室衡水市桃城区人民政府办公室	2020 年 11 月 18 日
8	印发《关于进一步加强和改进新时代残疾人工作的实施意见》的通知	衡桃办字〔2020〕9 号	中共衡水市桃城区委办公室 衡水市桃城区人民政府办公室	2020 年 11 月 30 日

【保密机要】 启动实施“安可替代工程”，购置检测器，加强保密检测平台建设，扎实推进电子政务内网监测评审、保密大检查、《中华人民共和国密码法》宣传等工作，共接收、办理、传阅明电密电4768件，实现零停留、零失误“双零”目标，荣获五年一评的“全省保密机要工作先进单位”称号。

【综合文稿】 2020年，撰写完成领导讲话、工作报告、会议发言等各类文稿300多篇、200多万字，有力保障会议和领导活动。上报调研报告、理论文章6篇，分别在《河北发展》《党史博采》《共产党员》《九州论坛》等省、市报刊媒体上发表。

【信息上报】 2020年，主动调整信息编发思路，补齐简报工作短板，共编发《桃城信息·专刊》235期，上报衡水信息50余篇，问题类信息40余篇。其中，8篇长篇信息得到市委、市政府主要领导的肯定性批示，荣获省、市信息工作“双优胜”称号。

【督促检查】 依托电子督查系统，围绕扫黑除恶、脱贫攻坚、文明城区创建等多项重点工作，开展专项督查50多次，办理市委督办件23件，完成省、市交办的社情件8件、网民留言反映问题4件。10月底，省委督查室领导专程到桃城区调研指导，并给予充分肯定。

【牵头抓总工作】 全面深化改革。结合特色改革示范区创建工作，推进农业农村、民主法治等七大领域的改革工作，在省、市改革刊物上发表7篇文章，其中桃城高新区“标准地（标准厂房）+承诺制+代办制”改革经验被市委改革办列入衡水市特色改革典型经验，在全市予以推广。同时，区委主要领导在全市深化改革领导小组会议上，以《改革引领 创新驱动 全力开创城市经济发展新格局》为题作典型发言。

国家安全建设。规范健全国家安全工作机制，上报评估报告5篇，情报信息15篇，举办“4·15”国家安全教育日宣传教育进社区活动，精心打造桥东社区、丽景福苑社区等8个全民国家安全教育示范点，积极开展国家安全知识“七进”活动，国家安全工作被评为全市先进档次。

落实主体责任。研究制定《2020年落实全面从严治党主体责任年度工作计划清单》《中共衡水市桃城区委落实全面从严治党主体责任清单》，明确各级责任主体的阶段性工作任务和牵头单位、完成时限，定期下发督办卡、提示卡7次，推动主体责任落实常态化和制度化，确保全区党风廉政建设考核的优秀档次。

“三创四建”活动。组织起草《实施方案》和9个子方案、9个考核办法，先后召开“三创四建”活动推进会、调度会、部署会4次，开展2轮活动现场督查督办，上报各类活动信息30余篇，编发简报50余期，有10余篇信息被市级刊用，其中《桃城区全力推进“三创四建”活动》稿件，被中国经济网、长城网等多家媒体刊登，获得领导肯定。

组织工作

【概况】 2020年，区委组织部在区委的坚强领导下，围绕中心，服务大局，苦干实干，创新突破。“四优化四提升”社区党建工作做法被省委组织部“河北组工”公众号、《河北日报》客户端等媒体刊发推广；省重点工作大督查第九督查组对桃城区推进农村“两委”班子和干部“五星级”绩效考核工作进行专题调研，并作为典型经验专刊向省大督查办公室推荐。

【乡镇街道改革】 加强工作调度，多次征求基层意见建议，结合桃城区实际，制定印发《衡水市桃城区深化乡镇和街道改革方案》《关于做好深化乡镇和街道改革推进工作的通知》等指导性文件，狠抓14项改革任务的工作落实，优化乡镇街道内设机构设置，充实基层人员力量，提升基层治理效能。严格落实“乡镇机关事业单位工作人员收入高于县直机关事业单位同职级人员20%以上”的规定，提高全区乡镇公务员和事业人员的乡镇补贴，并落实乡镇事业编制干部交通补贴，关爱激励基层干部。桃城区的乡镇街道改革工作得到省督查组和跨市互查组的肯定。

【年轻干部队伍建设】 对照省、市《2019—2023年全国党政领导班子建设规划纲要》及实施措施，全面分析区管领导班子现状，做到日常调整和统筹换届考虑相结合，提升乡科级领导班子建设水平。大力选拔优秀年轻干部，特别是选优配强乡镇街道的领导班子，先后调整干部124人，其中新提拔35岁以下正科级年轻干部2名，副科级年轻干部27名，为乡镇街道配备21名年富力强的领导班子成员，乡镇街道领导班子的精神状态和战斗力得到提升，进一步在全区树立重实干、重担当的用人导向。

【农村基层党建】 全面规范农村议事决策、公章使用、经济活动和村务公开，引导农村“两委”班子科学施政，干事创业。继续深入推进农村“两委”班子和干部“五星级”绩效考核管理工作，以实绩定分数、以分数定排名、以排名定星级、以星级定报酬，进一步提高农村干部的责任意识、担当精神和工作水平，形成农村干部争相干事创业的浓厚氛围。省重点工作大督查第九督查组进行专题调研，并作为典型经验向省大督查办公室推荐。市委组织部组织各县（市、区）成立调研组，深入调研学习，并向全市推广经验做法。在全区乡村干部中推行“三坐班两解决”机制，促进乡村干部作风转变，推动问题在一线解决，任务在一线落实，该项工作经验被新华社、《河北日报》《河北经济日报》等多家媒体推广。

【省级城市基层党建示范区建设】 探索社区党组织领导下，社区居委会、业主委员会、楼院长、物业服务公司、综合服务站共同参与的治理模式，形成“六位一体”的社区治理体系，调动各领域力量参与社区治理工作。全面提升党群服务中心建设水平，全区51个社区办公用房面积全部达到500平方米以上，其中11个达到1000平方米以上，全面完成省委巡视整改任务。

【全省社区工作者管理试点工作】 按照“选、育、管、用”链条，建立1+N配套政策文件体系，健全完善社区工作者的人员界定、选任招聘、教育管理、激励引导等工作机制，形成较为完备的社区工作者职业体系。公开招聘20名30岁以下的社区工作者，安排86名街道机关干部、45名以往招聘社区工作者、47名优秀退役军人和278名公益岗位人员充实进社区工作者队伍，为12名优秀社区党支部书记落实事业编制待遇，全面加强社区工作者力量配备，提升社区工作者队伍的综合水平。

【各领域党建】 坚持党建引领，在疫情防控期间组织区直部门、乡镇街道机关党员和农村社区党员志愿者，建立87个临时党支部、253个临时党小组、276支党员突击队，负责摸底排查、环境消毒、预防治疗等重项工作，发挥组织领导和战斗堡垒作用，凝聚众志成城、全力以赴、共克时艰的强大正能量。大力提升“两新”组织（新经济组织、新社会组织）党建示范点建设水平，中衡诚信律师事务所、睿韬环保、“两新”组织党群活动服务中心等示范点，两次代表全市迎接全省非公党建的调研观摩。全面落实党委领导下的院长负责制，指导各公立医院建立健全议事决策规则、党组织书记和院长定期沟通制度，有效保证党委对医院“三重一大”事项的决策权。

【关心下一代工作】 在全区范围内谋划开展“传承红色基因，争做时代新人”“平语近人”进校园进课堂等活动，引导青少年厚植爱国主义情怀，锤炼高尚品格，真正把人生理想融入国家和民族伟大复兴的事业中。全国关工委主任顾秀莲、省关工委主任叶连松到桃城区进行专题调研，对桃城区工作给予肯定。在11月17日召开的全国关心下一代工作表彰大会上，桃城区关工委被评为全国关心下一代工作先进集体荣誉称号。

【公务员管理】 区委组织部树立高度的政治责任感，弘扬精益求精的职业精神，认真贯彻执行各项规章制度，努力夯实工作基础，通过优化管理队伍、提升管理质量、规范业务管理等措施，切实做好公务员管理工作。截至2020年年底，全区共有公务员1021人，参照公务员管理群众团体人员25人，参照公务员管理事业人员47人。

【干部教育】 7月6日至27日，采取“个人自学+专题网班+线下测试+线下研讨”方式，组织全区乡科级干部，开展全区乡科级干部学习贯彻十九届四中全会精神培训，共450余人参加培训。

7月，区司法局乡科级干部参加区委组织部组织的十九届四中全会精神线下测试

区委组织部　供图

9月28日—10月20日，在洞天宾馆六楼会议室先后举办4期“新任职乡科级干部培训班暨选调生培训班”，培训会由区委组织部常务副部长张亚群主持，区委常委、组织部部长李玉红作开班讲话，邀请赵家圈镇党委书记微长宁、区委党校教授许春和、区委党校副教授苏凤超授课，全区新任职的年轻乡科级干部和选调生共160余人参加培训。

11月20日，邀请国务院国资委研究中心咨询部部长、北京大学经济学院教授张春晓，在区委会堂举办桃城大讲堂“党的十九届五中全会精神和国家‘十四五’规划解读”专题培训班，培训会由区委常委、组织部部长李玉红主持，区四套班子领导、区直各部门主要负责人和乡镇街道党政正职共100余人参加培训。

7月，区人大乡科级干部参加区委组织部组织的十九届四中全会精神个人自学活动　　区委组织部　供图

9月28日，区委组织部举办新任职乡科级干部培训班暨选调生培训班开班仪式

区委组织部　供图

11月20日，区委组织部在区委会堂举办桃城大讲堂“党的十九届五中全会精神和国家‘十四五’规划解读”专题培训班　　区委组织部　供图

老干部工作

【概况】　2019年1月，区委老干部局（以下简称区老干局）并入区委组织部，保留区委老干部局牌子。2018年9月27日—2020年7月，张炳峰主持老干部工作；2020年7月，区委组织部常务副部长张亚群分管老干部工作。

2020年，桃城区有离休干部47人，县级实职退休老干部39人，去世离休干部7人。老干部工作坚持以十九大精神为指导，坚持精准服务老干部，突出重点，开展形式多样的活动。

【慰问走访】　1月15日，区老干局组织全区县级实职退休干部20人在区委南一楼政协会议室参加迎春团拜会，会议由区委副书记孟洪义主持并致新春贺词，播放《桃城区2019年经济社会发展回眸》专题宣传片；部分离退休老干部发言，区委书记郝卫东讲话。

2日至12日，按照区委、区政府安排，区老干局负责对全区离退休干部进行春节前走访慰问，慰问离休干部54人，曾任县级实职退休老领导39人，机关事业单位退休干部2436人。

9月3日，在纪念中国人民抗日战争暨世界反法西斯战争胜利75周年之际，按照市委老干部局的有关工作要求，对桃城区7名抗日战争时期参加革命工作的离休干部进行逐人逐户走访慰问，转达各级党组织对他们的关怀和慰问，并送上慰问品。

9月22日至23日，区老干局组织县级离休和县级实职退休老干部94名，在市四院进行健康体检。

10月，中秋节和重阳节对全区离休和县级实职退休老干部进行走访慰问。

12月，区老干局按照规定为全区离退休老干部2600余人订阅《老人世界》《老年日报》《衡水日报》等报纸杂志，并为老干部阅览室订阅报纸3种、杂志3种；到北京、石家庄等地慰问异地安置居住离休老干部3人，代表党委、政府为他们送去慰问品、慰问金每人2000元；为全区离休干部和原任县级实职退休干部86人定制生日蛋糕，并派专人于老干部生日当天送至家门。

【落实待遇】 贯彻落实政〔2019〕387号文件精神，由河北省财政厅、河北省退役军人事务厅、河北省军区政治工作局、河北省军区保障局转发《关于印发调整移交政府安置的军队离休退休干部退休士官基本离退休费、有关补助补贴标准和实行住房物业服务补贴制度三个实施办法的通知》。落实军队离休干部韩维刚、徐长海遗属有关补助补贴标准和住房物业服务补贴的审批工作。协调财政局、人社局和发改局于11月底，为17名企业离休人员发放两项待遇。

【服务管理】 组建离退休老干部微信群，更好地服务管理本机关离退休老干部，对于年龄较大的老干部由其子女代替进群。在老干部微信群宣传疫情防范相关政策及日常防范生活常识，让老干部及时了解、掌握疫情情况，做好自我防护。

组织协调河西街道办事处、中华街道办事处主管副职，萃景社区党支部副书记和新成立离退休干部党支部书记，区府社区主任和区国税局退休老干部，参加市委老干部局召开的社区离退休干部党建工作座谈会。按照市委老干部局衡老字〔2020〕4号文件，落实在全市离退休干部中开展遴选“银发人才”工作的通知要求，桃城区推荐上报4名银发人才。

整理老干部股、关工委文书档，完成226册的装订和目录录入；完成2407名离退休干部信息录入工作，1800多名老干部登录使用系统。

【开展活动】 3月25日，组织老干部和老年书画研究会会员在家创作，以笔墨形式为抗击疫情贡献力量。

5月，开展新中国成立70周年书画集作品印制工作，完成书画作品筛选排版。按照市委老干部局要求，在全区离退休干部中继续深化拓展“增添正能量·共筑中国梦”组织离退休干部开展“我看十八大以来新成就”专题征文活动，并上报2篇征文。

7月1日至5日，完成全区离休干部、本单位24名退休干部机关事业单位离退休人员基本养老金领取资格认证工作。

7月，按照市委老干部局关于开展“我看脱贫攻坚新成就”专题调研暨征文活动实施方案要求，电话听取和收集离退休老干部心声感言，梳理形成专题调研报告。桃城区报送2篇老干部征文，1篇脱贫攻坚调研报告。

9月18日，桃城区书画研究会恢复下半年活动周期，正式开班。

10月23日，区委组织部老干部股组织老年书画爱好者在市区人民公园举办个人书画展活动。同时，老年京剧社在华奥大厅举办“2020年欢度重阳京剧演唱会”获得成功。

【关心下一代工作】 7月，陪同市老年大学领导到桃城区4个街道办事处8个社区调研老年大学分校挂牌事宜。在市级以上网站刊发3篇关工委在未成年人思想道德建设工作方面的经验材料，助力文明城区创建。

10月17日，在纪念中国关心下一代工作委员会成立30周年暨全国关心下一代工作表彰大会上，桃城区关工委被评为全国关心下一代工作先进集体荣誉称号。

11月10日，张家口市关工委副主任张永平及各中小学校长一行26人，到桃城区永兴路小学和第四中学参观考察“平语近人”进校园进课堂活动。市关工委常务副主任赵庆云，市关工办主任韩英涛，市关工办副主任宋丹丹，区委常委、组织部部长、区关工委主任李玉红，区关工委常务副主任李福恒，区关工委副主任郑林璋、霍炳善，区委组织部常务副部长张亚群，区教育局局长韩晓寒等领导陪同。

12月22日，河北省关工委常务副主任、省人大常委会原副主任龚焕文一行5人就关心下一代工作开展情况到桃城区第四中学和桥东社区进行专题调研。衡水市关工委常务副主任赵庆云、何同恩，市委组织部副部长、老干部局局长郭磊、市关工委办公室主任韩英涛，桃城区委书记郝卫东，区委常委、组织部部长李玉红，区关工委常务副主任李福恒、区关工委副主任郑林璋、霍丙善等陪同。

12月24日，桃城区召开关心下一代工作会议。区委常委、组织部部长、关工委主任李玉红出席会议并讲话，区关工委常务副主任李福恒主持会议，区人大常委会副主任、关工委副主任王世江传达国家和全省关工委会议精神及桃城区贯彻落实意见，区政府副区长、区关工委副主任何红卫传达习近平总书记批示指示精神和国家、省、市、区领导批示，区政协副主席、关工委副主任尹永水出席会议，关工委副主任郑林璋出席会议。区关心下一代工作委员会各成员单位主要负责人，各乡镇街道主管副职参加会议。与会人员共计30余人。

宣传工作

【概况】 2020年，区委宣传部完成全年各项任务目标，被评为“全省先进基层理论宣讲站”。基层宣讲员、区税务局王同怀在全市“新时代基层理论宣讲擂台赛”中荣获三等奖，基层宣讲员、赵家圈镇王满江被推荐申报“全省优秀基层宣讲员”荣誉称号。桃城区被省委、省政府授予“省级文明城区”荣誉称号。何家庄乡何家庄村、赵家圈镇前铺村、童莉家庭、衡水市康复街小学获得全国精神文明建设表彰。

【深化基层理论宣讲】 广泛开展“党的十九届五中全会精神”“抗疫情、保发展”“听党话、感党恩、跟党走”“平语六进”宣讲活动，得到上级肯定，区委宣传部被评为“全省先进基层理论宣讲站”。桃城区基层宣讲员、区税务局王同怀在全市“新时代基层理论宣讲擂台赛”中荣获三等奖，桃城区基层宣讲员、赵家圈镇王满江被推荐申报“全省优秀基层宣讲员”荣誉称号。

【营造良好舆论氛围】 坚持内、外宣共同发力，新闻宣传、社会宣传、文艺宣传多种途径并用，凝聚全区干部群众向心力。《衡水桃城区4900名党员干部顶在“疫”线守护一方平安》等重要稿件被中央、省重点媒体刊发。构建全方位宣传体系，联合三大通信运营商进行短信推送，在全区1000余部电梯屏幕刊播公益宣传内容，构建全区微信传播矩阵，推出15期优秀抗疫文艺作品网络集中展示，营造全员参与、联防联控、群防群控的浓厚氛围。

【提升融媒体中心建设水平】 融媒体中心获得市委编办机构设置批复，办理相关证照。做大做强“桃城融媒”“两微一端”新媒体平台，培养“策、采、编、发”全媒体人才队伍，制发H5、MG动画、微视频等新媒体产品2500余个，各平台官方账号粉丝量逾10万人次，创作《“文明城市 你我共建”公益宣传片》等26个超100万+阅读量融媒产品，开展全区“两会”、文化惠民“七进”演出等网络直播活动20余场，巩固主流舆论阵地，传播引导力不断提升。

【压实意识形态责任】 重新修订桃城区《党委（党组）意识形态工作责任制实施细则》，各乡镇街道、区直各部门进一步明确目标要求、具体任务和完成时限。深入开展“扫黄打非”系列专项行动，净化出版物市场。全区8个乡镇街道及所有社区、农村共266个“扫黄打非”基层站点全部建设完毕，全力打造汇中广场、东明物流园、何家庄乡西康村3个基层站点推荐申报全省“扫黄打非”示范站点。

定期召开宣传部机关意识形态专题会议，分析研判情况，安排部署工作任务。参与文明城市创建，成立“宣传部党员志愿服务队”，深入帮建小区“逸升佳苑”开展文明劝导、环境整治等志愿服务活动20场，广泛开展“走千楼、访万家”活动。

【文明创建成绩亮眼】 深入开展文明城区创建工作，带动城市发展质量和文明素养提升，省级文明城区创建工作在2020年综合测评中在全省排名第15名，桃城区被省委、省政府授予“河北省文明城区”荣誉称号。深化文明村镇、文明单位、文明家庭、文明校园等群众性精神文明创建活动，何家庄乡何家庄村、赵家圈镇前铺村、童莉家庭、衡水市康复街小学获得全国精神文明建设表彰。

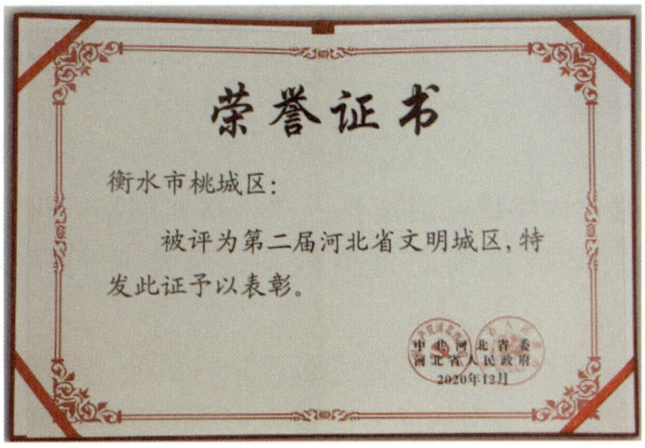

【规范电影和新闻出版管理】 疫情防控期间，区委宣传部采取电话预约、错时办理等措施，最大程度减小疫情带来的不利影响，方便群众办事，及时审核发放出版物经营许可证53个，赢得群众称赞，有企业还赠送“政企连心、为民服务”的锦旗。深入贯彻“六稳”（稳就业、稳金融、稳外贸、稳外资、稳投资、稳预期）、“六保”（保居民就业、保基本民生、保市场主体、保粮食能源安全、保产业链供应链稳定、保基层运转）决策部署，主动服务优化流程办理手续，支持电影院企业加速复工复产。

【发展文艺和文化事业产业】 加强文艺队伍建设，开展“文艺人才工作主题月”活动，对全区文化艺术人才队伍建设情况开展专题调研。积极培育新型文化产业，推送罗小蛋文创小镇项目申报“全省文化产业发展项目”和“市级人才项目”。组织桃城区文化企业参加第46届全国文房四宝艺术博览会，在文房四宝行业“最高级别的展示平台”展现桃城风采。

网信工作

【概况】 中共衡水市桃城区委网络和信息化委员会办公室（以下简称区委网信办）于2019年1月25日揭牌，为机构改革后新组建单位。2020年，区委网信办按照省、市网信工作安排部署，深入贯彻习近平总书记网络强国战略思想，推进网络安全和信息化工作，全面落实意识形态工作责任制和网络安全工作责任制，全方位统筹网络内容建设和管理、网络安全和信息化工作。

【完善全区网信工作体系】 提高政治站位，强化理论武装，坚守思想主阵地。始终把学习习近平总书记关于网络强国的重要思想和党的十九届四中全会、五中全会精神作为重点内容，扎实开展“不忘初心、牢记使命”主题教育，集中学习《习近平谈治国理政》《中华人民共和国网络安全法》《中华人民共和国民法典》等内容，其中集中学习《中华人民共和国民法典》被“网信河北”微信公众号采用，进一步推动理论学习中心组学习规范化、制度化。组织区属新媒体持续推进习近平新时代中国特色社会主义思想和党的十九大精神进网络，及时转发推送各类相关稿件千余条。

“一中心一站”实现三级贯通。结合深化乡镇街道机构改革工作要求，加快推进“信息化网络中心”和“网信工作服务站”建设，截至5月25日，全区8个乡镇（街道）、272个村（居）全部完成挂牌工作，并明确“一中心一站”工作主管负责人和具体工作人员，建立网信工作微信群，随时下达工作指令，开展协调调度和任务完成情况反馈，为顺利完成“一中心一站”建设畅通工作渠道，实现桃城区网信管理体系在区、乡、村级全部贯通。

【组织开展网络宣传】 坚持正能量是总要求，增强主流媒体网上强音，在桃城网信微信公众号开设“新时代”“主题教育”“扫黑除恶”“e起精彩”“网络安全宣传周”“我和我的祖国”等专题版块，持续唱响桃城网上好声音。

主题活动丰富多彩。聚焦全区中心工作，围绕打赢疫情防控阻击战、文明创城等撰写文章几十余篇，其中，5条原创抗疫图文作品点击量达到2.1万次，留言近千条。精心策划和开展的“我们一起等花开”“最沁网上好声音”等网上作品征集评选活动。组织创作的暖心又励志的网络原创MV——《武汉不远》，被央视新闻移动网、冀时客户端、《衡水日报》等进行宣传报道，总关注量达到50万+，成功入选“中国抗疫主题MV征集典藏”作品。制作的“聚合网能量，桃城再出发”获全省“知网信 筑同心”鼓励奖；制作的“指尖文明”短视频倡导大家文明上网、绿色上网，以实际行动传递指尖上的文明，在抖音推送后，得到广大网友的大量转发。

专题宣传成效显著。2020年，桃城网信微信公众号、头条号、抖音号、澎湃号等平台推送全区“平语近人”“六进”、新中国成立70周年短视频展播、网络中国节等活动，制作出30余个不同层面网友喜闻乐见的短视频、图集、H5等网络产品。联合区电力局制作的短视频“初心”被“网信河北”公众号转发；春节期间推送的“桃城区“三下乡”红红火火过大年”被“冀评之家”转发；“国家网络安全宣传周”期间，联合区公安分局在市休闲广场通过悬挂横幅等多种形式，对群众提出的网络安全问题进行解答。网络安全宣传周期间，共举办（线上+线下）活动12场次，参与人数近万人，发放手册、海报、科普材料等宣传材料6000余册，为广大群众普及网络安全知识，提升网络安全意识和防护技能。

特色宣传亮点纷呈。“网聚合力·红播湖城”衡水首届文化旅游网红直播节在上海公馆小区广场成功举办，为期五天五夜，每天一个精彩主题，吸引无数市民群众前来围观，线上线下累计交易额达840万元，售出12台车，网络围观人数达500万人次，活动融入网络安全元素，节目精彩纷呈，促进“网红经济”真正在美丽衡水落地开花。年初举办的“网牵万家 直播幸福2020首届百姓网络春晚”，融入流行元素与科技手段，300万人次在线观看演出。

【强化网络综合治理】 严格落实网络管理责任，坚持正确的价值取向，营造晴朗网络空间。

营造互联网良好生态。先后发布《关于依法严厉打击网络谣言的通告》《关于规范网络传播秩序的通知》等，对维护网络环境、稳定社会秩序起到重要作用。同时，加大对谣言的打击力度，在官微推送各类辟谣信息 50 余条，为全面战胜疫情提供有利网络环境。共处置涉及疫情、高考、拆迁、黑恶等相关内容的舆情 12 起，呈送专刊、专报 10 期，下发预警通知单 25 份。

规范网络传播秩序。先后印发《关于加快建立网络综合治理体系的若干措施》《关于全面加强政务新媒体规范管理的通知》，对网络诈骗、网络“软暴力”“网络水军”、自媒体账号传播乱象等重点核查，联合公安、民政等 5 家单位，开展“清朗桃城·燕赵净网 2020”网络生态治理专项行动，上报清理各类违法和不良信息 3000 余条。启动“网络恶意营销账号专项整治行动”，公布举报电话和邮箱，确保专项整治取得实效。对“好多书”等违规网站平台、账号进行约谈整改，并在市委网信办指导下，会同区公安分局依法关闭、注销违规网站 13 家，共同营造风清气正的网络空间。

【提升网络安全防护能力】 全面落实网络安全责任制，筑牢网络安全屏障，守护“指尖上的安全”。在上级部门的指导下，着力提升党政机关网站、重点新闻网站、国有企事业单位网站的安全防护能力。组织召开网络安全专题培训班，来自全区各单位、中小学校、医院等分管网络安全的负责人 50 余人参加培训。多方联动进行网络安全检查，会同区公安分局网安大队对区财政局、区人社局等 12 家单位的网络安全工作进行检查，通过实地查看、查阅资料、技术检测等方式，对互联网信息发布、网站安全、组织保障、制度建设、信息系统安全漏洞等情况进行全面检查，对各单位 LED 电子屏的使用规范提出工作建议，并督促整改。着力推进全区属地网站基础管理工作。充分调动人力开展互联网平台和账号筛查和登记工作，对桃城区属地网站、“两微一端”等网站进行梳理摸底。

【强化组织保障】 区委、区政府高度重视网信工作，推动网信事业健康发展。区委领导多次关注网信工作，先后就“衡水银行挤兑风波”“今日头条发布衡水否认‘破坏式修古桥’”等事件进行批示 20 余次，分管常委、部长也就网信工作给予多次指导。根据《河北省网络安全工作责任制实施细则》文件精神，迅速成立网络信息安全工作领导小组，在组长的正确领导下，制订计划，明确责任，具体落实，对本地本部门本行业领域相关单位网络与信息安全进行全面的调查。及时发现问题，分析问题，解决问题，营造风清气正的网络安全环境。成立衡水网红联盟会，进一步规范直播行业积极健康发展，打造衡水特色网络主播名片，不断提高网络媒体的社会公信力，提供坚实的组织保障。

统一战线工作

【概况】 2020 年，区委统战部在区委的正确领导和指导下，紧紧围绕与统战成员不断求出最大公约数、画出最大同心圆，为区委、区政府中心任务、重项工作积聚更广泛党外人士的目标任务，深入扎实开展民族宗教、党外知识分子、新的社会阶层人士、民营经济人士等统战工作，团结凝聚全区党外人士，推动党外人士的作用发挥，促进全区经济社会的和谐稳定发展。

【新的社会阶层人士统一战线】 点面结合推动工作。坚持全面推动、点上推进的措施，组织和指导各乡镇街道全面扎实开展新的社会阶层人士统战工作的基础上，先后在衡水创新创业孵化基地和中关村 e 谷小镇，建立楼院新阶层统战工作示范点、园区新阶层统战工作示范点。围绕打造新阶层示范点精品工程，协调区财政专项资金10万元，对中关村e谷小镇同心园进行改造升级，较好提升示范点的引领带动作用。

建立联谊组织。11月26日，在中关村e谷小镇召开桃城区新的社会阶层人士联谊会成立大会，组织61名新的社会阶层人士代表参会，选举会长1名、常务副会长1名、副会长4名、秘书长1名、理事14名。其中，会长由市新联会副会长张建卜担任，常务副会长由区委统战部副部长马春明担任。

开展专项活动。分别于11月27日和11月29日，依托区新联会，组织新的社会阶层人士，举办沟通协商会和党的十九届五中全会精神培训各1次，较好征求新阶层人士的意见建议，凝聚新阶层人士与党同心同德的思想共识。此外，还组织2次慰问贫困群众专题活动，较好引导新阶层人士的作用发挥，展示新阶层人士的精神风貌。

【非公经济领域统一战线】 开展民营经济人士年度综合评价。以中央促进民营经济健康发展、民营经济人士健康成长“两个健康”为目标，在不违背中央精神政策和程序标准的前提下，对中央统战部非公有制经济代表人士综合评价机制进行大胆创新，制定《桃城区非公有制经济人士年度综合评价暂行办法》，对全区民营经济人士每年开展一次综合评价，并根据评价结果严格落实中央统战部“凡进必评”政策，以机制制度的形式强力推进民营经济人士健康成长。着眼区人大、区政协、区工商联换届，对全区民营经济人士启动年度综合评价工作。

开展沟通协商。印发《关于建立党政领导干部定期沟通协商民营企业家制度的通知》，制定区级党政领导包联民营企业一览表，采取区委领导深入分包乡镇街道召开民营企业沟通协商会议的形式，全年共举办民营企业沟通协商会、政企协商会23次。其中，区委书记、区长分别带头沟通协商4次和2次。

民营企业培训。印发《桃城区民营经济人士思想引领、政策解读和能力提升机制》，组织开展理想引领、政策解读和能力提升活动10次，引导推荐3名民营企业家参加“衡水新时代民企领军人物集训营”。

完成工商联“一个设立五个有”。根据市委统战部意见，积极物色合适人选，建议区委选拔工商联专职党组书记一名，落实“一个设立五个有”要求。

开展“双百扶贫”。召开“双百扶贫”工作推进会议，区委常委、统战部部长李建高，副区长岳广龙出席会议，并就“双百扶贫”工作进行安排部署。区扶贫开发领导小组文件印发《桃城区“百企帮百村”包联帮扶机制的实施方案》，建立“双百扶贫台账”，推动“双百扶贫”工作的深入扎实开展。2020年，全区共59家民营企业帮扶51个农村、74户150名贫困群众，先后为贫困群众提供捐款捐物、整治人居环境、修葺院墙院落、开展消费扶贫等帮扶资金20.4772万元。

【民族宗教人士统一战线】 开展“双创四进”活动。先后建立区级党员领导包联宗教活动场所等制度，成立清真食品义务监督员等队伍，取缔私设基督教聚会点6处，纳入以堂带点规范管理2处，推进“双创四进”活动在全区12个宗教活动场所全覆盖、实效性开展，引领宗教领域的中国化发展方向。

破解重点问题。清真寺中国式建筑改造、禅陀念佛堂“双创四进”规范提升、先后完成宗教领域消防安全排查、宗教场所有序开放等工作，促进宗教领域的和谐稳定发展，推动宗教事务的规范有序开展；其中，清真寺改造工作在全省排名前列，获得市委统战部、市民族宗教局的肯定和好评。

治理违法宗教活动。先后开展私搭乱建庙

宇统计、非宗教活动场所售卖佛道教用品治理等活动。

矛盾隐患排查。制订宗教领域应急预巡查预案，围绕宗教领域矛盾隐患排查和非法聚集、突发事件，建立2个台账，指导乡镇街道以每月底分别上报的形式，实现相关问题台账式管理。

开展宗教工作培训。采取区乡理论学习中心组集中学习、乡镇街道培训农村社区干部、统战部培训宗教界人士的方式，组织区委理论学习中心组学习宗教工作1次，乡镇街道理论学习中心组学习宗教工作8次、培训农村社区干部8次，区委统战部培训12个场所负责人和教职人员1次，推进宗教场所事务的规范化开展。

排查宗教场所安全隐患。围绕宗教活动场所建筑和消防安全工作，召开乡镇街道主管副职和宗教专干专题会议，就场所建筑和消防安全工作进行安排部署。围绕国庆安保工作，协调区消防大队对12个场所进行消防安全全面排查整治，较好保证全区12个场所的建筑安全和消防安全。

【民族团结进步创建】 落实民族政策进机关、进校园、进街巷、进社区、进广场、进集市“六进措施”，开展民族团结进步政策宣传、文艺演出、解难纾困等活动，浓厚民族团结进步创建氛围，促进民族团结进步创建。

【侨商侨务】 依托省、市侨联组织，成功举办“世界侨商衡水行”活动，累计邀请侨商100余人，通过宣传推介、实地走访、洽谈交流等形式，汇聚侨商资源，对外推介桃城招商政策，吸引侨商到桃城投资创业。

【意识形态工作】 严格按照意识形态工作的要求，扎实开展部机关意识形态工作。在部机关通过集中理论学习、抄写学习笔记、撰写心得体会、开展交流发言、班子成员党课、进行分析研判等形式，丰富机关干部的政治理论水平和业务实操能力。

信访工作

【概况】 2020年，区委信访局在统筹推进疫情防控和经济社会发展工作大背景下，按照中央关于“改进信访工作制度，实行网上受理信访制度，健全及时就地解决群众合理诉求机制”的重大决策部署，适应信息化时代发展趋势，及时启动网上信访建设工作，拓宽民意诉求表达渠道，实现群众信访网上受理、网上办理、网上答复。网上信访渠道不断拓宽，信访秩序日趋规范，信访总量明显下降，信访形势总体平稳，为全区经济社会发展创造良好的社会环境。

2020年，处理信访案件713件。按形式分：到访75件，来信170件，网上信访468件。

【规范信访各项业务】 集中培训各乡镇办网上信访人员2次，派出2人到省信访局跟班学习一个月。同时通过业务培训和专项学习等手段，每月开展专题会议，进一步规范信访登记、受理、交办、督办等业务程序，严格要求按照省级标准规范办理信访业务，信访事项基本达到受理程序规范及时，答复要件齐全，督办解决到位的目标，“三率”指标得到明显提升。

【重复访治理】 把国家信访局交办的集中攻坚重复信访纯案以及省梳理的重复信访事项为攻坚重点，坚持分类化解、多措并举、综合施策，开展集中攻坚，力促问题超前得到妥善处理。对2020年7月1日以后新增的来信、来访、网上信访、重复信访事项，及时纳入日常交办，随增随清，确保桃城区重复信访比例大幅下降、确保重点领域和重点群体突出矛盾明显化解，持续巩固“五个下降”良好态势。

【信访隐患排查】 2020年，区委、区政府联席会议定期召开各种信访稳定会议，区委、区政府主要领导、联席会议领导对涉房领域的重点信访事项亲自召开调度会、协调会议。各级、各部门按照区委、区政府和联席会议的要求在全区定期排查及敏感节点集中排查，对排查出的重大信访隐患，区联席会议及时调度，落实包案区领导、责任单位和责任人，从源头上有效预防和减少大量信访问题的产生。

【领导干部接访和包案督访】 区、乡两级按照《党政领导干部公开接访日程安排》，确保每天都有区级、科级领导公开接访，没接访的时段可安排对重点案件、分包案件进行包案督访。区级领导接访实行AB岗，周五区党政主要领导接访，维护全区信访稳定局面。

【国家安全、保密、普法】 落实党组党委国家安全责任制，建立健全国家安全工作协调机制，大力排查化解矛盾纠纷。按上级要求开展保密工作，包括办公设备的使用与日常管理，秘密文件的收发、传阅、存档，保密知识培训等。完成“七五”普法要求的各项工作任务，深入开展宪法和信访条例的学习、宣传和贯彻，引导信访群众实事求是反映问题，依法理性表达诉求。

【摸排扫黑除恶专项斗争线索】 利用群众来访的工作优势，加大扫黑除恶专项斗争的线索摸排核查力度，上报1条线索并及时移交公安部门查处。切实加强重点建设项目、建筑工地质量安全、清欠维稳、非法集资、“黄、赌、毒”等信访涉黑涉恶犯罪易发领域的全面排查，做好预警预防和化解处置。

区委党校

【概况】 2020年，区委党校提升干部素质，创建学习型党组织，推动工作深入开展。

【提高思想认识】 坚持深化理论武装，坚持教职工每周一次集中学习制度，理论中心组每月组织学习，深入学习十九大精神和十九届二中、三中、四中、五中全会精神，习近平总书记讲话精神，省、市、区领导重要讲话精神和各个文件精神，认真学习习近平在中央政治局所作的关于疫情的11次讲话、习近平发表的文章《坚持历史唯物主义不断开辟当代马克思主义发展新境界》、李克强作的政府工作报告、《中华人民共和国民法典》、《习近平谈治国理政》（第三卷）等，做到每次学习有交流，理论中心组学习有心得体会，真正做到往深里走、往心里走、往实里走。

【明确工作思路】 针对党校近几年培训少，良好的办学条件无法发挥其作用的发展现状，按照新的《中国共产党党校（国家行政学院）工作条例》，明确“一二四+”工作思路。“一”指的是以习近平新时代中国特色社会主义思想和十九大精神为统揽，“二”指的是“两个服务”，即围绕中心和大局做好服务、围绕教学和培训做好服务，“四”指的是努力实现四个提升，即全面提升党的政治建设、全面提升教师队伍能力素质、全面提升管理服务质量、全面提升党校文化建设。

2020年按照区委安排，制定中共衡水市桃城区办公室关于印发贯彻落实省、市委《关于贯彻落实〈中国共产党党校（行政学院）工作条例〉建设一流党校（行政学院）的若干措施》任务分解通知，报区委常委会通过，征求各相关单位意见，并将任务分解表印发给相关单位贯彻落实。

【抓好培训工作】 办好主体班次培训。培训工作是党校的主业，也是党校发挥作用、服务全局的主要途径。围绕区委、区政府的中心工作，充分发挥职能作用，着力办好班次培训。充分利用市委党校优越的办学资源，配合区委办、区委组织部等部门，举办多期全区干部培训、桃城大讲堂，培训干部1000余人次，为桃城党建和经济社会发展做出积极贡献。

精心谋划培训内容。精心谋划主体班次，细化培训内容，把习近平新时代中国特色社会主义思想和宪法法律列为培训必修课，将《中国共产党章程》《中国共产党问责条例》《中国共产党党组工作条例》《中国共产党农村工作条例》《中国共产党党员教育管理工作条例》和宪法法律知识、党的十九大及党的十九大二中、三中、四中、五中全会精神、社会主义核心价值观、中国特色社会主义理论、党务知识、党风廉政建设、中央、省、市有关会议精神、安全生产及消防法律法规等列入培训内容，安排教师学深学透知识内容，将各个知识点融入讲学内容。

把习近平新时代中国特色社会主义思想和宪法法律列为培训必修课。区管干部以提高政治素质、增强党性修养为根本，侧重理想信念等党性教育、中国特色社会主义理论教育；党务工作者以增强党性观念、业务能力为重点，侧重组织建设等业务能力、“三会一课”等法规制度培训；农村、社区干部以提高发展经济，依法办事、化解矛盾、服务群众能力为重点，侧重服务型党组织建设、现代农业与美丽乡村建设、城市管理培训；医生、教师侧重职业道德教育等。区委书记及区委常委每人每年至少到区委党校讲1次课，年度领导干部讲课总课时，占党校主体班次总课时的比例不低于20%；宪法法律知识占总课时20%、理论教育和党性教育占总课时70%；主体班次专门设置“党性教育单元”。

【参加宣讲】 副校长朱文利、讲师安莉多次主动为供销社、检察院、何家庄乡、科技局等区直部门、乡镇提供全面从严治党、“平语近人”和习近平新时代中国特色社会主义思想、十九大精神等相关课程，增强广大党员干部的党性修养和自律意识。疫情防控期间，讲师安莉参加省委安排的疫情防控期间微党课“党的领导是打赢疫情防控阻击战的强大政治保证”的视频录制。

【开展调研】 积极参加调查研究出实效活动。按照区委工作安排，2020年，结合现实最“热”、最急需解决的问题，深入调研，完成《衡水市两新组织党建问题研究(课题)》(桑文清)、《衡水市桃城区学前教育发展情况调研报告》(王黎霞)、《关于意识形态的思考》《审时度势精准改革》(朱文利)等多篇调研报告。

实施“四个一”工程。按照省、市、区委要求，认真研究，统筹谋划，开发一门精品课程，编写一个教学案例，推荐一名名师，建设一个教学点。打造两门精品课，课程为“党的领导是打赢疫情防控阻击战的强大政治保证”“重温党的历史 坚定走中国特色社会主义道路的信念”，完成讲课稿的编写、PPT制作、视频录制；一名名师推荐为安莉；一个教学案例的主题为“破解主城区初升高难题”，为桃城区热点难点问题，是新论点创新和研发，完成教学案例的调研、编写、报送；一个教学点是把北苏闸村村史馆、“闸”文化展览馆打造成为区党员干部宗旨教育、党的使命教育、廉政教育的教学点，教学方案、教材完成并上报。

区直机关工委

【概况】 2020年，区直机关工委着力创建基层党组织“模范机关”，贯彻落实《中国共产党党和国家机关基层组织工作条例》，深化“基层党建质量提升年”活动，全面落实区委决策部署。

【区直党员发展】 严格按照《中国共产党发展党员工作细则》，把好“入口关”，做好培训、政审、考察各环节工作，坚持发展党员“十六字”方针为标准，重视党员素质、严格入党程序、强化考察环节，确保将优秀青年吸纳到党员队伍中来。区直机关工委共发展党员16名；本科14名，专科生2名，本科占87.5%；男10名，女6名，女性党员占37.5%；发展党员平均年龄32.25岁。发展党员各项指标均优于往年水平。严把培训关，重视党员教育。党员学习是一项终生的任务，党员教育更需要根据时代要求与时俱进。机关工委在培训工作中坚持“两个结合”（集中培训和分散培训相结合、理论学习和业务学习相结合），以此提高培训的频度，增强培训的深度，更提升和拓展党员服务群众的能力和维度。丰富载体，提倡党员活动经常化、多样化。丰富多样的党员活动是基层党组织生活不可或缺的重要组成部分，也是凝聚党员共识、汇聚党员才智、激发党员活力的必要途径。由于各单位党员分布较为分散，区直工委下发相关文件，对各单位的党员活动做出相应要求，规定各单位组织党员活动之前，需提请区直工委派员参加，以实现各单位党员活动开展进一步走向规范化、经常化。

【基层党组织改选、新建和更名】 面对2019年洮城区机构改革影响，按照《中国共产党章程》和《中国共产党基层组织选举条例》，依据各单位的请示，结合各单位党员人数，区直机关工委严格工作程序，从制度上进一步完善基层党组织建设。此次机构改革党组织变动40个：新成立支部3个，支部整体划转1个，支部改选2个，支委会更名3个，支委会撤销10个，新成立支委会11个，支委会改选7个，总支改选3个。区直机关工委认真做好基层党组织书记、副书记及委员的调整任命，做好区直机关近300名党员组织关系的结转工作。

【巩固主题教育成果】 按照区委要求，区直机关工委及时制定“不忘初心、牢记使命”主题教育实施方案和单位领导小组。通过学习，大家统一思想认识，一致认为要全面把握“守初心、担使命，找差距、抓落实”的总要求，不折不扣地开展主题教育。要求全体党员，通过深学细学主题教育内容，充分认识主题教育对于坚持和发展中国特色社会主义、实现“两个一百年”奋斗目标和中华民族伟大复兴的中国梦具有十分重大和深远的意义，高举习近平新时代中国特色社会主义思想伟大旗帜，增强“四个意识”，坚定“四个自信”，不忘初心，牢记使命，更加自觉在思想上政治上行动上同以习近平同志为核心的党中央保持高度一致，把力量凝聚到建设“经济强区、美丽洮城”总体思路上来。

【部署群众满意度测评活动】 按照区委要求，分两批在区委会堂举办“三提升、三深化”群众满意度测评活动。本着具有代表性和广泛性的特点，从区人大代表、政协委员、农村、社区、企业及工商联、统战系统等各行各业代表中选出100多人参加测评。对全区33个执法、监督、管理和服务类单位及13个重点行业类单位严格按照规范程序进行测评，并当场把测评结果公布于众。区纪委监委、区委组织部人员进行全程监督，测评过程达到满意效果。

【“模范机关”创建活动】 根据区委、区政府统一安排部署，按照区两办关于《洮城区深化纠正“四风”和作风纪律专项整治实施方案》的通知要求，区直机关工委牵头洮城区“模范机关”创建活动。接到任务后，高度重视、认真谋划、周密布置。从有关单位抽调精干力量，成立以王建森任组长的领导小组。向全区印发包括创建标准、创建内容、创建方法和步骤以及组织保障等内容的"模范机关"创建活动实施方案。要求各单位建立模范机关创建工作领导小组,每个单位明确一名主管业务的副职和熟悉业务的工作人员,并建立联系方式和工作邮箱。

创建模范机关活动工作领导小组成员到交通局、财政局、教育局和统计局等单位实地调研。看学习习近平新时代中国特色社会主义思想和党的十九大精神是否有学习笔记;"不忘初心、牢记使命"主题教育是否掷地有声,切实得到贯彻落实;"四个意识""四个自信""两个维护"内容是否上墙和牢记。看活动创建标准是否科学实际。看活动创建内容是否新颖和有实际意义。看活动创建方法和步骤是否得体。通过调研走访座谈为更好地贯彻落实创建活动积累经验。

要求各单位报送创建活动的经验做法、典型事例、存在问题、整改措施及下一步工作安排。创建活动小组采取多种形式，创造浓厚的学习氛围。创建活动领导小组组织各单位到具有典型带动和示范引领作用的典型单位座谈观摩，学习经验、交流心得。要求各单位建立长效机制，把创建模范机关常态化，真正把法治模范机关和勤政模范机关融入实际工作当中去；在贯彻落实党中央各项决策部署上作表率，建设让党中央放心、让人民群众满意的模范机关，为推动桃城区高质量发展提供坚强政治保证。

【爱国主义教育】 区直工委选定4月5日清明节和9月30日烈士纪念日两个时间点，先后2次组织区直单位新老党员和入党积极分子，到市烈士陵园开展祭扫活动，祭奠先烈英灵，缅怀英雄壮举。通过该项活动使大家继承先烈遗志，奋力开拓进取，脚踏实地干好本职工作，确实把学习教育活动落实到位。

【基层党建工作】 针对机关党建工作存在的突出问题，从四个方面着手加强和改进机关党建工作。突出责任落实，提升政治站位。年初召开班子会议，专题研究全年党建工作目标任务，制定印发《区直机关工委2020年党建工作要点》。不断巩固提升基层党建质量，提升标准化成果，先后制定印发《关于扎实开展"区直机关党建质量提升年"活动的实施方案》《关于区直各部门贯彻落实〈中共河北省委关于进一步加强新时代全省机关党的建设的意见〉的意见》等6项文件，确保基层党建质量提升工作落到实处。突出组织建设，夯实政治根基。突出抓好基层党组织活动场所和组织生活制度建设，制定印发《关于严肃党内组织生活规范"三会一课"制度落实的通知》《关于党组织活动场所标准化"六有"建设的指导意见》；以机构改革和支部换届为契机，把优化基层党组织配置作为首要任务抓，42个区直机关的6个党总支和67个党支部完成换届，配优配齐支部委员265名；进一步加强对基层党组织书记管理，年初开展"支部年终考核、书记年终述职"，42个区直有关部门的支部书记向区直机关工委述职，确保基层党建质量提升工作向纵深发展。突出学习教育，强化队伍建设。坚持将学习作为党员深化思想引领的重要渠道，组织编印《党员学习资料汇编》《学习材料》等学习用书，累计发放4200余册；6月组织召开区直机关基层党组织书记培训会，培训人员50人次。同时认真组织好2020年区直党员发展工作，严格按照"控制总量、优化结构、提高质量、发挥作用"，确保成熟一个发展一个，严把入口关，全年发展预备党员6人，新培养入党积极分子12人，全部为大专以上学历。突出典型选树，抓实作风建设。5月，联合区委组织部对13个区直部门进行"机关基层党建质量提升"督导，对照活动方案，查问题、补短板，同时选树区农业农村局、区审计局、区检察院、区司法局等机关支部典型，并以拍摄宣传片向全区机关基层党组织推广。

【组织“宣讲”活动】 2020年，共组织2次由近200人次参加的区直机关基层组织书记学习培训会，开展党的十九大精神及十九届二中、三中、四中、五中全会精神宣讲。

机构编制

综 述

2020年，区委机构编制工作委员会办公室深入贯彻习近平新时代中国特色社会主义思想和党的十九大精神及十九届五中全会精神，坚持为服务全区社会经济跨越式发展提供体制机制保障，务实创新深化机构改革，强化机构编制管理。

事业单位机构编制管理

【事业单位年检工作】 完成2020年度事业单位法人证书年检工作。对全区137个法人事业单位统一社会信用代码证进行年检，为4个单位办理统一社会信用代码证的设立登记，为36个事业单位办理变更登记。

【事业单位管理】 加强事业单位统一社会信用代码证书的使用和管理。深入事业单位调研，对年检中存在的一些问题进行实地查看，进一步监督事业单位贯彻落实好《事业单位登记管理暂行条例》。

乡镇和街道改革

【概况】 落实省委、市委关于深化乡镇和街道改革工作的文件精神和要求，牢固树立“四个意识”，提早谋划，统筹部署，探索创新，全力推动改革工作顺利实施。

【组织领导】 成立桃城区深化乡镇和街道改革工作领导小组及其办公室和5个专项小组，具体负责推进改革工作。建立区委常委包联乡镇街道改革工作制度。

【学习研究】 区深化乡镇和街道改革工作领导小组多次召开专题会议，学习传达《省委省政府关于深化乡镇和街道改革的实施意见》《市委深化机构改革领导小组办公室关于做好深化乡镇和街道改革推进实施工作的通知》《省委组织部省委编办省政务服务管理办公室关于印发〈乡镇和街道职能体系框架〉的通知》等上级文件和市委书记王景武在深化乡镇和街道改革专题会议的讲话，深入领悟文件和讲话精神，安排部署相关改革工作；领导小组办公室就乡镇和街道职能体系框架等工作内容进行专题学习，把上级文件要求融会贯通；5个专项小组和相关职能部门、乡镇街道分别依据各自职能和工作安排，分专题分领域进行学习研究，为开展下一步的改革工作奠定良好的基础。

【明确任务】 按照省、市改革文件精神，对4大板块、14项改革任务及5项保障措施进行系统梳理，进一步明确各专项小组和部门的职责分工、任务目标和完成时限。区深化乡镇和街道改革工作领导小组办公室相继印发《关于做好深化乡镇和街道改革推进工作的通知》《关于做好深化乡镇和街道改革的工作方案》，把改革工作落细落实。

【夯实改革基础】 领导小组多次召开专题会议，广泛征求意见建议。召集各乡镇和街道主要负责同志召开专题座谈会，深入乡镇和街道进行调研，就体制机制、机构设置、人员编制等问题进行意见交流。召集组织部、编委办、行政审批局、司法局等重点部门就加强党的领导、乡镇街道行政管理体制机制、基层整合审批服务执法赋权到位等具体工作进行座谈。5个专项小组分别征求相关职能部门意见，就乡镇街道行政审批事项、公共服务事项、行政处罚事项、机构编制、干部人才队伍建设和支持保障等工作内容进行对接沟通，把改革工作落细落实。

【抓好摸底和顶层设计】 对全区乡镇和街道的人口数量、机构设置、人员编制、领导职数等情况进行全面摸底，建立工作台账，为机构改革工作提供数据支撑。按照省、市文件精神，紧紧围绕加强党的领导、为民服务、社会管理、优化环境工作重点，本着既不折不扣落实规定动作，又通过自选动作体现本地特色，同时着力破解困扰基层实际问题的原则，分乡镇、街道、村（社区）、居委会等不同层次征求意见，对各方面的意见建议细致分类、汇总梳理，对乡镇街道职责框架、人员编制和内设工作机构设置进行反复推演，分类施策、精准设置，抓好顶层设计。

【精准施策】 桃城区乡镇和街道，有何家庄乡和4个街道承担着城市管理和社区治理的职能。结合1乡3镇4办承担的不同职责、实际需求和承接能力，认真分析研判各自的职能体系和框架结构，分别制定乡镇和街道职责事项清单、审批服务事项清单、基本公共服务事项清单和行政处罚事项清单，确保事项放得下、接得住、管得好、有实效。同时，紧紧围绕加强党的领导、为民服务、社会管理三个重点，组织乡镇和街道主要负责人、社区和居委会负责人3次进行专题研究，先后修改11次，研究起草《桃城区深化乡镇和街道改革方案》并于3月31日经市委批准。4月6日《衡水市桃城区深化乡镇和街道改革方案》在全区印发。

【制定“三定”规定】 对照法律法规，确保职责界定清晰，严把职责配置关；对照省、市对口部门职责，确保上下对接顺畅；对照以往工作职责，确保工作连续不断。在机构设置上，严格按照《中共衡水市委办公室、衡水市人民政府办公室关于印发〈衡水市桃城区深化乡镇和街道改革方案〉的通知》文件批准的工作机构进行设置，并在4月27日—29日集中完成挂牌工作。同时，充分赋予乡镇和街道统筹使用编制自主权，根据工作机构的主要职责，由各乡镇和街道合理确定每个工作机构的“定员定岗”，发挥机构编制最大的优势和效能。先后12次进行修改和完善，桃城区全面完成乡镇和街道“三定”规定制定，于5月21日经区委常委会研究通过并印发文件。

【初见成效】 改革后，全区乡镇和街道机构编制出现新的变化。

规范配置工作机构。严格按照《中共衡水市委办公室、衡水市人民政府办公室关于印发〈衡水市桃城区深化乡镇和街道改革方案〉的通知》文件批准的工作机构进行设置，并在4月27日—29日集中完成挂牌工作。

下沉编制资源，科学核定人员编制。按照《衡水市桃城区深化乡镇和街道改革方案》要求，根据各乡镇和街道的实际情况和今后工作需求，本着有利于长期发展的方向，统筹区级编制资源，下沉到基层，以更好地完成区委、区政府交办的各项工作任务。在“定员定岗”上，充分赋予乡镇和街道统筹使用编制自主权，根据工作机构的主要职责，由各乡镇和街道合理确定每个工作机构的“定员定岗”，今后可根据工作需要进行动态调整，发挥机构编制最大的优势和效能。

严格核定领导职数。认真贯彻落实省委组织部《加强乡镇和街道干部队伍建设的若干措施》，严格按中央和省委换届文件执行，并按照市委的要求，明确乡镇和街道的党政班子职数，结合实际在区范围内统筹。在股级职数配置上，内设机构按照“减去领导职数后的行政编制数，每个机构设1~2名股级，执法机构和事业单位配置 2~3 名股级”的原则配备。

明确乡镇和街道的职责。这次改革，明确乡镇 94 项职责（其中强化职责 49 项、新增职责 17 项），街道 70 项职责（其中强化职责 37 项、新增职责 16 项）。同时，明确乡镇和街道 90 项行政处罚事项，73 项审批事项，37 项公共服务事项，今后将按照上级要求和桃城区实际，进行动态调整。为保证该次制定的“三定”规定具有宏观指导和中长期规划的作用，根据各乡镇和街道的实际情况，在省职能体系框架基础上，乡镇增加行政区域内社区建设、社区治理工作，燃气安全工作，经济发展工作，办理便民服务事项工作，推进“雪亮工程”建设等 5 项工作职责；街道增加燃气安全工作，经济发展工作，办理便民服务事项工作，行政区域内小区物业管理、推进“雪亮工程”建设等 5 项工作职责，另外，河东街道增加行政区域内农村管理和各项涉农工作职责；对市委针对体现衡水特色提出的“五小建设”进行明确。

区委社区办

【概况】 2020 年，区委社区工作办公室按照省、市、区社区工作安排部署，以习近平新时代中国特色社会主义思想为指引，深入贯彻党的十九大、十九届五中全会精神，全面围绕区委制定的社区治理总体思路，按照社会治理重心向基层下移的要求，完善社区治理体制，努力把社区建设成为和谐有序、绿色文明的幸福家园，为桃城加快赶超、实现社会稳定夯实基层基础。

【做好疫情防控】 以身作则，社区办干部冲锋在疫情防控最前线。新型冠状病毒肺炎疫情发生后，社区办全体全员上阵，督促各社区形成“自我排查、自我监督、自我管理”的自治防控常态化体系，并在包联小区第一时间成立基层临时党支部，统一指挥、统一协调、统一调度，全力以赴做到不漏一人、不漏一车。同时做好包联小区的物资配备、值班值守、疫情排查、重点管控等工作，引导居民不放松疫情防控。

动员得力，发挥社区组织作用。社区办严格按照中央、省、市、区部署要求，落实上级指示精神，攻坚克难，结合自身工作，积极开展抗疫工作。及时将习近平总书记关于疫情防控工作的讲话精神和省、市、区要求传达到社区，督促各社区形成自治防控常态化体系；组织社区干部、志愿者、楼院长对全区 822 个小区、17 万余户居民、39 万余人进行登记摸底，做到无缝隙、全覆盖。

工作创新，“稳”“复”齐推进。在疫情防控中，结合实际工作，创新“四排查、六防控、两隔离”工作机制，并在全区推广开展。定时召开意识形态专题会，注重网络安全，利用各社区微信群等各种形式加大复工复学的宣传，避免引发群众恐慌心理，维持社会稳定。

【创建文明城市】 提升市民素质，着力提升城市形象和市民素质，深入开展文明城市创建活动；立足社区实际，突出社区规范化、标准化建设，查漏补缺，把精准创建贯穿全程，突出问题导向，补短板，强弱项，完善“五室一站”建设，督导完善各社区《居规民约》等标识牌并悬挂上墙、设施配套等相关工作，确保场所达标达效、保持常态。

建立荣誉机制，推进精神文明。深入社区挖典型的方式，培育和践行社会主义核心价值观。2020 年第二届最美社区工作者评选活动，通过对社区道德模范、好人好事的深入挖掘和宣传，善行义举的大力褒奖得到社会的广泛关注与认可。活动评选出最美社区工作者 10 名，优秀社区工作者 20 名。在红旗影院举行“第二届最美社区工作者”表彰大会，市、区主要领导参加并发表讲话，进一步激发广大社区工作者的干事创业热情。

创建文明家庭，引导民众参与。组织居民开展家风建设活动，传家训、立家规，开展文明楼道、文明小巷、文明家庭建设，倡导移风易俗，形成与邻为善、以邻为伴、守望相助的良好氛围；开展文明养犬、抗震减灾演练、重大疾病防控等活动，逐步增强居民群众的归属感、幸福感和获得感。

【提升社区建设】 着力解决社区建设中存在的三大问题，提升社区建设水平。解决“党群综合服务中心”建设问题。为深入学习贯彻习近平总书记关于加强城市基层党建的重要指示精神，围绕全面增强基层党组织政治功能和组织力，强化基层党组织服务功能，实现基层党组织建起来、用起来、活起来、强起来的基础性工作，2020 年全区 51 个社区党群综合服务中心采用新建、改扩建、划转、整合等方式，按时间节点、任务要求全部达到 500 平方米以上，其中 11 个社区达到 1000 平方米以上，打造成集教育、展示、管理、服务于一体的开放式、多功能、专业化的党建工作综合阵地。

解决“社区减负增效”问题。理顺社区关系，减轻社区负担，提高社区治理能力，提升服务群众效能。提请区委常委会会议研究通过《关于实行社区工作准入制度的实施意见》，并与组织部联合发文出台《桃城区关于推行社区准入制度的通知》，为社区减负增效。严格落实社区工作事项清单和准入制度，真正为社区减负增效；开展社区印章使用管理工作，规范社区居民委员会出具证明的格式、办理流程和操作规范。

全区共涉及 23 个部门，56 件社区工作准入事项、17 个挂牌；23 项社区准入事项表格、证明清单；20 项不应由基层群众自治组织出具证明事项清单。

解决“人员队伍建设”问题。为深入贯彻落实《关于开展〈河北省社区工作者管理办法（试行）〉试点工作的实施方案》的工作要求，结合桃城区工作实际，根据《河北省社区工作者管理办法（试行）》，制定《关于桃城区开展〈河北省社区工作者管理办法（试行）〉试点工作的实施方案》，按照“区聘街管社区用”的方式，2019 年 9 月份，区政府常务会研究通过区委社区办起草的《2020 年公开招聘社区工作者实施方案》，面向社会公开招聘社区工作者 20 人，并于 11 月全部上岗，充实社区工作者队伍，解决社区工作者缺额问题，实现社区工作队伍年轻化。

【健全基层管理机制】 全面推广民主协商机制。构建“纵向到底、横向到边、协商共治”的社会治理体系，让广大居民真正成为社区治理工作主体。将公益事业、物业管理、志愿服务等涉及多数居民共同利益的内容纳入基层民主协商范围，通过“面对面”交流、走访式谈心等形式，有效实现居民的事居民议、居民决，推动基层协商民主制度化、规范化、程序化，以点带面，不断提升居民素质和民主自治水平，不断推进社区治理工作迈向新台阶。

推广物业管理长效机制。全区 822 个小区中，603 个小区没有物业管理。为改善老旧小区居民的生活环境和居住条件，提高居民生活环境，进一步完善物业管理长效机制，引入物业管理小区 30 多个，成立业委会 10 个，其他小区与物业公司接洽中。其中，中华街道裕丰社区 12 个小区中的 6 个无人管理小区，全部引入物业公司进行管理且运行顺畅，加速实现社区物业的全域管理。

推广居务公开机制。牢固树立“以人为本、执政为民”的理念，创造条件让群众更好地了解和监督基层工作，切实保障群众的各项权益，为群众提供优质便捷高效服务。利用固定公开栏等形式将社区重要事情、事关群众切身利益的法规政策按照《桃城区城市社区居务指导目录表》规定进行公开。

档案管理工作

【概况】 2020年，区档案馆在区委、区政府的正确领导和支持下，根据《2020年全市档案工作要点》的通知要求，高点站位、凝心聚力，服务全区群众。坚持防控疫情和依法治档两手抓，切实转变工作作风，突出工作重点，进一步加强目标管理化认定，规范档案信息化建设。

【疫情防控档案和立档单位监管工作双推进】 推进疫情防控期间的档案收集整理工作。做好疫情防控档案工作，及时转发《河北省档案馆（河北省地方志编纂委员会办公室）新型冠状病毒感染的肺炎疫情防控工作专题档案整理与移交办法的通知》《中共衡水市委办公室关于做好新型冠状病毒肺炎疫情防控期间档案工作的通知》，要求区直各部门将疫情防控档案列入本单位归档范围，做好相应收集和整理工作，在“桃城档案”微信群或通过电话等方式，加强区直各部门疫情防控专题档案的指导，做到疫情防控档案应收尽收、应归尽归。深入区巡查办、审计局等部门现场指导归档工作。对区疫情防控办公室的档案管理工作进行明确规定，确保疫情防控期间全区档案管理工作安全、稳步推进。

【加强监管指导】 印发《中共衡水市桃城区委办公室关于认真做好2020年档案监管工作的通知》。从档案信息化建设、年度立卷接续工作、档案目标管理认定、《文件材料归档范围和保管期限表》审查备案、农业农村档案资源体系建设、重点建设项目、新冠肺炎疫情防控档案、档案安全保管、人才培养九个方面提出监管要求。

指导专题档案归档。做好新冠肺炎疫情防控档案归档。抽调一名业务人员到桃城区新型冠状病毒感染的肺炎疫情防控工作指挥部办公室，按照《河北省应对新型冠状病毒感染的肺炎疫情工作领导小组办公室关于加强文件材料收集和归档工作的通知》《河北省档案馆新型冠状病毒感染的肺炎疫情防控工作专题档案整理与移交办法的通知》，做好新冠肺炎疫情档案的收集、整理、编目及归档工作，规范整理档案2194件76盒。指导桃城区扶贫办县本级档案规范建档。按照《河北省精准扶贫档案管理实施办法》《河北省精准扶贫档案整理细则》对2018年度档案进行价值鉴定、规范整理，共整理1088件106盒。

指导档案年度立卷接续工作。组织本单位业务骨干，组成4个业务督查指导组，深入一线，全面加强基层档案业务督查指导，做到全覆盖、无死角。全区各立档单位共计71个，分片区做好立档单位各门类档案实体接续工作，其中包括新成立单位11个，有6个单位完成接续工作。并指导纪委、电力局2个目标管理认定单位。

【档案统计调查】 按照《中共衡水市委办公室关于做好2020年度全市档案事业统计调查工作的通知》，通知并指导各立档单位认真做好档案统计调查工作，分片区做好区直71个立档单位档案事业统计调查填报工作，掌握全区立档单位档案管理工作和档案室的建设情况。

【服务群众】 以人民为中心，高效开展档案利用工作。认真落实免费查档，简化查档手续。全年为社会各界提供利用档案资料18696卷（册）次，接待利用者7091人次，为利用者提供翔实可靠的依据，得到利用者的好评。

【档案库房管理】 将2019年档案数字化后数据导入整合数据库。核对、整合、更新数字化后的各类台账；对馆藏年满30年档案3086卷进行审核后决定是否开放，审核2000卷；填报档案事业年报。

【助力扶贫攻坚】 提高档案宣传影响力。区档案馆以“档案见证小康路，聚焦扶贫决胜期”为主题，与市档案馆联合举办“6·9”国际档案日宣传活动，规范精准扶贫档案，助力脱贫攻坚。发放宣传资料400余份，接受群众咨询150人次，提高公众对档案重要性的认识，宣传活动取得良好效果。

【“纲要”执行情况】 对照《全国档案事业发展“十三五”规划纲要》进行自查。完成的主要工作：加强档案行政执法，梳理权利清单、责任清单情况，增强全社会档案法治意识；规范有序地推进企业档案、项目档案、农业农村和城市社区档案的管理；充分发挥档案的公共服务功能，方便群众查档；推进档案的信息化建设；推进档案安全化建设；新档案馆开工建设，建成后有望解除桃城区档案馆库房档案保存严重饱和状况，为社会各界提供更优质、便捷的档案服务。档案干部专业培训情况：有计划、有步骤、分层次对全区机关、团体、事业单位档案管理人员进行岗位培训。

桃城区人民代表大会

综 述

【概况】 2020年，区人大常委会在区委的正确领导下，以习近平新时代中国特色社会主义思想为指导，深入贯彻党的十九大精神及十九届二中、三中、四中、五中全会精神和习近平总书记关于坚持和完善人民代表大会制度的重要思想，团结依靠广大代表和全区人民，围绕区委工作中心，认真履行职责，努力推动全区人大工作与时俱进、创新发展。

重要会议

【概况】 2019年，共召开人民代表大会1次、常委会会议9次、主任会议16次，听取和审议专项工作报告13项，开展执法检查7次、视察16次，作出审议意见12个、决议决定6个，任免国家机关工作人员71人次，全面完成区六届人大四次会议确定的各项任务。

【人民代表大会】 1月8日至10日，桃城区第六届人民代表大会第四次会议在市迎宾馆衡

1月8日至10日，衡水市桃城区第六届人民代表大会第四次会议召开　区人大办　供图

水会堂召开。来自全区的人大代表汇聚一堂，共商全区改革发展大计。

1月9日上午，区六届人大四次会议举行第一次全体会议，区人大常委会主任胡建军主持会议。大会应出席代表221人，实到代表199人，符合法定人数。代区长崔邦文代表区人民政府向大会作《政府工作报告》。根据会议议程，大会印发《桃城区2019年国民经济和社会发展计划执行情况与2020年国民经济和社会发展计划（草案）》《桃城区2019年预算执行情况和2020年预算（草案）》，区政府《关于2019年民生实事项目实施情况的报告》《关于2020年民生实事候选项目形成情况的报告》，提请代表审议。大会以举手表决的方式通过区六届人大四次会议选举办法、区政府2020年民生实事项目票决办法。

1月10日上午，区六届人大四次会议举行第二次全体大会，听取区人大常委会主任胡建军所作的《桃城区人民代表大会常务委员会工作报告》，听取区人民法院院长刁宏震所作的《桃城区人民法院工作报告》，听取区人民检察院检察长王占生所作的《桃城区人民检察院工作报告》。会议期间，代表们多次分组讨论《政府工作报告》及其他报告，普遍认为，"一府两院"和人大常委会的报告目标明确、措施得力、科学务实、催人奋进。

1月10日下午，区六届人大四次会议举行第三次全体会议。大会应出席代表221人，实到代表196人，符合法定人数。

会议举手表决通过总监票人、副总监票人、监票人名单后，按照法定程序进行投票选举。代表们认真酝酿、庄严投票，以无记名投票的方式补选区人民政府区长，补选区第六届人民代表大会常务委员会委员。崔邦文当选为区人民政府区长，吴俊义、赵东当选为区第六届人民代表大会常务委员会委员。

在随后举行的区六届人大四次会议主席团第四次会议上，确认第三次全体会议的选举结果有效。新当选的区人民政府区长和新当选的区第六届人民代表大会常务委员会委员分别进行宪法宣誓。

下午3时30分，大会在衡水会堂举行闭幕会。大会宣布2020年民生实事项目票决结果，以举手表决的方式，依次表决通过《关于衡水市桃城区人民政府工作报告的决议》《关于衡水市桃城区2019年国民经济和社会发展计划执行情况与2020年国民经济和社会发展计划的决议》《关于衡水市桃城区2019年预算执行情况和2020年预算的决议》《关于衡水市桃城区人民代表大会常务委员会工作报告的决议》《关于衡水市桃城区人民法院工作报告的决议》《关于衡水市桃城区人民检察院工作报告的决议》。区委书记郝卫东在闭幕式上发表重要讲话。会上，代表们观看了《桃城区人大代表之家》专题片。

【常委会会议】 1月2日，衡水市桃城区第六届人大常委会第二十二次会议在区人大常委会会议室召开。出席会议的有区人大常委会主任胡建军，副主任王世江、郑明辉、陈立平及委员共28人。会议以无记名投票方式选举郭铁铮、崔邦文、张建涛、赵振才4人为衡水市第六届人民代表大会代表。

4月27日，衡水市桃城区第六届人大常委会第二十四次会议在区委会堂召开。出席会议的有区人大常委会主任胡建军，副主任王世江、郑明辉、陈立平及委员共31人。列席会议的有区政府常务副区长冀学志、区法院院长刁宏震、区检察院检察长王占山、区监察委副主任赵飞。列席会议的还有区政府办公室、区生态环境分局、区审计局、区交通局主要负责同志，各乡镇人大主席、街道人大工委主任，区人大常委会机关科级干部，五个专门委员会组成人员。会议传达学习省、市、区人大系统"6+1"联动监督动员会议精神并就桃城区"6+1"联动监督工作进行安排部署；审议通过《区人大常委会2020年工作要点》；审议通过

《区人大常委会关于区政府2020年民生实事代表票决项目监督实施方案》；听取审议《区政府关于2019年度环境状况和环保目标完成情况的报告》，并进行满意度测评；对审计局、交通运输局进行工作评议。

6月30日，衡水市桃城区第六届人大常委会第二十五次会议在区人大常委会会议室召开。出席会议的有区人大常委会主任胡建军，副主任王世江、郑明辉、陈立平及委员共32人。列席会议的有区政府常务副区长冀学志、区法院院长刁宏震、区检察院检察长王占生、区监察委副主任赵飞。列席会议的还有区政府办公室、区财政局、区城市管理综合行政执法局主要负责同志，各乡镇人大主席、街道人大工委主任，区人大机关科级干部。会议听取审议区政府关于2020年区级支出预算变动备案的报告；听取审议区政府关于2020年预算调整方案的报告；听取区政府关于行政事业单位国有资产管理情况的报告；对区财政局、区城市管理综合行政执法局进行工作评议；进行人事任免事项。

7月16日，衡水市桃城区第六届人大常委会第二十六次会议在区委会堂召开。出席会议的有区人大常委会主任胡建军，副主任郑明辉、陈立平及委员共29人。列席会议的有区政府常务副区长冀学志，区政府办公室、区住建局、区卫健局、区发改局、区自然资源和规划分局、区水利局负责人，各乡镇人大主席、街道人大工委主任，区人大机关科级干部。会议听取审议“6+1”联动监督六个领域视察报告；听取区政府“6+1”联动监督工作整改落实情况的专题报告；就区政府“6+1”联动监督工作整改落实情况开展专题询问；对“6+1”联动监督各领域工作进行评议，经参会委员无记名投票，“6+1”联动监督各领域工作评议结果等次均为满意。

8月26日，衡水市桃城区第六届人大常委会第二十八次会议在区人大会议室召开。出席会议的有区人大常委会主任胡建军，副主任郑明辉、陈立平及委员共27人。列席会议的有区政府党组成员王洪兴、区法院院长刁宏震、区检察院检察长王占生、区监察委副主任赵飞。列席会议的还有区政府办公室、区财政局、区发改局、区退役军人事务局负责人，各乡镇人大主席、街道人大工委主任，区人大机关科级干部。会议听取审议区政府关于2020年预算调整方案报告；听取审议区政府2020年上半年国民经济和社会发展计划执行情况的报告；审议区政府关于2020年民生实事进展情况的报告；对区发改局、区退役军人事务局进行工作评议；进行机构更名和人事任免事项。

10月30日，衡水市桃城区第六届人大常委会第二十九次会议在区人大会议室召开。出席会议的有区人大常委会主任胡建军，副主任王世江、陈立平及委员共30人。列席会议的有区政府常务副区长冀学志、党组成员王洪兴、区法院院长刁宏震、区检察院副检察长王瑛、区监察委副主任赵飞。列席会议的还有区政府办公室、区财政局、区审计局负责人，区人大机关科级干部，各乡镇人大主席、街道人大工委主任。会议听取审议区政府关于2019年财政决算草案的报告和关于2019年本级预算执行、决算草案及其他财政收支情况的审计工作报告；审查和批准2019年财政决算；听取审议区政府关于2020年1月—8月份财政预算执行情况的报告；听取区政府关于2020年区级支出预算变动备案的报告；听取审议区政府关于2020年区级预算调整方案的报告；听取审议区法院关于智慧法院建设工作情况的报告；审议区政府关于2020年民生实事进展情况的报告（书面）；进行人事任免事项。

12月30日，衡水市桃城区第六届人大常委会第三十次会议在区人大会议室召开。出席会议的有区人大常委会主任胡建军，副主任王世江、郑明辉、陈立平及委员共30人。列席会议的有区政府常务副区长冀学志、区法院副院长刘福升、区检察院检察长王占生、区监察委副主任赵飞。列席会议的还有区政府办公室、区财政局、区扶贫办负责人，区人大机关科级干部，各乡镇人大主席、街道人大工委主任。胡建军宣讲党的十九届五中全会精神；听取区政府关于2020年区级支出预算变动备案的报告；听取审议区政府关于2020年区级预算调整方案报告；听取审议区政府关于土储债券资金项目调整方案报告；听取审议区政府关于2020年民生实事项目进展情况的报告，进行满意度测评；听取审议区政府关于脱贫攻坚工作完成情况的报告；听取审议区政府代表建议、批评、意见办理情况的报告；审议区政府关于2019年度本级预算执行、决算草案及其他财政收支审计结果处理情况的报告（书面）；审议区政府关于国有资产管理情况的报告（书面）。

政治引领

【概况】 提高政治站位，自觉接受党委领导。坚持把政治建设摆在首位，深入学习贯彻习近平新时代中国特色社会主义思想，不断深化对习近平总书记关于坚持和完善人民代表大会制度重要思想的认识，增强“四个意识”、坚定“四个自信”、做到“两个维护”，进一步强化坚持和完善人民代表大会制度的责任感和使命感。

【围绕区委决策】 着眼全区发展大局，主动把人大工作融入区委中心工作中谋划和推进，严格执行请示报告制度，就重要会议、重大活动、省和市人大安排部署等向区委请示汇报18次，坚决落实区委的决定和指示，切实做到讲政治、守规矩、重规范，确保党的主张和意愿在人大得到全面贯彻落实。坚持党管干部和人大依法任免的有机统一，严格执行人大常委会人事任免办法，依法做好人事任免工作，强化落实法律知识考试、任前任职发言、宪法宣誓等各项制度。

监　督

【概况】 区人大常委会面对严峻的疫情和经济形势，坚持服务中心、突出重心、顺应民心，把共谋发展、致力民生、崇尚法治作为监督工作的出发点和落脚点，依法监督、科学监督、有效监督，助推全区疫情防控和经济社会高质量发展。

【促进财政经济运行】 先后专题调研并听取审议2019年财政决算草案、2020年上半年国民经济和社会发展计划执行情况、1—8月份财政预算执行情况以及预算调整方案、预算变更方案等专项工作报告，依法做出决议、决定和审议意见。先后听取和审议2019年度行政事业性国有资产管理情况的报告和2019年度国有资产管理情况的书面报告，有效促进桃城区国有资产管理。扎实做好预算联网监督工作，作为预算联网监督工作试点县，代表衡水市接受省人大预算联网监督工作验收。在听取审议《2019年度本级预算执行、决算草案及其他财政收支情况的审计工作报告》的基础上，紧盯审计发现问题的跟踪督办，审议《2019年度本级预算执行、决算草案及其他财政收支审计结果处理情况的书面报告》。就全区重点项目建设情况进行视察，针对存在的问题提出意见建议，促进项目建设进度和经济平稳运行。

【促进民生保障】 坚持以人民为中心的发展思想，始终把保障和改善民生作为重要职责，切实维护最广大人民的根本利益。听取审议区政府《2019年度环境状况和环保目标完成情况的报告》《脱贫攻坚工作完成情况的报告》，就全区养老体系建设情况组织代表进行视察，尤其加强对票决民生实事项目的监督，进一步完善各项制度，对项目进度进行全程监督，特别是对老旧小区改造提升、学校建设、食品安全等群众关注度特别高的项目，分包班子成员多次带队现场督导，及时了解项目进程，积极收集代表和群众的意见建议，力促协调解决。从 8 月份开始，常委会每两个月听取一次区政府的进展情况汇报，12 月份组织一次大规模视察活动，逐项现场察看项目进展情况，切实推进项目的实施进程，第三十次常委会会议上对民生实事实施情况进行满意度测评，测评结果全部为“满意”等次。加强对乡镇实施民生实事代表票决制的指导，乡镇民生实事票决工作实现全覆盖。

【促进法治建设】 就“智慧法院”建设组织有关人员赴先进地区学习考察，到区法院开展专项调研，听取审议《区人民法院关于智慧法院建设工作情况的报告》，进一步促进“智慧法院”建设，为当事人提供零障碍、低成本、高效率的司法服务，在践行司法为民、深化司法公开、提升司法效率等方面发挥积极作用。就《区人大常委会关于加强公益诉讼工作的决定》贯彻落实情况开展执法检查，听取区检察院工作汇报。继续开展部门工作评议，先后对区审计局、区财政局、区综合执法局、区交通局、区发改局、区退役军人事务局等 6 个政府部门进行工作评议，有效提高依法行政水平，推进法治政府建设。认真做好涉法涉诉信访工作，全年共受理群众来信来访 50 余人次，转交相关部门信访案件 12 件，督促“一府一委两院”和相关部门依法妥善处理，及时化解社会矛盾，维护好人民群众的合法利益。

【开展“6+1”联动监督】 按照“党委领导、人大监督、政府主责、部门履职、分级负责、上下联动”的总要求，在区委的领导下，区人大常委会与区政府密切沟通、协调配合，形成强大合力。区人大常委会先后就联动监督工作召开党组主任会议 9 次，专题常委会会议 1 次，专题会议 7 次，专题询问 1 次，工作评议 1 次，班子成员带队到各领域具体点位开展调研检查、到所分包乡镇街道进行督导指导 30 余次。采用“条块结合”方式，以专委会为依托成立 7 个监督专班，按区域编为 40 个代表小组，将省、市、区、乡四级代表全部纳入，保证参与代表和监督区域两个“全覆盖”。广大代表在联动监督工作中，充分发挥主观能动性，各尽所能、各展所长，利用自身优势，发挥桥梁纽带作用、监督推进作用和模范带头作用。活动开展以后，综合运用对接交流、现场调研、专题听取审议工作报告、专题询问、开展评议等多种方式，共查找发现问题 291 个，区政府及相关部门全部整改完成，切实推动解决一批遗留问题、难点问题。常委会组成人员和代表专项小组分别对联动监督各领域工作进行评议，参评代表 376 人，参评率 96.4%，代表满意率 100%。

“6+1”联动监督是桃城区人大有史以来参与代表最多、涉及领域最广的一次履职实践，全区上下形成前所未有的人大监督共识和浓厚社会氛围，取得前所未有的监督实效。省人大常委会常务副主任范照兵 6 月 9 日、9 月 26 日两次到桃城区视察指导，给予充分认可和好评。区委书记郝卫东专题听取人大和政府的汇报，并对区人大常委会“6+1”联动监督工作情况总结作出肯定性批示，区长崔邦文多次召开调度推进会，专题研究相关问题。12 月 29 日召开的全省人大系统“6+1”联动监督总结会议上，桃城区被评为先进县（市）区，受到全省通报表扬。

代表工作

【强化代表履职保障】 举办第四期人大代表集中培训，邀请中国政法大学教授戴孟勇专题讲授民法典，市、区两级人大代表及人大工作者 197 人参加培训。组织代表参加“一府一委两院”和市人大组织的《河北省城乡生活垃圾管理条例（草案）》意见征集、《关于推进乡镇人大工作规范化建设》问卷调查、做好“十四五”规划人大代表建议征集等活动100余人次，扩大代表的知情权、参与权，支持推动“一府一委两院”和市人大的工作。进一步深化“家站”建设管理，新建成裕丰和衡丰两个社区代表联络站，赵圈“人大代表之家”、路北“人大代表之家”、孔颖达公园人大代表联络站通过市人大考核验收，被评为“五星级代表家站”。常态化发挥“家站”的“四个平台”作用，年内组织四级代表进家入站参加活动4180人次，开展学习培训96次，调研视察72次，接待走访群众6270人次，收集意见建议271件，解决问题110件。

【提高建议办理质量】 引导代表在闭会期间广泛开展调查研究，深入了解社情民意，指导代表提出高质量的意见建议。健全完善各项办理制度，在建议交办、建议落实、与代表协商沟通、建议答复、建议督办等各个环节强化制度约束和对工作人员的培训，建议办理工作更加规范，答复质量和解决问题水平都有很大提高，代表和群众满意度明显提升，六届人大四次会议期间收到的98件建议全部办结并答复代表。

【推动代表履职作为】 指导乡镇街道组织开展代表述职活动，8个乡镇街道全部按时完成年度代表述职任务目标，112名区乡两级代表汇报履职情况，参加述职大会选民406人，至此，累计述职代表达297名，占两级代表总数的80%，代表们的履职意识、责任意识、接受选民监督意识得到进一步增强。

参与中心工作

【贯彻法律法规】 就《中华人民共和国野生动物保护法》《全国人大关于全面禁止非法野生动物交易、革除滥食野生动物陋习、切实保障人民群众生命健康安全的决定》贯彻落实情况进行调研，提出意见建议，推动野生动物保护法律法规和全国人大常委会决定在桃城区的贯彻实施，为巩固提升新冠肺炎疫情防治成果，有效防范重大公共卫生风险，切实保障人民群众生命健康安全创造良好的法治环境。

【投身疫情防控】 在新冠疫情防控“阻击战”中，按照区级领导干部包联乡镇街道疫情防控和帮扶企业复工复产的安排部署，班子成员多次深入所包联乡镇街道和企业进行调研，指导疫情防控和企业复工复产，机关干部全员参与分包小区值勤值守，全面落实联防联控措施。常委会向全区390名四级人大代表发出《倡议书》，各级代表把参与抗击疫情作为履行代表职责、担当社会责任的具体行动，立即响应，或踊跃参与疫情防控和应急保障工作，或慷慨解囊、捐款捐物，据不完全统计，各级代表共捐款80余万元，捐赠食品及防护物资价值40余万元，在抗击新冠疫情工作中展现代表风采、贡献代表力量。常委会班子成员还严格按照区委关于领导干部分包企业、农村社区、重点项目以及脱贫攻坚、安全生产、落实河湖长制等相关要求，做好常态化分包联系工作，定期走访调研，帮助解决实际困难和问题。

人大建设

【概况】 区委召开区人大常委会工作会议，出台《中共衡水市桃城区委关于进一步加强和做好区人大常委会工作的意见》，为区人大常委会工作提供强大的制度支持和精神动力。区人大常委会按照区委的意见要求，紧紧围绕“两个机关”建设，以扎实有力、持之以恒的举措，努力锻造政治坚定、作风优良、能力过硬的人大代表队伍。

【政治建设有力】 坚持思想政治建设统领，健全并坚持学习制度、民主生活会制度，确保学习好政治理论，运用好批评和自我批评武器，增强政治自觉。落实全面从严治党主体责任，切实发挥常委会党组在人大工作中把方向、管大局、保落实的领导作用，着力增强党组织的凝聚力战斗力。

【推进作风建设】 坚持把政治纪律和政治规矩挺在前面，严格执行中央八项规定精神和廉政建设各项规定，驰而不息转作风。领导干部带头，深入基层一线，通过视察调研、联系指导、走访慰问等形式，密切联系代表和基层群众，听民意、访民情、集民智、解民忧，树立求真务实、勤政为民的良好形象。

【能力水平提升】 坚持“引进来”与“走出去”并举，组织常委会组成人员、专委会组成人员、人大机关干部、乡镇街道人大干部开展业务理论学习、法律知识学习，参加省、市人大组织的学习培训，赴先进地区学习考察等，不断丰富知识储备，增强业务本领，提升履职能力，全区人大干部适应新形势、承担新任务、落实新要求的能力明显提升。

【完善组织机构】 按照省、市统一要求，区人大常委会机关内设机构名称进行变更，由原来的“一室四处”调整为“一室四委”，机构设置和职责范围更加规范完善。结合乡镇机构改革，区委为各乡镇街道配齐配强人大干部，基层人大工作力量进一步增强。

桃城区人民政府

综　述

【概况】　2019年，桃城区政府坚持以习近平新时代中国特色社会主义思想为指导，深入贯彻党的十九大精神和十九届二中、三中、四中、五中全会精神，全面落实党中央、国务院和省、市、区委决策部署，勇于担当、攻坚克难，统筹推进常态化疫情防控和经济社会发展。

【科学开展疫情防控】　始终把人民群众身体健康和生命安全放在第一位，科学防治、精准施策，第一时间成立新冠肺炎疫情防控指挥部，启动重大突发公共卫生事件Ⅰ级响应，坚定不移筑牢“三道防线”，492名入境到桃城人员全部闭环管理，建设核酸检测实验室4所，累计核酸检测33万人次、冷链和环境样本1.4万份，有效遏制疫情扩散蔓延。疫情防控期间，群众“米袋子”“菜篮子”货足价稳，防控物资供应有力有序，口罩产能从“零”跃升到日产69万只。21名医疗队员逆行出征湖北抗疫第一线，出色完成任务。

【经济运行企稳向好】　扎实做好“六稳”工作，全面落实“六保”任务，深入开展“三包四帮六保五到位”帮扶纾困活动，全年减税降费32.27亿元，争取中央、省专项资金3.18亿元，抗疫特别国债9060万元。大力开展“谋跑争促”活动，累计争取地方政府债券资金6.8亿元。为237户企业提供贷款42.7亿元，为8520户市场主体累计减免电费近千万元，在最短时间内实现经济社会发展有序恢复。全年地区生产总值、规模以上工业增加值、服务业增加值增速逐月回升，均实现正增长。受疫情影响，部分经济指标增幅低于年度预期目标，基本符合国家和省、市发展大势，全区经济社会依然保持持续健康发展的良好态势。

【推进项目建设】　2020年，全区列入省、市级以上重点项目共24个，14个计划开工项目全部开工建设，开工率100%，累计完成投资28.8亿元，投资完成率为93.4%；10个前期项目，总投资104.7亿元，有4个项目开工建设，其余6个项目加快跑办前期手续。全年5000万元以上投资项目入库达到168个，在建项目100个，拟新开工项目9个，储备项目59个；项目总投资1325.97亿元，在建项目总投资619.06亿元。

【推动乡村振兴】　高效率推进乡村振兴示范区建设。邓庄镇国际设施园艺产业园全部完成农场温室、自然温室、雨林温室、智慧农业展示区、垂直农场基础工程；三个温室钢结构骨架、天沟安装完成；垂直农场钢结构一至四层立柱和一至三层横梁安装完成，地梁浇筑完成；配套工程消防水池、配电房、锅炉房、污水处理站主体完工。农业科创中心办公楼于7月份交付使用。列入乡村振兴示范区村容村貌提升工程的前邢疃村等8个村主街道两侧硬化和巷道硬化铺装全部完成。高质量开展农村人居环境整治工作。大力推进农村“厕所革命”，完成5018座厕所改造任务。167个村的生活垃圾得到有效处理，生活垃圾无害化处理率达到

100%。完成全区33个村农村生活污水治理任务，新完成农村生活污水管控村庄数41个，管控任务完成率100%。累计清理生活垃圾2万方，清理村内塘沟256处，清理残垣断壁300处，清理农业生产废弃物1507立方米，建设小游园、小菜园、小果园368个，全区累计共有170个村达到“五清三建一改”示范村标准，完成率达到100%。刘家军营村和李家军营村道路硬化项目完成、通车；戴口村农村道路硬化工程完工。赵家圈镇东贡家台村、邓庄镇大葛村、郑家河沿镇盐堤口村等24个村入户道路硬化和主街道硬化项目全部完成；村庄绿化面积49公顷；建设美丽庭院4632个，精品庭院946个。高标准抓好农村集体产权改革。完成自查验收、规范整改，通过省级验收。开展农村集体经济资产收益清理整治专项行动，全区共清查集体经济合同1348份，涉及75个村，涉及金额9502万元，清查出26个村无偿占用的闲散地、荒地、坑塘等57.4公顷；清查出24个村闲置村集体资源28.1公顷；规范纠正承包租赁合同14份，增加集体收益54.8万元。桃城区与河北新中大数据有限公司签订农经综合监管平台建设合作协议，平台与建设银行、农业银行、工商银行、邮储银行、邢台银行合作，开发建立桃城区村集体资产网络服务平台，实现农村“三资”网上支付、网上交易、网上监管。

【精准脱贫】 全区剩余未脱贫人口共有2户7人。10月份，在贫困人口动态管理工作中，履行村评议、乡审核和区公告的程序，完成脱贫标注。在脱贫过程中，实现一户一策管理、领导干部包联、帮扶责任人帮扶“三个覆盖”；实施产业就业扶持，产业项目在享受光伏扶贫收益的基础上，2020年增加艳雷入股分红、泰华资产收益、香料加工厂扶贫收益3个产业项目，2户均有1人务工就业。2019年10月以后，2个贫困户家庭人均收入分别达到12956元、11062元，人均纯收入稳定超过4000元；处于义务教育阶段的3名学生没有辍学现象，住房安全、饮水安全有保障；落实基本医疗、大病保险和医疗救助三重医疗保障政策，享受防贫保险，纳入防返贫工作机制保障范围。

【提升城市品质】 启动9个城中村改造项目，清理违规违建项目78个、35.6万平方米，东康村“无震荡”拆违工作得到省、市领导高度评价。滏东街（永兴路至南环路）建成通车，改造提升8条次干道、小街巷。投资9800万元，完成14.6千米河东主干道和528个小区、街巷、机关单位的雨污分流改造。中华街道裕丰社区成为全市第一个实现物业全覆盖的社区。建成5个绿色社区，210个小区纳入智慧平安社区管理，省领导给予充分肯定，经验在全市推广。完成公共机构和中华办示范片区垃圾分类工作。成功创建省级“文明城区”，何家庄乡何家庄村、赵家圈镇前铺村被评为第六届全国“文明村镇”，康复街小学被评为第二届全国“文明校园”。

【做好民生实事】 2020年，桃城区老旧小区改造工程共涉及70个小区，建筑面积97.31万平方米，涉及居民10521户、楼宇279栋，预计投资25501.88万元，完成改造施工。河东区域道路排水管网进行雨污分流改造工程，人民东路（滏东街—京衡大街）等7条道路的排水系统雨污分流改造完成市级下达的改造任务；完成和平路（彩虹桥—人民路）等6条道路的雨污分流改造工作，实现河东区域排水管网全部雨污分流的工作目标。新建生鲜超市6个并投入使用。投资4300万元的邓庄镇铺设供水管道65.5千米实施农村生活水源置换项目，进行试通水工作。总投资3877.91万元的滏阳河桃城区段补水河道清理整治工程完成。

政府常务会议

【概况】 2020年，桃城区人民政府召开常务会议14次，其中四次未公开发布，本卷共记述10次区政府常务会议。

【会议分记】 2月25日，区政府第四十一次常务会议召开。会议内容：学习李志刚同志在全省扶贫办主任会议上讲话精神；听取《关于做好疫情防控期间复工复产安全生产工作的汇报》；讨论《关于对桃城高新区道路重新命名的请示》《关于划拨部分公租房产权的请示》；原则通过《关于调整规范光伏收益分配方案的实施意见》《市区排水系统综合整治工程工作方案》《桃城区2—3月大气污染综合治理攻坚行动方案》。

3月30日，区政府第四十三次常务会议召开。会议内容：学习《关于全面加强危险化学品安全生产工作的意见》；听取《关于2019年度全区依法行政考核情况的报告》《2019年桃城区河湖长制工作总结》《关于贯彻落实河北省〈改革和完善基本养老保险制度总体方案〉若干措施的汇报》《关于第五中学办学体制问题的整改报告》；研究讨论《关于健全全区防汛抗旱体制机制的实施意见》《关于调整成立桃城区森林草原防火指挥部的通知》《桃城区2020年大气污染综合治理工作方案》《2020年度河湖长制工作要点》《衡水市桃城区2020年水旱灾害防御工作方案》《桃城区2020年脱贫攻坚挂牌督战工作实施方案》《关于衡水桃城中学新校区建设情况的请示》《桃城区消除义务教育阶段学校大班额实施计划》。

4月25日，区政府第四十五次常务会议召开。会议内容：学习中央、省、市领导关于应急管理方面（安全生产、森林防火、防汛抗旱）的重要批示精神；讨论并原则通过《桃城区2020年水污染防治工作方案》《桃城区2020年度产业扶贫入股分红项目实施计划》《2020年法治政府建设工作要点》《桃城区突发重大动物疫情应急预案》《桃城区省级乡村振兴示范区农村人居环境整治专项资金项目实施方案》《桃城区2020年度农村人居环境整治先建后补整县推进项目实施方案》《桃城区2020年农村厕所改造实施方案》《桃城区2020年特色果品产业发展实施意见》《关于农村贫困失能半失能人员集中供养的意见》《关于进一步深化医药卫生体制改革任务分解的请示》《关于北航（衡水）中小型无人机和临近空间飞行器生产与测试综合基地合作协议》《关于建设衡水市沁香路小学等六所中小学的请示》。

7月21日，区政府第四十八次常务会议召开。会议内容：集中学习中办、国办《关于深化统计管理体制改革提高统计数据真实性的意见》《统计违纪违法责任人处分处理建议办法》；听取《2020年上半年安全生产工作开展情况的汇报》《省委省政府第七生态环境保护督查组交办信访举报事项办理情况的汇报》；审议通过《桃城区2020年度香料加工厂扶贫项目实施计划》《桃城区事业单位参加失业保险的意见》。

8月6日，区政府第五十次常务会议召开。会议内容：讨论并原则通过《关于招聘劳务派遣人员基准工资的指导意见》《桃城区2020年度公开招聘教师工作实施方案》。

8月28日，区政府第五十一次常务会议召开。会议内容：传达学习《中华人民共和国民法典》《河北省生态环境保护条例》和《衡水湖水质保护条例》以及研究桃城区贯彻落实意见；听取《1—7月份税收收入情况汇报》；讨论并原则通过《桃城区全面加强危险化学品安全生产工作实施方案》《关于申报高标准农田整县推进示范县项目的实施意见》《关于河北麦格尼非复合材料有限公司退出及地上物处置的意见》；研究讨论其他事项。

9月8日，区政府第五十二次常务会议召开。会议内容：传达学习国务院、省、市廉政工作会议精神；听取《关于认真贯彻习近平总书记重要指示精神深入推进新时代禁毒人民战争的报告》《关于近期生态环保若干重点工作开展情况的报告》《2020年1—8月份住建领域安全生产工作汇报》；讨论并原则通过《桃城区首批智慧平安社区建设工作方案》《桃城区进一步加强乡村医生队伍建设实施方案》《桃城区2020年村卫生室建设方案》《桃城区乡村医生招聘方案》《桃城区乡村医生薪酬和社会保障方案》《桃城区扶贫资产资本监督管理实施办法》；研究讨论其他事项。

10月15日，区政府第五十三次常务会议召开。会议内容：集中学习《预算法》和《预算法实施条例》，传达学习全省信访稳定暨秋冬季疫情防控工作会议精神；听取《2020年1—10月份教育系统安全生产工作汇报》《关于省级农产品质量安全区创建工作情况汇报》；原则通过《桃城区2020年安全生产目标管理考核办法》《桃城区地震应急预案》《桃城区突发地质灾害应急预案》《关于进一步加强和改进新时代残疾人工作的实施意见》《关于进一步推进高新区企业项目“标准地+承诺制+代办制”改革工作方案》《桃城区关于深化开展工业企业“亩均效益”评价工作的实施意见》《桃城区基本公共法律服务实施标准（2020—2022年）》《桃城区扬尘在线监测系统平台信息推送处置暂行办法》《桃城区2020年扶贫日活动方案》《关于省级农产品质量安全区创建工作情况汇报》《桃城区支持通用航空产业发展的若干政策》。

11月16日，区政府第五十四次常务会议召开。会议内容：听取《桃城区国民经济和社会发展第十四个五年规划纲要基本思路（初稿）》《桃城区安全生产委员会办公室关于安全生产专项整治三年行动工作汇报》《2020年桃城区食品安全委员会工作总结》；讨论并原则通过《河北省扶贫开发办公室等10部门关于做好防贫监测部门筛查预警工作的通知》精神落实意见，《桃城区2020—2021年秋冬季大气污染综合治理攻坚行动方案》《2020年桃城区食品安全委员会议事规则、工作规则、监管事权清单》《桃城区消防安全大排查大整治工作方案》《桃城区调整农业产业结构促进农业高质量发展三年行动方案》《衡水市桃城区政府投资“双基”项目“一会三书一证”管理办法》《“信易+”信用经济创新工程建设合作协议》。

12月17日，区政府第五十五次常务会议召开。会议内容：集中学习《农村土地承包法》；听取《桃城区常态化疫情防控工作进展汇报》；讨论并原则通过桃城区农村生活污水治理专项规划（2020—2035）、桃城区主城区域大气污染精细化管控方案、桃城区突发环境事件应急方案、桃城区安全生产风险隐患大扫除实施方案、桃城区行政规范性文件合法性审核工作规程、桃城区人民政府法律顾问工作规则、桃城区地下水超采综合治理实施方案、桃城区绿色社区创建三年行动方案、关于表彰奖励崔立业见义勇为行为的请示。

区政府办公室工作

【概况】 2020年，区政府办公室在区委、区政府的坚强领导下，发挥政务参谋助手作用，紧扣重点、难点工作开展协调，加强纵向、横向联络沟通，完成各项工作。

严格落实区委、区政府新冠肺炎疫情防控工作要求，精心部署、统筹安排，确保全区疫情得到有效控制。抽调精干力量到联系社区开展疫情防控。

做好重要会议活动承办，协调安排区领导对外招商考察和对口交流活动。提升公文流转办文效率，优化流程设置，减少中转环节。

发挥文字辅助领导决策作用，完成《政府

工作报告》等一系列综合性文字材料。做好政务信息和舆情信息编辑、报送工作，为各级领导决策提供翔实参考。

发挥督查促进决策落实作用，对区政府工作报告、民生实事等多项工作开展定期专项督查，有效推进各项决策部署落实。办理“两会”建议提案，承办市建议、提案，均按时办结。

落实公务用车管理制度，提升后勤服务工作实效，按规定做好公务接待。电子政务、农业、纪检、妇联、工会等内设科室的工作也取得较好成效。

【政务督查】 2020年，督查室围绕区委、区政府的重大决策部署，坚持深入一线、真督实查。全年共印发《督查专报》59期，其中政府主要领导批示20期，其他区领导批示1期，下发督办卡91件，下发督办通知32件，向各主管区领导呈报《重要事项提示卡》5件，印发各类督办清单28件。

对《政府工作报告》进行任务目标分解，制定《2020年度政府系统重点工作任务目标分解方案》并印发各责任单位；围绕《政府工作报告》中确定的8大项80小项工作，对各项具体工作的推进和落实情况，实行定时通报制度，对进展较慢、未达到时间进度安排的工作，采取下发督办卡、现场督促检查的方式，要求责任单位制定措施加快进度。

对区长现场调研、调度会等交办的事项，进行跟踪督办，制定《区长调研督办清单》，明确工作要求、责任单位，并按照时间节点进行督查。

对重点工作进行重点督查。对区“两会”上投票选出的10件区级民生实事，实行一月一通报制度；对学校建设、老旧小区改造、河湖“清四乱”、重点项目建设等工作实行定期现场督查；同时，对疫情防控、财政支出、土地征收等其他工作定期通报。

对上级督办件进行办理和回复。2020年，共收到上级督办件57件，督查室均按照督办件要求和领导批示，进行办理和及时回复。

完成2020年国务院第七次大督查涉及桃城区的各项工作。

【群众服务热线】 共接到12345政府服务热线系统交办工单20315件，办理市长公开电话交办件35件，全部办理完毕并进行反馈，办结率达到100%。

【政协提案和人大建议承办】 共承办市级人大建议和政协提案25件，其中主办件21件，会办件4件。主办件全部办理完成并按照要求进行走访，委员和代表满意率100%；会办件将会办意见转主办单位。共承办人大代表建议、批评、意见95件，其中教科文卫类31件、城乡建设类33件、工建交类6件、劳动社会保障类4件、农林水类4件、环保类7件、财贸类9件、政法类1件，全部办复完毕，办复率、人大代表满意率100%；承办政协提案138件，其中教科文卫类53件、城乡建设与管理类35件、社会保障类7件、财贸金融类17件、农林水牧类14件、其他12件，办结率、政协委员满意率100%。

地方志编修

【概况】 2020年，地方志办公室贯彻落实国务院《地方志工作条例》和《河北省地方志工作条例》，聚焦省人民政府办公厅提出的“两全目标”（志书、年鉴），克服新冠肺炎疫情带来的不利影响，依法修志、奋发作为，完成“两全目标”任务。

【奋力攻坚】 落实全省地方志工作会议精神，加强制度化、规范化建设；注重理论、信息研究，提高业务操作能力，辩证剖析，解决志书和年鉴修编中遇到的困难。

【沟通协调】 及时向区政府办公室分管领导和主要领导汇报、请示，协调解决地方志工作中的有关问题，争取重视和支持；加强与各部门、各乡镇和街道办事处的主动沟通、协调，争取各部门的理解和支持；加强与省、市地方志办公室联系，争取业务方面的指导和帮助。

【完成“两全目标”任务】 按照省、市安排部署，实施精品战略，严把质量关口，强化责任意识，快速、高效推进志书和年鉴修编工作。

《桃城区志（1990—2010）》出版。依据《地方志书质量规定》和出版社编辑提出的意见、建议，量化工作任务，逐条梳理，细校细改，确保志书质量。在按照出版社“三审三校”意见完成修改的基础上，聘请地方志方面专家和专业校对人员进行2轮审校、修改，并对志书部分内容多次论证、修订，于10月底完成终稿并交付出版印刷。

年鉴编纂。按照省、市提出的地方年鉴“一年一鉴”的要求，加大征稿力度、加快修编进度。《桃城年鉴（2018）》出版发行。该卷于2019年11月完稿，送出版社审稿；受疫情影响，2020年9月由出版社审定，11月出版印刷。该卷由河北人民出版社出版，全书设22个类目，总字数515千字。

《桃城年鉴（2019年）》于2019年6月启动，根据资料征集情况，采取电话催办、发督办函等方式督促各有关单位报送资料；完成初稿后报送方志出版社审稿，2020年9月出版。全书19个类目，532千字。《桃城年鉴（2020）》于2020年3月启动，通过加大征稿协调力度、加班加点编修，完稿后报送方志出版社审稿，完成审校后于2020年9月出版。全书22个类目，596千字。

【《桃城区革命老区发展史》修编】 创新工作方法，实现由“篇章分工、集中调度”向“约稿”模式转变，聘用编辑报酬实现由“月工资制”向“绩效工资制”转变，加快编撰进度、提高编撰质量。

2020 年度衡水市桃城区人民政府主要文件目录

表 2

文件名称	发布文号	发布机关	发文日期
关于印发桃城区常态化调度脱贫攻坚工作实施方案的通知	衡区政字 2 号	衡水市桃城区人民政府	2020 年 2 月 13 日
关于印发《市区排水系统综合整治工程工作方案》的通知	衡区政字 5 号	衡水市桃城区人民政府	2020 年 2 月 27 日
关于做好桃城区第七次全国人口普查的通知	衡区政字 6 号	衡水市桃城区人民政府	2020 年 3 月 5 日
关于印发进一步深化桃城区农村产权流转交易市场体系建设的实施意见的通知	衡区政字 7 号	衡水市桃城区人民政府	2020 年 3 月 5 日
关于成立桃城区违规违建项目和房地产开发项目清理规范工作领导小组的通知	衡区政字 11 号	衡水市桃城区人民政府	2020 年 3 月 19 日
关于印发衡水市桃城区烟花爆竹禁燃常态化治理工作方案的通知	衡区政字 14 号	衡水市桃城区人民政府	2020 年 4 月 9 日
关于印发《桃城区突发重大动物疫情应急预案》的通知	衡区政字 19 号	衡水市桃城区人民政府	2020 年 5 月 8 日
关于全面推进乡镇国土空间总体规划和村庄规划的通知	衡区政字 21 号	衡水市桃城区人民政府	2020 年 5 月 13 日
衡水市桃城区全面推进乡镇卫生院与村卫生室一体化管理实施方案	衡区政字 23 号	衡水市桃城区人民政府	2020 年 5 月 29 日
关于公布桃城区安全生产监管责任清单的通知	衡区政字 25 号	衡水市桃城区人民政府	2020 年 6 月 2 日
关于新建及老旧居民住宅小区供电设施移交管理的通知	衡区政字 26 号	衡水市桃城区人民政府	2020 年 6 月 5 日
关于印发桃城区 2020 年水旱灾害防御工作方案的通知	衡区政字 27 号	衡水市桃城区人民政府	2020 年 6 月 19 日
关于印发桃城区农村饮水工程长效管护机构组建方案的通知	衡区政字 28 号	衡水市桃城区人民政府	2020 年 6 月 24 日
关于印发桃城区防贫监测和帮扶工作方案的通知	衡区政字 31 号	衡水市桃城区人民政府	2020 年 7 月 6 日
关于印发桃城区 2020 年特色果品产业发展实施意见的通知	衡区政字 33 号	衡水市桃城区人民政府	2020 年 7 月 14 日
关于印发桃城区水资源均衡利用规划的通知	衡区政字 34 号	衡水市桃城区人民政府	2020 年 7 月 15 日
关于印发桃城区开展百城千业万企对标达标提升专项行动实施方案的通知	衡区政字 37 号	衡水市桃城区人民政府	2020 年 7 月 31 日
关于做好全区第七次人口普查指导员和普查员选聘工作的通知	衡区政字 40 号	衡水市桃城区人民政府	2020 年 8 月 20 日
关于印发《进一步规范 2019 年资产收益扶贫项目收益分配管理的实施方案》的通知	衡区政字 41 号	衡水市桃城区人民政府	2020 年 9 月 11 日
关于印发桃城区进一步加强乡村医生队伍建设实施方案的通知	衡区政字 43 号	衡水市桃城区人民政府	2020 年 9 月 17 日
关于创建河北省全民健身公共服务体系示范区工作的实施意见	衡区政字 47 号	衡水市桃城区人民政府	2020 年 10 月 21 日
关于印发《关于进一步推进高新区企业投资项目“标准地+承诺制+代办制”改革的工作方案的通知	衡区政字 48 号	衡水市桃城区人民政府	2020 年 10 月 23 日

续表 2-1

文件名称	发布文号	发布机关	发文日期
关于印发桃城区首批智慧平安社区建设工作方案的通知	衡区政字 52 号	衡水市桃城区人民政府	2020 年 12 月 15 日
关于印发区长副区长党组成员工作分工的通知	衡区政办字(2020)1 号	衡水市桃城区政府办公室	2020 年 1 月 15 日
关于印发桃城区烟花爆竹禁放工作的通知	衡区政办字(2020)2 号	衡水市桃城区政府办公室	2020 年 1 月 20 日
关于印发《衡水市桃城区省级慢性非传染性疾病综合防控示范区创建工作实施方案》的通知	衡区政办字(2020)3 号	衡水市桃城区政府办公室	2020 年 1 月 21 日
关于印发《桃城区加快推进中医药产业发展的实施方案》的通知	衡区政办字(2020)5 号	衡水市桃城区政府办公室	2020 年 1 月 22 日
关于成立桃城区就业工作领导小组的通知	衡区政办字(2020)7 号	衡水市桃城区政府办公室	2020 年 2 月 25 日
关于调整桃城区支持铁路项目建设工作领导小组的通知	衡区政办字(2020)8 号	衡水市桃城区政府办公室	2020 年 4 月 13 日
关于成立桃城区推进基本养老保险工作领导小组的通知	衡区政办字(2020)9 号	衡水市桃城区政府办公室	2020 年 4 月 15 日
关于印发衡水市桃城区全面推进基层政务公开标准化规范化工作实施方案的通知	衡区政办字(2020)10 号	衡水市桃城区政府办公室	2020 年 4 月 15 日
关于加强规划电力线路走廊和变电站站址保护工作的通知	衡区政办字(2020)11 号	衡水市桃城区政府办公室	2020 年 4 月 16 日
关于做好 2020 年人大代表建议和政协提案承办工作的意见	衡区政办字(2020)14 号	衡水市桃城区政府办公室	2020 年 5 月 11 日
关于成立防控疫情推进工业经济、外资外贸商贸流通文旅业发展协调领导小组的通知	衡区政办字(2020)15 号	衡水市桃城区政府办公室	2020 年 5 月 12 日
关于成立桃城区政务公开工作领导小组的通知	衡区政办字(2020)16 号	衡水市桃城区政府办公室	2020 年 5 月 18 日
关于调整桃城区健康扶贫攻坚工作领导小组在通知	衡区政办字(2020)17 号	衡水市桃城区政府办公室	2020 年 5 月 27 日
关于调整衡水市桃城区地下水超采综合治理暨水生态修复专项工作领导小组成员在通知	衡区政办字(2020)20 号	衡水市桃城区政府办公室	2020 年 5 月 29 日
关于印发《桃城区农村及农业园区清洁用能实施意见》的通知	衡区政办字(2020)21 号	衡水市桃城区政府办公室	2020 年 6 月 4 日
关于成立桃城区河道集中整治工作专班的通知	衡区政办字(2020)22 号	衡水市桃城区政府办公室	2020 年 6 月 11 日
关于加强农村留守儿童关爱保护工作的实施意见	衡区政办字(2020)23 号	衡水市桃城区政府办公室	2020 年 6 月 12 日
关于印发区领导包联帮建省级开发区建立 实行“五项制度”的安排意见	衡区政办字(2020)26 号	衡水市桃城区政府办公室	2020 年 6 月 22 日
关于印发衡水市桃城区节约型机关创建行动实施方案的通知	衡区政办字(2020)27 号	衡水市桃城区政府办公室	2020 年 6 月 28 日
关于成立桃城区气象灾害防御指挥部的通知	衡区政办字(2020)28 号	衡水市桃城区政府办公室	2020 年 6 月 30 日
关于印发《桃城区工业废料液等危险废物排查整治实施方案》的通知	衡区政办字(2020)29 号	衡水市桃城区政府办公室	2020 年 7 月 6 日
关于印发《桃城区衡水湖国家级自然保护区“绿盾2017—2019”集中整治专项行动工作方案》的通知	衡区政办字(2020)30 号	衡水市桃城区政府办公室	2020 年 7 月 17 日
关于印发桃城区农村生活污水治理管控运维管理方案的通知	衡区政办字(2020)31 号	衡水市桃城区政府办公室	2020 年 7 月 17 日

续表 2-2

文件名称	发布文号	发布机关	发文日期
关于印发《桃城区推进普速铁路沿线环境安全隐患整治三年行动方案》的通知	衡区政办字（2020）32 号	衡水市桃城区政府办公室	2020 年 7 月 22 日
关于印发《桃城区进一步深化医药卫生体制改革任务分解方案》《桃城区改革完善医疗行业监管制度工作方案》的通知	衡区政办字（2020）33 号	衡水市桃城区政府办公室	2020 年 7 月 24 日
关于成立京衡供应链智慧产业园和京衡供应链干线公路港项目建设推进工作领导小组的通知	衡区政办字（2020）34 号	衡水市桃城区政府办公室	2020 年 8 月 3 日
关于印发桃城区政策找企业服务市场主体十条措施的通知	衡区政办字（2020）35 号	衡水市桃城区政府办公室	2020 年 8 月 7 日
关于成立标准农田整县推进示范县领导小组的通知	衡区政办字（2020）36 号	衡水市桃城区政府办公室	2020 年 8 月 19 日
关于印发桃城区城市养犬专项治理工作实施方案的通知	衡区政办字（2020）37 号	衡水市桃城区政府办公室	2020 年 8 月 28 日
关于建立桃城区医疗保障基金监管工作联席会议制度的通知	衡区政办字（2020）39 号	衡水市桃城区政府办公室	2020 年 9 月 22 日
关于成立金融支持实体经济助力乡村振兴专班的通知	衡区政办字（2020）40 号	衡水市桃城区政府办公室	2020 年 9 月 24 日
关于印发《桃城区国三及以下排放标准营运柴油货车淘汰工作实施方案的通知	衡区政办字（2020）42 号	衡水市桃城区政府办公室	2020 年 10 月 14 日
关于印发《桃城区农村乱占耕地建房整治实施方案》的通知	衡区政办字（2020）43 号	衡水市桃城区政府办公室	2020 年 10 月 15 日
关于印发《桃城区扬尘在线监测系统平台信息推送处置暂行办法》的通知	衡区政办字（2020）44 号	衡水市桃城区政府办公室	2020 年 10 月 16 日
关于印发《桃城区林业突发有害生物能事件应急预案》的通知	衡区政办字（2020）45 号	衡水市桃城区政府办公室	2020 年 10 月 29 日
关于开展第一次全国自然灾害综合风险普查的通知	衡区政办字（2020）46 号	衡水市桃城区政府办公室	2020 年 11 月 3 日
关于印发《桃城区深化农村公路管理养护体制改革实施方》案的通知	衡区政办字（2020）47 号	衡水市桃城区政府办公室	2020 年 11 月 10 日
关于印发深化医药卫生体制改革重点工作任务的通知	衡区政办字（2020）48 号	衡水市桃城区政府办公室	2020 年 11 月 23 日
关于开展 2020 年度粮食安全责任制考核工作的通知	衡区政办字（2020）49 号	衡水市桃城区政府办公室	2020 年 12 月 16 日
关于成立老旧小区改造工作领导小组的通知	衡区政办字（2020）50 号	衡水市桃城区政府办公室	2020 年 12 月 29 日
关于印发《桃城区农村生活污水治理专项规划（2020—2035）》的通知	衡区政办字（2020）51 号	衡水市桃城区政府办公室	2020 年 12 月 30 日

中国人民政治协商会议衡水市桃城区委员会

综　述

【概况】　2020年，坚持以习近平新时代中国特色社会主义思想为指导，全面贯彻中共十九大和十九届四中、五中全会精神，树牢“四个意识”、坚定“四个自信”、做到“两个维护”，在中共桃城区委的坚强领导下，紧扣团结民主主题，牢牢把握新时代人民政协工作新方位、新使命，围绕中心、服务大局，在建言资政和凝聚共识上双向发力，为统筹推进疫情防控和经济社会发展做出积极贡献。区政协六届四次会议以后，提案委员会共收到符合立案条件的提案140件，全部办结。

【把握政治方向】　把握新时代人民政协工作总体要求，切实增进政治共识、突出政治引领、强化政治责任，坚决把中共中央和省、市、区委对政协工作的各项决策部署落到实处。

强化思想理论武装，以新思想领航政协事业发展。坚持以政协党组理论学习中心组学习为引领、多种形式相配套的学习制度体系，持续在学懂弄通做实上下功夫。深入学习习近平新时代中国特色社会主义思想和中共十九届四中、五中全会精神，坚持理论学习常态化、理论研讨制度化，引导党员干部和委员广泛学习各方面知识，开阔思路视野，从中找到奋勇前进的思想动力，从中找到提出问题、分析问题、解决问题的思维路径，进一步夯实团结奋斗的共同思想政治基础。

坚持党的领导，把牢根本政治原则。把坚持党的领导贯穿到政协全部工作之中、落实在政协工作全领域。全面贯彻落实习近平总书记关于加强和改进人民政协工作的重要思想和中央关于加强新时代人民政协党的建设工作的要求，以履职实效增强“四个意识”、坚定“四个自信”、做到“两个维护”。充分发挥政协党组把方向、管大局、保落实的领导核心作用，重大事项、重要活动、重要情况及时向区委请示报告，做到一切重要工作在区委领导下开展，一切重要活动围绕区委决策部署开展，一切主题协商围绕区委、区政府中心任务进行，时刻保持政协工作与党政目标同向、工作同频、节奏同步。

【发挥特色优势】　把准时代脉搏，应势而动、顺势而为，同心奋进、攻坚克难，在助力疫情防控、脱贫攻坚和文明城市创建等急难险重任务中展现新担当。

聚力同心抗疫，在疫情防控中担当作为。新冠肺炎疫情发生后，常委会闻令而动，第一时间安排部署、发出倡议；区政协班子成员分赴联系乡村、街道社区和企业，深入疫情防控一线，靠前指挥督导；广大政协委员积极响应，立足本职岗位，充分发挥自身优势，积极踊跃捐赠款物、参加一线诊治、下沉社区值守、开展志愿服务、建言防控举措、凝聚抗疫共识。据不完全统计，委员为疫情防控捐款捐物120多万元，展现政协大家庭凝心聚力、同心战疫的责任担当。开展“聚力量、防疫情、促发展”活动，从政协自身特点出发，围绕常态化疫情防控、企业复工复产和经济社会发展的重点难点问题，开展调查研究，参与协商监督，体现政协的责任与担当。

助力脱贫攻坚。在强化防贫机制上协商建言，助推打赢脱贫攻坚战。区政协成立专题调研组，深入乡村农户，详细了解脱贫攻坚推进情况，并组织委员赴河南省林州、光山等地对脱贫攻坚工作进行对标学习考察。经过综合分析研究，形成《关于桃城区脱贫攻坚工作推进情况的调研报告》，提出建立长效脱贫防贫机制、营造浓厚的脱贫防贫攻坚氛围、做到“输血”与“造血”扶贫机制相统筹、有效形成脱贫防贫攻坚合力等建议，为党委、政府精准施策提供有益参考。

投身城区建设。充分发挥政协自身优势，在创城活动中汇聚合力。动员各方力量，积极参与文明城市创建。主席会议成员深入包联农村、社区、医院、商场、宾馆督查指导；广大政协委员聚焦市容市貌、城乡环境卫生、交通秩序、小区物业管理等创建工作中的重点、难点和薄弱环节，积极出主意、当参谋、献良策，参加创建志愿服务，宣传文明理念，传递文明新风，争做创城的实践者、监督者、传播者，为文明城市创建活动助力。

【聚焦主责主业】 持续在协商议政瞄准大事、民主监督聚焦难事、参政议政关注实事上下功夫，推动调研、协商、监督深度融合，一批协商调研成果受到区委主要领导的肯定性批示，得到有关部门的高度重视和积极回应，为促进党政决策的民主化、科学化提供有益的参考。

聚焦社区治理提升建言。邀请社区办、政法委、街道办事处和相关委员组成专题调研组，通过实地察看、听取情况介绍、座谈讨论等方式，就桃城区在社区治理和社区建设等方面进行调查和分析，并赴四川成都部分县（市、区）参观考察。通过分析现状和问题，找准难点和差距，形成《以信息化建设为统领，推进社区治理现代化》的调研报告，提出的理清社区职责定位、完善社区治理长效运行机制、推进社区治理网格化和信息化建设等建议，受到区委、区政府高度重视，推动社区工作的开展。

着眼农村环境改善献策。将改善农村人居环境作为重点协商课题，组织委员对桃城区乡镇和农业农村局进行实地走访调查，并到河南临颍、内黄等市县进行考察学习。在扎实调研的基础上，形成《加强农村人居环境提升，助力乡村振兴战略》的调研报告，提出着手制定创建乡村旅游示范强区规划、打造乡村旅游和农业观光示范点、加强农村环境卫生整治等建议，为助推桃城区的农村人居环境改善发挥积极作用。

弘扬桃城优秀传统文化。组织部分政协委员、文史资料编辑人员，并邀请区文化和旅游局等部门组成调研组，就传承弘扬优秀传统文化、助推文化桃城建设进行专题调研。调研组对桃城区挖掘和传承历史文化工作进行分析研究，并到衡水市枣强县、陕西省咸阳市等地参观学习，形成《传承和弘扬历史文化，助推桃城文化创新发展》的调研报告，提出制定历史文化保护规划、做好非遗传承和文物保护、挖掘文旅景点文化内涵、加强文化和旅游宣传等建议，为文化桃城建设助力加劲。

做好民生事业发展监督。把涉及人民群众切身利益的民生问题作为民主监督的重要内容，组织委员开展监督性视察、调研、座谈，发表意见、提出建议，促进民生工作持续改善。围绕市政建设和老旧小区改造提升进行专题视察，听取情况介绍，积极回应社会关切。围绕养老服务体系建设开展专题协商，深入育新、衡丰等社区养老机构了解情况，建议大力推广社区居家养老模式、鼓励社会力量举办养老机构、加强养老服务队伍建设等，合力推动养老服务业健康发展。

抓好提案落地见效督办。始终将提案工作摆在重要位置，抓实选题、立案、交办、答复各个环节，全力推动提案工作从“答复型”向

“落实型”转变。坚持提案办理与提案者面谈、座谈、走访相结合，会议督办、视察督办与上门督办相结合，积极与承办单位协商，有计划、有步骤、有进度地开展提案督办工作，将督办贯穿提案办理全过程，不仅提高提案办理质量，也助推全区重项工作和民生实事的落实。

【坚持凝心聚力】坚持把发扬民主和增进团结相互贯通，通过深化合作共事、密切联系交往，努力把更多的人团结在党的周围，最大限度地为桃城改革发展汇聚力量。

开展团结联谊。常委会坚持大团结大联合，坚持联系群众聚民心，密切同社会团体、无党派人士的联系，宣传党委政府重大决策部署，倾听意见，解疑释惑，为他们搭建平台、提供服务。不断拓展与外地政协的交流合作，先后接待浙江泰顺县、江西上饶广丰区、江苏徐州铜山区等外省市县（区）政协到桃城区调研考察，有计划地组织委员带着课题赴省内外学习调研，在联谊中联络感情、开阔视野，积极宣传推介桃城。同时，积极协助省、市政协就外资企业发展、主城区规划建设、衡水湖湿地保护等方面到桃城区进行调研视察，展示桃城经济社会发展的新成就、新变化。

提高文史工作水平。注重发挥社会各方力量，采取聘用文史研究员、文史资料员和特约撰稿人等方式，建立一支比较稳定的兼职文史资料编辑队伍。积极创新文史工作思路，探索文史资料服务经济社会发展的方法途径。邀请文史爱好者和有关部门就深入挖掘桃城区历史文化、提高文史工作水平召开座谈会、研讨会，致力发掘有关人文历史、风土人情等文史资料，完成《桃城文史资料》第四辑、第五辑编辑出版工作，进一步丰富桃城区历史文化内涵，发挥政协文史工作存史、资政、团结、育人的重要作用。

【加强履职能力】　注重夯实基础，转变作风，不断增强整体活力，委员履职能力和机关服务水平得到进一步提升。

加强委员队伍建设。坚持发挥委员在政协工作中的主体作用，强化学习培训，畅通履职渠道，拓展履职平台，注重在丰富而有意义的履职实践中锻炼提高委员的履职能力。坚持主席会议成员联系委员制度，通过走访委员，同委员交流沟通思想，征求委员对政协工作的意见建议，不断激发委员履职积极性和主动性。通过组织委员调研视察，开展委员进基层活动，进一步创新委员活动的方法方式，加强委员的政治把握能力、调查研究能力、联系群众能力、合作共事能力。

提升专委会工作水平。通过落实年度工作计划制度、主席会议听取专委会工作汇报制度、副主席分管联系专委会制度，加强对专委会的统筹谋划和运行组织，保证工作安排重点突出、科学合理，提高委员履职的质量和效率。探索专委会联系界别开展活动、与党政部门对口协商的有效途径，切实发挥专委会在政协履职中的基础性作用。

提高政协机关效能。坚持以制度抓管理，以制度促规范，进一步健全机关工作制度，规范工作程序，改进文风会风，提高机关服务效能。持续加强作风建设，打造过硬的干部队伍，营造风清气正的干事氛围。充分发挥机关承上启下、综合协调、参谋助手、服务保障作用，机关服务质量不断提升，为政协履职提供有力保障。

重要会议

【全体委员会议】　1月8日下午至1月10日上午，桃城区政协第六届委员会第四次会议在衡水迎宾馆举行。会议审议通过政协衡水市桃城区第六届委员会常务委员会工作报告、政协衡水市桃城区第六届委员会常务委员会关于六届三次会议以来提案工作情况的报告、政协衡水市桃城区第六届委员会第四次会议提案审查情况的报告。

【常务委员会会议】 1月6日，区政协六届十四次常委会议召开。区政协主席张稳坐主持会议，会议协商通过关于召开区政协六届四次会议有关事项，副主席尹永水、李乃刚、吴新巧、丁占宽出席会议。

1月9日，区政协六届十五次常委会议召开。区政协主席张稳坐出席会议，副主席尹永水主持会议。会议审议听取各组召集人讨论情况汇报，审议提案委员会《关于政协衡水市桃城区六届四次会议提案审查情况的报告（草案）》，审议政协衡水市桃城区六届四次会议各项决议（草案）。副主席李乃刚、吴新巧、丁占宽参加会议。

6月3日，区政协六届十六次常委会议召开。政协主席张稳坐出席会议并讲话。副主席尹永水主持会议。会议集中收看全省政协系统学习贯彻全国政协十三届三次会议精神专题辅导报告会；审议通过政协衡水市桃城区委员会《“聚力量、防疫情、促发展”活动重点履职工作方案》；审议通过政协衡水市桃城区委员会2020年工作要点。副主席李乃刚、吴新巧、丁占宽参加会议。

10月29日，区政协六届十七次常委会议召开。政协主席张稳坐出席会议并讲话，副主席尹永水主持会议。会议进行理论学习；听取区委办公室《关于政协提案办理工作情况的报告》；听取区政府办公室《关于政协提案办理工作情况的报告》；审议通过政协办公室《关于“挖掘和传承历史文化，助推桃城文化创新发展”的调研报告》；审议通过政协经济委员会《关于“桃城区脱贫攻坚成就及问题对策”的调研报告》；审议通过政协教科文卫法制宗教委员会《关于“以信息化建设为统领，推进社区治理现代化”的调研报告》；审议通过政协提案委员会《关于“加强农村人居环境提升，助力乡村振兴战略”的调研报告》。副主席李乃刚、吴新巧、丁占宽参加会议。

（班鸿）

重要活动

1月20日，区政协邀请部分退休干部和文史资料爱好者召开文史工作座谈会，区领导吴新巧参加。

4月28日，区政协主席张稳坐和政协班子成员、机关科级干部集中收看全省政协系统开展“聚力量、防疫情、促发展”活动动员视频会，并就区政协贯彻落实会议精神进行安排部署。

5月20日，区政协邀请部分文史爱好者就深入挖掘我区历史文化、提高文史工作水平召开座谈会，区领导尹永水、吴新巧参加。

5月21日，区政协组织机关干部收看全国政协十三届三次会议开幕会，区领导张稳坐、尹永水、李乃刚、吴新巧、丁占宽参加。

5月27日，区领导张稳坐、尹永水、李乃刚、丁占宽和政协机关人员集中收看全国政协十三届三次会议闭幕会。

5月27日，区领导吴新巧带领部分政协委员就中小学复学和疫情防控工作到衡水市第三中学、实验小学、新苑小学调研。

6月12日，区领导尹永水、吴新巧带领部分政协委员及文史资料编辑部成员就挖掘文化资源、助推文化建设到枣强县移民文化园、大原书院参观。

7月22日，区政协组织政协机关全体人员和部分政协委员集中收看全省政协系统《习近平谈治国理政》第三卷专题辅导报告会，区政协领导尹永水、李乃刚、吴新巧、丁占宽参加。

7月24日，区政协副主席李乃刚带领部分政协委员就农业产业扶贫、特色农业发展情况到饶阳县蔬菜测评中心、万亩棚室基地、新饶农业科技公司、上好佳喜奥保健食品公司参观学习。

7月31日，区政协组织部分政协委员、有关部门负责人及文史研究者组成调研组，就“传承优秀传统文化 推进文化桃城建设”课题进行专题调研，先后到侯店毛笔博物馆、“金鱼徐”弟子郑秋冬金鱼养殖场、安济桥进行调研，并召开研讨座谈会。区政协副主席尹永水、吴新巧参加。

8月25日，区政协组织机关科级以上干部及部分政协委员集中收看庆祝河北省政协成立70周年委员宣讲，区政协领导张稳坐、尹永水、李乃刚、吴新巧、丁占宽参加。

8月26日、27日，区政协召开提案办理情况通报会，邀请承办涉及经济社会发展和民生方面提案的部门负责人向提案者通报提案办理结果，承办单位与委员面对面互动交流，区政协副主席丁占宽出席。

9月23日，区政协组织部分政协委员和文史资料编辑人员就进一步挖掘历史文化资源、推动文史工作创新发展到枣强移民文化园、大原书院，衡水高新区衡橡科技有限公司的平原枪声展览馆、宝力橡胶有限公司的民俗博物馆，邓庄镇北苏闸村史馆、孔颖达公园参观，区政协副主席吴新巧参加。

10月28日，区政协组织部分政协委员和机关干部收看全省政协系统开展“聚力量 防疫情 促发展”活动总结会，并就区政协开展这项活动进行总结，区政协领导张稳坐、尹永水、李乃刚、吴新巧、丁占宽参加。

11月20日，区政协组织机关干部和部分政协委员集中收看全省政协系统学习贯彻党的十九届五中全会精神辅导报告会，区政协领导尹永水、李乃刚、丁占宽参加。

11月25日，区政协组织部分政协委员就今年涉及老旧小区改造、城区街道改造提升、农村人居环境改善、物流业发展、社区居家养老、中小型科技企业发展、社区卫生建设等方面的提案办理情况进行调研，先后到衡水市纪委生活区、衡水通用机械公司家属院、永兴东路新建街路段、东明物流园、邓庄镇胡家庄村和北苏闸村、育新社区日间照料中心、衡丰社区日间照料中心、中关村e谷（桃城）创业小镇、路北社区卫生服务中心现场调研，区政协副主席丁占宽参加。

12月8日，区政协组织机关干部和部分政协委员集中收看全省政协系统“党的十九届五中全会和省委九届十一次全会精神专题宣讲”，区政协副主席尹永水、李乃刚、吴新巧、丁占宽参加。

各委员会工作

【经济委员会】 组织常委、委员组成调研组，深入乡村农户，详细了解脱贫攻坚推进情况，并借鉴外地先进经验，经过综合分析研究，形成《关于桃城区脱贫攻坚工作推进情况的调研报告》。

【教科文卫法制宗教委员会】 组织常委、委员组成调研组，邀请社区办、政法委、街道办事处和相关委员组成专题调研组，通过实地察看、听取情况介绍、座谈讨论等方式，就桃城区在社区治理和社区建设等方面进行调查和分析，并赴四川成都部分县（市、区）参观考察。通过分析现状和问题，找准难点和差距，形成《以信息化建设为统领，推进社区治理现代化》的调研报告。组织部分政协委员、文史资料编辑人员，并邀请区文化和旅游局等部门组成调研组，就传承弘扬优秀传统文化、助推文化桃城建设进行专题调研。调研组对桃城区挖掘和传承历史文化工作进行分析研究，并借鉴外地先进经验，形成《传承和弘扬历史文化，助推桃城文化创新发展》的调研报告。

教科文卫法制宗教委员会还注重发挥社会各方力量，采取聘用文史研究员、文史资料员和特约撰稿人等方式，建立一支比较稳定的兼职文史资料编辑队伍。创新文史工作思路，探索文史资料服务经济社会发展的方法途径。邀请文史爱好者和有关部门就深入挖掘桃城区历史文化、提高文史工作水平召开座谈会、研讨会，致力发掘有关人文历史、风土人情等文史资料，完成《桃城文史资料》第四辑、第五辑编辑出版工作，进一步丰富桃城区历史文化内涵，较好发挥政协文史工作存史、资政、团结、育人的重要作用。

【提案委员会】 组织委员将改善农村人居环境作为重点协商课题，对全区乡镇和农业农村局进行实地走访调查。在扎实调研的基础上，形成《加强农村人居环境提升，助力乡村振兴战略》的调研报告。

纪检监察

综　述

【概况】　2020年，桃城区纪检监察系统在上级纪委监委和区委的坚强领导下，坚持以习近平新时代中国特色社会主义思想为统领，忠诚履行党章和宪法赋予的职责，一体推进不能腐、不敢腐、不想腐，充分发挥监督保障执行、促进完善发展作用，推动纪检监察工作高质量发展，取得新成效。

【围绕中心】　始终把“两个维护”贯穿始终，坚持党中央重大决策部署到哪里、政治监督就跟进到哪里。对政治监督的项目进行梳理，形成《政治监督阶段重点项目汇总表》，涵盖4大项25小项近期监督重点，以点带面，以面带全，有力推动主体责任落实，提升监督质效。面对突如其来的新冠肺炎疫情，迅速成立由班子成员带队的9个督查组，按照“四不两直三统筹”要求，紧扣“六稳六保”、复工复产、减税降费等决策部署，深入重点单位、乡镇街道、企业、项目一线、社区、学校、超市等进行实地走访，督促各级党委政府落实属地责任、主体责任，有关部门落实监管责任，推动解决4方面44个问题，有效推动复工复产复市复学。围绕“6+1”重点领域清理规范，通过现场察看、走访调研、查阅资料等方式，督促主责部门对照政策规定，严格整改标准，理顺体制机制，确保问题真查真纠真改，为全区经济社会发展提供坚强保障。

【靶向发力】　始终坚守人民立场，做到人民群众反对什么痛恨什么、就坚决防范和纠正什么。发挥好信访联系群众桥梁纽带作用。2020年，共受理检举控告292件，办结281件，办结率96.23%。坚持把维护群众利益作为信访举报工作的根本出发点和落脚点，盯紧河东征地拆迁领域的突出信访问题，协调相关部门成功化解；注重把解决问题和制度建设相结合，举一反三，堵塞漏洞，让群众在分享河东新城区建设成果的同时，进一步增强对党委政府的信心。解决好群众身边的腐败问题。持续深化扶贫领域腐败和作风问题专项整治，围绕脱贫攻坚反馈问题整改情况、“四不摘”落实情况等方面，把握“三查三看”，对全区建档立卡贫困人口74户151人走访调研全覆盖，共查处问题3件，党纪政务处分2人，诫勉谈话1人，批评教育1人。持续严惩涉黑涉恶腐败和“保护伞”，共立案47人，党纪政务处分47人，组织处理15人，移送司法机关4人。构建好亲清新型政商关系。建立完善“走访+暗访、通报+引导、严惩+容错”三步工作法，构建党委主导、纪委和有关职能部门协同的监督格局，督促6个职能部门为企业解决12个问题，群众满意度显著提升。

【严于执纪】　始终坚守政治机关定位，坚持从政治上看、从政治上抓，有力推动政治生态持续修复净化。紧盯关键少数。把建好用好领导干部廉政档案“活页夹”作为抓手，实时更新个人基本情况、履职情况、廉洁从政及发现问题等8个方面35项具体内容，为每名科级领导干部精准“画像”，严把政治关、廉洁关、形象关，推动形成正确用人导向。深化运用“四种形态”。抓早抓小，综合运用约谈提醒、批评教育、谈话函询等方式，对苗头性、倾向性问题早打招呼、早提醒。运用监督执纪“四种形态”处理320人次，占比分别为66.6%、22.8%、4.1%、6.6%。严查顶风违纪行为。坚守重要节点，紧盯薄弱环节，重点对办公用房、机关食堂、办公经费等情况进行集中检查，共查处“四风”和违反中央八项规定精神问题8个，党纪政务处分11人，诫勉谈话1人。持续深化政治巡察。对14个单位部门、170个农村开展巡察，发现问题1660件，移交问题线索9件。

【严管厚爱】 始终坚持“惩前毖后、治病救人”的方针，严管与厚爱结合，激励和约束并重。保持高压反腐态势。坚决查处不收敛不收手的违纪违法行为。办理市纪委监委指定管辖案件2件，协助省纪委监委办理专案4人次；共处置问题线索176件，立案117人，党纪政务处分106人，移送司法机关10人，采取留置措施3人，收缴、查封、扣押违纪违法资金370余万元。精准运用政策策略。对违纪干部注意区分情形、区别对待，对主动向组织坦白、愿意改过自新的党员，给机会、给出路、给政策。2020年，乡镇科级干部受到党纪政务处分的仅1人，充分体现组织对干部的关心、帮助和教育。把思想政治工作贯穿始终。在监督执纪执法过程中，既查清问题、指错纠错，又强调政策感召、教育感化。2020年8月，在组织的关怀感召下，河东街道集贤村党支部书记蒋某庄携带悔过书及涉案款项，主动到区纪委投案自首。蒋某庄案是全市第一个主动投案自首的案件，取得有力执纪与教育挽救相统一的双重效果。做深做实审查调查“后半篇文章”，深化以案为鉴、以案促改，标本兼

12月9日，桃城区纪委监委召开农村干部警示教育会　　区纪委　供图

治，充分发挥查处一案、警示一片、治理一域的综合效应，全年共发放“两书”13份。逐乡镇组织270多名农村党支部书记观看警示教育片，筑牢思想防线，确保2021年农村“两委”换届风清气正、依规依纪依法顺利进行。

【队伍建设】 刀刃向内、从严从实，在打造纪检监察干部铁军上得到新加强。始终坚持把加强干部队伍自身建设摆在突出位置，案件审理室在全省纪检监察系统被评为“争创人民满意的公务员集体”。坚持党建带动。带领纪委常委会坚持从自身做起，贯彻民主集中制，严肃党内政治生活，全面落实党建责任制，经常性地开展谈心谈话，把形式多样的党性教育活动融入日常工作，以坚强有力的党支部建设一体推动队伍建设和业务建设。激发干部活力。区委高度重视纪检监察干部队伍建设，选优配强干部队伍，4名纪检监察干部交流到街道纪工委和系统外任职，通过四级联考等方式补充法律、财会等专业高素质干部16人，进一步优化干部队伍结构。锤炼本领担当。深化全员培训，依托中纪委纪检监察系列培训课程、市纪委“主任大讲堂”等，累计培训1800多人次，抽调22人参加上级纪委监委审查调查和巡视巡察，有效提升精准监督和执纪执法水平。强化自我监督。完善内部管理机制，严格执行工作、办案和保密各项纪律规定，严格落实《监督执纪工作规则》和《监督执法工作规定》，自觉主动接受监督。

巡视巡察

【综述】 2020年，桃城区巡察工作在区委和区委巡察工作领导小组的正确领导下，在市委巡察办的具体指导下，认真贯彻中央、省委、市委和区委关于巡视巡察工作指示要求，聚焦“两个维护”根本任务，紧扣“全面从严治党”核心，突出“政治巡察”定位，着眼“发现问题、形成震慑、推动改革、促进发展”，巡察工作稳步推进。

【优化人员配置】 区委高度重视巡察干部的培养和使用，2020年调入3名年轻干部，四级联考招入两名年轻干部，区委巡察机构批复正式列编18人，现全部配齐到位。18名巡察干部平均年龄40周岁；全日制本科以上学历7人（含硕士研究生1人），在职本科学历8人，在职大专学历3人；男性9人，女性9人。老中青梯次配备，巡察干部队伍建设得到显著加强。为科学统筹巡察力量，特别是把更多优秀干部和后备干部安排到巡察岗位、接受锻炼。区委巡察工作领导小组制定出台《关于优化桃城区委巡察人才库的工作方案》，按照政治过硬、信念过硬、责任过硬、能力过硬、作风过硬的标准，吸纳纪检监察、组织人事、宣传、审计等21类共计41名优秀党员干部进入区委巡察人才库。

【加强制度建设】 对标省委和市委巡视巡察工作，结合市巡察指导督导组意见和桃城区实际，坚持实践探索与总结提炼相结合，修订完善8项制度，制定42项新制度，形成全流程、多层面的巡察工作体系，确保巡察工作的每个环节、每个岗位都有章可循、有规可依。按照《衡水市桃城区委巡察工作流程》等相关制度要求，进一步完善巡察程序，新增巡前集体谈话会、巡前情况通报会等流程，督促巡察组组长履职尽责，保障巡察组全面了解被巡察单位情况，推动巡察工作开好头起好步。规范巡察中期调研指导流程，从简单下去了解情况到制订方案、召开调研会、巡察组长汇报、集中会商的全流程规范化。此外，整理出台《衡水市桃城区委巡察工作文件汇编》，汇编内容包含上级巡视巡察规定和中央、省委、市委、区委的政策性文件，便于巡察组参考开展巡察。

【推进政治巡察】 5月至8月，区委4个巡察组对赵家圈镇、郑家河沿镇、邓庄镇、何家庄乡、河东街道办事处所辖的155个农村开展巡察工作。各巡察组结合被巡察农村的特点，因地制宜、因村施策，有针对性地开展村级常规巡察和专项巡察，提升巡察质效，实现村级巡察全覆盖，巡察共发现问题1323个。9月至10月，区委4个巡察组对区委网信办、区委宣传部、区应急管理局、区残疾人联合会、区审计局、区委统战部、区委社区办、区文化和旅游局8个单位的党组（党委）开展常规巡察，并同步开展选人用人、意识形态工作责任制专项检查，巡察共发现问题208个。11月至12月，按照省委巡视工作领导小组《关于印发〈九届省委第九轮巡视专项巡视工作方案〉的通知》和市委办公室、市政府办公室《关于成立衡水市协调配合省委专项巡视工作领导小组的通知》有关要求，成立4个区委专项巡察组开展上下联动专项巡察。

5月，五届区委第八轮巡察工作动员会暨巡前集体谈话会　区委巡察办　郑蕾　摄

【提高履职能力】 完善定期学习制度，巡察办组织全体巡察干部参与纪委组织的集中学习，加强对习近平新时代中国特色社会主义思想和党的十九大精神、党章党规党纪的学习，对《中国共产党廉洁自律准则》《中国共产党纪律处分条例》《中国共产党党内监督条例》《中国共产党问责条例》《中国共产党巡视工作条例》等有关内容进行重点学习。及时将中央和省委市委有关巡察工作的重大决策部署进行传达学习，掌握必备的巡察工作要求和工作内容，为巡察工作精准推进打下坚实理论基础。开展巡察工作交流座谈10次，学习研究巡察工作相关知识14次，巡察干部素质明显提升。

（郑蕾）

群众团体

桃城区总工会

【概况】 2020年，桃城区总工会在区委和市总工会的正确领导下，坚持围绕中心、服务大局，扎实做好思想政治引领、职工建功立业、精准维权服务、夯实基层基础等重点工作，认真履行工会职责，彰显工会作为，不断提升工会活力和影响力。

【引领职工政治思想】 引导广大职工坚定不移听党话、跟党走。全区各级工会干部认真学习习近平新时代中国特色社会主义思想、习近平总书记关于工人阶级和工会工作的重要论述，以及中央、省、市、区委关于群团工作、工会工作的一系列新部署、新要求，进一步提高工会干部政治站位和工作能力，自觉承担起引导职工群众的政治任务。不断创新宣传方式和载体，深入开展学习习近平新时代中国特色社会主义思想职工诵读活动，全区136家企事业单位开展“大学习”课堂职工诵读活动，参加诵读活动的职工有2800余人，及时、广泛、深入学习贯彻习近平总书记关于工人阶级和工会工作的重要论述，夯实广大职工群众共同奋斗的思想基础，推动工会事业不断取得更大更新的发展。以个人、集体等方式进行朗诵、吟诵的形式向“冀工之家”基层工会服务平台上传精选视频28个，音频221个，其中衡水市第三中学职工马艳丽的诵读作品《大写的中国》入选热门推荐，抒发出对党、国家与人民的祝福和对美好生活的热爱与向往，营造浓厚的中国梦宣传氛围，形成团结一致、建功新时代的磅礴力量。《河北工人报》、《衡水日报》桃城版、桃城区职工服务网、桃城工会微信公众号等各级媒体刊发稿件140余篇，全面激发广大职工爱岗敬业、复工复产的工作热情，引导广大职工听党话，跟党走，为夺取疫情防护和经济社会发展“双胜利”做出应有贡献。

【激励广大职工建功】 弘扬劳模劳动精神，组织动员广大职工建功新时代。关爱劳动模范，营造关心、爱护、尊重劳模的社会氛围，4月，组织1名全国级劳模在四院进行健康体检，10月，组织29名省部级以上劳模在四院进行健康体检，并为他们提供专家的健康指导建议，让他们切实感受到党和政府对他们的关心爱护。12月，为60余名劳模订阅工人报刊，在工会系统掀起学习劳模、关心劳模、尊重劳模、争当劳模的热潮。

开展劳动和技能竞赛，提升产业工人素质。全区开展衡水信誉楼加强优质服务、评最美笑脸劳动竞赛，龙马医药贸易有限公司“五比一创”劳动竞赛等10余场劳动竞赛活动和衡水忠义饮食有限公司厨师厨艺技能竞赛、衡水地毯有限责任公司地毯工艺员技能竞赛、衡水鑫博工贸有限公司梳毛工技能大赛等10余个工种的技能比赛，其中桃城区选手李化非在衡水市第七届职工职业技能大赛——中药材鉴别师决赛中获得第5名的好成绩，并代表市里参加河北省中药材鉴别师技能大赛。精心筹备，成功承办衡水市第七届职工技能大赛电动自行车装配工决赛。

开展“五小”等群众性经济技术创新活动。通过采取经费扶持、政策指导等方式引导企业工会结合企业实际，积极培养申报高琪琳创新工作室、张梦琳创新工作室、赵艳训创新工作室。并以劳模创新工作室为平台，组织职工开展职工技能竞赛、创新成果申报、技术攻关等交流活动，充分发挥劳动模范的示范、引领和骨干带头作用，有力地推动桃城区供给侧结构性改革的发展与完善。国网衡水市桃城区供电公司、衡水市第四人民医院向省平台推送了职工创新成果。

【壮大工会组织】 夯实基层工作基础，不断扩大工会组织有效覆盖面。聚焦新经济业态建会，建立健全工会组织网络。立足桃城实际，以产业集聚区、新兴小镇等新经济新业态为重点，以联合工会为主要组建形式，着力拓展非公企业工会和“两新”组织工会覆盖面，持续推进小微企业和零散就业人员等群体入会。2020年，全区共新发展会员1013人，新建立基层工会组织16家，全区现有基层工会465家，涵盖基层单位752家，工会会员总数37343人。

重点建设百人以上非公企业工会，提升工会组建工作质量。深入贯彻落实衡水市总工会关于加强百人以上非公企业工会建设的实施方案工作部署。桃城区总工会一方面主动与各乡镇街道、区税务局主管部门沟通与联系，详细掌握桃城区15家百人以上非公企业的实际规模和发展状况。一方面深入企业进行指导，建立区总工会干部帮建制度，通过结对指导工作记录，建立详细的工作台账，分析未建会原因，在原方案基础上，进行调整更新，取得桃城区14家百人以上企业成功建会的成效，进一步加大工会组织组建力度。

培树标杆企业，持续深化基层工会规范化建设。围绕“企业代表性好、工会组织及工会主席作用发挥好、平等协商工作好、开展劳动和技能竞赛好、职工（劳模）创新工作室运行好、职工权益保障好、职工队伍精神面貌好、工会经费管理使用好”等要求，重点抓好衡水睿涛环保有限公司、中关村e谷小镇等标杆企业工会创建工作，瞄准企业工会工作差距与短板全力攻坚，突出重点，强化举措，攻坚克难，务求实效，达到创建目标要求。衡水睿涛环保有限公司、中关村e谷小镇先后顺利通过衡水市总工会组织的标杆企业工会达标验收。河东办工会、赵家圈镇工会被评为市先进乡镇（街道）工会。桃城高新技术产业开发区工会被评为市先进开发区工会。何家庄乡总工会被推荐为河北省乡镇工会规范化建设工会，带动全区工会组织规范化建设水平不断提升。

搭建“职工服务网”及“冀工之家”平台，着力推进网上工会工作。区总工会以工会组织健全的行政、事业单位为龙头，通过与工会主席沟通宣传，对各基层工会进行线上培训指导等方式方法，对接做好河北职工服务网的特色维权服务、流程业务办理、网上发稿、会员认证等工作，在河北职工服务平台（河北职工服务网）注册会员10304人，发稿246篇。以职工人数众多的教育系统和卫生系统为抓手，深入二院、四院、五院以及各个学校指导工作，推动250余家基层工会入驻“冀工之家订阅号”等平台，推送基层工会的好经验、好做法的稿件50余篇，视频30余个。

【服务职工】 做好服务职工工作，增强职工群众的获得感、幸福感。多措并举解除援鄂医护人员后顾之忧。推动打赢疫情防控阻击战，区总工会共向基层工会拨放115000元慰问一线医护人员和一线防控职工。其中，分别向河东、河西、路北、中华街道4个办事处和何家庄乡拨付2万元，共计10万元的新冠肺炎防控工作专项资金，用于关心关爱工作在一线的防控职工；分别向区二院、四院、五院拨付新冠肺炎防控专项慰问金5000元，共计15000元，并委托二院、四院、五院工会及时将慰问金发放到疫情防控一线医务人员及其家属手中。区总工会成立赴鄂医护家属帮扶小组，与援鄂医护人员家庭建立包联机制，帮扶小组成员实行一对一帮扶，一人一户对接，与援鄂医护人员家属建立电话和微信“热线”联系，充分做好援鄂医护人员及其家属的服务保障工作。扩大慰问服务范围，想方设法为坚守防疫一线职工排忧解难。区总工会与衡水信誉楼工会进行沟通并得到支持，决定疫情防控期间所有赴鄂医护家属在衡水信誉楼订购商品，哪怕是一元的商品也免费送货到家，方便赴鄂医护家属的生活，解除赴鄂医护人员的后顾之忧。

做好困难职工帮扶救助工作。2020 年元旦、春节期间共慰问 35 名有困难的职工，发放慰问款物 3.5 万余元，使广大职工切实感受到党委、政府和工会组织的关怀和温暖。7 月，区总工会集中时间，集中人力进行“夏送清凉”活动，为3000余名一线职工送去价值2万多元防暑物资。10 月，开展“情浓双节，与爱同行”走访慰问活动，为 17 名脱困困难职工和受疫情影响的低收入职工家庭送去价值5000余元的米、面、油等生活用品。

灵活开展工会创业就业服务。新冠肺炎疫情发生后，区总工会急职工之所急，采取多种形式动态掌握因疫情影响下岗、“零就业”家庭和低收入职工家庭等群体情况，确保他们“求职有门、就业有路、困难有助”。2 月，会同桃城区人社局等部门联合组织两场网络招聘会，18 个用人单位发布 290 多个岗位的招聘信息，累计提供免费服务 760 余人次。区总工会还助力家政培训学校开展免费网上授课活动，共组织 230 人参加家政服务培训。

深化医疗互助活动。全区 121 个单位，10566 名职工参与活动，共接收捐款近 63 万元，参加活动职工人数实现稳步增长。对申报医疗互助的职工，工作人员热情服务，严格办事程序，先后为 46 名职工申请职工医疗救助，累计救助资金 32.5 万元，有效缓解患病职工的经济负担，得到广大职工的认可与称赞。

推进关爱女职工工作。督促《女职工劳动保护特别规定》等法规条例落地落实，建立爱心妈妈小屋 2 家，分别为衡水睿韬环保技术有限公司、衡水市裕华路小学，完成市总下达任务。2020 年，累计建立爱心妈妈小屋 11 家。

【履行维权职责】 加大普法宣教力度，增强职工法律意识。先后开展“尊法守法·携手筑梦”服务农民工公益法律服务行动、“千名律师进万家企业法律服务”集中宣传咨询活动 20 余次，现场解答职工法律咨询 200 余人次，为 700 余名职工（含农民工）开展普法讲座，发放普法宣传资料 2500 余份。

拓展法律服务渠道，履行工会维权职责。桃城区总工会成立工会劳动法律监督委员会 197 个，培育劳动法律监督员人数 633 人，进行网上宣传 11 次，实地宣传 8 次，帮助解决行业性问题 13 个，充分发挥“一函两书”作用，为优质高效法律援助提供有力保障。进一步加大法律援助工作力度，巩固“律师驻工会坐诊接访”工作成果。2020 年，区总工会共办结法律援助案件 6 件，挽回经济损失共计 20 余万元。

实施集体协商与“共同约定”专项行动。针对新冠肺炎疫情给劳动关系带来的新情况、新问题，桃城区总工会创新方式方法，与区人社局、区工商联联合在全区开展集体协商与共同约定行动，2020 年共有 225 家企业发出要约，签订工资专项集体合同与“共同约定行动”协议书 103 份，覆盖职工 7501 人。与此同时，桃城区总工会加强劳动关系动态分析研判和预警机制建设，广泛开展劳动关系矛盾排查化解，全面增强应急处置能力，新增 1 家与省联网的劳动关系监测点，维护职工队伍团结统一和社会的和谐稳定。

推进厂务公开，促进企业和职工双赢。区总工会以和谐创业为引领，以推动发展为目标，认真落实厂务公开工作的各项工作机制，推动厂务公开工作健康有序发展，确保厂务公开工作取得实效。以规模以上民营企业为重点，积极推进“民主管理进私企”。2020 年召开职代会共计 95 次，涵盖单位 202 个，覆盖 18350 名职工，其中工会部长及领导指导并参加的职代会 35 家，分管主席参加并指导 2 家标杆企业。加强对职工群众的宣传教育，提高他们对厂务公开重要性的认同感和自觉性，增强他们的主人翁责任感和使命感，积极投身企业的民主政治建设，主动关注企业的发展，热情参与企业的民主管理，不断提升职工政治地位，维护好职工合法权益，在经济建设主战场发挥好职工应有的作用。衡水市第四人民医院的职工代表提案被评为国家级优秀职工代表提案，并成功入选厂务公开民主管理先进单位典型库。

【帮助困难职工解困脱困】 打赢城镇困难职工解困脱困攻坚战，建立健全长效机制。始终把城镇困难职工解困脱困工作摆在重要位置，积极与公安、民政、人社、住建等部门沟通协作，通过采取纳入社保、大病保险和医疗互助保险保障等有效方式，合力做好解困脱困工作。桃城区 5 名全国级在档困难职工全部脱贫解困。

确保城镇困难职工高质量解困脱困的同时，区总工会积极组织基层工会做好低收入职工家庭监测工作，采取多种形式动态掌握因疫情影响下岗、“零就业”家庭和低收入职工家庭等群体情况，通过与区人社局合办网络招聘会，开展免费网上技能培训等活动，主动联系企业开发工作岗位，防止因疫情、因病、因学、因家庭重大变故返贫。

根据省、市制定的防困实施办法，7 月 9 日，区总工会向辖区内所有建会单位印发《桃城区职工困难帮扶防困实施办法（试行）》，在全力做好职工困难帮扶防贫宣传工作的同时，工会干部对职工困难帮扶防贫申请人进行入户走访调查，详细了解其家庭状况、人均收入、致困原因等情况，确保精准识别，精准帮扶。

【疫情防控】 疫情发生后，区总工会机关全体干部职工下沉基层筑牢防疫堡垒，用心用情关爱防疫一线职工，在打赢疫情防控阻击战中展现工会作为。下沉社区开展 3 轮入户调查，全面摸排掌握外地返衡水人员、“四类人员”以及特殊群体信息，逐一建立登记台账，真正做到底数清，不留排查盲区。通过职工服务网、微信公众号、微信群等积极转发疫情防控知识并在分包的农发行小区悬挂宣传横幅，有效地提升职工群众以及小区居民的疫情防范意识。做到摸排走访全覆盖、关联人员无遗漏，并配合每天定时消杀、关键时间节点轮流值班等措施，确保防疫工作扎实、有序开展。扎实做好防疫一线医务人员及家庭服务保障工作。多次深入防疫一线发放总价值共计 10 万元的新冠肺炎防控工作专项资金，发放专项慰问金 15000 元，慰问一线医务人员 100 人次，解除赴鄂医护人员的后顾之忧。

共青团衡水市桃城区委员会

【概况】 2020 年，共青团桃城区委全面贯彻党的十九大精神，坚持以习近平新时代中国特色社会主义思想为指导，深刻领会习近平总书记关于青年工作的重要思想，深入贯彻落实中央、省、市、区委关于做好青少年和共青团工作的部署要求，立足桃城区经济社会发展实际，坚持稳中求进工作总基调，坚持党管青年原则和青年优先发展理念，进一步增强“四个意识”、坚定“四个自信”、做到“两个维护”，紧扣决胜全面建成小康社会、决战脱贫攻坚，组织引领凝聚青年，服务青年成长需求，维护青年发展权益，引导全区青年更加紧密地团结凝聚在党的周围，奏响“奋斗青春最美桃城”的青春主旋律，引导青年在建设经济强区、美丽桃城新征程中发挥生力军和突击队的作用。

【构筑理想信念高地】 构筑理想信念精神高地，引导青少年矢志不渝听党话跟党走。

强化意识形态工作。团区委高度重视意识形态工作，成立意识形态工作领导小组，明确党组对意识形态工作负主体责任，“一把手”是第一责任人，主管副职是直接责任人，协助抓好统筹协调指导工作。党组其他成员根据工作分工，按照“一岗双责”的要求，抓好分管负责的意识形态工作，对职责范围内的意识形态工作负领导责任。理论中心组每月安排一次理论学习，学习笔记不少于1000字，党组主要负责人发言，按照不少于党组成员三分之一的人员即1人进行发言，其他成员结合学习内容认真撰写心得体会，并按照区委理论中心组安排，做好学习材料、发言提纲、体会文章、影像资料等每月档案的收集整理工作，每月单独成册。充分利用“学习强国”平台，做到全员注册，组织单位人员积极学习。

深化网络媒体思想引领。充分利用网络新媒体，完善“三微一博一站”、团属网络平台，加强与微博、微信“粉丝”的联系，开展互动交流，增强工作黏性，鼓励原创，精心选题，全面提升微博、微信影响力。开创“青春桃城”官方抖音公众号，贴近青年、影响青年，提升网络影响力，在涉及青年问题上形成联动机制，引导青年科学、文明、依法用网，凝聚和传播网络正能量。推动网络新媒体工作持续提质增效，开展“青春亮剑斩霾”清朗网络空间行动，动员团员青年争当“中国好网民”。积极运用“冀e青春”青少年服务云平台开展网上思想引领，推动团员青年参加“青年大学习”网上主题团课，学习情况作为评优参考。

培育和践行社会主义核心价值观。深入开展形式多样的青年群众性精神文明创建活动，引导青年大力弘扬社会公德、职业道德、家庭美德，培养良好个人品德，积极倡导和培育诚信品格，争当“桃城最美青年”“向上向善好青年”，在引导社会文明风尚中发挥积极作用。引导全区广大团员青年继承和弘扬“爱国、进步、民主、科学”的五四精神，充分展现新时期五四精神的时代内涵和当代青年的时代风貌，引导全区青年勤学、修德、明辨、笃实，使社会主义核心价值观内化为青年的坚定信念，外化为青年的自觉行动。大力开展核心价值观实践活动，在桃城区青少年发展中心建立志愿服务平台，组织青年志愿者开展“寸草心爱老敬老”、学雷锋做好事、扶贫帮困、抗击疫情、关爱防疫医护人员等志愿服务活动，大力弘扬社会公德，培养良好个人品德，以切身体验践行社会主义核心价值观。

推选典型，树立榜样。推荐优秀青少年、优秀集体参加“全国五四红旗团支部”、衡水市“优秀共青团员”“优秀共青团干部”“五四红旗团委（团支部）”选树工作。1个集体荣获国家级荣誉，16个集体、个人荣获市级荣誉。通过选拔和推荐一批先进典型，广泛开展线上线下宣传活动，为青少年树立起可学可比的身边典型，让广大青少年切身感受榜样的力量。

举办桃城区援鄂英雄事迹报告会，为桃城区援鄂英雄代表颁发《记忆中的2020》援鄂英雄纪念册，听取二院谷俊丽、四院孙芳芳、五院张宏亮等3名援鄂医护人员代表做的事迹报告，号召全区广大团员青年、妇女同胞和广大职工，向援鄂英雄学习，向新时代最美逆行者学习，弘扬“抗疫精神”，把英雄们的正能量传递给身边更多的人，让青春之花在党和人民最需要的地方绽放，为桃城区2020年全面建成小康社会而努力奋斗。

【推进共青团改革工作】 锐意进取抓实团的

建设，全面推进共青团改革工作落地生效。

加强基层组织建设。落实关于“网上共青团”建设的一系列指示要求，深化共青团改革攻坚，组织各学校、区直部门、乡镇街道，利用团属平台“智慧团建”“冀e青春”青少年服务云平台开展团员信息录入、团组织关系转接、学社衔接、升学衔接、团员青年“回家”等工作，解决各级团组织“家底不清”问题，推动基层基础团务实现规范化管理，推动桃城区团的整体工作跃上新水平。加强非公团建建设，建立鑫考教育科技股份有限公司团支部。

推进基层党建工作。严格执行《关于新形势下党内政治生活的若干准则》，认真落实《中国共产党支部工作条例（试行）》，坚持“三会一课”、谈心谈话等基本制度，规范管理使用《党支部手册》，开展党员教育。对照“抓党建、促脱贫、保小康”活动工作台账，充分发挥行业帮扶作用。对照“推进省级城市基层党建示范区建设任务清单”，强化街道社区党组织对团组织和社会组织的政治引领、组织引领、能力引领、机制引领。

建设青年人才队伍。贯彻人才分类评价“1+9”文件精神，按照区人才工作领导小组要求，大力推进青年人才工作，制定“一把手”人才工作职责清单、实施特色人才项目、创建专家服务团、开展“人才工作主题月”活动、加强人才信息库建设，展现当代青年的新使命、新担当、新作为。

贯彻落实团中央、团省委中长期青年发展规划要求。推进桃城区作为全省首批《河北省中长期青年发展规划（2018—2025年）》实施试点县（市、区）建设，青年工作联席会议采取“第一召集人牵头，办公室负总责，各责任单位分头落实”的运转模式，团区委作为联席会议办公室，充分发挥协调作用，拟定《桃城区创建“奋斗青春　最美桃城”2020年度重点工作任务分解》作为工作指引，出台《创建“奋斗青春 最美桃城”实施意见》，紧紧围绕“健全青年工作联席会议制度、推动出台标志性青年发展政策、设计服务青年发展的实事项目、完善推动青年发展的保障”等内容，出台各类促进青年发展的政策，实施服务青年发展的项目和工程，强化各类保障措施，打造特色亮点工作。

【服务区委、区政府中心工作】 带领广大团员青年青春建功新时代，服务区委、区政府中心工作。

全方位助力创建省级文明城区工作。团区委充分发动志愿者先后开展文明引导志愿行、暖冬行动、植树活动、清明祭英烈活动、绿色感恩绿色离校等志愿活动，有效带动并激发全民参与创建的活力。深入帮扶共建的利民社区怡宁家园小区，实地走访106户，清除死角垃圾30余立方米，规划消防应急通道3处，粉刷楼道及外墙253平方米，清理小广告1700多条，制作公益广告150块。

做好建档立卡贫困户结对帮扶工作。做好建档立卡户结对帮扶工作。对郑家河沿镇建档立卡户李志勋一家继续享受产业就业、兜底保障、残疾人补贴、健康扶贫、教育扶贫、普惠政策等帮扶措施的同时，做到“四个一”，并对李志勋一家的现状开展有针对性的帮扶，联系爱心人士对其二女儿、小儿子上学期间的生活费进行长期资助，不断巩固脱贫成果。为不断将共青团“脱贫攻坚 乡村振兴·团青建功”行动引向深入，持续助力桃城区脱贫攻坚工作，团委联合扶贫办，对接爱心人士在桃城区开展“微心愿”征集暨走访慰问贫困家庭青少年活动，17名青少年的心愿半天之内全部被认领完毕。通过该次活动也使他们对生活充满希望，感受到社会的关爱。春节期间，为进一步激发青少年参加社会实践的积极性和主动性，提高青少年的主人翁意识，丰富青少年的寒假生活，开展“小手贴春联 祝福送上门”活动，让孩子帮助没有劳动能力的孤寡老人贴上一副暖心的春联。鼓励孩子用纯真的爱心与孝心关爱老人，也让孤寡老人感受到来自社会大家庭的温暖。在桃城中学开展“上好开学第一课 扣好人生第一粒扣子”主题教育实践活动，并为家庭贫困学生发放希望工程爱心助学金。

助力打赢新冠肺炎疫情防控阻击战。新冠肺炎突发后，团区委负责路北街道煤炭生活区疫情防控工作，与路北街道和孔颖达社区形成“三方联动”，层层宣传，层层落实，层层防护，实行24小时防疫值班制度，对小区采取封闭式管理，只保留一个入口，划分责任区，明确分工责任，切实拒绝外来人员，管好内部人员，做到“外防输入、内防扩散”，进一步完善疫情防控风险排查和应急处置措施，切实做到精准有效科学防控。全面排查煤矿生活区6栋楼190户533人，每天联系掌握最新情况并上报动态，利用小区微信群、张贴宣传页等方式向居民宣传防疫知识，团区委发挥组织优势，利用“志愿汇”App、“青春桃城”微信公众号等招募青年志愿者，凝聚青年力量，走进社区协助防疫消毒、测量体温，讲解防疫知识，全力守护好疫情防控战线。

深化志愿服务工作。团区委联合蓝天救援队到路北煤矿生活区开展消毒工作。春运期间到衡水汽车站开展“青春志愿行，温暖回家路”活动。2020年植树节，共青团桃城区委组织团干部、青年志愿者共同参加线上“领养绿植”和线下“共植青年林”活动，激发爱林造林的热情，宣传生态环保的重要性。共青团桃城区委联合郑家河沿镇政府，在郑家河沿镇河沿村开展植树活动。联合衡水学院公管学院举办“绿色离校活动”。

【提升服务青少年的能力与水平】 提升服务青少年的能力与水平，打造青少年身边满意的共青团。

加强青少年法治意识教育和法律保护。团区委联合桃城区检察院未检科深入校园进行普法活动，会签《关于性侵害未成年被害人一站式询问、救助实施办法（试行）》《关于合适成年人参与刑事诉讼的实施意见（试行）》《未成年人刑事案件年龄证据审查规则（试行）》《关于性侵害未成年被害人一站式询问室使用细则（试行）》四个工作文件，明确实行对未成年被害人“一次询问”工作机制，细化询问未成年被害人的具体标准和操作程序。配齐配强中小学校兼职法治副校长、辅导员。将法治教育纳入精神文明创建和平安建设内容，运用网络新媒体扩大宣传教育覆盖面，统筹青少年法治教育实践基地建设，发展壮大青少年普法工作队伍和志愿者队伍。在“4·15”全民国家安全教育日期间，组织各中小学校开展“国家安全教育进校园”主题活动。共青团桃城区委联合桃城区检察院举办“桃城区青少年网络安全讲座”青少年日主题教育，传达习近平总书记关于网络强国的重要思想、习近平总书记对网络安全工作“四个坚持”的重要指示，介绍国家网络安全工作取得的重大成就、《中华人民共和国网络安全法》，就加强疫情防控中数据安全和个人信息保护以及新技术新应用安全等的宣传普及工作做详细讲解。

畅通青年沟通渠道。举办“共青团与人大代表、政协委员面对面”活动，进一步发挥共青团桥梁纽带作用、做好协商代言工作，解读服务新兴青年群体的最新政策，帮助青年群体能够更好地理解政策，更擅于运用政策，发挥个人优势。按照共青团组织“找得到、联系紧、服务实、引导好”的目标，积极整合社会各方资源，切实维护新兴青年群体的发展权益，实现素质提升、职业发展、社会融入等个人梦想，并通过积极引导使之成为推动国家发展、社会进步的有用人才。

帮扶带动青年就业创业。依托衡水创新创业孵化基地、中关村e谷（衡水桃城）创业小镇，为广大青年创业者协调办公场地、创业辅导。加大政策宣传力度，引导鼓励有创业意愿的青年参加培训，将有培训意愿的毕业生纳入培训范围。深入实施青年电商培育工程、农村青年创业致富“领头雁”培养计划，顺应“互联网+”发展趋势，把电子商务作为带动创业的一项重要工作狠抓落实。深入开展“青年文明号”“青年安全生产示范岗”“青年岗位能手”创建活动，完善岗位建功、社会参与、激励政策等育人机制，打造青年职业文明品牌，营造倡树职业道德的社会氛围。联合区人社局等单位举办2020年桃城区创业创新大赛，经初赛选拔出的16个参赛项目，内容涵盖特色餐饮、服装设计、本地旅游、非遗剪纸技艺、网络科技等领域，各参赛项目创新性融合现代科技元素基础上，都充分体现桃城地域特色，进一步营造“鼓励创新，支持创业”的浓厚氛围，达到创新引领创业，创业带动就业目的。

举办2020年桃城区大学生“返家乡”社会实践活动。开展大学生“返家乡”社会实践活动，是深入学习贯彻习近平总书记关于青年工作的重要思想、落实中长期青年发展规划的一项创新举措，同时，也为大学生提供在社会实践中了解国情、热爱家乡，培养对基层和群众的朴素情感，增强服务国家、服务人民的社会责任感的最佳平台，130余名衡水籍大学生在全区党政机关、群团部门参加见习。

举办“以爱之名，邂逅桃城”2020单身青年联谊会。团区委组织来自桃城区各机关与企事业单位以及部分国有企业共计130余位青年欢聚一堂，缔结情谊，活动贯彻落实《中长期青年发展规划（2016—2025年）》，促进加强青年婚恋观、家庭观的教育和引导，促进青年增进友谊和交流成长，为单身青年搭建公益性、诚信度高的交友联谊平台，活跃未婚青年的业余文化生活，拓宽青年沟通交流渠道，增进单位青年男女间的了解，引导广大青年树立正确的价值观、婚恋观。

【加强少年儿童思想政治教育】 以团带队，切实加强少年儿童思想政治引领。

深化“争做新时代好队员”主题实践教育。继续在全区未成年人中深入开展“新时代好少年”活动，通过校级推选、择优推荐、区级推选、向上推荐等推选程序，选出桃城区“新时代好少年”，并择优遴选出事迹典型人员参评市级“新时代好少年”，以学习宣传贯彻党的十九届四中全会精神为统揽，落实团十八届四中全会精神，用好党带领人民决胜全面小康、决战脱贫攻坚等生动教材，开展“习爷爷教导记心中”学习宣传、“我是小小追梦人”实践体验活动，从小种下制度自信的种子。

体现时代先进性，向援鄂英雄学习。共青团桃城区委依托微信公众号、微博、抖音短视频、今日头条、西瓜视频等新媒体，举办“红领巾对话抗疫先锋”主题云队课活动，少先队员和衡水市第二人民医院谷俊丽、衡水市第四人民医院李振兴、衡水市第五人民医院张宏亮3位援鄂英雄进行深刻的交流，援鄂英雄为孩子们讲述，用质朴的语言从不同角度，满怀深情地介绍在抗疫一线的工作、生活情景，与患者发生的感人肺腑的故事，以及家属无私的支持，详细解答孩子们的问题，为孩子们上了生动难忘的一课。

完善少先队制度化、规范化建设。积极推进《关于构建阶梯式成长激励体系 增强少先队员光荣感的指导意见》《关于深入贯彻落实党建带团建、队建加强少先队工作体制机制建设的意见》《关于加强新时代少先队辅导员队伍建设的意见》三个制度性文件的落实。建立常态化的少先队荣誉激励机制，增强少先队员光荣感，继续推进少先队改革任务，推进全区各中小学成立校级少工委，加强新时代少先队辅导员队伍建设，切实提升少先队辅导员政治素质和履职能力。

坚持全面从严治团。严格执行团章和团内制度规定，狠抓团的纪律建设，以团员、团干部为重点，强化政治纪律和组织纪律教育，带动廉洁纪律、群众纪律、工作纪律、生活纪律严起来。建立健全重点工作督导检查、约谈通报制度，分层分类开展监督检查。扎实开展团干部理想信念教育，推进团的各级领导班子建设，锤炼党性修养，牢固树立政治意识、大局意识、核心意识、看齐意识。抓好团干部的选配、教育和管理，注重从基层一线选拔优秀人才，建设“专挂兼”相结合的团干部队伍。加强团干部能力建设，通过理论培训、轮岗实践、挂职锻炼、下沉基层等多种方式，提高团干部工作本领。

（闫旭东）

桃城区妇女联合会

【概况】 2020年，桃城区妇联围绕全区工作大局和妇女群众需求，巩固和深化“不忘初心、牢记使命”主题教育成果，全方位推动妇女事业发展，着力为妇女儿童办好事、解难事，妇联组织政治性、先进性、群众性不断增强，妇女群众获得感、幸福感、安全感不断提升。

【做好疫情防控工作】 新型冠状病毒感染的肺炎疫情暴发后，桃城区妇联在区委、区政府的正确领导下，坚决贯彻落实上级各项工作要求，积极响应市妇联倡议，充分发动各级妇联组织和全区广大妇女群众为抗击疫情贡献巾帼力量。

加强组织领导。坚持把疫情防控作为一项最重要最紧迫的政治任务，确保各项防控措施落到实处，防控工作取得实效。桃城区妇联积极响应，按照区委统一安排，把做好新型冠状病毒感染的肺炎疫情防控工作当做头等大事。积极号召桃城区广大妇女、家庭行动起来，立足工作岗位，担当社会责任，守住家庭防线，为遏制疫情蔓延势头、维护社会大局稳定发挥独特作用。2月13日，广泛动员业主成立多支疫情防控志愿服务队，有巾帼志愿者、党员志愿者、大学生志愿者、业主志愿者等多个队伍，把疫情防控责任落实到每一个人身上，形成人人防控的新局面，推动疫情防控工作开展。比如，志愿者李凤昌一直坚持协助执勤人员值班；党员志愿者付振华帮忙改造电线开关，并为执勤人员提供热水壶、红糖、姜、水等物品；大学生志愿者许湘媛帮忙汇总业主信息；志山牙科诊所王志山为防控执勤点提供电源等。

注重舆论引导。妇联充分发挥各类媒体平台作用，通过微信群、悬挂横幅标语、录制广播巡回播放、编发疫情防控提示等形式，广泛宣传疫情防控知识，教育引导群众正确认识疫情，劝导群众取消聚会，不走亲访友，不随意出入人员密集场所，不信谣、不传谣、不造谣。2月10日，妇联班子成员建立“红星社区疫情排查防控工作群”微信平台，让小区居民扫码进群，在群内宣传疫情防控的有关信息，并及时进行提醒，营造全员防控的舆论氛围。

加强统筹协调。2月2日，区妇联发起“传递巾帼爱心、共同抗击疫魔”爱心捐助公益活动。妇联班子成员带头捐款，主席李雪捐款1000元，主任科员徐琪捐款500元，副主席李新捐款500元。并积极发动全区各级妇联干部、女企业家、社会组织、广大妇女等捐款献爱心，为疫情防控做贡献。捐往湖北款物折合人民币56850元，捐到桃城区款物折合人民币365526.6元，其中河北恩利电气新材料科技有限公司董事长张瑞娥组织公司员工为武汉疫情防控工作捐款53600元；忠义餐饮有限公司石敏提供款物、为衡水市三院免费送餐折合人民币达7万余元。区妇联协调联通公司提供挡雨棚，协调有关部门为居民免费提供消毒液，并在疫情防控群号召群内志愿者对楼道地面、扶手等进行消毒，消毒信息群内接龙，确保疫情防控期间楼道内一天两次的消毒。

发挥专职作用，提供心理疏导和居家服务。针对疫情防控期间容易让人焦虑、憋闷、易怒，甚至产生恐惧心理这一情况，区妇联依托宋荣香心理研究所和语涵家庭教育中心，通过微信群和直播等方式，为广大妇女姐妹及儿童提供心理疏导和情感支持、送去“娘家人”的关爱，帮助大家科学看待疫情、正确了解病毒传播、坚定战胜疫情的信心，2020年累计开课500余场，受益人达10万人次。此外，妇联主席还亲自前往赵家圈镇曹家圈等村为疫情防控期间留守儿童作心理辅导，用专业的知识和温暖的语言驱散她们的不安与疲惫。5月28日，区妇联班子成员一行到赵家圈镇、郑家河沿镇、邓庄镇慰问看望疫情防控期间留守儿童9名，为孩子们送去近2000元的慰问品。此外，为让积极参与防控的妇女和家庭情绪饱满、积极乐观地居家防控，度过充实愉快的假期生活，充分利用网络和新媒体开展灵活新颖的活动，开展亲子朗读等，通过多样化、有吸引力的措施，让广大妇女儿童居家期间也能生活的多姿多彩，守牢家庭这道防线。

关心关爱医务人员及家属。3月7日上午，区委书记郝卫东走访慰问支援湖北一线医护人员家庭和优秀女性代表及群体，感谢大家为打赢疫情防控阻击战、推动经济社会发展做出的积极贡献。3月初，桃城区妇联携手衡水市妇联开展“您为国奉献 我为您守护”关心关爱抗疫一线医护家庭活动。对桃城区21名赴鄂一线抗击疫情的医护人员的家属进行慰问，为每户家庭送去价值7000元的鲜花及慰问礼包。通过对医护人员及其家庭的帮助，让医护人员能够全身心投入疫情防控战斗中去。在医护人员凯旋之时，4月28日，区妇联携手团区委、区总工会组织召开援鄂英雄事迹报告会等一系列关爱活动。

发挥桥梁纽带作用，助力经济社会发展。积极推进“妇女素质提升计划”，充分利用网络空间，依托爱心家政、康雨家政、王斯颐剪纸培训学校，帮助广大妇女在居家期间积蓄力量，提升技能。2020年，累计培训800人次。

【做好意识形态工作】 深入开展“基层大宣讲活动”，充分发挥妇联组织对妇女群众的思想政治引领作用，推动学习宣传贯彻中国特色社会主义思想往深里走、往实里走、往妇女群众心里走，引导广大妇女坚定不移跟党走、奋力建功新时代。

党组书记讲党课。5月15日上午，桃城区妇联组织召开工作会议暨党组书记专题党课，区妇联主席李雪以《担牢初心使命，坚决打赢疫情防控阻击战》为题，为全体党员上了一堂生动又深刻的抗击疫情专题党课。

基层大宣讲。组织美丽庭院讲师团讲师深入赵圈、邓庄等农村进行线下培训，开展培训两次，受训人达100余人次。疫情防控期间，开展以“抗‘疫’之战 巾帼礼赞”为主题的大宣讲活动；开展网络展播，在“荷之魅”微信公众号展播十六个有代表性的优秀巾帼人物及单位。

家庭教育公益讲座。依托语涵家庭教育中心、宋荣香心理研究所等机构开展公益讲座，采取微信群、视频直播、线下辅导等方式进行授课，2020年开展线上线下公益讲座500余场次，受益人10万人次。

开展“妇联喊你来听课——‘幸福家庭小课堂’进社区”活动。11月25日下午，区妇联携手市妇联在中华街道福苑社区开展“妇联喊你来听课——‘幸福家庭小课堂’进社区”活动，邀请何家庄乡派出所警官贾云峰为福苑社区30余名居民做反家暴知识讲座；同时，开展反家暴宣传咨询，活动共计发放宣传资料 50 余份，接受咨询 70 余人次。12 月 9 日上午，桃城区妇联携手路北街道办事处在孔颖达公园社区开展“妇联喊你来听课——‘幸福家庭小课堂’”活动，邀请河北省检察机关法治巡讲团讲师董会巧就如何保护未成年人以及如何预防未成年人性侵案的发生，做题为《深化职责担当，守护祖国未来》的讲座。

【推进“乡村振兴巾帼行动”】 开展美丽庭院创建活动。积极发动全区广大家庭和妇女姐妹投入环境整治工作中。发布《桃城区妇联创建省级文明城区倡议书》《桃城区美丽庭院倡议书》，号召广大家庭和妇女姐妹自觉改变生活、卫生习惯，及时清理整治房前屋后环境，做到垃圾分类投放、柴草堆放有序、牲畜粪便清理干净、室内物品摆放整齐，让洁净延伸到每一个角落。

组织创业培训。依托爱心家政开展巾帼创业培训，采取微信群、直播、线下培训等方式，对有创业意愿的妇女进行免费家政服务培训。2020 年，组织培训近 10 场次，受益人数达 500 余人。

召开示范引领 助力脱贫攻坚座谈会。充分发挥示范基地在脱贫攻坚中的引领带动作用，助力更多妇女依托家政就业增收脱贫。5 月 27 日，市妇联副主席高勤燕一行先后到桃城区康雨家政服务中心、毓婴家政公司、爱心家政培训学校，实地参观家政专业培训场地、实操教室、就业安置场所、学员职工宿舍等，了解疫情影响下家政企业面临的困难和问题，最后在爱心家政培训学校召开座谈会。会上，为桃城区衡水爱心家政职业培训学校、衡水康雨家政服务中心、衡水毓婴家政服务中心和衡水仁华健康管理咨询有限公司 4 个家政公司颁发“衡水市巾帼家政示范基地”牌匾。29 日下午，区妇联主席李雪为获得“衡水市巾帼乡村旅游示范基地”和“衡水市巾帼巧手脱贫示范基地”的企业授牌。

【扩大组织覆盖面】 继续深入推进“四新”组织妇建工作，坚决打好基层妇联组织建设攻坚战，转发《衡水市妇联关于推进市县直机关事业单位妇委会改建妇联的通知》，先后召开桃城区妇联改革“破难争星行动”工作推进会、“四新”领域组织建立妇联组织和区直单位妇委会改建妇联会的现场观摩会。全区有衡水仁华健康管理咨询有限公司、衡水育才妇产医院、桃城区女企业家协会等 8 家四新领域组织成立妇联组织，区农业农村局、区法院等 17 个单位完成妇联会改建妇委会工作。通过各级妇联组织和“妇女微家”，让妇联工作实现线上线下有效互动，打通联系服务妇女群众的“最后一公里”。为进一步延伸妇联工作触角，按照“哪里有妇女，哪里就有妇女组织”的原则，积极拓展横向妇女组织建设，扩大“妇女之家”覆盖领域，不断增强妇联组织的凝聚力和影响力。

【组织“最美家庭”评选活动】 逐步提高参与社会治理水平，全力开展好“家庭家教家风”工作，在全区内开展寻找“最美家庭”活动，广大家庭踊跃报名。4 月 28 日，召开 2020 年度“最美家庭”通报表扬大会，会上，宣读《关于通报表扬“桃城区抗疫最美家庭”及“2020 年度桃城区最美家庭”的决定》，对 30 户“最美家庭”给予表扬。区领导孟洪义、王世江、何红卫、吴新巧出席会议。

【组织家庭亲子朗读活动】 5 月 29 日上午，由区妇联、区教育局、团区委、区委宣传部共同组织开展的“家风和美 德润桃城”家庭亲子朗读决赛，以视频会议的形式拉开帷幕，全区各个学校以小视频形式开展初赛，共评选出 27 个优秀作品参加该决赛。经过激烈的角逐，来自桃城区第一幼儿园的王嘉泽家庭获得比赛的一等奖，利民路小学、育才街小学、永兴路小学、恒丰路小学、桃城区第一幼儿园获得优秀组织奖，比赛一、二、三等奖的十名指导老师获得优秀指导老师奖。

【排解婚姻家庭矛盾纠纷】 区妇联加大对婚姻家庭矛盾纠纷的排查和调解力度，利用微信公众号做好有关法律宣传，接受电话咨询及来访30人次，为来电来访群众进行调解，协调有关单位处理问题。

【关心关爱困难群体】 组织开展“新春大走访，关怀暖人心”活动，并陪同市、区领导、爱心企业育才妇产医院、衡水好人网爱心志愿者等到桃城区困境妇女儿童家中走访慰问，让他们感受到党和政府的关怀。采取集中慰问与走访慰问相结合的方式，为桃城区60名困境妇女儿童送去近4万元慰问金及慰问品。

开展“庆六一 送爱心”慰问留守儿童活动。近年来，区妇联高度重视妇女儿童工作，开展系列关爱帮扶及创建省级文明城区等活动，为孩子营造安全、和谐、健康的成长环境。“六一”儿童节期间，区妇联开展“六一”关爱走访慰问活动，5月28日，区妇联班子成员先后到赵家圈镇、郑家河沿镇、邓庄镇慰问看望疫情防控期间的留守儿童，给孩子们送去节日的关爱和祝福。该次共慰问全区疫情防控期间留守儿童9名，为孩子们送去近2000元的慰问品。

【妇女活动阵地建设】 推进“妇女之家”“儿童之家”“妇女讲习所”的规范化建设。全区建立桥东社区儿童之家全国家庭教育示范基地1个，省级家庭教育示范基地2个；建立讲习所180个；建立“儿童之家”省级2个，市级13个，争取项目物资价值9万元；建立“妇女之家”省级7个，市级12个，区级172个，争取项目资金共计68万元。

【美丽庭院创建】 实现由“洁净庭院—美丽庭院—精品庭院”的梯次推进，对创建完成的“美丽庭院”注重巩固和提升的工作目标，开展线上“晒晒我家庭院”和“跟着拼音赏庭院”等活动。区妇联不定期到乡镇对创建工作进行督导，及时发现问题、督促解决问题，有效保障庭院的创建质量。2020年，全区创建“美丽庭院”18796户。

（苏慧珊）

桃城区科学技术协会

【概况】 桃城区科学技术协会（以下简称科协）在区委的正确指导下，深入贯彻落实《全民科学素质纲要》精神，深化科协系统改革，以“创新服务”为工作指导思想，以“争创全国科普示范区”为主线，树立“大科普”的理念，实现工作着力点下移，努力提高服务的针对性、时效性。科普工作蓬勃开展，科技助力“经济强区、美丽桃城”。桃城区科协在第三十五届河北省青少年科技创新大赛中，荣获优秀组织奖。

【引领科技工作者坚定跟党走】 按照区委和市科协的改革方案要求，深化科协改革。积极探索发展科协个人会员。科协与教育局、卫健局、农业农村局等部门联合发文，积极鼓励科技工作者以个人身份加入科协，成为科协会员。桃城区累计发展个人会员100余人．积极探索“三长”兼职科协副主席。通过与组织部门和各乡镇办沟通，桃城区5个乡镇办全部落实“三长”兼职科协副主席，极大地推动基层科协工作的开展，为提高全民科学素质夯实坚实的基础。按照“六有”标准建设“科技工作者之家”，积极开展“建家”工作。区科协在桃城经济开发区和科创中心按照“六有”标准分别建成高标准的“科技工作者之家”。充分利用“科技工作者之家”这个平台，大力弘扬科学精神，加强对科技工作者的教育和引导，树立正确的人生观和价值观，坚定跟党走。2020 年，科技工作者之家开展一系列活动：

积极开展学术交流。召开学术会议、学术讲座和学术考察等活动。开展经济社会重大项目建言献策活动，为桃城区的经济和社会事业的加快发展，提出科学论证和合理化建议 60 余条。

推进劳动者职业技能提升活动。邀请高科技人才对企业职工、就业重点群体和贫困劳动力开展职业技能培训和创业培训，使广大劳动者掌握一技之长，促进就业创业。

开展维权工作。发挥党和政府联系科技工作者的桥梁和纽带作用，全心全意维护科技人员的利益，切实为科技工作者办好事、办实事，帮助解决科技工作者的具体困难和后顾之忧。

注重价值观引导。充分利用“科技工作者之家”这个平台，大力弘扬科学精神，加强对科技工作者的教育和引导，使其树立正确的人生观和价值观，引导科技工作者坚定跟党走，为经济强区做贡献。

【提高农民科技素质】 围绕区委、区政府确定的农业和农村中心工作，深入开展农村科普，抓农民培训、抓示范带动、抓技术推广、抓文明村风，充分发挥基地和协会的辐射带动作用，促进农业发展、农民增收、农村进步。根据全区的特色主导产业，精心组织区直农业等部门的科技人员，通过举办各种培训、专题技术讲座、推广新技术和新品种、赠送科普图书、赶科普大集、集中咨询、电话咨询等多种形式，帮助农民解放思想，更新观念，调结构、促增收。共举办各种培训班 26 期次，培训农民 50000 余人次，举办大型科普活动 6 次，组织科技人员下乡 2500 余人次，印发科普技术资料和“明白纸”25000 余份，发布科技信息 26 条，推广新品种、新技术 17 项。开展“赶科普大集”活动，全年赶河沿、赵圈、邓庄科普大集 5 场次，共发放宣传资料 25000 余份，接受群众咨询 600 余人次。为提高农民科学素养，精心组织内容，上半年在赵家圈镇刘营村建成科普文化长廊，涵盖农村实用技术、健康养生、科学运动、节能减排、低碳生活等内容，提高农民的综合素质，受到农民朋友的欢迎。

【提高市民科学素养】 大力开展社区科普，结合文明城区创建工作，为未来城小区制作科普文化长廊，为路北街道庆祥庭苑小区和亿城祥和小区制作科普展牌 30 余块，营造小区的科普氛围，提升小区的品位，受到居民的称赞。组织科普志愿者走进社区，印制并发放《如何给蔬菜去毒》《饮料质量鉴别》《如何正确选购酱油和醋》《家庭医生常识》《冠心病防治》《预防新型冠状病毒》和健康生活系列丛书等系列科普图书，利用移动科普展牌在各社区开展科普巡展，并针对现场群众提出的问题进行解答，接受科普知识咨询，提升小区居民的科学素质。

【打造企业发展新引擎】 加强企业科协建设。帮助企业建立科协组织，全区规模以上企业全部建立科协组织。帮助科技型企业建立“科技专家企业工作站”，先后帮助河北鑫航铁塔科技股份有限公司、河北鑫考教育科技股份有限公司、衡水新光化工有限责任公司等七家企业建立科技专家企业工作站。联合部门服务帮扶企业。积极作为，主动与区科技局、工商联等单位联合搞调研，与企业加强联系，摸底数、明需求，建立企业数据库，建立科协服务企业的良性发展机制。架桥梁办实事。积极引导和组织区科技型企业与高校和科研机构共同组建产学研创新联盟，提升重点产业、重点企业发展的核心竞争力。为打通科技工作者服务企业的“最后一公里”，筹备建设桃城区科技人才库，人才库建设初具模型，正在收集、充实、完善科技人才资料，人才库的建成将助力企业科技腾飞，为建设经济强区美丽桃城做贡献。

【活跃科普工作氛围】 抓机遇、造声势。9月18日桃城区科协在路北街道孔颖达公园社区启动“全国科普日”桃城区主场活动仪式，拉开桃城区系列科普活动的帷幕。市科协党组书记、主席张永进，桃城区委常委、统战部部长李建高到场参加指导，活动现场授予孔颖达公园社区“科普示范社区”并授牌，捐赠科普图书2000余册，邀请二院医务工作者在现场开展义诊、科普志愿者进行科普知识宣传等系列活动。延续到9月底桃城区科协开展科普进机关、进校园、进社区、进农村、进企业、进医院的科普“六进”活动，受益群众达到20000余人次。

与中国同方知网河北分公司合作，推出科普微信公众号和科普书屋。公众号通过有奖问答等方式，提高公众参与度，提升公民的科学素养，提升桃城区科协的影响力。

12月3日上午，在桃城区邓庄镇中学体育馆举行“体验科学·放飞梦想”为主题的中国流动科技馆巡展·衡水桃城站启动仪式。市科协党组书记、主席张永进，区委常委、统战部长李建高，邓庄镇党委书记韩新民，区科协党组书记、主席孙彩虹，区教育局副局长许建新参加活动启动仪式。区科协全体人员、教育局相关科室人员、区直各中小学校科技辅导员、邓庄中学及师生代表等人参加此次活动。中国流动科技馆巡展理念是“参与、互动、体验”，展品生动活泼、立体直观，为公众提供新奇的科学体验。此次中国流动科技馆·衡水桃城区站巡展内容丰富多彩，由中国数字科技馆、电磁加速器、跳舞回形针、尖端放电、音乐特斯拉等60余件互动科普展品组成，共设置声光体验、电磁探秘、运动旋律、数字生活等主题展区，参观者可通过直面参观、展品现场互动、亲身参与科学实践等形式体验科技的神奇与乐趣。巡展计划历时两个月，全程免费开放。通过组织此次巡展培养公众和青少年对科学的兴趣和爱好，激发学科学、爱科学、用科学的积极性，在全区范围内掀起学习科学、体验科学的热潮，通过观展人员与展品、科学实验的互动，达到激发科学兴趣、启迪科学观念、传播科学精神、学习科学方法的目的。

【营造校园科普氛围】 抓样板、出精品。组织发动各学校积极参与“大手拉小手”、青少年科技创新大赛等活动，丰富同学们的课外生活，激发同学们科学创新的热情，强化同学们的动脑动手能力，提高学生的实践能力，浓厚全区各中小学学科学、爱科学、用科学的科普氛围。在第三十五届青少年科技创新大赛中，桃城区科协荣获省青少年科技创新大赛优秀组织奖，全区共有38个项目获得省级奖项。

（乔磊）

桃城区工商业联合会

【概况】 2020年，在区委、区政府的正确领导下，区工商联不忘初心、牢记使命，自觉履职担当，始终把工作重点聚焦到落实区委、区政府的总体部署上，聚焦到促进全区经济发展的大局中，勇挑重担、主动作为，全力促进民营经济“两个健康”，为促进桃城区高质量发展做出贡献。

【推进理想信念教育】 开展教育活动，以习近平新时代中国特色社会主义思想为指导，全面贯彻党的十九大和十九届二中、三中、四中、五中全会精神及习近平总书记在企业家座谈会上的重要讲话精神，全力围绕“六稳”

“六保”推进各项工作，始终紧扣“守法诚信、坚定信心”这个重点，运用“正面引导、培训互动、强化服务、协调推进”等长效机制，不断丰富教育内容、创新教育方式、提高工作实效，持续深入开展非公有制经济人士理想信念教育。工商联党组书记带领部分企业参加市工商联组织的为期5天的“理想信念教育遵义培训班”；推荐老王家涂料、衡水泰金智能设备有限公司等企业参加“河北民营经济人士理想信念教育暨民营企业党建培训班”；组织企业参加“监察护航民营企业发展”为主题的检察开放日活动；引导民营企业开展守法诚信系列活动，让“守法诚信”理念深入民营经济人士内心；推荐河北中衡诚信律师事务所为民营经济人士理想信念教育暨非公企业党建示范点；推荐部分年轻企业家参加长江商学院培训班，促进青年企业家成长。同时，组织机关干部职工赴衡水市廉政教育基地进行党性教育和廉政教育，进一步坚定理想信念，提升服务民营经济发展的能力。

10月26日，区工商联与区检察院联合举办“服务六保六促，护航民营企业发展”检察开放日活动　　区工商联　供图

【**助推企业发展**】　着眼企业所需所盼开展“及时雨式”培训。先后组织“解读两会精神”“复杂动荡环境下的选人用人策略”等主题的培训班，以提升企业转型升级能力、民企健康发展、促进企业实现内生增长为内容，切实提高民营经济人士的经营管理水平。疫情防控期间，引导广大民营经济人士增强疫情防控意识，了解掌握国家减税降负等各项复工复产政策，提高企业经营管理水平，不定时在微信群推出“格局屏天下”——衡水分院“创业创新·微课赋能”线上视频课程，共56节，为会员企业复工复产提供扎实保障。同时，区工商联向各大租赁商户发出“关于疫情防控期间适度减免各类经营用房租

金的倡议”，为各类生产经营主体减轻负担，共克时艰、共渡难关。调研并统计企业疫情防控期间资金需求情况，与衡水建设银行达成合作共识，为企业推出新的优惠政策系列活动，支持衡水小微企业复工复产。协调永泰咨询公司深入会员企业10余家，就企业复工复产、管理运行情况进行专项调研和问诊把脉。邀请中国农科院北方果树研究所科研人员一行5人到会员企业开展农业技术指导服务活动，多措并举，助力企业提质增效。

8月7日，区工商联邀请中国农科院北方果树研究所科研人员到会员企业开展农业技术指导服务活动　　区工商联　供图

【组织民营企业战疫情献爱心】　面对突如其来的突发疫情，区工商联立刻行动。1月27日，采取印发倡议书、微信群发动的方式，组织动员全区民营企业为疫情防控献计出力、捐资赠物。得到70多家会员企业积极响应，累计捐款捐物折合人民币达146万元，较好地引导企业履行社会义务、展现桃城民营企业家风采。在衡水支援武汉一线工作者凯旋之际，会员企业衡水思味特好歌食品有限公司捐赠450个蛋糕给68名武汉医护人员及市三院全体人员，共计价值76440元，表达对他们的慰问和关怀。

【“百企帮百村”取得实效】　注重典型引导，围绕精准扶贫，助力巩固提升桃城区脱贫攻坚成效。1月3日，区工商联向民营企业发起爱心“结对帮扶贫困户”活动倡议书，动员广大工商联会员企业积极参与“百企帮百村”活动。4月，制定桃城区“百企帮百村”包联帮扶机制的实施方案，同时多次召开会议推动活动持续开展，全区民营企业积极响应，共有59家企业与74户建档立卡贫困户实行一体化社会帮扶全覆盖，共帮扶30多万元，实施产业项目4个，帮扶32人就业，为贫困户解决切身需求，提高贫困户的造血能力和基本生活质量，取得明显成效。河东街道2户贫困户都是因病致贫，治疗费用较大，工商联多次引导并组织爱心企业为贫困户捐款，共捐款4.6万元，有效解决贫困户治病救人的燃眉之急。衡水中润商砼有限公司为贫困户硬化胡同、入户道路，方便日常出行。衡水新光新材料科技有限公司等企业为贫困户修建院落、新厕所、鸡舍、羊舍等，改善贫困户户容户貌的同时，提供养殖场地，注入内生动力。河北益丽新材料有限公司为贫困户安装康复器械，贫困户郑仿尊得到康复治疗，切实提高生活质量。工商联定期带领会员企业购买赵家圈镇贫困户牛会友所养的羊，其年增加收入达到8000元，做到脱贫不脱政策，脱贫不脱帮扶，预防贫困户脱贫后返贫，切实增强他们内生致富能力。同时区工商联作为消费扶贫成员单位，积极向全区广大民营经济人士大力推介桃城扶贫产品，多次组织企业开展消费扶贫活动，参加衡水市扶贫产品展销会，线上线下共购买扶贫产品10余万元。

【夯实工作基础】 区工商联坚持与时俱进，积极开拓创新，高度重视会员发展、基层组织建设和机关干部素质提升，不断提高工商联组织的凝聚力、影响力和执行力，自身建设迈出新步伐。区工商联与辽宁省阜新市海州区工商联、清河门区工商联缔结友好商会，为两地工商联工作交流、企业合作交流搭建桥梁，为两地之间互惠互利、协同发展提供保障，为进一步加强经贸往来，实现资源共享、合作共赢，共同推动两地非公有制经济持续健康发展。

桃城区残疾人联合会

【概况】 2020年，区残联在区委、区政府的坚强领导下，在市残联的大力支持下，认真贯彻党的十九大和十九届二中、三中、四中、五中全会精神，紧紧围绕区委、区政府中心工作，大力推进全面从严治党，加强领导，落实责任，完善措施，强力推进各项工作，完成年度工作，完成情况居全市各县（市、区）前列。

【出台文件】 贯彻落实国家、省和市委办公室、市政府办公室《关于进一步加强和改进新时代残疾人工作的实施意见》文件精神，根据区领导批示要求，区残联组织起草《关于进一步加强和改进新时代残疾人工作的实施意见》，于10月15日、11月2日先后经区政府常务会议和区委常委（扩大）会议研究通过，11月30日，以区委、区政府两办名义印发全区实施。

【残疾人服务工程】 2020年，区残联在做好疫情防控工作的同时，采取有力措施扎实做好残疾人基本民生保障工作。和专业机构合作，2020年度免除精神、智力残疾人鉴定费用，减轻残疾人负担；大力推进建档立卡贫困残疾人“六个服务全面覆盖”工作，在办证服务、基本康复服务、基本辅具适配、家庭无障碍改造、就业培训和托养照护服务等六个方面全覆盖，切实提高建档立卡残疾人脱贫质量，巩固脱贫成果；配合民政部门做好残疾人两项补贴工作，做到应补尽补。

【残疾人康复服务】 完成0~15岁残疾儿童抢救性康复救助192人，每人补贴资金1.2万元，其中上级资金（含历年结余资金）救助155人、区本级资金（含历年结余资金）救助37人；全年残疾人辅助器具发放330件，314人得到辅具适配服务；完成残疾人家庭医生签约服务713人，为有康复需求的残疾人提供基本医疗服务、基本公共卫生服务、健康管理服务和精准康复服务等“个性化服务包”；开展精神残疾患者服药补贴救助，共救助169人，人均补贴近310元。实施精神、智力残疾人评定补贴工作，全年完成40人的精神、智力免费评定，减轻残疾人负担0.62万元。

【残疾人教育就业服务】 举办农村残疾人肉羊养殖技术培训班1期，培训农村残疾人15人并投入6.75万元扶持鼓励他们发展肉羊养殖项目；完成对7名贫困残疾本科生或贫困残疾人家庭子女本科生资助工作，发放救助资金2.1万元。开展残疾人就业审核工作，全年审核单位765家，认定残疾人258人。

【残疾人证办理服务】 按照《桃城区〈中华人民共和国残疾人证管理办法〉实施细则》要求，严格鉴定程序和标准，提高鉴定人员的责任意识，简化办证流程，缩短办证时间，全年办理残疾人证661个，其中到期换证394个，新办理267个。

【维护残疾人合法权益】 贯彻落实《中华人民共和国残疾人保障法》和相关法律法规政策，热情接待残疾人的来信来访，实行班子成员接待制度和首问负责制，切实帮助他们解决生产生活中遇到的实际问题，对不稳定因素做到早预防、早控制、早处理、早落实，有力促进工作的顺利开展和社会稳定，全年共接待残疾人来访160人次，未发生因工作不到位引发的残疾人上访现象。

桃城区红十字会

【捐赠情况】 1月25日，全区疫情防控工作会议召开后，区红十字会加紧制定《桃城区红十字会新型冠状病毒感染的肺炎疫情防控捐赠款物使用管理办法》，规范工作流程，明确具体部门负责接受捐赠，对接受的捐赠款物做到及时制定使用或分配方案，除捐赠方有明确指定意向外，非定向捐赠款物按照“三重一大”的要求做到集体研究，切实做到专款专用，专物专用。每天对当日捐赠款的收支情况、物资的接收和发放情况进行整理汇总、分类统计，对每天的捐赠款物做好台账，同时对捐赠款物的接收使用情况定期进行公示。区红十字会共收到22家单位、65名个人的捐款226.2万元、物资（总值）133.5万元；支出定向捐赠武汉疫情灾区款3.7万元、物资（总值）133.5万元。分阶段进行5次公示，做到公开透明，同时，依法主动接受审计和社会监督。

【人道救助】 开展“博爱送万家”慰问活动，为5户生活困难家庭发放救助物资。开展日常大病救助工作。上半年，救助11个因重大疾病导致基本生活出现严重困难的家庭，发放救助款1.8万元。

【开展宣传】 采取多种形式大力宣传“人道、博爱、奉献”的红十字精神，形成全社会积极参与红十字事业的浓烈氛围。结合重要纪念日开展宣传。在年度的世界红十字日、世界急救日等开展集中宣传活动，围绕红十字会的宗旨和任务，传播国际人道主义，宣讲红十字精神。组织专项宣传活动。组织区医疗卫生单位进行造血干细胞捐献，累计采样20人次，给更多人带去希望。

法治 军事

区委政法委

【概况】 2020年，区委政法委始终坚持以习近平新时代中国特色社会主义思想和十九届三中、四中、五中全会精神为指导，围绕区委、区政府中心工作，充分发挥政法职能作用，坚决打赢疫情防控阻击战、维护社会大局稳定。以《中国共产党政法工作条例》为根本遵循，忠诚践行使命，奋力担当作为，各项工作取得新的进展。在2020年河北省168个县（市、区）“平安建设群众安全感”问卷调查通报中位列全省第二；在全省县（市、区）政法队伍人民满意度调查中，位居全省第七。

【扫黑除恶专项斗争】 认真谋划部署，引领并推动扫黑除恶专项斗争“回头看”工作。10月21日，桃城区委书记郝卫东主持召开全区扫黑除恶专项斗争领导小组第41次工作会议，制定并印发《关于开展扫黑除恶专项斗争“回头看”及落实“六清”“六建”推进工作意见》，明确责任单位，确定各部门“回头看”工作任务。32个扫黑除恶领导小组成员单位全部制定“回头看”工作方案，提交自查自纠工作报告和整改落实工作汇报，确保“回头看”工作落到实处。

层层传导压力，压实责任。按照在11月底前开展一次谈心谈话要求，各乡镇街道、区扫黑除恶成员单位围绕“六清”落实情况开展“回头看”，重点查看“四个是否”，截至11月底，全区全部完成谈心谈话活动。

引导群众参与。针对举报线索少的现象，6月份、9月份，区扫黑办组织全区30多个成员单位在滏阳菜市场和市政府广场，开展扫黑除恶专项斗争集中宣传活动，共发放各类宣传品、宣传资料10万余份。各乡镇街道、区扫黑除恶成员单位连续开展卓有成效的扫黑除恶专项斗争宣传活动，进入农村、社区、学校等，引导群众积极参与，点面结合，实现扫黑除恶专项斗争知识全覆盖、全普及，有效地提高群众参与率和举报线索的积极性。

坚持问题导向，深入开展“六清”行动。线索核查情况。桃城分局2020年收到各类举报线索272件，全部办结。多次组织开展线索核查“回头看”工作，重点对上级转办线索中多次举报、多头举报、实名举报的案情进行盘点梳理。逃犯归案情况。专项斗争开展后，分局排查涉恶逃犯共计28名，其中裴某恶势力犯罪集团上网逃犯13名；陈某山恶势力团伙上网逃犯8名；马某贵恶势力犯罪团伙上网逃犯4名；孙某泉恶势力犯罪团伙上网逃犯2人；“冀州1号”罗某欣恶势力犯罪集团上网逃犯1名。截至2020年1月份，28名涉恶逃犯全部抓获归案。经开展涉黑涉恶案件逃犯归档情况“回头看”工作，不存在涉恶主犯在逃、案件审结后逃犯未到案情况。“案件清结”情况。自扫黑除恶专项斗争开展至2020年年底，区法院共受理涉黑涉恶案件19案117人，“保护伞”案件3案3人，全部审结。“黑财清底”情况。区法院审结涉黑涉恶案件18案117人。判处财产刑共计2272万余元，执行到位共计2331万余元（含罗某欣上缴国库剩余款876万余元），到位率为102.59%。对涉黑涉恶被执行人均采取冻结账户、查封房产、扣押车辆、限制高消费、到被执行人居住地实地走访、深挖被执行人配偶财产线索等执行措施，逐案逐人追缴。“伞网清除”情况。区纪委监委重点围绕深挖“保护伞”开展工作，深挖彻查经济案件源头的“保护伞”，做到“一案三查”。区纪委监委立足职责定位，强化举措，压实责任，全力推动“伞网清除”行动提速增效。2020年，区纪委监委共受理涉及黑恶内容的线索79件，其中初核72人，立案44人，处分41人，组织处理15人，移送司法机关4人，查处背后保护伞8人，挽回经济损失429.42万元。“行业清源”情况。区纪委监委、政法机关对行业监管部门发放“三书一函”监督建议23份，其中14份分别发放到市、县相关部门，9份发到桃城区公安分局、金融监督管理局、教育局、住建局四个部门。所有发放单位都及时进行回复，出台整改方案，建立工作台账，做到立行立改，长期坚持。

【推进社会治理】　加强领导，推进社会治理现代化体系建设，保障桃城和谐安定。进一步加强党对社会治理的领导。充分发挥党总揽全局、协调各方的作用，明确8个乡镇街道党委书记、责任部门党委（党组）书记为社会治理第一责任人，确立党委对社会治理工作的领导作用，持续加强村级领导班子建设，选优配强农村社区党组织书记，220个农村“两委”实行全天坐班，确保民意第一时间掌握，矛盾第一时间化解，工作第一时间推进。

强化社会治理职能。加快实现乡镇街道行政综合服务中心和村（社区）综合服务站全覆盖，将与基层群众联系紧密的37项基本公务服务，入驻到乡镇街道服务机构集中办理。推动网上政务平台标准化建设，20余个区直部门对政务服务事项进行认领并开通网上办理功能，公开服务事项499项，网上办理事项485项，开通率97.2%，建立起群众咨询、投诉、评价的收集机制，不断满足广大居民的公共服务需求。

结合信息资源执法力量，推进乡镇综治中心“两个整合”。在4月份开始的乡镇和街道机构改革的工作中，区委政法委积极推动提升乡镇街道综治中心运行质效的规范化，依托综治中心信息平台，建立综合指挥和信息化网络平台机构，与乡镇街道的综合行政执法大队合并办公，在10月份全省组织的机构改革验收中，全部达到标准要求。指导协调乡镇街道综治中心凭借平台阵地资源，积极吸纳执法机构入驻综治中心，进一步整合统筹公安、司法、环保、土地、计生、执法、民政等基层资源力量。2020年，8个乡镇办全部建成，200个村、51个社区实现综治中心全覆盖，制定完善工作运行机制，明确内部管理机制、协作配合机制等各项工作制度50多项，有效发挥各级综治中心现代化社会治理的作用。4个街道办事处还积极与本街道办新成立的社区物业监督管理办公室加强联系沟通，并入驻综治中心，行政综合服务中心与综治中心群众接待大厅合二为一，更加高效便捷优质地服务于广大居民群众。

乡级综治中心网络信息化平台按照“实战化工作平台”定位要求，有效融合各类视频资源，视联网全部接通，政务外网、政法网接通，铁路护路监控视频与乡镇街道综治中心全部联通，邓庄镇部分村的监控视频接入。

建设法治型基层组织，推进“法治乡村（社区）”建设。桃城区贯彻落实全市关于法治乡村（社区）创建文件精神和要求，按照“五个一”标准，结合桃城区实际，与农村（社区）中心工作紧密结合，不断丰富法治乡村（社区）创建工作内涵，有效推进法治乡村（社区）工作进程。2020年，全区210个村、51个社区创建率100%。

法治乡村（社区）创建与农村、社区各项工作相结合。把十大行业领域专项整治中

“乡村治理领域”与法治乡村（社区）创建紧密结合在一起，整顿“涣散软弱村”党组织、推进两委干部资格区级联审，健全村党组织领导的村级事务运行机制，完善农村矛盾纠纷排查调处化解机制，开展农村村务专项整治等，法治乡村建设更加务实、完善。认真组织自查，推进法治乡村（社区）创建。9月下旬，利用三天时间对各乡镇街道法治乡村（社区）创建工作进行督查。就存在的问题和当前工作印发《关于开展“法治乡村（社区）”创建工作“回头看”迎接检查验收的通知》，要求继续提高思想认识，查漏补缺，完善档案资料，确保法治乡村（社区）创建工作落地生效。

谋划“雪亮工程”项目建设“升级版”。2019年，区政府研究同意筹划总投资6350万元的“雪亮工程”建设项目。项目策划突出“雪亮工程”实战应用和智能应用，在乡镇（街道）政府所在地、自然村、居民小区，在主要路段出入口、重点区域安装视频监控，确保乡、村（社区）等区域高清视频监控点全覆盖，切实提高治安治理、风险防控和应急处置水平，将视频图像信息应用触角向群众服务延伸，对“雪亮工程”的建设规模、网络设施、联网共享、人员支撑、资金投入等提出具体的指标规范。在2019年完成项目立项、勘察设计的基础上，完善修改初步设计方案5次，对行业内4家一流公司前端监控设备进行测试，完成项目设计方案的评审，制定出适应社会新时代要求的新型设计方案。

12月，衡水市智慧平安社区建设（桃城）现场推进会在桃城公安分局召开，区委常委、政法委书记高福顺交流展示桃城区智慧平安社区建设的典型经验做法　　区委政法委　供图

五级网试点建设。桃城区政法五级网自2018年开始建设，五级网连接村（社区），实现村（社区）和乡、区、市、省的上下联通，以及村与村、村与社区的有效联动。8个乡镇（街道办）分别完成两个试点村的五级网建设，共有16个村（社区）接通五级网。

全面推进桃城区法学会建设。桃城区法学会现有注册会员230余名。因律师参与法学会人数较多，把中衡诚信律师所作为党建示范点重点打造。升级党员活动场所、打造党建文化长廊、建设高标准事务所历史文化展厅，推行党建与所务管理“双管合一”，充分发挥党对律师工作的全统领。2020年，法学会重点做了以下工作：当好重项工作推动发展的“参谋员”。组建扫黑除恶专项斗争法律专家库，积极为扫黑除恶专项斗争服务。区法学会选取12名骨干成员，组建法律顾问团，向区委、区政府建言献策，为区委、区政府依法决策全面提供法律保障。当好维护稳定的“宣传员”和“调解员”。利用“互联网+服务”推进村居法律顾问工作，服务于“法治乡村（社区）”创建（担任村居法律顾问工作的大部分是法学会成员）。结合扶贫工作，组建法律服务公益志愿服务团和脱贫攻坚服务团，为群众排忧解难。共接受义务咨询565次，开展普法宣传77次，开展法制讲座6场。当好保障民生的“服务员”。法学会人员在质量强区、村居法律顾问、民营企业法治体检、助力脱贫攻坚、信访接访、参与拆迁、农民工讨薪等方面，为村居民、民营企业提供优质高效的法律服务，为构建和谐社会提供法律保障。

【维护社会稳定】 积极筹建高质量高标准“关爱之家”，夯实工作基础。桃城区作为主城区，也是全市教育转化四个省重点县之一，计划到2021年年底，按照省、市委政法委工作部署，利用两年的时间完成教育转化任务，提前实现省、市委提出的三年教育转化的目标。按照衡水市“关爱之家”“三区九有”建设标准要求（综合办公区、教育帮扶区、生活保障区；有保障工作人员办公的场所及设施设备，具备保障帮教人员留宿、陪读家属住宿的条件，具备容纳10人以上的集中教育室等），结合桃城区实际，经区委研究同意，在区司法局办公楼五楼启用14间房屋，资金7.3万元，率先建立近300平方米的教育转化固定场所，名称为桃城区“关爱之家”，奠定2020年教育转化去存量的工作基础。挂牌督战，反邪教工作继续向纵深推进。通过集中开展教育转化攻坚战，采取政法委领导挂牌攻坚、责任单位班子成员分包制度，实行一人一档、一人一策、一人一案等转化措施。区委常委、政法委书记高福顺先后6次召开教育转化专题调度会，委机关班子成员带队深入包联部门多次开展督导，逐人分析思想状况与转化情况，细化工作措施，每周通报进度。

开展铁路护路联防工作，成效突出受好评。2020年全国“两会”期间，桃城区高度重视铁路护路联防工作，提前召开铁路护路部署会议，迅速动员、积极发动各级党组织，充分运用综合治理方法和现代化智能信息化手段，组织各级各有关部门和铁路沿线基层组织、广大群众，多措并举，群防群治，组织政法干警、机关干部、乡村干部、护路志愿者532人上岗执勤，动用护路53台，采取人员混编，固定岗守护与流动哨巡逻相结合，重点部位实行双人值守，对高速铁路、京九、石德等主要铁路干线70千米、重点路段的桥梁、涵洞、道口等44个重点保卫目标，重点守护，实现临岗相望，相互策应。同时，启动铁路沿线视频监控点位25处、监控探头32个，综治平台实现区乡两级视频互通，铁路视频实现全覆盖，各乡镇办安排16人专人专班视频平台值守，有效快速处置突发事件。政法委成立4个护路工作督查组，相关护路部门也成立护路工作督查组，每天对护路工作进行督导检查共计

80多次，发现问题11件次，及时通报整改，做到问题不隔夜。在全国“两会”期间和重要敏感时期，实现“四个不发生，两个确保”的工作目标。

做好各类利益诉求群体排查稳控工作，社会和谐稳定。桃城区依照中央、省、市涉法涉诉信访工作要求，多次开展集中清理积案专项活动。通过涉法涉诉信访责任倒查，强化执法办案责任意识，既规范干警的执法行为，又提高依法解决涉法涉诉信访问题的效率和质量，降低涉法涉诉积案率。2020年，在全区涉法涉诉突出问题化解攻坚“擂台赛”中，省交办的3件和自查的8件涉法涉诉信访案件全部按时办结，信访人息诉罢访。同时，认真做好全国“两会”期间的涉法涉诉信访工作，加大力度开展源头预防，消减存量，认真开展源头排查化解，共梳理51件，除两件分别涉深州市、滨湖新区信仿件发函转办外，其余49件全部落实稳控措施，建立“二包一提”工作台账，为持续维护好全区社会和谐稳定积极贡献政法力量。

坚持严打整治，有效打击各类违法犯罪。2020年，区法院共受理案件14697件，结案11452件，员额法官人均结案220件，收结案数量在衡水市基层法院排名第一，审判质效位居全省前列。公安分局强力推进“湖城一号”“涤污行动”“亮剑2020”严打整治专项行动。2020年，共查处各类行政案件896起，行政处罚1103人，其中行政拘留571人。破获各类刑事案件554起，抓获犯罪嫌疑人850名，其中刑事拘留329名，取保候审480名，批准逮捕224名，移送起诉585名，打掉犯罪团伙40个，其中抓获团伙成员273名；抓获逃犯93名（其中历年逃犯6名，外省逃犯27名，省督逃犯1名，命案逃犯1名）。

疫情防控期间，区政法系统始终把人民群众生命安全和身体健康放在第一位，树立战时意识，坚定必胜信心，强化工作措施，充分发挥好服务保障职能作用，依法严厉打击疫情防治期间发生的各类违法犯罪行为，为打赢疫情防控阻击战提供有力保障。区司法局组织村居法律顾问充分发挥法律顾问微信群作用，积极做好防控宣传。通过微信、电话解答村居民法律咨询、化解矛盾，利用一切线上平台切实满足特殊时期群众对法律服务的需求，减少服务接触概率，降低疫情扩散风险。2020年，共接受线上线下义务咨询896次，开展普法宣传186次，开展法制讲座20场，帮助村（社区）务管理29次，帮助处理村（社区）经济活动11次，帮助解决纠纷13起。

公　安

【概况】 2020年，公安桃城分局在市公安局党委和区委、区政府的坚强领导下，提升队伍素质、加强基础建设，积极投身疫情防控阻击战及常态化疫情防控工作，统筹推进安保维稳、打击犯罪，保持社会大局持续稳定。

【疫情防控】 严密部署，统筹推进防控工作。第一时间将思想和行动统一到市局党委和区委、区政府的决策部署上，成立领导小组，出台疫情防控工作方案，全面抓好落实。

严实举措，迅速落实防控任务。按要求及时启动火车站、高速口3个检查站勤务工作，合理调配警力，加强防控检查，采取24小时联防联控值守机制，严格施行逢车必查、逢人必查、逢疑必查，切实做到不漏一车、不漏一人。

共享情报，联动互通信息数据。情报专班与区防控办健全数据推送反馈机制，对省厅推送的数据，专人去重纠错、比对核查、分析研判，及时互通情报信息，增强工作协作，保证信息第一时间传递，情报第一时间应用，结果第一时间反馈。

严打严控，服务保障社会大局。迅速侦破冒充衡水市市场监督管理局、在微信朋友圈发布“疫情防控期间要求全市餐饮行业全部关停”的虚假公告一案，制定出台服务保障复工复产复课“八项措施”，帮助企业解决实际困难和问题。

抓实保障，夯实内部安防基础。严格对办公区域、公共区域和服务窗口的每日测温和消杀工作，启动食堂就餐分餐制，落实民警勤务出差报备，加大基层一线执法执勤民警口罩、防护服等防护装备的配备力度，全力做好后勤保障工作。

【安保维稳】 完成全国“两会”、十九届五中全会、暑期警卫安保、衡水湖马拉松、“双奖”颁奖典礼等十余项重大安保维稳任务，确保辖区社会治安大局持续稳定。

加强重点场所监督管理。加强日常检查和突击抽查，对反恐重点行业、重点目标、要害部位累计检查单位46家，查处问题19处，下达《整改通知书》10份，依法取缔基督教非法聚会点2处。

积极稳妥处置信访问题。2020年以来，共接访160余人次，受理信访案件60起，息诉、办结59起，办结率达99%。特别是在全省公安机关领导干部包联化解信访积案活动中，分局包联的19起信访积案全部办结，息诉11起，完成既定目标任务，被省厅评为领导干部集中包联化解信访积案活动先进集体。

【专项打击整治】 突出重点、全面发力，推进“湖城一号”“涤污行动”“亮剑2020”严打整治专项行动。全年共查处各类行政案件896起，行政处罚1103人，其中行政拘留571人。破获各类刑事案件554起，抓获犯罪嫌疑人850名，其中刑事拘留329名，取保候审480名，批准逮捕224名，移送起诉585名，打掉犯罪团伙40个，其中抓获团伙成员273名；抓获逃犯93名，其中历年逃犯6名、外省逃犯27名、省督逃犯1名、命案逃犯1名。

打击严重暴力犯罪。成功破获王某臣故意杀人案、刘某故意杀人案、“2008・11・14”特大恶性持刀入室抢劫积案、“11・11抢劫出租车案”等八类严重暴力犯罪案件多起，抓获犯罪嫌疑人多人。

打击电信网络诈骗犯罪。抽调精干警力，成立反诈中心，共破获电诈案件34起，打掉团伙8个，抓获犯罪嫌疑人117人，特别是成功破获“3・01”冒充公安户政部门实施诈骗案，抓获犯罪嫌疑人34名；成功打掉帮助信息网络犯罪活动团伙6个，抓获犯罪嫌疑人39名；打掉侵犯公民信息犯罪团伙2个，抓获犯罪嫌疑人21名。

打击传统盗抢骗侵财类犯罪。针对团伙性、系列性、跨区域犯罪展开凌厉攻势，抓获涉嫌“两抢一盗”犯罪嫌疑人多人，成功破获“8・10抢劫、强奸案”“9・12抢劫案”“10・04三元催化器被盗案”等。

打击“黄赌”违法犯罪。对辖区重点区域、重点部位、行业场所等地区，先后开展六次集中清查行动，成功破获“2019・5・24”张某开设赌场案、枣强某洗浴组织卖淫案、群众举报某网络赌博案、某平台网络赌博案等，刑事拘留多人，行政拘留多人。

打击“三假”违法犯罪。成功抓获“三假”犯罪嫌疑人9人，连续查处9起非法贩卖、使用警用品案件，收缴、扣押警察证皮夹、警衔、臂章、警服、警帽等70余件(套)。

打击涉网违法犯罪。成功侦办全市首起黑客类违法犯罪案件，和省厅亮剑办、网安总队双督办的某网络公司网站非法挂载翻墙链接案。

打击经济类违法犯罪。相继破获“衡水沃达公司非法吸收公众存款案”“衡水华邦公司非法吸收公众存款案”“吕某臻、陈某红涉嫌串通投标案”“袁某虚开增值税专用发票案”。特别是成功抓获利用“学习强国”开展组织传销活动的犯罪嫌疑人陈某杰，发现其下线成员7000余人，汇总银行交易信息几十万条，并在云端平台成功发起全国性集群战役。

打击涉毒违法犯罪。积极参与侦办部督“2019—534”毒品目标案件，抓获刑事涉毒人员多名，查处吸毒人员多名，其中强戒多人，社区戒毒多名。

【扫黑除恶】 持续打击涉黑涉恶犯罪，巩固扫黑除恶的良好态势。严格贯彻落实《衡水市公安局关于决战决胜年纵深推进扫黑除恶专项斗争的实施意见》《贯彻落实郭铁铮副市长在刑警支队调研督导扫黑除恶专项斗争时讲话精神的20项措施》，深入推进扫黑除恶专项斗争，深化开展“六清”行动，确保专项斗争取得决定性胜利。

高位推动，安排部署有力。始终将专项斗争作为重大政治任务来抓，先后召开多次党委会、局务会议、专题调度部署会、线索核查推进会，定期开展逐级谈话，压实线索摸排、核查和案件侦办责任。

除恶务尽，细致核查摸排。开展对刑满释放人员、社区矫正人员、精神病患者、网络涉黑涉恶新型犯罪、近五年来涉恶类案件和轻伤以上鉴定处置、“六大突出行业领域”等排查行动。开展线索核查“回头看”，重点对上级转办线索中多次举报、多头举报、实名举报的案情进行盘点梳理，严格落实回访制度。

保持高压态势，打击持续深入。共抓获“涉九类”犯罪嫌疑人91名，破获案件45起，成功打掉以姜某为首的恶势力团伙，抓获团伙成员9名；成功打掉张某太聚众斗殴团伙、杨某光非法拘禁团伙、刘某亮寻衅滋事团伙等多个犯罪团伙，成功破获“6·16组织卖淫案”，抓获犯罪嫌疑人15名，违法行为人51名。

开展综合治理，部门联动有力。围绕“打伞破网”，与纪委监委建立协作配合机制，严格落实“一案三查”“两个一律”。联合检法出台并落实涉黑涉恶案件办理四项机制，对案件主要犯罪嫌疑人采取强制措施后，向同级检察院、法院通报案件基本情况，并主动邀请检察院和法院提前介入、了解案情，确保执法质量。针对建筑工程、交通运输、土地项目工程、市场交易等领域的突出问题，分局向衡水银保监分局、区金融监督管理局、中国工商银行衡水分行下发公安提示函3份，形成边扫边治的工作合力。

【基层基础建设】 贯彻落实市局“大抓基层、大抓基础”的部署要求，把握有利契机，加强顶层设计、强化综合保障，迅速推进公安基层基础建设，提升社会治安治理能力，夯实公安事业发展根基。

多点多级推进智慧平安社区建设。通过详细调查、全面调研，牵头制定《桃城区首批智慧平安社区建设工作方案》，明确指导思想、建设任务、建设方式、建设标准、时间节点和工作措施。选定的小区全面铺开建设，各派出所、街道办已完成与物业小区的技术对接；示范型建设小区进入调试阶段，老旧小区改造项目及物业自采摄像机正陆续安装中；四级平台应用和视频专网已在分局及6个示范小区联通，汇聚解析管控平台已完成建设进入调试阶段。

“一标三实”信息采集工作稳步开展。推动召开全区“一标三实”信息采集动员部署会，成立全区采集工作领导机构，并将街道、乡镇与各派出所捆绑共同作业，形成“政府搭台、公安唱戏、社会各界齐发力”的工作模式。同时，抽调业务骨干组成工作专班，并与外界技术人员沟通，研发“App信息采集法”，不断丰富完善采集功能，极大提升信息采集效率和数据准确性，探索出一条信息化采集的路子。

“一室两队”改革实现提质增效。率先完成“一室两队”机制改革，在派出所设立综合指挥室、社区警务队和案件办理队，有效提升了基层警务实战效能。6月15日，《人民公安报》以《在实战中检验真功》为题，刊发报道桃城分局推动派出所“一室两队”改革的经验做法。

校园和医疗机构安防建设全面加强。与区政法委、教育局三部门联合印发《桃城区2020年衡水市中小学幼儿园护校安园工作方案》，对校园安全防范建设工作重点推进。全区所有校园封闭化管理、保安配备覆盖率达到100%，除23家私立幼儿园外，其他校园已全部完成“一键报警”装置安装，11家二级以上医疗机构除第一人民医院正在招标外，其他医疗机构全部完成“一键报警”装置安装。

环京护城河检查站和城区警务站建设全部达标。按照省厅《全省公安机关“三道防线”检查站建设规范》要求，为各检查站安装配备车辆分级查控、身份证核查仪等安检查控装备，大麻森高速口安检大棚建设完毕，检查站已全部达到省厅标准。同时，为5个城区警务站配齐配全了警用摩托、对讲机、计算机、核查仪、防弹装备、防暴装备等装备器材，如期完成市局下达的各项任务，顺利通过省厅验收。

推进“枫桥式公安派出所”建设。1月15日，分局何庄派出所被评为全省首批“枫桥式公安派出所”。6月15日，《人民日报》手机客户端以《衡水“亮剑2020”专项行动“枫桥式派出所”何庄派出所攻坚在前》为题，详细介绍分局何庄派出所在“亮剑2020”打击整治专项行动中的工作方法和成效。

常态化加强养犬管理工作。围绕《养犬管理条例》相关要求，主动作为、大力宣传、严厉打击。全年共当场处罚遛狗不拴绳行为300起，下达责令通知书969份，暂扣犬只40条。

【关爱民警】　落实从优待警暖警，对在新冠肺炎疫情防控期间奋力拼搏和工作表现突出的6个单位、6名民警通报表扬，协调督促办理侵犯民警执法权益案件19起，对离休干部、因公牺牲民警家属、援疆民警进行走访慰问，组织全局民辅警900余人参加健康体检。

【亮点工作】　积极参与侦破部督“2019—534”毒品目标案件。按照市局统一部署，副区长、分局党委书记、局长郗亚明精心安排一线督导抓捕行动，细致听取案件侦办情况汇报，办案民警围绕活动轨迹、资金流等信息，24小时深度研判、第一时间落地核查，抓获违法犯罪嫌疑人多人，新发现吸毒人员多人，采取强制戒毒和社区戒毒多人。

智慧平安社区建设取得新成果。牵头制定《桃城区首批智慧平安社区建设工作方案》，通过多种渠道，充分发挥社区、物业等单位积极性，将293个小区划分为A、B、C三类，针对不同条件和类型，采取政府承建、单位筹建、物业自建三种模式，最大限度提升全区社会综合治理水平。除区政府拨付的300万建设资金外，争取到54个物业小区意向投资150万元，泰华公司旗下物业公司同意把本公司自有30个物业小区和陆续接管的40个物业公司纳入智慧平安社区建设范围，同时协调住建部门对70个老旧小区改建项目中的视频大数据采集设备与智慧平安社区建设项目技术参数匹配。

成功破获“3.01”冒充公安户政部门实施诈骗案。抓获犯罪团伙成员34名，查扣作案手机50余部、POS机6部、银行卡100余张。该案系犯罪嫌疑人冒充公安户政部门民警，以被害人涉嫌办理境外护照洗钱、需将资金转移到安全账户验资为由实施的诈骗案件，涉案金额达25万元，给人民群众带来较大经济损失，一定程度影响公安机关形象。

协助邢台市南宫市警方成功破获南宫“2·23”重大恶性故意杀人案。该案发生在疫情防控期间，工作困难，邢台、衡水两市公安机关通力合作，市局相关警种、桃城分局、高新区分局出动60余名警力，连续奋战两昼夜，在衡水市区南外环附近一废弃工厂内抓获犯罪嫌疑人单某峰（男，40岁，辽宁省铁岭市人，长期居住在衡水市区），省厅刑警总队向桃城公安局发贺电，表示祝贺和慰问。

成功破获沉积12年之久的“2008·11·14”特大恶性持刀入室抢劫积案。“亮剑2020”打击整治专项行动以来，公安桃城分局持续加大对命案积案侦办工作，将“2008·11·14”持刀入室抢劫案列为重点案件进行侦办，通过反复分析案情、梳理物证，大范围走访摸排和DNA技术勘察，成功抓获犯罪嫌疑人炉某刚、韩某峰、郭某风、杨某四人。

检　察

【概况】 2020年，区检察院坚持以习近平新时代中国特色社会主义思想为指导，讲政治、顾大局、谋发展、重自强，各项工作在务实中创新，在落实中深化。荣获2016年至2020年度全省先进基层检察院、全国检察机关文明接待室、全国检察宣传先进单位称号，9名干警获得省级以上荣誉。

【服务经济社会】 主动服从服务疫情防控大局。面对突如其来的新冠疫情，全院干警积极响应区委号召，第一时间投身5个包联社区的疫情防控工作，24小时坚守，逐户排查走访，宣讲党中央重大决策部署，回应群众关切，安抚群众情绪，确保包联社区居民安全、秩序稳定。同时，坚持防疫和业务两不误，办理涉疫情刑事案件16件，开展废弃口罩处置专项治理，协助律师跨区域远程阅卷17次，接待群众电话和网上法律咨询780余次，开展远程提审、远程庭审180余次，助力提高全区疫情防控法治化水平。精准服务“六稳”“六保”工作，助力全区有序复工复产，制定实施《涉罪民营企业开展合规考察工作规定》等相关文件，强化与企业沟通联系，实地走访10余家重点企业，召开企业家座谈会，听取意见建议，了解现实需求，帮助解决困难，促进企业规范有序运营，自觉为党分忧、为民服务。

【扫黑除恶】 坚决贯彻党中央部署，强化政治责任意识，坚持“是黑恶犯罪一个也不放过，不是黑恶犯罪一个也不凑数”，批准逮捕涉黑涉恶犯罪30件111人，提起公诉24件117人，移送市院起诉3件14人，追诉漏捕漏诉20人，移交违法线索10条，人民群众安全感明显提升，桃城区扫黑除恶工作在“平安建设群众安全感”问卷调查中位列全省第二，在政法队伍人民满意度调查中位居全省第七。深入开展“打财断血”专项行动，协助侦查机关查扣冻结涉黑涉恶案件财产1600余万元，打掉黑恶势力滋生蔓延的经济基础。做实“六清”工作，及时发现补齐工作中的短板问题，建立健全长效机制。针对办案中发现的管理漏洞，向市宗教事务局、区教育局、枣强县公安局、中国工商银行衡水朝阳支行等单位制发检察建议10份，相关部门迅速回应，全面完善制度管理，促进源头治理。

【助力营商环境法治化】 发挥办案示范引领作用，严厉打击危害企业健康发展犯罪案件27件63人；审慎办理企业涉罪案件15件16人，不批捕5件5人，不起诉8件9人，向审判机关提出从轻、减轻处罚量刑建议4件4人。认真落实支持民营企业政策，对涉民营企业家案件专门审查，依法能不捕的不捕，能不诉的不诉，避免“案子办，企业垮”。例如，在江浙

6 月 29 日，区检察院开展民法典普法宣传活动　　　　区检察院　供图

商人唐某涉嫌非法经营罪一案中，坚持“实质性审查”原则，依法认定不构成犯罪，事后又积极劝说，最终打消其撤离衡水的念头。因办案效果好，该案被最高检评为服务民营经济典型案例，并入选最高检民营经济法治建设峰会典型案例。

【践行司法为民】　坚持以人民平安为宗旨，以建设“平安桃城”为己任，把营造安全稳定大环境作为首要政治任务，积极参与高质量“平安桃城”建设。

依法打击刑事犯罪。始终保持对严重刑事犯罪严惩、高压态势，严厉打击疫情防控形势下群众反映强烈的黄赌毒、盗抢骗、食品药品环境、电信诈骗、性侵等突出违法犯罪，受理审查批捕案件 300 件 437 人，批准逮捕 244 件 345 人；受理审查起诉案件 842 件 1047 人，提起公诉 549 件 687 人。办案中有效发挥“中间环节”作用，提前介入引导侦查 33 件，从源头提高办案质量和证据标准；多次牵头召开公检法联席会议，增进政法机关理念认同；推进认罪认罚从宽等制度落实，适用认罪认罚办案 702 件 820 人，适用率为 86.9%；提出精准量刑建议 537 人，采纳率达 94.9%，促进诉讼效率提高、社会矛盾化解及群众满意度提升。协同推进反腐败工作，依法公诉职务犯罪案件 7 件 10 人，其中辛集市委常委、政法委书记、公安局局长杨某某被判处有期徒刑 12 年，剥夺政治权利一年，并处罚金 50 万元；桃城区南华村徐某某被判处有期徒刑八年，并处罚金 50 万元。

运用法律政策优化办案效果。全面落实宽严相济刑事政策，该严则严、当宽则宽。在充分调研的基础上出台《醉驾案件适用法律若干问题的意见》，防止以酒精浓度一刀切，依法对 167 件案件作出不起诉决定，实现“三个效果”有机统一，厚植党的执政根基。努力承担好未成年人司法保护社会责任，依法办理涉未成年人刑事案件42件75人，其中起诉14件22人，相对不起诉2件2人，附条件不起诉6件12人，监督考察附条件不起诉12人。提前介入引导侦查11件，教育、感化和挽救一批问题少年。市二中教师李某性侵在校生一案以“零口供”定罪量刑，被河北省未成年人检察典型案例收录。开展“法治进校园活动”18次、网上普法17次，8000余名师生家长受益。

【强化法律监督】 聚焦法律监督主责主业，不断深化在办案中监督、在监督中办案和精准监督的理念，强化与政法各部门的良性互动，共同推进严格执法、公正司法，维护法治权威和公平正义。

加强刑事诉讼监督。秉持客观公正立场，全面审查有罪或无罪、罪重或罪轻的各类证据，落实少捕慎诉慎押的司法理念，对事实不清、证据不足或社会危害性不大的案件，依法不批捕63件102人，不捕率为21%；依法不起诉214件244人，不起诉率为23%。例如，在办理董某某涉嫌非法收购珍贵、濒危野生动物制品罪一案中，考虑到其购买象牙尖的动机是给父亲治病，且主动自首、认罪认罚，情节轻微，区检察院将心比心，作出相对不起诉处理，既促其认识错误，又维护公序良俗。强化侦查活动监督，监督立案3件，监督撤案15件，追捕追诉23人，纠正违法54件。强化审判活动监督，成功抗诉刑事案件7件16人。例如，在审查田某涉嫌强奸罪一案时，区检察院坚持田某是犯罪未遂而非犯罪中止，审判机关最终采纳该院的抗诉意见。

依法开展刑事执行监督。开展经常性的社区矫正执法监督检查，纠正社区矫正对象脱管漏管人员3名，发出检察建议4份，纠正违法165件，推进社区矫正执法规范化。全面核查涉黑涉恶案件及“保护伞”案件的财产刑执行情况，监督执行财产刑925万余元，确保专项斗争在深挖根治上取得实效。深化对判处剥夺政治权利附加刑执行监督，发出纠正违法通知书8份，探索开展指定居所监视居住监督5人，有效维护司法权威。

开展民事检察监督。加强民事生效裁判监督，提出再审检察建议2件，均被采纳。办理虚假诉讼案件1件，维护司法权威和司法公信力。经常性开展民事审判人员违法行为监督，强化廉洁公正司法。践行新时代“枫桥经验”，办理息诉和解案件3件，有效促进“案结事了人和”。积极履行支持起诉职能，保护农民工等弱势群体的合法权益，办理支持起诉案件2件，帮助农民工挽回经济损失近万元。

拓展行政检察监督实效。开展行政非诉执行监督2件，对行政罚款未予强制执行的违法情形有效监督，挽回国家损失10万元。着力推进行政争议实质性化解，办理该类案件19件，实现双方争议根本性化解。将行政检察监督纳入全区行政争议化解中心职能，助力全区行政争议实质性化解工作高效开展。

【强化公益诉讼保护】 坚持“双赢多赢共赢”理念，办理公益诉讼案件53件，制发的检察建议均被采纳并及时整改，实现检察监督与规范执法双赢共赢，助力区域治理能力提升，为国家和社会公共利益筑起新的司法屏障。

助力“蓝天碧水净土”保卫战。与环保部门共同对危险生产废液进行合理处置，避免二次污染。依法治理扬尘问题6处，有力治理扬尘污染。清理在河堤倾倒生产、生活垃圾问题40余处，清运垃圾242立方米，有效治理河湖“四乱”。开展滏阳河沿岸非法占地专项治理，协助各乡政府拆除非法养殖场7处，有效清理沿岸土地6.7公顷，妥善处置养殖动物1500只，为保护好“一城碧水”持续发力。

守护群众“舌尖上的安全”。与市场监督管理部门共同开展食品安全领域专项活动，办理相关案件12件。规范一次性消毒餐具生产和使用，让群众用得放心、吃得安心。治理餐饮摊贩卫生安全问题，守护公共卫生安全。规范月饼市场秩序，为群众温馨过节增添安全屏障。规范裱花蛋糕食品安全，消除“甜蜜外衣”包裹下的“舌尖”隐患。

延伸公益诉讼效果。聚焦民生民利，瞄准社会热点，探索办理文物保护和社会主义核心价值观保护公益诉讼案件2件，办理刑事附带民事公益诉讼案件2件。例如，区检察院以公益诉讼办案大力推进安济桥文物保护和修缮工作，夯实责任单位的主体职责，增强社会公众的文物保护意识，激活文物保护的良好氛围，有效保障桃城区优秀文化的历史传承。

【强化队伍建设】 适应新时代的新要求、新期待，固本强基，锻造忠诚、干净、担当的检察铁军。

强化政治引领。严格落实《中国共产党政法工作条例》，坚持党对检察工作的绝对领导，切实落实请示汇报制度，增强“四个意识”，坚定“四个自信”，做到“两个维护”。强化对党忠诚教育，深入学习贯彻党的十九届四中、五中全会精神，将习近平法治思想转化为办案要求。将支部建设与办案组配置有机结合，一个办案组就是一个“战斗堡垒”，建设忠于事业、忠于理想、忠于信念，让党放心、让群众满意的检察队伍。

提升专业素能。以业绩考评为抓手，抓细检察官履职要求，倒逼检察官专业能力提升。全年开展案件评查12次，评查案件672件。通过“领导干部上讲台”“检察官教检察官”等形式开展业务培训，运用最高检“检答网”组织业务学习，聚焦岗位素能，锤炼检察办案“真本领”，锻造检察担当“宽肩膀”。

提高工作透明度。全面推行案件公开听证制度，对20件有较大争议或有重大影响的案件，以公开听证形式，邀请人大代表、政协委员、律师和社区居民等多方参与，充分释法说理、有效化解矛盾。加快“12309”检察服务中心建设，推进网上信访、视频接访，畅通群众诉求表达渠道。开展“检察开放日”活动7次，邀请人大代表、政协委员、人民监督员、各界群众300余人次参观和监督。全面深化案件信息公开，公开程序性信息695件、法律文书512份，实现“应公开尽公开”。

法　院

【概况】 2020年，桃城区法院全年共受理案件16148件，结案15675件，结案数量创历史新高，收结案数量持续多年在衡水市基层法院排名第一，员额法官人均结案314件，审判质效在全省179家基层法院中排名第二，审判执行综合质效位列全省基层法院第三，多项工作被《人民日报》人民号、《民主与法制时报》《河北日报》等省级以上媒体予以宣传报道，全年11个部门和个人受到上级法院和地方党委的表彰奖励，年初桃城区法院被河北省高院荣记“集体二等功”。

【筑牢生命健康防线】 思想高度重视，强化组织领导。第一时间成立以院长为组长的疫情防控工作领导小组，制定工作方案，连续召开10次党组扩大会议和疫情防控工作领导小组会议，对疫情防控工作进行安排部署。

认真落实疫情防控要求。全面做好人员排查、登记、消毒等各项疫情防控举措，在全院开展“三清四净”爱国卫生运动；成立两个临时党支部，积极参加河西街道部分小区的疫情防控工作；组织干警进行自愿捐款和无偿献血活动，号召全院干警积极奉献爱心，支援疫情防控工作开展。

有序开展审执工作。全面开展线上服务，确保网上立案、质证、缴费、咨询等工作正常开展；迅速改造庭审设备，推广网上开庭，做到让当事人疫情防控期间不出门，居家也能打官司；同时严厉打击涉疫情违法犯罪行为，维护社会稳定。

【严惩各类刑事犯罪】 打好扫黑除恶收官之战。扎实推进涉黑涉恶案件审判工作，三年来审理“冀州一号”罗某欣等18人、“冀州二号”李某丽等13人、裴某等14人等多起在本地和周边市、区有着重大影响的恶势力犯罪案件，共审结涉黑涉恶案件24件（含涉保护伞案件3件），判处人犯117人，其中判处10年以上有期徒刑14人，判处5年以上10年以下有期徒刑27人，判处3年以上5年以下有期徒刑35人；判处罚金1705.8万元，追缴违法所得371.7万元、责令退赔194.73万元，共计判处财产刑2272.23万元。在完成案件审判任务的同时，桃城区法院不断加大“打财断血”执行力度，以摧毁黑恶势力经济基础为目标，执行涉黑涉恶财产刑案件14案78人，执行完毕35人，执行到位1522.36万元；对在审判过程中发现的行业监管法律漏洞，及时制发8份司法建议书，所涉部门均整改到位；通过扫黑除恶斗争的深入开展，严厉打击黑恶犯罪势力的嚣张气焰，人民群众的安全感显著提升。

严厉打击各类刑事犯罪。全年审结各类刑事案件612件，判处人犯810人，审结包括原辛集市委常委、政法委书记、公安局局长杨某某受贿罪、纵容黑社会性质组织罪、巨额财产来源不明罪等多起职务犯罪案件；严厉打击重大责任事故、污染环境等危害公共安全犯罪，相继审结涉衡水湖自然环境保护民事公益诉讼案件、衡水市翡翠华庭“4·25”重大责任事故案等社会影响重大的案件。

注重营造浓厚法治氛围。以扫黑除恶专项斗争、宪法日活动为依托，相继开展送法进市场、进社区、进校园、进军营等普法宣传活

4月25日，区法院开展4·25扫黑除恶宣传活动　区法院　供图

动，提高人民群众法治意识。

【促进经济健康发展】　统筹推进疫情防控和经济社会发展大局，服务企业复工复产，坚持善意文明司法理念，对生产、商贸类企业采取灵活的财产保全措施和执行方式，避免企业陷入经营困境；组建专业破产审判团队，集中审理破产重组与强制清算类案件，推进“僵尸企业”平稳有序出清。

维护市区金融市场秩序。全年审理金融借款纠纷类案件701件，涉案金额21.35亿元，从严从快审理姜某等人以小额汽车贷款为名的涉恶团伙犯罪和多起涉及“套路贷”犯罪案件，严厉打击金融领域的各种犯罪行为；组织市区7家银行召开多场金融机构座谈会，帮助金融企业防范经营风险。

完善民生权益保障。对传统婚姻、家庭等民生类案件坚持调解为主，促进和谐社会发展；加大涉房产纠纷案件的调解力度，全年受理1423件，调撤结案1012件，调撤率达81.92%，力争维护房产市场稳定；对劳务合同纠纷案件开辟绿色通道，快立、快审、快结，解决河北万泽橡塑科技公司拖欠农民工工资等多起案件，有力保障农民工合法权益。

【维护群众合法权益】　持续巩固执行成果。开展违规执行专项整治活动，消除违规执行、消极执行等情况，提升人民群众对执行工作满意度；开展长期未结执行案件专项清理活动，推动执行案件收结案良性循环，避免案件久执不结，执行案件结案用时较上年度减少49天，全年执行标的额到位10.45亿元。

加大联合惩戒力度。持续加强拒执措施、失信惩戒的运用，连续三年发出限制失信被执行人子女就读高收费私立学校司法建议书；通过执行管理系统、失信曝光台、网络媒体等平台发布失信自然人与法人2731条，对4135人采取限制高消费措施。

推广智慧执行措施。加强阳光执行App应用，全年15499人次通过线上了解执行案情，回复当事人留言367条，核查执行线索149条，架起法院与当事人的线上沟通桥梁；推进司法网拍工作，提高财产处置工作效率，全年网络拍卖240件，成交金额1.68亿余元，溢价率25.98%。

【助力法治桃城建设】　推进行政争议实质化解。2020年3月，在全市率先成立行政争议化解中心，搭建化解行政矛盾纠纷专业平台，共受理案件25件，全部成功化解，其中包括具有重要政治意义、市委市政府主要领导重点关注的衡水市人民防空行政征收易地建设费案件4件，涉案金额1356.57万元。

促进行政司法良性互动。做好行政机关负责人出庭应诉的引导及规范工作，做到“告官能见官”，在4起征地拆迁纠纷案件中，有关行政机关负责人全部出庭应诉，取得良好的庭审效果，案件均顺利被解决。

积极服务党委重点工作。参加创建省级文明城区主题志愿者服务活动，分包小区全部做到“旧貌换新颜”，创城服务工作成效明显；扎实做好脱贫帮扶工作，多方采取帮扶措施，帮扶的贫困户于2020年10月份成功脱贫；认真做好涉诉信访工作，开展集中治理涉诉重复访专项活动，化解信访积案10件，全年未发生进京赴省访；2020年派出干警200余人次参与铁路护路联防工作，确保重要政治时刻铁路运行安全。

【抓实司法改革和执法办案】　落实司法改革要求。健全专业法官会议制度，加强对重大、疑难、复杂案件法律适用问题的监督和指导，提升案件质量；落实院庭长办案制度，规范使用“四类案件”监管平台，做到依法监管；完成司法警务“六专四室”达标建设，提升警务安全防范设施规范化、标准化水平。

优化审判管理措施。强化绩效考核“指挥棒”作用，以审判管理动态运行表为基础，树立鲜明考核导向，全年审判绩效考核、执行绩效考核成绩位居全省三甲行列；强化案件评查监督，提升办案质效，2020年桃城区法院审理案件二审发还率、改判率大幅下降，案件质量提升明显。

推进两个“一站式”建设。依托智慧法院建设成果，通过诉讼服务大厅、移动微法院、12368服务热线打造一体化诉讼服务中心，为当事人提供一站通办、一网通办、一号通办、一次通办的立体化诉讼服务；坚持力推诉前矛盾纠纷化解，搭建诉讼外矛盾纠纷化解平台，健全完善多元化解纠纷机制，满足人民群众多元化司法需求。

【锻造过硬法院队伍】 落实从严治党主体责任。坚持廉政教育“逢会必讲”，在全院召开3次政治性警示教育大会，推动警示教育日常化；开展为期百天并主动延长一个月的作风纪律专项整治活动，做到人员全覆盖，工作全覆盖，整风肃纪，以良好的纪律作风凝心聚力；设立党务干部（廉政监察员），及时把握好干警思想动态，将管党治党责任层层压实，层层有人负责。激发干警队伍活力。树立鲜明用人导向，加强青年人才培养，新提拔9名中层领导干部，其中“80后”“90后”干警8名；注重加强业务培训，依托专业法官会议、青年法官大讲堂等，搭建常态化学习平台，提升干警业务能力。

【促进司法公开公正】 自觉接受人大、政协监督。通过向人大常委会报送法院信息、进行专题工作汇报等方式，实时报告法院动态；2020年10月区六届人大常委会第二十九次会议听取和审议桃城区法院关于智慧法院建设的工作报告；11月桃城区法院被河北省人大常委会定为基层立法联系点，是全省唯一的一家基层法院；桃城区法院不断完善代表、委员联络制度，邀请代表、委员旁听庭审、见证执行、视察工作、参加会议等，广泛听取代表、委员意见，及时反馈议案、提案内容。

自觉接受纪委监委、检察机关监督。认真贯彻监察法有关规定，支持配合监察机关对法院工作人员进行监督，对于职务犯罪案件，及时将裁判结果及案件线索通报纪检部门；对检察机关提出的检察建议及时回复，认真组织研究落实，邀请检察长列席审委会，共同维护司法公正。

自觉接受社会公众监督。全面落实司法公开，案件信息100%公开，裁判文书公开率127.5%，庭审直播2416台，确保司法权力在阳光下运行；认真贯彻人民陪审员法，全年人民陪审员参与审理案件1420件，陪审率91.9%；加强与媒体互动，接受舆论监督，畅通民意沟通渠道。

法治政府建设

【概况】 2020年，桃城区在市委、市政府和区委的坚强领导下，始终坚持以习近平新时代中国特色社会主义思想为指导，深入贯彻落实习近平法治思想和省、市关于法治政府建设的各项重大决策部署，紧紧围绕年初工作要点和省、市工作要求，全面推进法治政府建设各项工作。

【健全工作机制】 按照中央和省、市委的决策部署和桃城区实际情况，全面加强对法治政府建设的组织和安排。认真落实《法治政府示范创建方案》《法治乡村工作方案》《疫情防控法治保障实施意见》《五项执法监督制度》等一系列制度文件，有力保障法治政府建设有章可循、有规可依。组织实施《法治政府建设实施纲要（2015—2020年）》，制定出台

《2020年法治政府建设工作要点》，明确工作目标、任务措施，将法治建设各项工作细化分解压实到各相关职能部门，并按照“市县法治政府建设示范指标体系”对各级各部门进行考核，推动法治政府建设落实见效。

【树牢法治理念】 坚持把遵法学法作为领导干部履职必备条件，加强宪法法律知识的学习，真正让法治精神深植于脑、内化于心。用好会前学法制度。区领导安排部署区委常委会和区政府常务会会前学法内容，每次会前至少学习2~3个法律法规及重要的政策文件，一年来学习《河北省政府投资管理办法》《政府购买服务管理办法》《统计违纪违法责任人处分处理建议办法》《中华人民共和国民法典》《中华人民共和国农村土地承包法》等法规，牢固树立“法律是治国理政最大最重要的规矩”理念，全面提升领导干部的法治素养，切实做到学法、懂法。强化依法办事。积极落实《关于加强行政规范性文件制定和监督工作的通知》《关于全面推行行政规范性文件合法性审核机制的指导意见》等文件要求，对政府规章、规范性文件以及涉及法律方面的工作，都坚持征求司法行政部门意见建议，反复推敲、严格把关，确保每份政策文件、每项工作都合法合规、不出纰漏。严格规范用权。严格按照“用制度管权管事管人”的方向，把重大事项、重要工作等纳入法律制度框架，健全权力运行的制约和监督体系，促进权力公开透明规范运行。

【科学依法决策】 进一步推进法治政府建设，规范政府重大行政决策程序，认真学习研究《重大行政决策程序暂行条例》《中共河北省委关于进一步提高科学决策民主决策依法决策水平的意见》《河北省人民政府办公厅关于印发河北省县级以上政府重大行政决策合法性审查规定的通知》等法规、文件，根据工作实际制发《桃城区人民政府重大行政决策程序规定》。对经济社会发展有重大影响、涉及重大公共利益或者社会公众切身利益的重大行政决策事项，从决策事项启动、专业论证、风险评估、公众参与和决策执行等方面作出详细规定，为科学合法决策提供制度保障。2020年，通过政府常务会议研究“三重一大”事项共62项。严格实行重大行政决策合法性审查制度，认真厘清重大行政决策事项范围、主体、权限、程序，严格按照程序对提交常务会议研究决定的重大行政决策进行合法性审查，确保行政决策的合法性。

【规范执法行为】 2020年，制定出台《桃城区行政执法监督制度》《桃城区行政执法情况通报制度》《桃城区行政执法投诉举报登记制度》《桃城区行政执法责任追究办法》《桃城区行政执法争议协调办法》等五项制度，为保障依法执法、依法行政工作开展提供制度依据。按照要求，组织开展执法案卷评审、罚没许可证件年审、执法人员年度培训和三项制度落实情况评比等活动，督促执法单位建立健全各项执法制度和执法裁量权基准。组织全区执法单位开展行政执法事项清理，梳理执法事项和罚没事项清单，厘清执法权限，完成两个执法事项清单清理梳理，并在网上进行公示。同时，在重大处罚案件备案审查上，严格落实相关制度，对执法过程中和案卷材料中存在缺漏和不规范的，及时指出并责令补充和整改，有效降低案件被复议和诉讼的发生。同时，不断加大对执法单位是否依法执法、规范执法的评判力度，督促政府系统逐步提升规范执法水平。

【推进基层法治改革】 严格按照省委、省政府的改革方案要求，落实基层社会治理工作责任，按时完成行政处罚权力下放和乡镇、街道综合行政执法队伍组建，共下放78项处罚权、委托处罚事项9项。通过现场和网上两种方式对乡镇、街道执法人员开展公共法律知识培训，严格执法人员申办执法证件条件要求，切实把好基层执法上岗前的“第一关”。组织司法部门逐乡镇、街道指导建立健全执法制度和网上公示，对执法工作流程和案卷材料进行检查，督促做到规范执法。同时，加强食品药品安全监管执法，健全食品药品安全事故快速反应机制，完善质量溯源制度和责任追究制度。依法严厉打击暴力恐怖、涉黑犯罪、邪教和黄赌毒等违法犯罪活动，保障人民生命财产安全。强化危害食品安全、影响安全生产和损害生态环境等重点问题治理，切实维护社会大局和谐稳定。

【优化营商环境】 全面落实《优化营商环境条例》，深入实施“标准地（标准厂房）+承诺制+代办制”改革、“一会三书一证”改革、高新区体制机制改革和“工程建设项目审批制度”改革，加快破除深层次体制机制障碍，有效激发市场发展活力。加强优化营商环境相关规范性文件的备案审查，健全执法司法对企业的平等保护机制，加强知识产权保护和运用，落实支持、服务、保障经济发展政策举措，保障企业合法权益。加强社会信用体系建设，加大市场监管力度，规范市场秩序环境，营造支持经济发展的法治环境。

【加强法制文化建设】 深入开展法治宣传教育，积极组织各区直部门和乡镇街道充分发挥普法教育职能作用，推动形成党委领导、人大监督、政府实施、全社会共同参与的法治宣传教育工作格局。大力开展系列宣传活动。制定印发《2020年度全区普法依法治理工作要点》，细化普法措施，落实普法任务。开展《中华人民共和国民法典》《中华人民共和国社区矫正法》及“扫黑除恶”专项斗争等系列宣传活动28次，发放各类宣传资料3.2万余份（册）。大力开展重要节点宣传。充分利用“4·15”全民国家安全教育日、“12·4”国家宪法日宣传周等重要时间节点，突出法治宣传的针对性和时效性，组织业务骨干、村（居）法律顾问、普法志愿者等群体，深入社区、乡村、企业、市场，大力开展普法宣传活动。累计开展宣传活动10余场次，发放各类宣传资料5000余份（册）。大力开展普法阵地建设。以省级文明城区创建工作为契机，通过法治宣传栏、制作展牌等形式，在社区广泛融入法治元素，全区51个社区和313个生活小区实现普法阵地全覆盖，其中路北街道裕康社区、河东街道桥东社区、赵家圈镇前埔村3个村（社区）被评为第六批“河北省民主法治示范村（社区）”，河东街道桥东社区申报第八批“全国民主法治示范村（社区）”。9月，桃城区“七五”普法工作通过省、市检查验收，并获得高度评价。

司法行政

【概况】 2020年，区司法局全面落实区委、区政府的决策部署，围绕全区经济社会发展大局，履行司法行政工作职责，加强队伍建设、提高服务效能、推进法治建设、创新工作措施、转变工作作风，较好地完成年初制定的目标任务和疫情防控等各项工作。

【提高服务效能】 提高服务质量。首先完成4个律师事务所及43名律师和8名公职律师，14个法律服务所84名法律服务工作者的年检注册工作，同时组织法律服务队伍积极开展“一村（居）一法律顾问”活动、民营企业“法治体检”活动，深入基层一线进行法律宣传、免费提供法律咨询。全年共接受线上线下义务咨询896次，开展普法宣传186次，开展法制讲座20场，帮助村（居）务管理29次，帮助处理村（居）经济活动11次，帮助解决纠纷13起，做到全年零投诉。

扩大服务范围。在法律援助工作中坚持以人民群众满意为标准，着力为农民工、妇女儿童、老年人等社会弱势群体提供法律援助，帮助他们维护合法权益。全年共接待咨询1084人次，办理诉讼案件83件，其中民事案件38件，刑事案件45件，并录入案件管理系统。在对未成年、身患残疾、重大刑事犯罪嫌疑人提供法律援助以外，根据认罪认罚从轻的有关规定，组织律师办理相关案件1000余件。

创新工作思路。为深化便民服务，提升援助质量，该局以窗口申请为基础，增加电话、微信等“云办公”的方式，尤其是在疫情防控期间，成立7支法律服务团队，为遇到困难的企业提供法律服务，化解经营风险，共为企业免费提供法律咨询329件（次），其中刑事咨询16次、债务性融资合同咨询5次、权益性融资咨询21次、疫情防控咨询54次、公益捐赠咨询20次，复产复工咨询213次，举办防疫法律知识视频讲座2次。

【做好“七五”普法工作】 以“七五”普法验收为主线，线上线下结合，重点宣传《中华人民共和国民法典》《中华人民共和国社区矫正法》、扫黑除恶专项斗争，统筹抓好“4·15”全民国家安全教育日、“6·5”世界环境日、“12·4”国家宪法日等重要时间节点，积极开展普法宣传工作。

加强普法阵地建设。以省级文明城区创建工作为契机，在分包的帮建小区采取安装法治宣传栏、制作展牌等形式，在社区广泛融入法治元素，持续浓厚法治宣传氛围。并先后与市

5月28日，桃城区司法局工作人员深入社区宣传《中华人民共和国社区矫正法》

区司法局　供图

司法局、乡镇街道联合在赵家圈镇前埔村和河东街道桥东社区，打造法治文化胡同、法治文化长廊和法治文化广场，设置普法宣传展牌32块，设置普法宣传栏15个。

深入社区、乡村、企业、市场等重点领域大力开展普法宣传活动。开展集中宣传活动20余场次，发放各类宣传资料3万余份（册）。在疫情防控期间，积极利用电子显示屏，不间断、多频次对外发布疫情防控宣传标语。同时组织印制《“疫”案说法》宣传册7000册，在三个包联小区以及辖区企业广泛发放。在《中华人民共和国民法典》学习宣传中，协调区委、区政府在区委常委扩大会和区政府党组理论中心组学习会上进行专题学习。并订购《民法典》单行本5000册，分发到各乡镇街道、区直各部门等国家工作人员手中。

积极探索“互联网+”普法宣传模式。积极向各报刊、网站、公众号等主流媒体投送普法宣传稿件，精心维护“桃城普法”头条号和微信公众号两个网络宣传主渠道，实时推送普法信息，不断提升普法宣传的覆盖面和渗透度，顺利通过省、市“七五”普法验收并取得较好名次。

【推动法治工作规范运行】 建立健全相关制度。分别在3月份和10月份两次组织召开区委依法治区委员会全体会议，督促落实依法治区相关工作，起草印发工作要点、落实法治政府示范创建方案、法治乡村工作方案、疫情防控法治保障实施意见以及《桃城区行政执法监督制度》《桃城区行政执法情况通报制度》《桃城区行政执法投诉举报登记制度》《桃城区行政执法责任追究办法》《桃城区行政执法争议协调办法》五项制度，为桃城区执法监督工作开展提供制度依据。

严格规范性文件管理。组织对2016～2020年公开有效的规范性文件及涉及民法典的行政规范性文件的清理工作，整理出现行之有效规范性文件18件。同时重点对工信局提交的“亩均效益”文件进行合法性审核并提出意见建议，提出7条修改意见建议全部被采纳。在其他方面，共出具合法性审核书面意见109件，其中区长办公会议题审核意见40件，区政府常务会议题审核意见53件，区政府合同审核意见9件，其他合法性审核7件。

扎实开展行政复议与应诉工作。坚持加强行政复议规范化，积极化解行政争议，推进行政机关依法行政。全年共审理行政复议申请5件，受理4件，转送1件。收到行政应诉立案通知30件，其中省高院再审案件14件，驳回再审申请13件。落实行政诉讼行政机关负责人出庭应诉制度，并组织全区各乡镇办执法人员参加法院庭审旁听，进一步提高执法办案质量和水平。

组织落实乡镇街道执法改革。严格按照上级改革方案要求，按时完成78项处罚权、9项委托处罚事项下放和乡镇街道综合行政执法队的组建工作。对乡镇街道执法人员分现场集中和网上两种方式开展公共法律知识培训，严格执法人员申办执法证件要求，把好基层执法上岗前的“第一关”，累计为乡镇街道156人办理执法证件。

【维护社会和谐稳定】 加强对特殊人群的管理。以对全区社区矫正工作检查为契机，组织开展社区矫正安全隐患排查整治工作，并对全区8个司法所的211名社区矫正人员进行2次全员训诫及教育学习，同时对社区矫正人员定位情况进行抽查。全年共接收各类社区矫正人员135名，参与审前调查124次，出具124份调查报告，新入矫的人员全部建立齐全的档案，全部实行手机定位管理。全区共有421名刑释解教人员，其中新接收169名，全部办理衔接手续，落实帮教人员。

全力推动“枫桥经验”。大力开展民间矛盾纠纷排查调处活动，在春节、新冠肺炎疫情防控、“两会”“五一”“国庆双节”等重要时间节点开展大规模的纠纷排查活动。并印发《关于做好“两会”期间民间纠纷集中排查调解、社区矫正、安置帮教工作的通知》《关于做好“两节”期间民间纠纷集中排查调解、社区矫正、安置帮教工作的通知》。尤其是在新冠肺炎疫情防控期间，召开专题会，有针对性地进行专门研究和部署。根据民间矛盾纠纷的实际情况，结合上级精神，在疫情防控期间制定下发《桃城区司法局关于疫情防控期间做好矛盾纠纷排查调处的通知》。2020 年，全区共调解各类民间纠纷 740 件，无矛盾激化和民转刑案件。

加强行业专业性调委会建设。为适应形势的发展和工作实际的需要，在规范原有医患纠纷调解委员会和交通事故纠纷调解委员会的同时，批准成立桃城区物业纠纷调解委员会，全年调解医患纠纷 27 件、交通事故纠纷 77 件、物业纠纷 107 件，做到政治效果、法律效果、社会效果相统一。

人民武装

【概况】　2020 年，桃城区人民武装部（以下简称区人武部）工作坚持以习近平新时代中国特色社会主义思想为统领，打基础、抓规范、强作风、促落实，努力争先进、当窗口，完成年度工作任务，被军分区表彰为全面建设先进单位。

【党的建设】　2020 年，区人武部严肃党内政治生活，依据《河北省军区关于进一步规范和落实机关党支部组织生活的暂行规定》，抓好“七项组织生活制度”和“三会一课”落实，定期组织开展主题党日活动，推进“两学一做”学习教育常态化制度化落实。党委、纪委压紧压实“两个责任”，开展“五查五纠”作风纪律教育整顿，纠治不正之风和微腐败问题成效显著，持续推进党风廉政建设纵深发展。

【党管武装】　2020 年，桃城区推进全区经济建设和国防建设协调发展，军政军民关系和谐巩固，全区党管武装工作呈现新气象、实现新突破。军地各级持续深化党管武装认识，严格落实党管武装制度，研究出台《关于进一步做好服务部队备战打仗几项重点工作的意见》，稳步推进国防动员综合训练基地建设、基层人民武装部正规化建设、国防动员体系建设和营造尊崇军人浓厚氛围四个方面重点工作。

【练兵备战】　2020 年，区人武部坚持任务牵引，突出民兵应急力量和专业分队训练演练，组织民兵进行反恐维稳、应急处突、抗洪抢险等科目拉动演练，相关做法被《中国国防报》刊发报道，人武部被省军区表彰为练兵备战先进单位。

【民兵整组】　2020 年，区人武部在总结 2019 年试点成果基础上，及早筹划部署，开展业务培训，掌握方法标准，提高民兵整组实效。采取听取汇报、查阅资料、现场提问、拉动点验和技能考核等形式，对各乡镇街道民兵调整改革和基层武装部及民兵阵地规范化建设进行检查，取得良好效果。

【兵员征集】　2020 年，区人武部积极探索新形势下提升征集质量的方法路子，修改完善《桃城区征兵优抚暂行办法》。以“五率”考评为牵引，以大学毕业生为重点，以确保廉洁征兵为底线，不断提升大学生征集比例，完成兵员征集任务。

【国防教育】　2020 年，区人武部探索国防教育新方法新路子，新建国防教育一条街，开展“网上祭英烈、共铸中华魂”活动、国家安全教育日宣传、走进校园国防教育授课，打造国防教育新媒体宣传阵地，相关做法被《中国国防报》刊发报道。

【疫情防控】 2020年，疫情发生后，区人武部在坚决贯彻落实军地各级关于疫情防控工作的指示要求，迅速安排部署，采取有力措施，积极推进疫情防控工作落地见效。每日召开例会，分析研判形势，解决难点问题，第一时间贯彻习近平主席关于发挥省军区系统和民兵疫情防控“六个作用”的指示要求，向全体官兵、文职人员、职工和民兵下发动员信，出动民兵参加疫情防控工作。

【双拥共建】 2020年，区人武部贯彻落实驻冀部队参与打赢脱贫攻坚三年行动会议精神，每年安排专项资金改善基础设施和生活环境，与建档立卡贫困户建立结对帮扶关系，定期走访慰问；深入开展文明城区创建活动，发放《创建省级文明城区应知应会》和《文明市民手册》，开展文明道路交通疏导活动，进入社区进行综合整治，努力打造干净整洁的居住环境。

人民防空

【概况】 2020年，区政府人民防空办公室（以下简称区人防办）积极参加全省人防系统业务知识培训。按照市人防办要求，做好人防系统腐败问题专项治理相关材料报送。对接区行政审批局、人武部等部门开展人防领域的各项工作。做好人防砖厂人员管理工作。

【人防工程】 落实衡水市、桃城区两级人民政府工作要求，配合衡水市人民防空办公室各项工作。开展全区人防工程数量统计、质量监督和维护管理等工作，对应建项目建设情况进行摸排、督促，努力做到防空地下室“应建尽建”。

【行政执法】 2020年，区人防办开展执法人员业务培训，提高人防队伍依法行政能力，加大行政执法和执法监督的力度；坚持严格执法、秉公执法、文明执法，严格追究行政越权、不作为等行为。强化执法检查，做好人防工程质量和维护管理等工作。

发展改革

【概况】 2020年，区发展改革局坚持以习近平新时代中国特色社会主义思想为指导，在区委、区政府的坚强领导下，在区人大、区政协及社会各界的监督支持下，坚持统筹抓好疫情防控和经济发展，扎实开展“六稳”工作，积极落实“六保”任务，减少疫情带来的不利因素，全区经济呈现稳步回升运行态势。地区生产总值完成219.6亿元，同比增长3.4%，低于计划目标3.6%左右。固定资产投资完成118.3亿元，同比下降3%。社会消费品零售总额完成109亿元，同比下降2.6%。服务业增加值完成161.7亿元，同比增长3%。常住人口城镇化率达82%以上，完成目标任务。每万元GDP能耗、每万元生产总值用水量、每万元生产总值二氧化碳排放量及化学需氧量、二氧化硫、氨氮、氮氧化物排放量，均完成年度计划目标。

【推进项目建设】 2020年，桃城区省、市级以上重点项目24个，14个项目全部开工建设，开工率100%；累计完成投资28.8亿元，投资完成率为93.4%。10个前期项目，总投资104.7亿元，4个项目开工建设，其余6个项目加快跑办前期手续。2020年5000万元入库项目达到168个，在建项目100个，拟新开工项目9个，储备项目59个；项目总投资1325.97亿元，在建项目619.06亿元，储备项目653.68亿元。

工作措施。加大项目前期工作力度。加快项目前期手续办理，对省重点前期项目申报实行成熟一个、申报一个，及时办理，为项目早落地、早实施创造条件。规范实施项目全过程管理。对重点项目的前期、开工、建设、投产四个阶段实施全过程管理，按照各类项目的关键节点，及时跟进，切实保障重点项目建设中的问题及时得到有效解决。加大项目帮扶，对全区列入市级以上的重点项目，分包领导组成推进小组，制定项目的年度目标，月度计划，制定项目节点工作计划，定时限、定标准、定任务，建立台账，分类指导，加快推进，确保早实施、早见效。实行重点项目动态调整管理。市级以上重点项目确定后，根据经济社会发展需要、投资政策调整、市场环境变化和项目推进情况，对需要新增、暂停或终止的市级以上重点项目，报上级部门同意后予以调整。对列入市级以上重点项目序列的项目在资金、土地等要素供应上予以优先保证，调出市级以上重点项目序列的项目收回配置的要素资源。

【遵循依法行政】 加强法治建设，大力促进依法行政进程。领导班子认真学法、尊法、守法、用法，严格执行各项规章制度，完善行政决策程序，推进行政决策的科学化、民主化、法制化。建立权责明确、行为规范、监督有效、保障有力的行政执法体制，有效规范行政决策行为。在实际工作中以身作则，率先垂范，引导依法办事，推动法治建设，自觉维护法律尊严。切实抓住“关键少数”。完善党组会会前学法制度，严格执行《党组议事规则》、“三重一大”监察纪实制度，落实法律顾问以及重大决策、规范性文件合法性审查、公平竞争审查等制度。深化机关内部法治教育，以局领导、工作人员和行政执法人员为学法重点，不断加强法律知识培训，努力提升全体工作人员法律素养和依法行政工作水平。积极开展法治宣传。借助微信公众号、短信平台、LED显示屏等媒体，及时发布发展改革法规、政策新动态，多渠道进行法治宣传。落实“谁执法谁普法”工作机制，结合消防安全检查、环保督察、价格执法、创建文明城区等时机，扎实开展“法律七进”活动。落实“放管服”改革。主动做好市级取消、下放的行政事项承接工作，及时清理规范，对确认公布事项的权力清单和责任清单均按要求上网公布，及时录入政务一体化平台，实行网上同步运行，建立巡查台账、预警台账。建立健全“双随机一公开”、投诉举报、情况通报等制度。

【疫情防控】 贯彻2月27日省疫情防控工作视频调度会议精神，按照区疫情防控指挥部的要求，牵头成立由工信局、财政局、审计局、医保局、卫健局、市监局桃城分局、农业农村局、交通局为成员单位的“桃城区新型冠状病毒感染的肺炎疫情防控工作指挥部后勤保障组”，明确分工，责任到人，确保工作顺利开展。

财政局筹措资金，保障资金及时拨付；工信局、医保局等部门积极沟通联系生产销售企业组织货源；交通局积极协调确保货物流通畅通，通过共同努力，确保疫情防护物资的及时供应。疫情发生以后，联系防护物资生产销售企业，为各乡镇办、区直部门，区属第二、四、五医院、妇幼保健院和疾控中心、发热门诊、检查站点、隔离点等一线工作人员防护物资储备提供有力保障。

加强新冠肺炎防控救治物资储备库管理，优化重点物资储备品种、规格、规模，及时掌握常态化疫情防控物资动态监测，实行常态化物资保供，做好防控物资的调运保障。

及时了解掌握全区防控应急物资需求动态，为全区应急物资采购供应提供有力的保障。自2019年开始至2020年年底，该局一直坚持疫情防控医药用品日报、重点物资政府储备情况统计及采购发放疫情防控防护用品登记。

2020年，区发改局共发放、接受捐赠、采购防护物资情况：N95口罩发放950个，捐赠1527个；医用口罩发放36310个，捐赠16000个，采购39500个；一次性口罩发放133420个，捐赠60000个，采购170000个；防雾霾口罩发放11963个，采购27400个；检查手套发放440502支，捐赠444202支；防护服发放1675套，捐赠300套，采购1200套；隔离衣发放3308件，采购3525件；医用帽子发放15720个，捐赠4300个，采购20000个；额温计发放524个，捐赠20个，借26个，采购773个；体温计发放2000个，捐赠2000个；护目镜发放1154个，采购1567个；84消毒液发放21981千克，捐赠21376千克，采购580千克；医用酒精发放1525.5千克，捐赠1442.5千克，采购150千克；3%过氧化氢发放1500瓶，捐赠1500瓶；二氯干粉（25千克/袋）发放10袋，采购10袋；“消博士”洗手凝露发放82+20瓶，采购90瓶；来苏水发放1500瓶，捐赠1500瓶。

对接市疫情指挥部，确保为全区应对疫情防控措施提供全面保障。两次全民核酸检测物资储备到位，隔离点、高速卡点等重点部位防护物资保障充足。

京津冀协同发展

【概况】 桃城区围绕省、市加快推进京津冀协同发展的实施意见，结合本地经济社会发展实际，贯彻落实重大方针政策，紧盯高端产业发展前沿，把桃城高新技术产业园区、北部新城、邓庄镇、赵家圈镇、郑家河沿镇作为重点区域，确定“一体两翼”的发展总布局，打造“六大产业集群”，带动全区经济发展。

【出台政策】 2020年，先后出台《桃城区重点项目、重大基础设施和基本公共服务项目推进方案》《关于构建“五个协调指导组”工作体系逆势而上实干争先的意见》《衡水市桃城区引智引资扶持政策二十八条》《关于进一步加强领导干部引荐项目工作的实施意见》，牵头编撰《关于推进智能机器人产业发展对接服务雄安新区的方案》、印发《桃城区2020年招商之冬活动方案》等制度办法。

【强化措施】 围绕确定的重点产业项目推进四项工作的开展：明晰路径，确定战略新兴产业发展方向；强化项目支撑，激活产业转型发展活力；实施科技创新，增强产业转型发展动力；加强金融服务，夯实产业转型发展服务保障。对培育发展高端装备制造产业、电子信息产业、新材料等三大战略性新兴产业发展提出明确的发展目标和工作重点。

切实推进项目建设进程，将省、市重点项目分包到区级领导、责任部门名下，建立起一项任务、一名领导牵头、一个班子服务、一个责任部门、一套实施方案，一抓到底的“五个一”领导分包责任制。

【工作成效】 抓好闲置厂房的摸底处置工作，将园区将近8万多平方米闲置厂房统筹谋划，打造标准厂房，建设京雄产业承接园，给予入园的京津雄产业转移的高科技项目厂房租金“三免两减半”的扶持政策，减少企业搬迁成本，吸引更多项目搬迁入驻，有北京金太阳、北京孚生益达、北京顺隆千业、北京恒通腾发等6家企业搬迁入驻；落实“雄安建设、衡水配套”，聚焦供应链、补链与合作，无人机产业链成为领军企业；衡水众鑫工程橡塑有限公司提供产品止水带给雄安新区施工单位；5家建材企业有意愿参与雄安新区建设。

国有资产管理

【概况】 严格按程序组织国有资产处置工作，全年共处置划转24批次，入库资金3000万元，盘活存量资产，提高资产使用效益。

【监管措施】 定期开展改制企业资产巡查和行政事业单位资产清查，准确掌握行政事业单位的“资产家底”，实现资产的动态管理。严格落实国有资产管理情况向人大常委会年度汇报制度。国企改革进一步深化，积极履行出资人职责，实行党建引领下的法人负责制。作为全省试点的国有企业退休人员社会化管理工作完成交接3636人，接管人数全市最多，减轻疫情下国有企业负担，助力企业发展，为全市推广积累丰富经验。

行政审批

【概况】 2020年，桃城区行政审批局贯彻新发展理念，深化审批制度改革，致力政务服务，做好公共资源交易管理工作。

【审批制度改革】 深化行政审批制度改革，促进效能持续提升。

持续推进简政放权。认真做好国务院、省、市政府取消调整行政权力事项的衔接落实工作，印发一系列衔接落实文件，对衔接时限、衔接措施及指导要求等进行明确规定，确保上级取消调整行政权力事项能够有效衔接、落实到位。2020年，按照国务院《关于取消和下放一批行政许可事项的决定》、河北省人民政府办公厅《关于衔接落实国务院取消和下放一批行政许可事项的通知》要求，印发桃城区《关于衔接落实国务院取消一批行政许可事项的通知》，取消行政许可事项2项。2020年4月，按照《衡水市生态环境局衡水市行政审批局关于进一步做好行政许可划转工作的通知》要求，落实划转工作，桃城区行政审批局与市生态环境局桃城区分局签订“行政审批业务交接书”，5项行政许可事项划转至桃城区行政审批局办理，并在政府网站公开划转事项目录。

加强乡镇街道审批服务体系建设。2020年，向各乡镇街道印发《衡水市桃城区行政审批制度改革工作领导小组办公室关于向乡镇（街道）下放（委托）行政权力事项的通知》，明确相关情况；“县级部门可向乡镇和街道赋权下放事项”行使部门为区行政审批局的、区自然资源和规划分局的10个事项，与各乡镇街道通过签订委托书的方式下放到各乡镇街道。

“放管服”改革纵深推进。桃城区行政审批局开展业务培训，确保下放事项承接到位。先后召集乡镇街道、村（社区）代表参加衡水市乡村两级审批服务标准化视频培训会、审批服务事项下放专题培训会等，对行政许可法、政务服务礼仪、政务服务平台使用、委托下放事项审批流程等进行培训，发放《衡水市乡村两级审批服务标准化培训资料汇编》第一、二卷，对机构改革后乡镇街道拟承接的审批服务事项审批依据的法律法规（政策依据）、提交材料、办理流程等进行明确，并制定培训表，要求乡镇街道工作人员到政务大厅进行跟班学习，为乡镇街道承接审批服务事项提供重要遵循。

【政务服务】 推进全区“互联网+政务服务”工作，2月10日，印发《衡水市桃城区政务服务管理办公室关于开通政务服务事项网上办理功能的通知》，对桃城区政务服务事项推行网上办进行安排部署，要求区直相关部门逐项完善实施清单、优化政务服务事项并开通“网上办理”。8月，印发《关于河北省政务服务事项平台认领、完善实施清单并开通网上办的通知》，组织各乡镇街道、区直有关部门对照省各厅局签字确认的“行政许可事项目录清单确认表”在“河北省政务服务事项管理平台”上按实施清单要素填报指南进行认领、完善实施清单等工作。11月，印发《关于进一步做好政务服务事项管理平台事项认领工作的通知》，在“河北省政务服务事项管理平台”（“三级四同”事项库）依权限进行认领，按照实施清单要素录入规范完善实施清单信息，并及时在“河北省政务服务事项管理平台”进行事项发布和开通网上办。截至12月31日，全区34个单位共认领事项1238项，网上办理功能开通率达到100%。

【公共资源交易管理】 桃城区公共资源交易中心紧紧围绕关于深化“放管服”改革、优化营商环境的决策部署，贯彻落实关于公共资源交易的改革精神，全面提升公共服务软硬件建设，实现市场主体办事流程简化，效率提升，成本降低，服务优化，全力提升全区公共资源交易营商环境。落实降本减负政策，最大限度降低市场主体制度性交易成本。打造“互联网+”公共资源电子化交易平台，在工程建设领域和政府采购领域实现全流程电子招投标和“不见面开标”，在交易电子化领域实现招投标CA一地注册全省通用。简化交易流程，取消多项纸质报备和提交原件等项目，多措并举方便市场交易主体“最多跑一趟”。加强软硬件建设，启动公共资源交易中心对外服务和办公场所信息化项目建设，为交易主体提供更加优质高效的智能化服务保障。加强业务培训，解读有关政策和操作流程。

按照衡水市政务服务管理办公室关于扎实推进《河北省工程建设项目打击串通投标专项

治理工作方案》工作的通知要求，印发通知，协调区住建局、区水利局、区交通局、区工信局、区发改局等行政监督部门开展“回头看”活动，对治理范围和内容进行全面摸排和自查自纠，利用“河北省大数据串标分析系统”提供的预警功能进行逐项核查及处理，并做好数据汇总和信息上报工作。

统　计

【概况】　区统计局提升统计管理水平，推进统计的标准化、制度化，提高业务能力，提升社会公众的依法统计意识，保证数据质量，推动“不忘初心、牢记使命”主题教育走深走实，强化内控制度建设、纵深开展统计调研、从严开展统计执法，促进桃城区统计工作再攀新高度。

【统计体系建设】　制定《统计工作检查和执法制度》《统计工作监管制度》《统计数据质量管理责任制》《统计业务和技术培训工作制度》以及主要统计数据质量评估办法。制定《领导干部违规干预统计记录工作办法》，规范违规干预统计工作处理流程。制定《统计数据质量核查工作记录制度》，印制《统计数据核查记录台账》，提升统计工作的规范化和制度化。

【统计业务】　做好各项国家、地方统计调查任务，服务民生。整理、汇总、核查、公布、存档统计数据和资料，编印《统计月报》12期，撰写《统计分析》《统计参考》共47篇，统计信息120余条。

【统计监督】　扎实开展“防范和惩治统计造假、弄虚作假”专项整治工作，开展“统计普法全覆盖”“法治走基层”等活动，以案释法，多形式开展普法宣传和统计违法违纪警示教育。组织开展统计“双随机一公开”执法检查，抽查比例为5%，抽取16家“四上”企业，在“河北省双随机监管平台”和桃城区政府网进行事前事后公示，对检查发现的问题进行“双向反馈”。

【统计调查】　努力推进企业统计一套表联网报送，做好GDP核算、工业、农业、能源、投资、建筑业、房地产、贸易、科技文化、服务业、居民生活等常规统计调查。组织开展第七次全国人口普查工作，京津冀转移企业专项调查工作，国家基本单位名录库改革试点调查工作，粮食大县抽样调查的夏收小麦、秋收玉米预产及实割实测、卫星对地遥感调查、主要畜禽监测调查和临时性调查任务。

（刘建超）

审　计

【概况】　2020年，区审计局在上级审计机关及区委、区政府的正确领导下，坚持紧紧围绕党委、政府工作重点，发挥审计常态化“经济体检”功能，创新审计工作思路、规范审计监督行为、强化审计服务意识，推动审计高质量跨越式发展，取得阶段性成果。牵头起草出台全区审计规范性制度及文件7个，建立及修订内部控制制度近20个；有5个专题报告得到区委、区政府领导的肯定及批示。3月，区审计局被河北省审计厅评为“2019年度提质提效、文明执法”竞赛优胜单位；8月，又在全省168个县区级审计机关中脱颖而出，被河北省审计厅评为“争创人民满意的公务员十佳先进集体”荣誉称号。

【聚焦重点】　确保政令畅通。按照“审计要促改革促发展”的工作思路，有效推动中央和省、市、区重大决策部署贯彻落实，服务和保障桃城经济高质量发展，重点对桃城区新冠肺炎疫情防控资金和捐赠款物情况以及学校建设、老旧小区改造提升、公园建设等21项民生实事进行跟踪审计（含区“两会”票决出的2020年10大民生实事及市“两会”确定的2020年20项民生实事涉及桃城区部分），对被审计对象实现动态管理，着力摸清底数、找准问题、提出建议，及时发现和纠正有令不行、有禁不止行为，有效确保政令畅通。

规范资金管理。为全力做好预算执行情况审计，该局着力科学定位审计目标，突出审计重点，完善审计内容，充分利用审计资源，有效对区本级预算执行及决算草案情况，以及区农业农村局、区民政局、区残疾人联合会等重点部门预算执行情况进行审计，查出违规出借资金、预算编制不完整、债权债务长期挂账等问题。在审计中，该局以向区政府及人大常委会提交的“两个报告”的内容和需求为出发点，始终把全面、系统地反映本级预算执行中存在的普遍性、倾向性问题，揭示财政管理中存在的深层次矛盾作为出发点，总体把握和评价预算执行效果，查处和纠正部门违纪违规行为，深入分析成因，提出对策与建议，有效推动财政体制改革，着力为建立科学规范的财政运行机制发挥作用。

助力城市建设。2020年，该局着力对衡水市裕华路小学新建教学楼等竣工决算项目进行审计。在审计中该局从加强风险防控入手，坚持严把立项关、现场审计关、复核审理关等重要关口，有效强化审计质量管理。该局还针对政府投资建设项目管理过程中发现的各类问题以及政策执行中出现的新情况，及时向区委、区政府主要领导报送综合或专项审计要情，针对问题提出切实可行的意见和建议，有效发挥审计机关的参谋助手作用。同时，该局还积极探索与社会中介机构合作的新机制，着手建立委托社会中介机构审计政府投资项目备选库，通过公开招标，选定16家资质等级高、信誉度良好的工程造价咨询公司进入备选库，旨在有效为政府节约建设成本，扫除审计的“死角”和“盲区”。

规范权力运行。2020年，该局完成对区民政局、区残疾人联合会、区农业农村局等11个单位14名领导干部的经济责任审计。有效促进有关单位在经济决策及重要事项管理方面的问题得以解决，如交通局存在的票据管理不严格问题，团区委、卫建局、民政局、中华办、路北办存在的固定资产入账不及时、支付手续不完备、应缴未缴财政等问题均及时得到整改与规范。同时，区委书记郝卫东对该局撰写的经济责任审计专题报告作专门批示，对2020年经济责任审计工作取得的成果给予肯定。

着力跟踪问效。2020年，该局坚持三管齐下，着力加大对全区农村低保、教育扶贫、医疗救助、农村危房改造等扶贫资金的审计力度。突出审计重点。该局坚持以审计发现问题为切入点，通过对问题背后的制度性、全局性问题的分析和总结，提出相应具有可操作性的对策建议，实现对精准扶贫政策、资金、项目，有重点、有步骤、有深度、有成效的审计。强化人员配置。该局坚持打破股室界限，根据扶贫资金审计需求，打造具有合理专业结构、知识结构、能力结构，具有较强互补性、融合性的审计团队，充分发挥人力资源的最佳聚合效应和整体合力。抓好项目统筹。该局认真梳理各类项目的审计对象、范围、内容，最大限度做到扶贫资金审计与预算执行审计、重大政策措施落实情况跟踪审计、经济责任审计的融合安排，努力实现成果共享，不断提升审计效率。

充分履行职责。中共桃城区委审计委员会办公室设在区审计局。该局全力做好审委会办公室相关工作，坚持认真谋划、统筹布局，仅2020年就组织审委会议3次，并牵头起草

《中共衡水市桃城区委审计委员会关于强化审计监督 助推治理体系和治理能力现代化的实施细则》《中共衡水市桃城区委审计委员会办公室关于推进工作协调落实的管理办法》等制度文件，有效确保审委会及其办公室各项工作规范有序开展。同时，审计委员会办公室与各成员单位之间建立工作协调协作机制，加强审计与纪委监委、巡察、组织、财政等相关部门的配合，定期组织召开专题座谈研讨会，共同探讨解决审计过程中遇到的难题，推动形成衔接顺畅、保障有力、配合有效的审计监督机制。

【审计试点工作亮点】 实现内审工作全覆盖。中共衡水市委审计委员会决定在桃城区率先开展内部审计试点工作，该局着力借鉴邯郸市邯山区内部审计经验，积极探索国家审计与内部审计在项目计划、资源力量、成果运用等方面的协同发展，有效解决全区60个行政事业单位设立内审机构所需的场地、设施、人员等关键问题，确保全部正常运转。其中，在8个乡镇及街道办事处设立审计办公室，挂牌在党政综合办公室，在1个高新区设立合署办公的审计办公室；在区财政局、区教育局等6个单位设立独立的审计科（股或室），在区发改局、区住建局等10单位设立合署办公的审计科（股或室）；在区委办、区法院等35个单位设立内部审计员。同时，还在区审计局设立基层审计指导中心，专门负责对全区各单位内审机构进行业务指导，推动全区“一办一科一员”内审组织模式初具雏形。

创新整改试点工作新模式。2020年，该局以审计整改试点工作的开展为契机，推动全区印发《中共衡水市桃城区委审计委员会关于加强审计整改试点工作的实施意见》《中共衡水市桃城区委审计委员会审计整改工作管理办法》《中共衡水市桃城区委审计委员会审计整改工作责任追究办法》等制度文件，着力建立审计整改联动、审计整改督查催办、审计整改责任追究等7大长效机制，并明确纪委监委、组织、审计等12个相关职能单位的责任分工，有效实现审计整改工作由审计部门“单打独斗”到多部门全面参与、齐抓共管的转变。还重点明确对存在虚假整改、拒绝或拖延整改、整改不到位，以及审计整改督促协助责任不到位，应当追究被审计单位、有关职能部门负责人以及有关人员责任的4种情形。同时明确将把审计结果及整改情况作为考核、任免、奖惩领导干部的重要依据，坚决做好审计工作“后半篇文章”，着力打造“一会引擎、七制驱动、多方协同”以及“一平台、一网格、一账单”审计整改新模式。据统计，仅2020年，该局就推动桃城区出台审计整改方面的规范性制度及文件6个。并对全区55个涉审单位审计整改情况进行集中督办，督办整改到位资金10237.27万元，被审计单位采纳督办整改意见21条，督促被审计单位建立健全内控制度32个，开创审计整改工作前所未有的崭新局面。

【重项工作】 抓好项目科学管理。2020年年初，对全区范围内的审计对象，尤其是对管理、分配公共资金、国有资产、国有资源的单位进行全面调查和梳理，着力摸清哪些公共资金、国有资产和国有资源的管理领域还存在审计监督的监管盲区，进一步分析审计监督覆盖领域审计间隔的合理性。在此基础上，结合《中共衡水市桃城区委审计委员会关于推进审计全覆盖的实施意见》，围绕党委、政府中心工作和上级审计机关项目安排，合理制定项目审计区间，力争实现审计对象五年轮审一遍。同时，还建立审计项目限期审结制度，要求一般项目审计时间不超过一个月，重大项目审计时间不超过三个月，把项目执行进度、组织实施情况、全年审计计划完成情况等纳入年度个人是否存在懒政、怠政等考核范围，以此确保全局审计项目计划按时保质完成。

实施“提质提效工程”。坚持以开展“审计促进高质量发展攻坚年”以及“提质提效、文明执法”竞赛活动为契机，着力实施“提质提效工程”。坚持“大兵团”作战。对于重大审计项目，在审计组织模式上坚持全局“一盘棋”，打破科室“壁垒”，统一调配审计力量，实行审计组长负责制，其他审计组成员均从各科室量才抽选，增强审计的协同性，着力发挥审计合力。着力推行“1+N”审计模式。为有效加强不同审计项目之间的有机融合和相互衔接，该局坚持紧紧围绕财政资金使用效益这条主线，按照目标聚合、成果综合的思路，将预算执行审计与经济责任审计、重大政策跟踪审计、扶贫审计等项目相融合，对于同一被审计单位的多个审计项目，均安排同一审计组进行审计，着力避免重复审计，力促实现“一审多项”“一审多果”“一果多用”。实行“预审理”机制。该局打破常规，坚持把项目审理关口前移，审理工作由原先的仅对审计结果进行审理把关，转变为在项目开始阶段就全程介入的“预审理”机制，从而实现由事后复核向全过程审理转变，由“平面复核”向“立体式跟踪指导”转变的新模式。

抓好疫情防控专项审计。确保疫情防控款物用在刀刃上，着力加大疫情防控财政资金和捐赠款物专项审计力度，坚持以审计监督实效助力疫情防控工作，切实推动疫情防控相关政策落地见效。

【正本清源】 加强学法用法力度。局班子成员坚持把每周五下午作为学习日，组织审计人员着力将《中华人民共和国宪法》《中华人民共和国审计法》《中华人民共和国审计法实施条例》《中华人民共和国预算法》《中华人民共和国行政处罚法》《中华人民共和国行政复议法》等法律法规作为重点学习内容，采取专家培训、局领导讲课、分科室讨论座谈等多种形式进行系统学习，每次一个专题，有效提升全员法治意识。在此基础上，该局对照相关法律法规，进一步修订权力清单及责任清单，对行政处罚类、行政强制类、行政监督检查类等5项权力事项进行重新梳理，查漏补缺，有效防止审计错位、越位、缺位等行为。同时，还针对审计工作中存在的执法程序不严谨、处理处罚尺度不统一的问题，进一步明确审计人员、审计小组、审理会应执行的审计执法标准及审计程序，对违纪问题的处理处罚，坚持以审计证据为依据、以法律法规和财经制度为准绳，做到定性准确、处理适度，有效规范审计执法行为。

搭建“监督网络”。全面开展审计廉政回访活动，重点对审计过程中审计组及审计人员遵守审计纪律情况进行全程监控，保持廉政在审计工作中的高压态势。同时还进一步完善政务公开和审计执法公示制度，把审计机关和审计人员的执法权限、范围、程序、执法依据、执法责任等置于大庭广众之下，增强执法透明度。

【重要会议】 3月17日，区委审计委员会召开第三次会议，区委书记、区委审计委员会主任郝卫东主持会议并讲话，区领导刘素云、冀学志、张建涛、郑明辉出席会议。区直有关部门负责人参加会议，区审计局领导班子及工作人员列席会议。会议传达学习全国、全省、全市审计工作会议主要精神及各级审计委员会第三次会议主要精神；调整区委审计委员会有关人员名单；汇报2019年审计工作并就2020年工作要点和计划草案作说明；审议并原则通过《关于推进审计全覆盖的实施意见》《中共衡水市桃城区委审计委员会办公室区审计局向审计委员会报告重大事项公文处理办法（试行）》。会议要求提高站位、聚焦重点，提升审计监督成效，加强党对审计工作的领导，充分发挥好审计监督特殊作用；创新思维、稳步推进，确保实现审计监督“全覆盖”；科学统筹、强化保障，切实抓好内审试点工作。在现有机构编制架构的基础上，尽快建立健全内部审计机构，争当全省内部审计工作“排头兵”；强化整改、形成合力，打通审计监督“最后一公里”，建立健全审计监督与纪委监委、巡察、组织、人事等单位的工作协调机制，建立健全审计查出问题的整改长效机制，完善和落实容错纠错机制。

3月17日，区委审计委员会召开第三次会议，区委书记、区委审计委员会主任郝卫东（右三）主持会议并讲话　　区审计局　供图

5月27日，桃城区召开区委审计委员会两项审计工作试点启动会议，区委书记、区委审计委员会主任郝卫东主持会议并讲话。会议审议《中共衡水市桃城区委审计委员会关于推进内部审计试点工作的实施意见》《中共衡水市桃城区委审计委员会关于加强审计整改试点工作的实施意见》《中共衡水市桃城区委审计委员会审计整改工作管理办法》《中共衡水市桃城区委审计委员会审计整改工作责任追究办法》等。会议强调各相关单位要进一步提高站位，狠抓落实，在全区营造“重视审计、支持审计”的浓厚氛围，全面完成试点工作任务，努力将桃城区打造成全市乃至全省审计试点工作示范标杆。区长崔邦文、区领导刘素云出席会议。区直有关部门负责人参加会议，区审计局班子成员列席会议。

10月26日，区委审计委员会召开第四次会议，区委书记、区审计委员会主任郝卫东主持会议并讲话，区领导刘素云、冀学志、李玉红出席会议。区直有关部门主要负责人参加会议，区审计局领导班子列席会议。会议传达学习省委、市委审计委员会第四次会议主要精神；调整区委审计委员会有关人员名单及经济责任审计工作联席会有关人员名单；就《衡水市桃城区审计局2019年度区本级预算执行和其他财政收支情况的审计结果报告》做起草说明，并就起草《中共衡水市桃城区委审计委员会关于强化审计监督助推治理体系和治理能力现代化的实施细则（审议稿）》《中共衡水市桃城区委审计委员会办公室关于推进工作协调落实的管理办法（审议稿）》及调整2020年审计项目计划作说明。会议对推进两项审计试点工作进行安排部署。

（刘晓佳）

国土资源管理

【规划引领】 自然资源和规划桃城分局在区委、区政府领导下，在区委书记、区长指导推动下，开展桃城区乡镇国土空间总体规划和村庄规划，成立工作专班，组建技术团队，精心开展培训，全力组织实施，桃城区国土空间规划编制工作进展顺利，取得阶段性成果。桃城区乡镇国土空间总体规划纲要形成初步方案，按照衡水市自然资源和规划局统筹编制的“村庄布局”材料，桃城区3个乡镇暂定的147个村庄规划正在有序推进。同时，高标准编制完成桃城高新技术产业开发区总体规划、桃城区三镇总体规划、镇区控制性详细规划、镇域重点地块控制性详细规划，规划体系基本完善。

【要素保障】 2020年度市局下达桃城区土地利用计划13.3公顷。桃城区全年用地报批共上报省厅8个批次，征地总面积43.3公顷，新增建设用地面积35.3公顷，占市下达桃城区新增耕地计划指标265%。抓住机遇，充分反映桃城区诉求，2020年年底又为桃城区争取省机动指标30公顷。2020年，桃城区供地38宗，面积为97.8公顷，总出让金为142312.62万元；市局下达批而未供面积任务数为21.7公顷，完成22公顷，完成任务比例101.6%；共收回国有土地使用权共12宗，收回国有土地使用权面积27.1公顷，确权国有土地0.02公顷。

【资源保护】 深入开展5+1专项整治行动，整治违法违规用地问题。查处违法用地19宗，总面积6.2公顷，其中耕地面积2.8公顷；共清理整治违法违规用地4.9公顷，违法面积整改到位率79.6%。按照国家确定的清查整治范围，发现违建别墅问题项目共6个，全部整改完成。深入开展“绿盾2019”行动，共排查违规项目42个，涉及57个点位，全部完成整改并进行销号，整改率达100%。

【国土绿化】 以习近平新时代中国特色社会主义思想为指导，牢固树立和践行“绿水青山就是金山银山”的理念，围绕构建京津冀生态支撑区目标，以创建国家森林城市为引领，大规模开展国土绿化行动。区政府印发《桃城区2020年营造林实施方案》，重点实施“3221”国土绿化工程（环衡水湖、环城市城镇、环乡镇村庄绿化，沿道路、沿河渠绿化，林业园区和特色果园建设，森林乡村示范区建设）。桃城区共完成营造林875公顷，占市下达任务（646.7公顷）的135.31%。其中，植树造林253.8公顷，占年度任务（213.3公顷）的118.97%；完成营林抚育面积321.2公顷，占年度任务（433.3公顷）的143.35%。自2018年开始至2020年年底，全区共完成造林绿化面积1801公顷。推进创建国家森林城市工作，国家森林城市四大体系逐步完善。邓庄镇北苏闸、赵家圈镇前铺村被评为国家级森林乡村，赵家圈镇前王家村、邓庄镇西葛村被评为省级森林乡村。广泛开展“创森”宣传工作，在城区主要街道、居民区和人员密集场所悬挂条幅400个，在《衡水日报》发表创森相关文章10

篇，制作影音宣传片2部，发放宣传手提袋5000个，宣传册10000份，宣传页50000张。进一步加深群众对“创森”工作的了解，有效提升“创森”知晓率和支持率，“创森”宣传取得显著成效。

【林业资源和有害生物防治】 全区果树资源主要有核桃和枣树，核桃面积233.1公顷，产量2吨，枣树面积105.6公顷。2020年，林业技术科完成市林业技术站的林业站本底调查、经济林产业和花卉产业半年和全年报表；报送国家级和省级乡土专家材料；申报林业花卉项目一个；共计举办林果现场培训班8场次，培训林农、果农850人次，发放技术资料1500余份，答复果农询问6次，引入果树新品种3个，解决果农疑难问题15个，支持林果产业的健康发展。

桃城区苗木资源面积为663.4公顷。2020年，林业技术科对全区600多公顷林业苗圃，进行3次技术指导；并开展两次林业有害生物产地检疫，产地检疫率达到100%；办理林木种子经营许可证1份，完成市种苗站的一系列报表。

2020年，美国白蛾灾害在桃城区个别地点发生较为严重，第三代（次）发生面积共计达到1400多公顷。林业技术科针对这一灾情，及时采取飞防和地面防治相结合的方式，把美国白蛾等害虫成灾率控制在0.35%以内，有害生物预测准确率达到90%以上，无公害防治率达到90%以上，产地检疫率达到100%。

制定林业有害生物防治实施方案，印发4份加强美国白蛾防治的通知，多次召开调度会督促防治工作。分人包乡，深入各乡镇和城区重点区域，认真查看虫害，建立全域监测预报网络。印制大量宣传资料和技术资料广泛散发。开展飞防作业，共计飞防面积4266.7公顷。为各乡镇重点病虫害发生区域发放药械，现场督促指导搞好地面防治。

【改革创新】 推进桃城区集体建设用地和农村宅基地“房地一体”确权登记工作。涉及赵家圈镇、郑家河沿镇、邓庄镇、河东办事处、何家庄乡5个乡镇183个村庄的集体建设用地635宗和农村宅基地57253宗。完成集体建设用地权籍调查635宗，完成宅基地权籍调查54535宗。按照国家和省安排部署，规范开展“房地一体”宅基地日常登记工作，在不动产登记局进行存量宅基地入库登记工作，有13152宗宅基地通过不动产登记库质检并上报省厅。按照该局工作部署，在2021年6月之前，发证率达到90%，保障农民宅基地的使用权。

【基础保障】 开展扫黑除恶专项斗争。及时传达上级扫黑除恶文件精神，制订工作计划。全年共梳理排查270件案件，其中土地供应94件、土地征转和土地整理54件、土地执法和违法用地查处52件、不动产登记15件、矿产资源开发0件、12336举报12件、信访举报38件、交办案件4件、转办案件1件，均未发现涉黑涉恶线索。

持续推进国土“三调”工作。桃城区第三次全国国土调查工作全面完成，调查成果库接受国家级验收。

加强土地收储。2020年，共计收储面积423.6公顷，共计发行土地储备专项债券资金额度13.39亿元，全部拨付各所属乡镇办。

严格落实安全生产责任，扎实做好森林火灾防控工作。严格落实督导监管责任，加强与各乡镇办配合联动有效防范和化解森林火灾风险隐患，确保全区辖区没有发生一起森林火灾。

对2020年度压采林业项目、退耕还林项目和前一轮退耕还林还生态林项目开展年度检查验收。共验收面积491.3公顷，其中退耕还林面积约291.3公顷，压采林业项目200公顷。根据验收结果，开展退耕还林、压采林业项目和前一轮退耕还生态林涉及的林业改革发展资金兑现工作。共发放退耕还林专项资金44543.97元，发放压采林业项目专项资金11201910元，发放2015造林项目（五年项目）资金2236567.5元，发放2020年林业改革发展资金47740元。做到发放及时，应发尽发。

（韩京卫）

价格管理

【收费管理】 落实减税降费政策。收到中央、省、市关于取消、停征、减征行政事业性收费文件后，会同相关部门立即转发给各有关执收单位，要求严格按照规定取消、停征、减征收费项目，并对因收到文件滞后等因素造成多征费用，及时办理清退；对全区涉企行政事业性收费项目进行全面清理，对各企业减税降费政策落实情况进行系统排查、全面走访，同时加大宣传降费政策力度，进一步提高企业对降费政策的了解。通过排查发现，各企业减税降费政策落实情况均较好，不存在落实不到位情况，至年底，未发现乱收费行为且未收到乱收费投诉，切实做到减轻企业负担，促进实体经济发展，经济发展环境得到进一步优化。

规范、清理转供电环节电价加价行为。2020年6月15日，该局与区市场监督局联合发文，开展转供电环节电价专项整治行动，明确要求各商业综合体、产业园区、物业、写字楼等转供电主体要及时将降价红利传导至终端用户，物业共用部位、公用设施设备的日常运行、维护费用应当通过物业费收取，不得以用电服务费等名义向终端用户重复分摊收取。根据工作分工，该局对全区转供电主体进行政策提醒，发放《关于进一步明确转供电环节有关价格政策的提示函》1000余份，宣传有关转供电政策，收集政策反馈意见；公布政策反馈意见公开电话，提高转供电主体对政策的知晓度和理解度，让惠民政策真正落到实处。

对桃城区行业协会商会涉企中介服务收费进行清理规范。按照桃城区2020年深化“放管服”改革重点工作实施方案要求，对桃城区现有的17家行业协会中介机构的收费行为进行调查及清理规范，进一步规范行业协会商会收费管理，坚决遏制行业协会商会面向企业的各种乱收费和违规收费行为。调查发现全区15家行业协会2020年无违规收费行为。通过对有收费行为的桃城区石津灌溉赵圈用水户协会和桃城区农民用水者协会审查，未发现乱收费及违规收费情况。

开展收费情况统计报告工作。根据市发改委的文件精神，该局对全区2019年度行政事业性收费统计工作进行安排部署，共报送行政事业性收费单位15个，收费总额6208.712万元。认真解答回复人大建议、政协提案、阳光理政转办等民生服务工作。全年共回复人大建议2起，政协提案3起，阳光理政转办4起，做到件件有回音，事事有回复。组织召开全区民办幼儿园收费提醒告诫会，严格落实幼儿园收费备案制度和价格收费政策，下半年共办理民办幼儿园收费备案68家，规范收取代收费项目和服务性收费项目，强化幼儿园各收费项目的合理定标、公开公示、依规管理。

【价格调控】 围绕“保供应、稳物价”总基调开展一系列工作。扎实开展日常监测预警，严格监测报告制度，面对突发疫情，立即启动应急价格监测，对涉及民生的重要商品以及医疗药品、口罩等实行价格日监测，坚持每日市场采集价格数据，并向市发改委上报价格情况，重点关注五一、端午、中秋和国庆节等重要节日市场价格变化，及时分析价格变化走势并上报。根据夏粮收购价格走势，及时启动小麦最低收购价执行预案，进一步强化收储和监管机制，落实国家最低收购价政策。联系召集区民政、人社、退役军人事务局等部门启动社会救助和保障标准与物价上涨挂钩联动机制，连续9个月累计为24755人次发放价格补贴共计2664410元，并且均按月标准足额及时发放到位，联动机制的启动对缓解物价上涨给困难群众生活带来的影响发挥重要作用，保障低保、失业、优抚人员不因物价上涨在生活上受到影响。开展生猪、蛋鸡养殖和设施、茄子种植的成本调查，完成每月月报工作和年度直报工作，为国家调整农村产业结构提供数据依据。

价格形势总体运行平稳，居民消费价格比上年同期上涨3.2%（全年预期控制目标上涨在3.5%以内），其中食品类价格略有上涨，非食品类价格下降，服务类价格基本持平。

市场监督管理

2019年6月21日，衡水市食品和市场监督管理局桃城区分局与衡水市质量技术监督局桃城区分局合并，7月17日正式挂牌，单位名称变更为衡水市市场监督管理局桃城区分局。市监桃城分局在市局直属领导下相对独立，局机关下设7个业务科室和8个辖区监管所。原市食品和市场监督管理局桃城区分局所属的桃城区消费者协会秘书处、桃城区个体劳动协会秘书处、桃城区私营企业协会秘书处和桃城区维修行业管理办公室共4个股级事业机构整建制划归市监桃城分局。

【概况】 2020年，衡水市市场监督管理局桃城分局（以下简称市监分局）围绕疫情防控和复工复产“两手硬”总体思路，严管药店、商超、餐饮、农贸市场等经营单位，多次约谈有关单位，强调落实防控措施、保证产品质量、稳定市场价格。全面禁止市场销售活禽及现场宰杀销售禽肉等禽类产品行为；加强药店退热止咳类药品信息登记落实监管工作；保障集中隔离点等涉疫场所特种设备安全稳定。

协调设立小区临时蔬菜销售点，配合区政府出台保障蔬菜供应7条措施、免费帮助校准598台红外测温仪、为低保和特困家庭免费发放一次性口罩2万余只、帮助东明蔬果批发市场解决运输难问题、“上门服务”助力复工复学等多项利民举措。集中清理销毁饭店过期食材，一昼夜时间妥善处理辖区商户反映的从德州购进猪肘外包装核酸检测结果疑似呈阳性突发事件；同时，妥善处理厄尔瓜多进口冻南美白虾、沧州献县冻牛肉等突发事件，全力保障全区食品安全。配合疫情防控有关部门对相关人员及物表进行核酸检测456批次，结果均为阴性；配合区疾控中心抽取样本2422人次、物表环境8958批次，开展消杀2222批次，检测结果均为阴性。全年共出动执法人员6000余人次、执法车辆3000余车次，检查市场主体7445家次，劝停不符合防控要求的443家。

【市场监管】 2020年，市监桃城分局为企业从准入到准营全过程提供优质服务，进一步压缩企业注册登记时间至4小时。推进“政银合作”，将服务延伸拓展到银行网点窗口。实施企业名称核准全程电子化。全年市场主体新增9917户（其中：企业4258户，个体户5659户）；净增5126户（其中：企业2155户，个体户2971户），完成全年净增任务数（5393户）的95%。市场主体总量60151户（其中：企业25781户，个体户34370户），桃城区市场主体万人拥有量达到1280户，列全省乃至全国的前茅。全年处理消费者投诉举报咨询6617起，办结率100%，为消费者挽回经济损失近百万元。深入开展“四品一械”稽查工作，加强产品质量及违法广告执法力度，全年查处案件202起，结案195起，罚没共计342.90464万元。其中查处网络案件4件，罚没16.454352万元；口罩案件4件，罚没23.8416万元。全区食品、药品、特种设备安全形势平稳。在创建省级文明城区等工作上，成绩突出，获得2020年度“提质提效 文明服务”创建竞赛活动优胜单位、“衡水市文明单位”称号。

【食品安全监管】 深入开展系列食品安全专项整治行动，查处大批违法案件，行政处罚公示率和食品违法案件查处率达双“100%”；全区餐饮服务单位持证率达到100%，餐饮服务单位公示率和完整真实率达到100%；辖区小作坊建档率达到100%。共抽检各类食品1380个批次，合格1216个批次，合格率97%。

开展食品质量提升工程，督导全区182家食品经营户参加“十百千”食品销售示范店创建活动，帮扶5家大型超市通过“放心肉菜示范超市”现场验收，2家食用农产品通过市场整治提升现场验收，郑家河沿镇巨鹿香肠特色食品集中区通过现场验收。

实施校园食品安全提升工程，学校食堂量化等级良好以上达到94%，优秀等级率达到20%，一般等级占比5%，幼儿园、小学“互联网+明厨亮灶”覆盖率达到38%，7所学校分别通过省、市级校园食品安全标准食堂现场验收。

强化食品药品监管能力建设，建成并正常运行23家食品“快检室”；为市“两会”“飞天奖”“星光奖”、中高考等重大活动的食品安全工作保驾护航；扎实推动康宁街、自强街“食品安全示范街”和站前街“医疗器械示范街”创建。

督导食品生产企业严格落实食品安全主体责任，指导两家企业加入省食品安全追溯平台系统；实行食品安全风险分级管理，为食品生产企业发放食品安全信息公示牌18个，推动2家规模以下食品生产企业建立并实施HACCP食品安全保证体系；12月，聘请第三方专业机构对全区155家学校食堂量化等级等工作开展测评验收评定，抽查学校食堂50家进行现场验收，对发现的问题进行整改落实。

【药械化监管】 深入开展“中药饮片专项整治”“桃城区药品网络销售违法违规行为”“疫苗专项检查”“药品安全领域损害群众利益专项整治行动”“核酸试剂使用和经营单位专项检查”等一系列专项检查，共检查中药饮片零售企业156家次，使用单位79家次，疫苗接种配送单位46家。辖区零售药店221家全部纳入药品可追溯网；共抽检药品药械产品13个批次，全部合格。

【监管措施】 在全市市场监管系统首次推出“政银合作”项目。将银行网点培养发展为创业开业登记的延伸窗口，为客户提供企业注册、营业执照发放、单位结算账户开立等“一站式”免费服务，实现营业执照“随时办、就近办、马上办”服务目标。

强化标准引领，推进质量提升。为提高企业竞争力，组织三家企业（美利达、道成、众鑫）申报河北省地方标准。帮扶衡水森辉橡塑管业有限公司的产品完成采用国际标准申请工作。为培育省、市级政府质量奖候选企业，组织辖区部分企业导入先进质量管理模式，开展网上“云课堂”培训。组织20余家企业开展“百城千业万企对标达标提升专项行动”。

鼓励创新，托举高质量，发展内生动力。帮扶指导的三家企业（河北衡水老白干酒业股份有限公司、国网河北省电力有限公司衡水供电分公司、衡水新光新材料有限公司）荣获“河北省知识产权优势企业”和“衡水市级知识产权运用促进先进企业”称号；帮扶桃城区申办“邓庄山楂”地理标志（申报材料报国家局，等待审批）和“衡水鸭蛋”地理商标（通过审批，等待下发商标）；帮扶桃城区“新光”“艾科赛林”商标成功注册马德里国际商标；对全区6家企业发放省局专利资助资金

(0.3万~4万元);衡水新星乐器有限公司获得“河北优品牌”称号;帮助企业开展专利商标质押融资,并帮扶其申报省专利导航项目,完成贯标认证。全年桃城区有效发明专利为198件,万人发明专利拥有量为4.30件(2019年桃城区常住人口46.07万人)。开展“放心消费示范单位”创建工作,共计拟定153家示范单位,拟定、上报15家省级、34家市级示范单位的申报材料,拟定并培育104家区级示范单位。2020年年底前对符合条件的区级示范单位发放“放心消费示范单位”牌匾。拟定衡水吉美超市有限责任公司和信誉楼百货有限公司为“消费教育示范基地”创建单位。

【宣传市场监管动态】 履职尽责、开拓进取,利用政府网站、市局公众号、报纸、融媒体发表市场监管动态宣传新闻195条,向桃城区人民展示市场监管工作的方方面面,及时稳定疫情防控期间人民群众的消费恐慌情绪,保障市场正常运行。发表的新闻被《中国消费者报》、“今日头条”、河北广播电台、《河北日报》、“河北省共产党员网”、《河北市场监督》等多家媒体网站杂志转载,引起极大反响。立足职能,开展“3·15”维权、“安全生产月”“扫黑打传”“计量日”“化妆品宣传周”等一系列与群众切身相关的宣传活动,发放各类法律法规宣传资料8000余份,接待咨询700余次,受到桃城区各界一致好评。

【依法行政】 加强法规培训,从常用法律法规强学习、案件办理流程全掌握等多个方面进行培训。制订学习培训计划,继续加强法制宣传教育培训,多层次、多渠道开展执法培训工作,勇于发现新问题、实践新举措,提高队伍素质,提升依法行政能力水平,促进“合法行政、合理行政、程序正当、高效便民、诚实守信、权责统一”的行政执法基本原则在实际行政执法过程中得到全面落实。现有持证执法人员143人,严格实行行政执法主体资格和行政执法人员持证上岗制度,充分运用有限执法力量开展各项执法检查工作;推行行政执法三项制度的实施,全年共审核一般行政处罚案件195件。

特种设备监管

【综述】 采取日常监督检查、节假日检查、上级专项检查相结合的方式加强特种设备安全监管工作,共检查特种设备使用单位323家,下达安全指令书28份。辖区在用登记电梯4713台,电梯责任险入险率达94%;辖区液化石油气瓶30223只,信息化达100%。辖区217家涉及特种设备企业全部完成“双控”机制建设,对辖区抽检电梯102台,对不合格的要求立即整改。全年未发生特种设备重大安全事故。开展特种设备安全法宣传工作,发放《中华人民共和国特种设备安全法》《电梯安全条例》500余册。

工业产品监管

【综述】 制定2020年产品质量监督抽查计划,以“5·20计量日”“质量月”等活动为载体,维护计量安全,开展产品质量宣传。完善产品质量监督抽查和风险研判机制,坚决守住产品质量安全底线,加大对日用消费品、儿童及学生用品、涉农产品、危险化学品、成品油等产品质量监督抽查力度。全区产品质量监督抽查共计217批次,合格率为93.1%。持续开展2020年“诚信计量自我承诺示范单位”活动,审核通过44家诚信计量自我承诺示范单位。

“双随机、一公开”监管

【综述】 针对食品药品、特种设备等重点行业，开展信用分类监管；按照高、中、低不同的风险等级设置不同的抽查比例和频次，实施差异化、精准化监管；与专项整治、执法办案、失信惩戒相结合，实施专项整治工程，将食品安全、文明城市创建、安全生产、环境保护等领域的专项整治与“双随机”相结合加以有效推进，并与信用监管相贯通，形成“事前信用承诺、事中双随机检查、事后信用警示惩戒”的信用监管闭环。加快推进部门内部和部门联合“双随机、一公开”抽查计划落实。全年组织本部门抽查11次，抽查市场主体823家；联合相关部门抽查1次，抽查市场主体23家；进行部门内抽查3次，抽查市场主体248户；对辖区内409户投资类企业，逐一进行风险排查，抽查结果及时通过企业信用信息公示系统进行公示。

应急管理

【概况】 2020年，区应急管理局在区委、区政府的正确领导和大力支持下，严格按照省、市两级《安全生产监管责任清单》确定的职责范围抓好落实，全区未发生生产安全事故，应急管理态势总体平稳。

【主要工作】 明确划分业务部门的安全生产监管职责，与相关部门厘清责任边界、监管事项等业务范围，实现网络实名包联全覆盖，杜绝推诿扯皮，把每项工作落实在实处，做到各司其职，各负其责。建立健全“一企一档”，摸排企业安全生产现状；投资30余万元建立全区危化企业远程实时监控中控室，将55家危化企业重点部位纳入24小时无缝隙实时监控。

【执法检查】 开展烟花爆竹、危险化学品、工贸等行业安全生产专项整治行动，确保高危行业安全有序运转。定期开展安全生产大检查，严防实控，将事故隐患扼杀在初始化状态。共检查企业129家，发现隐患432项，立案处罚45家，责令暂时停产停业5家，停电1家，查封设备39处，罚款49万元。

【开展“安全生产月”活动】 组织开展专家研讨、主题宣讲、咨询日、应急演练、联合执法等，普及安全生产常识，强化“打非治违”，该项活动取得实效。

【“双控”机制建设】 组织4个督导组对企业开展培训考试，建立台账，设立“双控”公示栏和风险分布图，共检查40多家企业，督促整改问题200多处。全区“双控”机制建设完成率100%。修订全区应急预案，牵头制定并下发桃城区“1+2+16”安全生产专项整治三年行动实施方案，成立专项整治领导小组，建立“一表三清单”和台账，细化任务，定期汇总。组织“三查一执法”活动，整治安全隐患1033条，行政处罚37件，停产整顿3家，处罚金额87.1万元。

【防灾减灾宣传】 5月12日，区应急管理局利用“防灾减灾周”宣传日，邀请衡水市及所辖县（市、区）区应急系统相关领导、区委社区办工作人员在丽景福苑社区组织大型“5·12”防灾减灾日和“防火防震综合减灾”宣传活动，发放各种宣传资料1000余份，现场答疑500余人次，并举行应急演练，增强人民群众的防灾减灾意识和处置突发性自然灾害的能力，受得到市、区领导充分肯定。

消防救援

【概况】 2020年，桃城区消防救援大队全体指战员深入践行习近平总书记授旗训词精神，围绕支队党委、区委区政府工作部署和“提质强能年”要求，主动应对风险挑战。全区共发生火灾341起，未发生较大及以上火灾事故，火灾防控持续平稳。

【夯实基础建设】 争取政府政策支持，进一步强基固本，消防业务经费到位478.3万元。河沿消防站通过区长崔邦文先后4次召开专题会议调度、协调，开工建设；邓庄乡建成一座消防水鹤；在丽华市场、东明市场进行试点安装独立式感烟火灾探测报警器并大力推广；购置棉大衣、作训服等防寒衣物。累计投入15余万元对人民西路消防救援站伙房、餐厅、岗亭、通讯室及暖气管道进行改造。

【落实疫情防控措施】 2020年年初，按照区政府统一部署，消防大队成立2个疫情防控小组24小时不间断坚守在居民小区防疫一线，受到上级领导和群众的一致赞扬。与区疫情防控指挥部、区卫健局等部门建立协调联动机制，对定点医院、核酸检测点、集中隔离点、防疫物资生产储运企业等涉疫场所实行“一帮一”检查指导。稳步推进复工复产消防工作，组建工作服务小组，实地指导重点场所和单位793家，督促整改隐患890处，通过远程监控及视频系统检查单位100余家次，微信、短信电话提醒1500余次，电话问询960余次。

【火灾防控扎实有力】 构建齐抓共管格局。桃城区将消防工作纳入全区经济社会发展总体规划，纳入政府目标责任、社会管理综合治理内容，将消防安全纳入基层政权建设和社区治理工作范畴，建立健全消防工作考核评价体系，严格落实“网格化”管理，督促各乡镇街道、各部门认真落实消防安全“一岗双责”制度；区委组织部将消防工作考核结果作为领导干部政绩考评内容。

强化行业部门监管。区消防安全委员会先后三次组织召开区消防专题会议，就消防安全三年专项整治、冬春火灾防控、重要时间节点消防安保等事项开展约谈、会商。依托区消防安全委员会向行业部门发送《建议函》20余份，进一步强化“政府领导、部门监管”的责任机制；区公安分局联合消防大队印发《衡水市桃城区治安派出所消防监督工作联席会议制度》和《关于开展电动自行车消防安全综合治理和打通“生命通道”集中攻坚行动的通知》，全面加强公安派出所消防监督工作。

落实责任追究制度。针对“1·18”怡安家园亡人火灾，政府成立火灾事故调查组，深入推进火灾事故“一案三查”；针对“9·5”华驰商贸仓库火灾及“9·25”陶瓷卫浴商铺火灾事故，分管区领导与相关乡镇、街道办事处主要负责人进行约谈；深刻吸取火灾教训，先后三次就“3·18”春季大风天气火灾、“1·18”亡人火灾、“3·28”摩托车配件商店火灾等辖区典型火灾案例进行分析研判并下发紧急通知落实防控措施。

紧盯隐患排查整治。瞄准重点高危领域，重点抓好打通“生命通道”、泡沫彩钢板、电动自行车、仓储物流、木材加工火灾隐患整治，提升社会防控火灾能力。区委、区政府领导带队开展指导检查10余次，行业部门联合检查50余次。消防大队共检查单位1293家次，发现隐患1605处，督促整改隐患1370处，下发行政处罚决定书55份，罚款101.15万元，临时查封单位25家，责令“三停”5家，全区高层住宅小区消防车通道划线完成率达到100%，设置消防车通道标识标牌230余个。

协调联动开展专项整治。联合区住建局印发《物业服务企业消防安全告知书》500份，全部发放张贴到位；全区高层建筑全部明确消防安全经理人或楼长，建立履职承诺制度并挂牌公示，全部开展消防安全自查。联合衡百集团推行潮汐停车机制，为社会车辆提供约500个停车位。联合区城市管理综合执法局（以下简称区城管局）制定《关于桃城区部分机关单位内部停车场对公众开放的方案》，共开放6家机关单位423个停车位。联合区城管局、路北街道办事处等单位扎实开展生命通道专项整治工作，及时清理整治占用消防车道的“马路市场”“地摊”等经营行为。联合区住建局、城管局等部门就老旧小区消防改造召开协商会，完成70个老旧小区微型消防站建设。开展泡沫彩钢板建筑专项整治活动，拆除泡沫彩钢板建筑60余家，3万余平方米。加强重点场所管控，针对区政府挂牌督办的4家重大火灾隐患单位多次组织乡镇、街道办事处和主管部门召开重大火灾隐患整治工作联合会议，督促责任单位限期整改。组织对全区187家消防安全重点单位开展消防安全约谈培训，督促全区3900余家复工复产企业，与4家重大火灾隐患单位签订《消防安全承诺书》。突出重要节点安保，对存在的重大火灾隐患和不放心单位采取集中约谈、联合整治、“每日见面”、蹲点值守等超常举措，确保社会面火灾形势稳定。第32届中国电视剧“飞天奖”、第26届全国电视文艺“星光奖”颁奖典礼期间，联合各乡镇街道、公安派出所对接待宾馆、场地及周边场所的消防隐患进行全面排查。

【开展消防宣传培训】 与《衡水日报》、桃城融媒等媒体建立合作共享机制，刊播消防信

9月24日，区消防救援大队开展消防知识宣传 区消防救援大队 供图

息35条，《衡水日报》桃城版刊发消防专栏，策划制作清明节防火、麦田防火等专题节目22期，全年共在省级媒体报道5次、市级媒体报道16次。组织对党政部门领导、消防安全重点单位责任人管理人、微型消防站和消防控制室从业人员、网格员等重点人群约1500余人开展消防安全培训，着力提升全民消防安全意识。在春节、清明节等重要节日及“3.15”消费者权益日、“防灾减灾日”“安全生产月”等重要时间节点，开展消防宣传“五进”活动，张贴5000余份《关于加强消防车通道管理的通告》、《家庭防火安全贴士》等消防宣传海报，向全区复工复产企业发放《消防安全告知书》，提示消防安全风险。“119”宣传月期间，围绕“五进”主题，联合各街道办事处、区文化局、区教育局等部门组织企业、娱乐场所、各重点单位、中小学校、小区社区等开展大培训大演练活动；在市区九州广场开展消防宣传进社区活动，发放宣传资料2000余份，接受群众咨询500余次，受众群体达万余人。携手“美团外卖”开展消防知识“送万家”，累计发放资料千余份。

地震监测与防震减灾

【综述】 2020年，河北省地震局在桃城区郑家河沿镇中心学校建立地震监测点。区政府成立“衡水市桃城区减灾委员会”和“衡水市桃城区气象灾害指挥部”，办公室设在区应急管理局。11月3日，桃城区人民政府办公室印发《关于开展第一次全国自然灾害综合风险普查的通知》，根据文件要求成立衡水市桃城区人民政府第一次全国自然灾害综合风险普查领导小组，随即启动工作。11月，区应急管理局印制下发《桃城区地震应急预案》《桃城区突发地质灾害应急预案》并抓好落实。

农　业

农村工作

【概况】　深入推进简政放权。加强对行业内交叉重复以及性质相同、用途相近的农业投资项目的统筹整合，进一步下放审批权限，最大限度缩小项目审批范围，加强涉农项目资金链条监管，切实提升国家、省和市支农政策效果和资金使用效益。

全区农业农村发展稳中有进，较好地发挥“压舱石”的作用。全区农业机械化水平明显提高，区农业农村局被评为市级“文明单位”“学习强国”平台学习组织典型单位。

【乡村振兴示范区建设】　统筹实施乡村振兴战略，深化农业供给侧结构性改革，扎实推进美丽乡村建设，推动农业全面升级、农村全面进步、农民全面发展，加快实现农业农村现代化。国际设施园艺产业园的农场温室、自然温室、雨林温室、智慧农业展示区、垂直农场基础工程全部完成。三个温室钢结构骨架、天沟安装完成；垂直农场钢结构一至四层立柱和一至三层横梁安装完成，地梁浇筑完成；配套工程消防水池、配电房、锅炉房、污水处理站主体完工。农业科创中心办公楼于7月份交付使用。两个重点项目的顺利实施，将有力地推动桃城区农旅产业集群建设，促进区域经济快速发展。乡村振兴示范区村容村貌提升工程涉及的前邢疃等8个村主街道两侧硬化和巷道硬化铺装全部完成。

5月23日，区委书记郝卫东（前排左三）到桃城区农业科创中心调研

区农业农村局　供图

【农村基础设施建设】 高质量开展农村人居环境整治工作。推进农村“厕所革命”，完成5018座厕所改造任务。167个村的生活垃圾得到有效处理，生活垃圾无害化处理率达到100%。完成全区33个村农村生活污水治理任务，新完成农村生活污水管控村庄数41个，管控任务完成率100%。累计清理生活垃圾2万立方米，清理村内塘沟256处，清理残垣断壁300处，清理农业生产废弃物1507立方米，建设小游园、小菜园、小果园368个，全区累计共有170个村达到“五清三建一改”示范村标准，完成率达到100%。刘家军营和李家军营道路硬化项目完成、通车；戴口村农村道路硬化工程完工。赵家圈镇东贡家台、邓庄镇大葛村、郑家河沿镇盐堤口村等24个村入户道路硬化和主街道硬化项目全部完成。村庄绿化面积49公顷。建设美丽庭院4632个，精品庭院946个。人居环境整治工作顺利通过省级验收并在全市名列前茅。

【农村集体产权改革】 完成自查验收、规范整改，通过省级验收。开展农村集体经济资产收益清理整治专项行动，全区共清查集体经济合同1348份，涉及75个村，涉及金额9502万元，清查出26个村无偿占用的闲散地、荒地、坑塘等57.4公顷；清查出24个村闲置村集体资源28.1公顷；规范纠正承包租赁合同14份，增加集体收益54.8万元。桃城区和河北新中大数据有限公司签订农经综合监管平台建设合作协议，平台与建设、农业、工商、邮政、邢台银行合作，开发建立桃城区村集体资产网络服务平台，实现农村“三资”网上支付、网上交易、网上监管。

【土地制度改革】 全区189个村全部完成确权登记工作。土地确权档案扫描完成174个村，确权登记类综合文件共4189件，扫描确权登记数量一户一卷共670101幅。汇总确权登记数据库和土地承包管理信息系统。土地确权扫尾工作完成自查验收、规范整改，通过省级验收。

（刘路）

农业生产

【概况】 桃城区坚持调结构、抓培训、强监管，发展绿色农业，推动农业高质量发展。做好科技教育培训工作，完成高素质农民培训150人的任务；建设科技农业、绿色农业、品牌农业、质量农业，发展现代都市型农业和高效特色农业产业，提升农业竞争力。加强农产品质量安全监督管理，严防、严管、严控质量安全风险。

【粮食生产保持稳定】 粮食作物播种面积2.7万公顷，粮食总产量18.5万吨，其中：小麦8.5万吨，玉米9.8万吨，大豆0.02万吨。区农业农村局组织技术人员做好小麦苗情、墒情、虫情的调查以及测土配方施肥工作。落实2020年地下水超采综合治理项目：季节性休耕项目1333.3公顷，旱作雨养项目260.2公顷。完成耕地占补平衡、地力检测评估3个。完成赵家圈镇人工影响天气基地建设，进行增雨作业和防雹作业，切实发挥防灾减灾作用；郑家河沿镇人工影响天气基地建成。

【蔬菜产业】 2020年，全区蔬菜播种面积2487公顷，蔬菜及食用菌总产量18.02万吨。落实上级下达的农业结构调整任务，压减低质高耗农作物800公顷，发展中药材种植；建设万元田46.7公顷，亩效益超过5000元的达到80公顷；在赵家圈镇发展“新一代”辣椒73.3公顷。推广蔬菜生产标准化应用，蔬菜生产标准化率达到80%以上。

【果品产业】 区农业农村局做好果树冻害预

警，使灾害降到最低程度；宣传推广绿色防治病虫害技术，确保果品质量安全；做好果农秋冬季培训和林果生产技术推广。2020年，园林水果总产量16848吨。

【高标准农田项目建设】 2019年，上级下达的高标准农田建设任务共计1666.7公顷，主要工程实施完毕。2020年上级下达的高标准农田建设任务2066.7公顷，开工建设。

【养殖业】 肉类总产量1.05万吨（其中：猪肉0.49万吨，牛肉0.27万吨，羊肉0.13万吨，禽肉0.16万吨），比上年下降11.3%；禽蛋总产量0.65万吨，下降5.4%；奶类总产量0.68万吨，增长13.2%。

9月22日，桃城区康源养鸡合作社与帮扶户石爱国的故事首次在中央电视台农业频道“田间示范秀”栏目以科普的形式播出，受到广泛好评。

农林牧渔业总产值计算表

表3

指标名称	计量单位	产品产量	现行价格（元）	产值（万元）	可比价产值（万元）
农林牧渔服务业产值合计				170819	162653
一、农业				95489	94880
（一）谷物及其他作物				40170	43163
1. 谷物	吨	184452		35167	38160
（1）小麦	吨	85291	2120	18082	21075
（2）稻谷	吨			0	0
（3）玉米	吨	98018	1680	16467	16467
（4）其他谷物	吨	1143	5407	618	618
2. 薯类	吨	552		662	662
（1）甘薯	吨	552	11993	662	662
（2）马铃薯	吨			0	0
3. 油料	吨	4406		2451	2451
（1）花生	吨	2104	6830	1437	1437
（2）油菜籽	吨	0		0	0
（3）芝麻	吨	22	10909	24	24
（4）其他油料作物	吨	2280	4342	990	990
4. 豆类	吨	310		202	202
（1）大豆	吨	196	5102	100	100
（2）绿豆	吨	107	8972	96	96
（3）红小豆	吨	7	8571	6	6
（4）其他杂豆	吨			0	0
5. 棉花（籽棉）	吨	754	7003	528	528
6. 生麻	吨	0		0	0
7. 糖料（甜菜）	吨	0		0	0

续表 3-1

指标名称	计量单位	产品产量	现行价格（元）	产值（万元）	可比价产值（万元）
8. 烟草	吨	0		0	0
9. 其他农作物				1160	1160
其中：青饲料	公顷	5	6000	3	3
（二）蔬菜、食用菌及花卉盆景园艺				45337	42077
1. 蔬菜	吨	180182		45064	41820
大白菜	吨	50302	451	2267	2043
黄瓜	吨	12873	3289	4234	3960
西红柿	吨	14391	4422	6364	5909
结球甘蓝（圆白菜）	吨	22	909	2	2
菠菜	吨	2542	2986	759	697
大葱	吨	23691	1506	3567	3262
茄子	吨	6820	2870	1957	1833
其他蔬菜	吨	69541	3726	25914	24117
2. 食用菌（干鲜混合）	吨	59	8983	53	49
3. 花卉				220	207
（1）鲜切花	万枝	0		0	0
（2）盆栽植物	万盆	22	100000	220	207
4. 盆景园艺				0	0
（三）水果、食用坚果、饮料和香料				9203	8967
1. 水果	吨	26828		9203	8967
（1）园林水果	吨	16848		6294	6126
苹果	吨	11706	3863	4522	4395
梨	吨	2055	2448	503	493
红枣	吨	158	4241	67	65
其他园林水果	吨	2929	4104	1202	1173
（2）瓜果类	吨	9980		2909	2841
西瓜	吨	6702	1807	1211	1188
香瓜（甜瓜）	吨	1681	2564	431	422
其他瓜果	吨	1597	7934	1267	1231
2. 食用坚果	吨	0		0	0
（1）核桃	吨	0		0	0
（2）板栗	吨	0		0	0
（3）松子	吨	0		0	0
（4）其他干果	吨	0		0	0

续表 3-2

指标名称	计量单位	产品产量	现行价格（元）	产值（万元）	可比价产值（万元）
3. 茶及饮料原料	吨	0		0	0
（1）茶叶	吨	0		0	0
（2）饮料原料	吨	0		0	0
4. 花椒	吨	0		0	0
（四）中草药材	吨	270	28852	779	673
二、林业				3510	3316
（一）林木的培育和种植				2867	2677
1. 育种育苗	公顷			0	0
2. 造林面积	公顷	254	103346	2625	2453
3. 森林抚育面积	公顷	621	3897	242	224
4. 零星植树	万株			0	0
5. 更新造林面积	公顷			0	0
（二）木材采运	立方米			643	639
1. 村及村以下木材　运	立方米	9737	660	643	639
2. 其他单位木材　运	立方米			0	0
（三）林产品采集及其他				0	0
三、牧业				55947	49101
（一）牲畜的饲养				26831	25603
1. 牛的饲养	头	14544	9459	13757	13115
2. 羊的饲养	只	100247	1063	10654	10191
3. 其他牲畜饲养	头	0		0	0
4. 奶产品	吨	6768		2309	2189
生牛奶	吨	6768	3412	2309	2189
其他奶	吨	0		0	0
5. 毛绒产品	吨	65		111	109
羊毛	吨	65	17077	111	109
山羊绒	吨	0		0	0
6. 其他牲畜副产品				0	0
（二）猪的饲养	头	66539	3344	22249	15374
（三）家禽的饲养				6838	8098
1. 肉禽	百只	12142		2339	2737
鸡	百只	10799	1895	2046	2363
其他家禽	百只	1343	2182	293	374
2. 禽蛋	吨	6532		4499	5362

续表 3-3

指标名称	计量单位	产品产量	现行价格（元）	产值（万元）	可比价产值（万元）
鸡蛋	吨	6251	6893	4309	5114
其他蛋类	吨	281	6762	190	247
（四）狩猎和捕捉动物				0	0
（五）其他畜牧业				29	26
1. 蚕茧	吨	0		0	0
2. 家兔	只	865	46	4	4
3. 其他				25	23
四、渔业	吨	610		1033	956
（一）海水产品	吨	0		0	0
其中：养殖	吨			0	0
1. 海水鱼类	吨			0	0
2. 海水虾蟹类	吨			0	0
3. 海水贝类	吨			0	0
4. 藻类	吨			0	0
5. 其他海水产品	吨			0	0
（二）淡水产品	吨	610		1033	956
其中：养殖	吨	597		855	787
1. 淡水鱼类	吨	610	16934	1033	956
2. 淡水虾蟹类	吨			0	0
3. 淡水贝类	吨			0	0
4. 其他淡水产品	吨			0	0
五、农林牧渔服务业产值				14840	14400
六、民营经济产值		39		27491	25380
1. 畜牧业产值		25		13987	12276
2. 服务业产值		91		13504	13104

【农业机械管理】 争取国家农机补贴资金400万元，全部到位。完成农机深耕1万亩任务。召开桃城区全程机械化玉米籽粒收演示会。桃城区被农业农村部认定为全国第五批率先基本实现主要农作物生产全程机械化示范县。

【“双认证”工作】 2020年，桃城区深入谋划，多措并举，有序开展桃城区作为全市首个县级农产品机构计量认证与资质认证工作。检验检测机构人员健全，仪器设备和制度完善，确定需认证的参数，完成内审员和技术负责人、授权签字人的培训并取得证书，聘请第三方咨询机构全程服务认证工作，进入定量检测实操阶段。

【省级“农安区”创建】 扎实开展农产品质量安全监管工作，按照省级农产品质量安全县建设标准，进一步规范和强化全区的农产品质量安全监管工作，全区农产品质量安全水平显著提升，农业标准化生产覆盖率达74.25%以上，群众满意度达到70%以上，禁限用农兽药使用和非法添加等违法违规行为有效遏止，“菜篮子”产品抽检合格率稳定在97%以上，全区未发生重大农产品质量安全事件，农产品质量安全水平显著提升。切实保障人民群众“舌尖上”的安全，顺利地通过省级农产品质量安全区创建考核验收，被省农业农村厅命名为“河北省农产品质量安全县”。

（刘路）

精准脱贫

【概况】 2020年，全区剩余未脱贫人口2户7人。10月，在贫困人口动态管理工作中，履行村评议、乡审核和区公告的程序，完成脱贫标注。

【帮扶措施】 实现“一户一策”管理、领导干部包联、帮扶责任人帮扶“三个覆盖”；实施产业就业扶持，产业项目在享受光伏扶贫收益的基础上，2020年增加艳雷入股分红、泰华资产收益、香料加工厂扶贫收益三个产业项目，2户均有1人务工就业。据统计，自2019年10月至2020年年底，刘佳家庭人均收入12956.05元，张双龙家庭收入11062.6元，家庭人均纯收入稳定超过4000元。义务教育学生没有辍学现象，住房安全、饮水安全有保障；落实基本医疗、大病保险和医疗救助三重医疗保障政策，享受防贫保险，纳入防返贫工作机制保障范围。脱贫攻坚工作完成自查验收、规范整改和省级验收。

（刘路）

水　利

【概况】　2020 年，桃城区水利局贯彻省、市、区委（政府）工作部署，充分备战“防大汛”“抗大旱”，地下水超采综合治理、河湖长制落实、水利工程质量管理等工作取得较好成效。2020 年，全区水利系统未发生安全事故，在衡水市水利建设质量工作考核中，桃城区考核等级为“A 级”。

【地下水超采综合治理】　区委、区政府高度重视该项工作，区政府第四十六次常务会议研究通过《桃城区地下水超采综合治理 2020 年度实施计划》；区政府第五十五次常务会议及区委第三十二次常委会会议研究通过《桃城区地下水超采综合治理实施方案（2020—2022 年）》，并成立工作专班。采取种植结构调整、农村水源置换、河湖连通清理整治、全社会节水行动、取水井关停等措施并抓好落实。

实现全域农村江水置换目标。投资 4300 万元在邓庄镇实施完成农村生活水源置换项目，累计铺设供水管道 65.5 千米，完成该镇 3.83 万人水源置换工作。截至 2020 年年底，全区农村生活用水全部置换为长江水。

推进河道清理整治。投资 3877 万元实施完成滏阳河桃城区段补水河道清理整治工程，清理整治滏阳河主槽 23.5 千米，岸坡生态防护 8 千米，新增蓄水能力 254 万立方米。

3 月，邓庄镇胡家庄滏东排河扬水站开闸扬水保春灌　　袁占林 陈康　摄

开展自备井关停。于6月完成桃城区全部2215眼取水井排查认证及成果报送工作，针对全区48眼城镇、农村生活及工业服务业取水井制定关停计划，并完成本年度13眼自备井关停任务。

加强引江水利用，积极开展河湖生态补水。2020年度，累计消纳江水259万立方米，较2019年增加162万立方米；全年通过位山引黄、渠村引黄、石津灌区引水、滏阳新河中水及衡水湖退水，总计引蓄水3394万立方米。

推进县域节水型社会创建。2020年，桃城区共建成节水型企业5家（用水量占桃城区工业企业用水量的85%）；建成节水型小区17家，建成率26.9%；建成节水型单位49家，具备独立办公条件的单位建成率达到100%。公共供水管网漏损率为9.57%，用水计量率达到100%。各项数据均满足县域节水型社会达标建设各项考核指标。11月，水利部发布公告，桃城区成功入选全国第三批节水型社会建设达标县。

2020年，全区累计完成压采任务7565万立方米。根据省水利厅通报，全区深层地下水位2020年12月底为72.99米，与上年同期相比上升6.96米，深层地下水水位回升显著，为实现2021年年底前完成桃城区全部8033万立方米压采任务目标，彻底退出超采行列奠定基础。在衡水市2020年度地下水超采综合治理工作考核中，桃城区考核等次为“好”。

【落实河湖长制】 3月30日，区政府第四十三次常务会议研究通过《2019年桃城区河湖长制工作总结及2020年度河湖长制工作要点》。区水利局以河湖长制“六项任务”为抓手，统筹推进、合力攻坚，在2020年度衡水市河湖长制工作考核中，桃城区被评为“优秀”等次。

扎实推进河湖长制各项制度落实。2020年，区级总河湖长共组织巡河8次；全区19位区级河湖长共组织巡河（湖）103次，各级河湖长全部按要求使用“河长云”App巡河，累计8个月县乡村三级河长巡河率达到100%。全年共召开区级河长会议76次，部门联席会议4次。区河长办多次会同区检察院、区政府督查室开展实地督查，通过现场督办、每日通报，推动河湖清理行动落地落实。2020年，区河长办上传下达各类文件51份，按时报送旬报、河湖“清四乱”销号台账和相关材料。通过联席会议、电子邮箱、微信平台等形式，加强与乡镇河长办、区生态环境分局等河湖长制责任部门信息共享，做到“真、快、准、新”。完成5个乡镇街道河湖长制考核工作并结合实际确定考核等次。因巡河履职不到位，对郑家河沿镇两位村级河长予以全区通报批评。围绕《水利部关于进一步强化河长湖长履职尽责的指导意见》《河北省基层河（湖）长履职细则》《衡水市2020年度落实河湖长制重点工作推进方案》等对相关乡镇开展培训。先后出台河湖长述职评议工作机制、村级河湖长奖惩机制、巡河员队伍管理机制、群众监督举报机制、民间河湖长工作机制等制度并加以落实。

推进河湖“清四乱”常态化、规范化。按照上级要求，区河长办累计3次对辖区内流域面积50平方千米以上的14条河道，按照横向到边、纵向到底、不留盲区、不漏一处的要求进行全面排查，共发现“四乱”问题110处，9月份前全部完成清理整治。按照省委常委会及省委书记王东峰、省长许勤指示要求，于9月底深入开展河湖清理整治集中攻坚行动，对辖区内所有河湖及补水河道再次进行逐河逐段排查，共排查“四乱”问题32处，截至11月底，桃城区河湖“四乱”及清理整治集中攻坚问题全部整改销号，2020年度“清四乱”行动完成。

【保障农村居民饮水安全】 开展水源置换、督促相关乡镇办改造村内管网、加强与市水利局及水务公司沟通，妥善解决全区所有单井供水村接入集中供水管网问题，确保全区农村居民饮水安全。在2020年全市非贫困县农村饮水安全考核中，桃城区排名全市第一。

开展农村饮水安全大排查。根据中央、省、市扶贫工作精神以及省政府办公厅《关于开展全省“两不愁三保障”目标落实情况再排查工作方案》通知要求，由主管局长和相关科室负责人分成两组，利用一周时间对全区74户150人建档立卡贫困人口饮水安全进行拉网式排查，入户率达100%，经排查全部达到饮水安全标准。同时，对全区221个村通过不打招呼、不设地点、随机抽查等形式进行逐村排查，均未发现饮水安全问题。

完成农村饮水工程专业化管护试点县建设工作。按照《关于推行农村饮水工程专业化管护的指导意见》要求，桃城区作为试点县，于2020年6月底前完成管护机构组建工作。形成政府主导，责任明确的监管机制和管理专业、运行规范的工程管理机制。11月24日，省验收工作组通过实地查看、座谈等方式对桃城区试点县建设工作进行考核验收，桃城区最终以97分的优异成绩通过考核验收。

推进农饮维护项目建设，加强日常管理。投资200万元实施完成桃城区2020年农村饮水工程维修养护项目，对桃城区第一、第三、第五水厂供水管道及设备进行维养、更换，同时对第一、第五水厂和170个用水村进行水质检测。结合农村供水工作实际，以政府购买服务方式，进一步充实关键岗位专业技术力量，建设一支服务意识强、专业技术强、履职尽责强的农村供水专业队伍。组织成立应急工作小组，制定完善应急供水预案，进一步提高事故处理能力。抽调专业人员组成抢修突击队24小时待命，确保突发事件能及时解决。在利用检测设备对水质进行线上检测和人工自检的基础上，委托第三方机构每月对水质48项指标进行3次检测，确保水质合格率100%。

【防汛抗旱工作】 开展隐患排查，做好重点环节管控。对辖区内4条河道、14条渠道开展拉网式排查，对重点部位险工险段明确责任人并针对性制定防汛应急预案；对区属闸涵、泵站等防洪排涝设施进行检修、调试，进一步提高排水能力；对重点影响安全度汛的在建涉水项目进行摸底排查，全面审查各项目防洪度汛预案，进一步落实各级防汛责任，确保安全度汛。

充实防汛物资储备，加强抢险队伍建设。完成50万元防汛物资的增储目标，对冲锋舟等器械进行调试演练，对打桩机、发电机、应急灯等设备进行维护；对超短波通信系统、视频会商系统、防汛传真等通信设施进行检测维护，确保通信网络正常；按照省、市两级防办要求，重新组建45人的防汛专业抢险队；7月10日组织开展“桃城区2020年防汛联合实战演练”，组织120人应急抢险队伍，围绕抢筑子堤、除险加固、搜救解困、管涌处置等科目开展实战演练。

完善各类防汛预案，强化应急值班值守。编制完成《桃城区2020年水旱灾害防御工作方案》并经区政府第四十三次常务会议研究通过，进一步明晰部门职责、理顺工作机制，确保合力打好防汛抗旱攻坚战；按照省、市要求，就超标洪水下如何做好堤防抢护、物资储备、避险转移等防汛应急工作，研究制定《衡水市桃城区超标洪水防御专项方案》；自6月1日防汛工作开始以后，启动汛期值班值守机制，严格落实24小时防汛值班和领导带班制度，确保紧急情况快速反应、有效处置。每次降雨过程前，对水闸、泵站、涵洞等防洪排涝设施进行检查、检修、维养、调试，提高防洪工程排涝能力。

加强险工险段治理，完成预警体系建设。为彻底解决滏阳新河右堤后韩家庄段险工险段问题，保障河道行洪安全，争取省级防汛应急资金50万元，实施完成后韩家村北段堤防应急加固工程，有效提高滏阳新河行洪能力；投资246万元建设完成桃城区2020年度农村基层防汛预报预警体系建设项目。在该局及8个乡镇办建设完成防汛会商及预警监测系统，进一步提升基层防汛预报预警能力。

【水利工程质量管理】 紧盯工程质量。抽调专业人员成立水利工程质量监督领导小组，负责全区水利项目的质量监管。每个项目均成立法人机构，通过局长办公会每周一调度、现场指挥部每周一例会、质量监督小组随时监督检查、领导班子成员及相关部门负责人不定期进行现场观摩等全方位保证项目进度及质量。

紧盯工程安全。在工程建设全过程、汛期及其他重要敏感时期，局领导班子多次组织开展安全大排查工作，对排查发现的风险隐患明确专人负责、明确解决时限，通过抓早抓小抓苗头，切实消除安全隐患，杜绝安全事故。

紧盯资金安全。修订完善财务管理制度，严格按要求做好项目资金支付，严格落实农民工工资保证金制度，切实维护农民工群体利益。

紧盯供水安全。严格落实“三个责任”“三个公开”，建立完善生产运行、水质检测、维护保养等各项制度并严格遵守执行。充实完善水质化验检测设备，加强水质检测并及时公示检测结果，全面确保农村居民用水安全。

（刘鑫）

工业和信息化

工业发展

【概况】 2020年，桃城区工业和信息化局落实新发展理念，明确“转型升级、高质量发展”工作思路，围绕产业转型升级，实施“创新驱动”战略，推动工业经济高质量发展。

2020年度44家规上工业企业累计实现销售收入131亿元，工业企业增加值同比增长3.3%；实现利润2.1万元，同比增长15.5%；实现税金3.2亿元，同比增长2.5%；工业投资增速92.3%，技改投资增速78.9%，两项指标全市排名均第一位；完成工业企业“小升规”10家。

【工业经济运行监测调度】 围绕全区工业经济发展目标，深入各乡镇办和企业实地调研，分析运行情况，查找症结，查找不足，对症施药，着力解决问题，最大限度降低新冠肺炎疫情的影响，全力推进工业经济正常运行。组织工业企业填写《与湖北企业供需对接调查表》，助力河北省与湖北省工业企业尽快对接、达产达效，打通供应链上下游堵点，加快全区工业企业复工复产步伐。

【规上企业培育】 调研规模以下企业发展情况，充分挖掘潜力，着力培育有潜力的小微企业，为工业经济发展提供新动力。2020年，共有衡水四通工程橡塑有限公司、衡水金厦混凝土有限公司、衡水强大停产设备有限公司、衡水尚德燃料电池有限公司、衡水润达橡塑有限公司、河北道成电子科技有限公司、衡水苏兴商品砼有限公司、衡水东辉生物科技有限公司、衡水兴威羊绒制品有限公司、衡水森辉橡塑管业有限公司10家工业企业完成“小升规”。

【技改项目建设】 重抓技改项目建设，积蓄工业经济发展后劲，挖掘新的经济增长点，通过现场调研、座谈交流、技改政策宣讲等方式，宣贯落实国家、省、市、区技改投资扶持政策，加强与企业的沟通交流，帮助企业研究制订技改计划，协调解决项目建设过程所面对的困难及问题，推动技改项目尽快投产见效。2020年，桃城区有衡水艾科赛林橡塑制品有限公司粉末涂料助剂生产线自动化改造项目、河北鑫德工业设备有限公司医药化工装备制造项目等7个项目被列入省重点技改项目计划。

【中小企业管理】 组织审核推荐衡水金徽水工机械有限公司、河北恩利电气新材料科技有限公司两家企业进入省“专精特新”中小企业培育库，并审核推荐衡水金徽水工机械有限公司申请河北省第五批“专精特新”中小企业。

按照省、市工信部门要求，组织衡水逸海工程橡胶有限公司、衡水锋凯铸造科技有限公司就铸造企业产能核定做好相关工作。

组织企业家参加2020年清华大学（河北）企业家工商管理高级研修班（衡水新光新材料科技有限公司）和河北省新时代的企业家变革与创新（深圳）高级研修班（衡水新光新材料科技有限公司、河北中润通信设备有限公司）。

组织推荐衡水浩源格局商学有限公司申报河北省中小企业公共服务示范平台。

组织相关企业人员参加2020年“创客中

国”河北省中小企业创新创业大赛启动及宣讲活动（第一场）。

组织相关企业人员参加2020年河北省中小企业“百场万家”公益活动——衡水启动仪式。

组织双创基地、公共服务平台继续做好2020年河北中小企业网络学堂教育培训工作（科创中心、创诚科技、浩源格局商学）和开展“中小微企业日”主题活动（创诚公司、科创中心、中关村e谷）。

组织相关“专精特新”企业迎接省财政厅绩效考核组考核。

桃城区规上企业主要情况表

表4

序号	企业名称	法人	产品	2020年纳税（万元）
1	衡水华润燃气有限公司	朱平	天然气	1736
2	衡水中润商砼有限公司	刘凯	商品混凝土	950
3	衡水新光新材料科技有限公司	田海水	2000乳液	758
4	衡水艾科赛林橡塑制品有限公司	田海宁	TGIC 呔哔克	490
5	衡水鸿鑫水利矿山机械有限公司	雷新格	钢塑复合管	271
6	衡水鸿昊企业有限责任公司	孙有顺	卡扣	261
7	衡水贵平工程橡塑有限公司	李志增	桥梁支座、止水带	239
8	衡水众鑫工程橡塑有限公司	李国荣	止水带	227
9	衡水恒星体育用品有限公司	李泽良	运动鞋	214
10	衡水友谊新材料科技有限公司	崔殿华	氧化铬绿	184
11	衡水酷祥贸易有限公司	王长勃	糠醛	166
12	衡水锋凯铸造科技有限公司	张双其	金属铸件	111
13	河北曙光造漆厂	韩新广	醇酸油漆	108
14	衡水中冀塑料科技有限公司	安所全	黄丹、三盐	107
15	衡水种氏金属制品有限公司	闫志静	桥梁支座	101
16	美利达颜料工业有限公司	李进栓	酞菁蓝	99
17	衡水鸿泰泵业有限公司	王立峰	渣浆泵及配件	97
18	河北威昌佳泰实业有限公司	周阳	汽车内脚垫	91
19	衡水贝利特化工工业有限公司	李庆豹	酞菁蓝	77
20	衡水润泽金属粉末有限公司	种建海	金属粉末	73

电力供应

【企业概况】 国网衡水市桃城区供电公司是国网河北省电力公司下属分公司，主要负责衡水市区周边8个乡镇（办事处）、339个村的电网规划建设、运行管理和电力交易。营业面积493平方千米，电力客户11.51万户。公司设置办公室等7个职能部门，运维检修部、营销部等2个业务支撑和实施机构，麻森供电所等6个供电所；代管衡水衡源电力建设有限责任公司桃能分公司、衡水益民供电服务有限公司桃城区分公司。

公司全年售电量完成10.852亿千瓦时，突破10亿大关，同比增长8.84%。综合线损率3.08%，同比下降0.08个百分点。电费回收率保持100%。公司业绩考核在市公司排名中保持第一。公司保持省级“文明单位”称号，邓庄供电所新获省级“文明单位”称号，营销团支部获“全国五四红旗团支部”称号，公司团委获“衡水市五四红旗团委”称号；赵圈园区供电所获省公司“工人先锋号”称号。

【电网概况】 区域内有3座220千伏、10座110千伏变电站为该公司提供35千伏和10千伏电源。拥有35千伏变电站5座，主变10台、88兆伏安，分为半户外型2座、全户外型3座，均为双电源供电，均为综合自动化设备，无人值班；光纤覆盖率100%（环网）。10千伏开闭所2座。变电站设备完好率100%；35千伏变电站容载比1.62；平均负荷均在80%以下。35千伏线路8条、62.935千米，其中架空线路60.111千米，负荷均小于80%额定负荷。10千伏公用线路91条、1588.33千米，其中架空线路1446.36千米，电缆线路141.97千米。另有10千伏专用线路11条。10千伏配变5796台、1285.725兆伏安，低压线路1258条、659.3千米。

【电网建设与发展】 扎实开展“十四五”电网发展规划编制，桃城区B类供电区域（城区）纳入衡水市城网规划，实现统一规划、统一建设。开展电网提升三年行动，科学谋划近三年电网建设改造项目105个，投资估算1.85亿元。配合市公司完成衡水市国土空间规划，全力协助110千伏昌盛站复工、220千伏东郊站土地办理、110千伏建华站增容，市县统筹协作更加紧密。助力衡水主城区水系生态修复，用半个月的时间完成27处电力设施迁改，得到衡水市领导肯定。克服“窗口期”短、建设任务重等不利因素，投资3599.92万元开展综合项目计划45项，新建及改造10千伏线路56.34千米、0.4千伏线路11.2千米，新装配变20台，完成全年建设任务。投运35千伏邓庄站进线备自投装置，改造完成35千伏衡邓378线路，解决故障频发问题，邓庄站恢复正常运行状态。

【经营管理】 推进“提质增效”专项行动，以最小颗粒度分解指标任务，以最小周期监控统计指标，全年增效1070万元。持续推进线损治理，公司入选国网公司线损管理百强县4次，麻森供电所入选百强所6次；公司获评省公司线损管理“十强县”。筑牢量价费损等核心业务风险防线，远程筛查与现场核查相结合，处理稽查工单246件，查实147件，经济成效101.67万元。深化政企、警企联动反窃长效机制，查处窃电及违约用电67户，追补电费48.54万元。大力开展供电所帮扶，解决问题13项。加强省管产业单位管理，桃能公司专业技能水平提升、监督审计机制完善、信息化建设进程明显加快，主营业务收入完成2114.94万元。深化益民公司管理，完善供电所内部绩效考核分配机制，向重点工作推进进度和质量倾斜，提升益民员工队伍活力。

【安全生产】 成立疫情防控领导小组，组建专班1个、临时党支部1个、党员服务分队6支，保持并巩固“双零”态势。扎实开展安全生产专项整治三年行动，累计发现问题22处。加大现场管控力度，作业现场管控平台平稳运行，常态化开展违章自查、互查和督查，下发违章整改通知书21份，约谈12人次，经济处罚2.4万元。扎实开展缺陷及隐患专项排查，排查出设备缺陷1711处、安全隐患130处、安全风险点28处。完成迎峰度夏（冬）、十九届五中全会等重要保电任务。统筹协调主、配网停电计划，严格履行重复停电审批手续，停电计划管控水平持续提升。接管8座市区变电站的26条线路调度权、监控权，调控调度范围和能力有效提升。完成检修任务，对上年度故障停电7次及以上的11条线路开展专项治理，回访客户1.5万户，处理线下树1.2万棵、消除各类缺陷330处。公司95598工单数量同比下降21%，抢修平均时长同比缩短10.3分钟。

【营销服务】 利用电力大数据建立企业复工指数模型，为政府复工复产施策提供服务。助力企业复工复产、舒困减负，对疫情防控期间办理暂停、减容业务企业执行“零证办理”，严格落实疫情防控期间优惠电价政策，惠及企业1.1万户，为企业减负1836万元以上。做好光伏项目并网服务，累计并网723户，容量1.51万千瓦。开展专项电能替代23项，替代电量6240万千瓦时。大力开拓综合能源服务业务，发展共享电站5户、电管家托管业务3户、设备销售用户2户、多能供应项目1个。全力打造邓庄省级电气化示范区，促成邓庄中心校5所学校新型能源供热服务项目落地，是衡水市首个综合能源多能项目。开展“三零”服务项目58个，85户用户节约投资65万元以上。成立保暖保供保民生工作专班，确保广大群众温暖过冬。在政府网站开展“网上国网”推广，新增注册用户4.16万户，线上办电率保持100%。前移投诉风险关口，提前化解风险，累计发生投诉9件，同比下降10%，公司连续4个月零投诉、连续17个月营销类零投诉，邓庄供电所连续两年零投诉。

【科技与信息化】 扎实推进“实精新特”企业建设，建立“思想、谋划、落实、长效”四位一体建设机制，重点发力、深入实践，进一步激发员工干事创业激情。深化供电服务指挥中心“建管用”，逐项分解5大类32小类指标任务，建立日预警、周通报、月评估机制，实时监控各项指标动态数据，公司大数据分析能力、精益化管控水平明显提升。开展配网不停电作业323次，在全市首次开展带负荷更换真空开关、更换电杆作业，公司业扩带电接火率达100%、带电检修作业率达40%。安装一、二次融合开关70台、暂态录波型故障指示器269台，电网自动化水平不断提升。公司贾文静创新工作室荣获衡水市“职工创新工作室”称号。

（张龙飞）

信息产业

【概况】 区工信局落实《2020年衡水市两化融合工作方案》文件要求，推进信息化与工业化融合，走新型工业化道路，重点支持企业利用信息技术和先进适用技术改造提升传统产业，提高企业自动化、智能化和现代化管理水平。2020年度共有河北道成电子科技有限公司、衡水昌华工程材料有限公司等12家工业企业完成上云。

【云服务产品推广】 河北省工信厅印发《关于鼓励使用云服务助力企业复工复产的函》和《关于推出第二批云服务产品助力企业复工复产的函》的通知，第一批发布122项、第二批发布52项免费云服务产品。区工信局制定下发文件通知，组织动员各乡镇街道、高新区，做好宣传推广，采取转发通知、企业群分享、公众号推送等多种方式，迅速将两批现阶段可免费使用的云应用产品通知到企业，引导企业利用云服务促进疫情防控和复工复产，92家企业使用免费云服务产品98项。

【企业信息化管理】 组织河北道成电子、昌华工程材料、美利达颜料等电子制造业和软件信息技术服务业11家企业做好2019年年报工作和2020年月报工作。组织企业开展支撑疫情防控和复工复产大数据产品和解决方案征集工作，鑫考教育的基于教育大数据智慧校园解决方案和威云科技的威云疫情管控大数据平台两个项目上报市局。

筛选推荐衡水新光新材料科技有限公司作为桃城区优秀数字化转型企业，参加河北省数字经济发展大会衡水分会——特色产业集群数字化转型论坛，做好各项筹备工作。

按照省工信厅关于组织开展2020年河北省企业两化融合整体评估工作的通知，组织衡水宁鑫金属制品有限公司、衡水恒星体育用品有限公司和格林恒业集团有限公司等24家规上企业在线填报“河北省两化融合评估系统”，确保企业按期、高质量完成问卷填报。

【对外交流】 组织新光新材料、浅休服饰等5家企业参加两化融合“双创双服”入企业帮扶视频会议。组织新光新材料、浅休服饰、衡水宏宇3家企业参加“河北省工业企业复工复产云服务平台”上线活动。组织浅休服饰参加“总裁带货”工业企业产品网络直销公益活动启动仪式。组织山枝保健饮料有限公司参加河北、河南食品产业链对标对接活动。组织道成电子、宏宇软件、新光新材料、威云科技、浅休服饰、达尔电子、宏德电子7家企业参加河北省工业互联网评估培训会。组织河北鑫考教育、河北达尔电子、衡水宏宇软件3家企业参加河北省数字经济发展大会。

帮助企业加快产品销售，保证供应链稳定，推动企业尽快复工达产，组织规上企业参与“总裁带货”工业企业产品网络直销公益活动，利用各类网络媒体平台等宣传窗口，在线直播销售，扩大产品销量。推荐浅休服饰、河北达尔电子填报《工业企业产品网上直销推荐表》。

【企业上“云”工作】 推动疫情防控期间企业上云工作，组织召开桃城区企业上云线上辅导会议。各乡镇街道、高新区经委主任，全区规模以上工业企业、电子信息产业相关企业主要负责人，共50余人收听收看会议，邀请金蝶软件衡水宏宇软件信息工程有限公司专家团队做企业上云政策解析和企业上云案例分享。

商务贸易

招商引资

【概况】 2020年，全区共组织外出招商71批次，邀请客商来访79批次，共300余人；洽谈合作项目94项，意向投资234.25亿元，其中签约项目共21项，总投资156.75亿元。

【招商活动】 2020年上半年，根据疫情防控总体要求，转变工作思路，改变招商方式，利用“互联网+”思维，通过电话、视频、微信等方式，变“面对面”招商为“线连线”“屏对屏”招商，商洽合作细节，沟通落地协议，达成签约共识。

参加经贸洽谈活动，组织参加8月28日衡水·宁波（长三角地区）区域合作系列对接招商会、9月16日召开的2020·河北衡水湖国际商务洽谈会和中国·衡水通航和航空运动发展论坛、12月16日衡水市举办的知名校友助推衡水经济发展系列活动、12月23日衡水市举办的衡水·深圳（珠三角）投资环境说明会等系列活动。

开展“招商之冬”活动。10月份该活动开始以后，全区新增在谈项目49个，意向总投资168.09亿元；新增签约项目19个，总投资52.12亿元。

梳理招商扶持政策、基金政策等，认真进行分析研究，找出与桃城区发展不相符的问题。同时，积极与上级对接，及时反馈客商重点关注的产业基金、产业政策、项目用地等需求。桃城高新区“三免两减”、代建厂房等优惠政策，纳入桃城区招商引资优惠政策之中，为全区招商引资提供政策支持。

对外贸易

【概况】 2020年，全区实际利用外资394万美元，完成进出口6.26亿元。针对2020年疫情在全球蔓延的趋势，采取一系列帮扶措施，帮助企业渡过难关。

【工作措施】 落实政策，指导帮扶。按照省、市要求，对全区年出口50万元以上的25家外贸重点企业进行逐一帮扶，让企业全面了解国家、省、市出台的相关支持政策措施，实施精准帮扶，通过宣传和培训帮助企业了解政策、掌握政策、用好政策，指导帮助企业开拓市场、企业融资、退税、检验检疫、通关便利、出口信报、营商环境等，解决企业遇到的突出问题，全面落实各项支持政策。

2020年，为8家企业10个项目争取到外经贸专项资金补贴27.25万元。加强对外资外贸企业的培训。针对外资外贸面临的严峻形势，提高企业适应和抵御外贸风险的能力，加大对企业的培训力度，积极组织企业按时参训，让企业及时了解国内外市场行情，为企业开拓国际市场、防范国际风险提供很好的经验和做法。全年共组织企业参加市局的6场线下外贸政策培训和10场线上培训。帮助企业拓展国际市场。

2020年，由于疫情原因，区属外贸企业上半年参加展会的形式由线下改为线上，自3月份至2020年年底，组织企业参加第27届广交会、第17届东盟博览会和中国—南亚博览会在线展等多个大型线上博览会；2020年下半年，组织11家企业共计60人参加中国进出口博览会和第22届深圳高交会。

服务业

【概况】 有序鼓励引导服务业企业复市营业。认真落实省、市相关服务业企业复市营业政策的同时，减少审批层级，简化审批流程，缩短审批时限。3月底，除国家政策尚不允许复市营业的个别类型企业外，商贸流通服务企业复工复市率达100%。共为企业争取3000万元国家贴息贷款，为租用国有资产房产的餐饮住宿中小百货等企业减免两个月租金。

【培育重点企业】 确定衡水东明隆盛物业服务有限公司、衡水翼龙货运有限公司、意谷衡水科技服务有限公司、河北正顺物流有限公司等四家企业进行重点培养。

【农村电商全覆盖】 推进承接商与乡（镇）村的对接，初步完成桃城区农村电商全覆盖工程整合提升工作。2020年，桃城区农村电子商务公共服务中心建成运营，乡镇物流配送中心在建设中。

【便民市场建设】 全区共新建衡水德隆超市有限责任公司河阳店、红旗大街店等6家生鲜超市，6月底前均开始营业。新建便民市场工程推进前期工作。

【提升规模以上企业】 确定衡水东明隆盛物业服务有限公司、衡水翼龙货运有限公司、意谷衡水科技服务有限公司、小熊洗车有限公司四家企业进行重点培养。

【创新发展】 培育发展新业态，推动现代服务业创新发展。推动衡水创新创业孵化基地、衡水科创中心、中关村e谷、罗小蛋文创园四大市级“双创”示范基地更好更快发展，引入更多业态，培育更多创客；推进衡水航空飞行运动小镇建设，加快文化体育休闲运动旅游产业集群发展；推动衡水湖国际香料小镇、国际设施农业产业园建设，加快现代休闲农业旅游产业集群发展；推动衡水鑫考智慧教育、衡水安心云服智能报警项目建设，带动智慧城市发展。

批发零售业

【概况】 2020年，全区社会消费品零售总额109亿元。

【工作措施】 多措并举、刺激消费。在全区范围内开展组织开展“促消费、保发展、惠民生”系列活动。包括商场、超市、宾馆、饭店、汽车4S店、加油站（点）1000家企业参与促销活动。加大促销手段、多样化消费。扩大直播代言营销、户外展销、线上促销、跨界促销和金融助力消费等活动成效。促进假日消费，依托“双十一”“双十二”、元旦、春节等节日组织大型商场超市、电商平台、餐饮企业等开展“年终促惠”消费促进活动。加大对重点企业的帮扶力度。对桃城区的衡百集团、吉美超市、爱特购物中心（万德福超市）、信誉楼百货、信发商厦等重点商贸批发零售企业建立“走访机制”，深入企业听呼声摸实情，了解企业服务需求和各级帮扶政策措施落实情况，对企业反映的问题进行认真梳理，协调解决企业在经营中遇到的困难和问题。政府资金支持、激发市场活力。进一步降低新冠疫情的影响，恢复和提振消费市场信心，激发市场活力，结合桃城区“促消费、保发展、惠民生”系列活动方案安排，区委、区政府特划拨200万元的财政资金，用于“乐享桃城”消费券发放，促进消费回补。

社会消费品零售总额分析表

表5　　　　单位：万元

指标名称	2020年	2019年	同比增长（%）
社会消费品零售总额	1089956	1118757	-2.6
一、按销售单位所在地分			
1. 城镇	773447	829343	-6.7
其中：城区	748304	786116	-4.8
2. 乡村	316510	289414	9.4
二、按消费形态分			
1. 餐饮收入	56976	59549	-4.3
2. 商品零售	1032980	1059208	-2.5

粮食流通

【粮食购销】 区发展和改革局（以下简称区发改局）做好统计报表的周报、季报、年报工作，按要求及时上报夏粮、秋粮收购期间的粮食收购进度，及时提供粮食动态和发展趋势，并于每周、每月定期在河北粮食政务平台上报粮油价格监测信息。

按照《社会粮食供需平衡调查方案》规定，开展基础数据采集、报表处理、数据汇总、推算、审核、资料整理等项工作。

开展2020年夏粮、秋粮产购销形势调查，提前摸清农户的粮食产量、出售底数和粮油供求形势，为开展粮食购销和调控提供依据。

完成5000吨区级储备小麦轮换任务，按照“适时适量适价”的原则，按时保质保量完成地方储备粮的收储轮换工作，做到轮换手续完善，经营效益较好，符合推陈储新要求，实现区级储备小麦轮换全程公开、透明、规范，确保轮换工作完成。

为落实“六个保障”要求，进一步完善桃城区成品粮储备应急供应工作，有效应对自然灾害、疫情防控和其他突发公共安全事件需要，经区发改局、区财政局协商，建立900吨（小麦粉）成品粮临时储备，采取政府买断优先使用权的方式储备，财政承担保管费用，以备应急之需。

【粮食仓储】 区发改局下属企业衡水桃城粮食储备库承担2万吨区级储备粮（小麦）的储存任务，全力抓好粮食储存管理，确保储粮安全是该局的一项重要工作。承储企业严格执行有关区级储备粮的国家标准、技术规范和各项业务管理制度，保证入库的区级储备粮达到规定的质量等级，并符合国家规定的质量标准。地方储备粮做到“两符”“三专”“四落实”；达到无虫害、无变质、无鼠雀、无事故的“一符四无”要求。

完成2020年度收获粮食质量会检和品质测报工作（小麦、玉米）。按照《衡水市发展和改革委员会关于开展2020年新收获粮食质量安全监测工作的通知》，为及时了解和掌握当年收获粮食的质量情况和优良品种的品质状况，更好地服务和引导粮食生产和经营，对全年生产的小麦、玉米品种进行采样调查。在赵圈镇、河沿镇、郑庄镇走访农户30户，采集样品30份，并对种植面积、产量（单产、总产）、种植品种进行摸底调查，保质保量完成任务。

按照《衡水市发展和改革委员会关于实施衡水市2020年“简易建筑费”项目的通知》，衡水桃城粮食储备库有限公司维修更换仓库门、设备购置项目全部完工并投入使用。该项目完成后，提高企业粮食安全储存能力和现代粮食流通作业水平。

供销合作

【概况】 2020年，在省、市供销社和区委、区政府的正确领导和大力支持下，桃城区供销社主动融入区委、区政府工作大局，深化综合改革，推进供销合作社综合改革工作，加快成为服务农民生产生活的综合平台，努力为推进乡村振兴贡献力量。

区供销社系统实现销售额12122万元，净利润710万元，上缴税费491万元。除销售额与上年同期相比有所下降外，其余两项指标均实现正增长。系统重点企业恒洁天然气、建投天然气、科发加气站、盐业公司、半成品菜等公司主动作为，克服新冠疫情带来的不利影响，企业经营健康稳定，全系统经济运行平稳。区供销社的工作得到上级信任和肯定，区供销社系统的赵立志代表衡水市参加中华全国供销合作社第七次代表大会。

【创新运营服务模式】 推进农村产权流转交易市场建设。

加强组织领导，成立以主管副区长任组长的农村产权流转交易市场建设领导小组。区政府出台《关于进一步深化桃城区农村产权流转交易市场体系建设的实施意见》，进一步深化农村产权制度改革，为农村产权进场交易奠定基础。11月27日，召开全区农村产权流转交易市场建设推进会暨冬季培训会，会议要求各乡镇各部门抓好协调联动，齐抓共管合力推进农村产权交易市场建设。

统筹推进乡镇、村服务站点建设，开展产权交易鉴证服务。市政府4月24日农村产权交易市场建设会议和5月8日培训动员会后，结合桃城区实际，供销社积极推进乡镇、村交易服务站点建设。2020年，全区5个涉农乡镇办（河沿、赵圈、邓庄、何庄、河东）、221个村全部挂牌成立农村产权流转交易服务站点，实现“全覆盖”。提前完成年度工作任务，基本形成对接全省、统一联网、互联互通、资源共享的交易信息平台和全市统一、开放、有序的区、乡、村三级流转交易服务体系。

交易业务全面铺开。所承担的桃城区、滨湖新区、高新技术开发区9个乡镇、街道办开展各类交易业务90宗，交易面积1254.2万亩，交易额达1526.25万元。全省农村产权流转交易工作综合业绩排名跃居第二。

积极争取政府政策、资金支持。区政府积极支持农村产权流转交易市场建设，在财政困难的情况下，列支60万元专项经费，拨付30万元用于农村产权流转交易中心站点建设运营支出，为农村产权流转交易工作提供有力保障。

创新服务方式、激活市场主体。为进一步促进农村资产合理流动、提高农民产权保护意识、实现资产保值增值，区供销社农村产权交易中心坚持“为农服务”宗旨，创新运营模式，不断提升服务能力。7月份，连续在赵圈镇、邓庄镇开展“下乡宣传赶大集”活动。深入宣传农村产权交易市场体系建设的意义、服务范围、交易程序、交易品种及农村集体资产处置等法律法规，让广大农民群众、基层干部对农村产权流转交易工作有新的认识，提高农村资产入场交易的积极性，为农村产权流转交易过程中保障农民合法权益、助农增收奠定基础。

【食盐购销管理】 面对疫情，区供销社、盐业公司强化担当作为，一手抓防控，一手抓保供稳市场。确保作为生活必需品的食盐在疫情防控期间货源充足，价格稳定。全年累计完成食盐购进1400吨，食盐销售1460吨。

开拓思路，主动参与新形势下新的销售模式，多渠道开展业务。通过对河北省中石油全省加油站旗下的“昆仑好客”便利店投标，盐业公司为中石油全省1000多家便利店供应食盐产品，有效拓宽公司业务范围，成为公司经营的“倍增器”。

【拓展半成品菜市场】 桃城供销新鲜到家半成品菜公司成立于2019年，项目投资110万元，初衷是解决鞭炮公司职工转岗再就业创办。建成无菌车间450平方米，全自动加工流水线1条，拥有加工设备5台套，半成品菜日加工能力可达1吨。推出鱿鱼圈、宫保鸡丁、水煮肉片、麻辣香锅、腰果虾仁等40余种菜品。

大力发展线上经营，积极适应年轻人热衷网上订餐、网上消费的特点。开通“新鲜到家”微信小程序，采取社区团长制经营模式，社区团长全部为小区超市经营者，有大量的消费人群，消费者在该公司的微信小程序上下单，不出社区即可取餐。中央厨房每天根据订单做菜，以销定产，节省大量的人力物力。

受新冠疫情的影响，集体饮食倡导实行分餐制。在这种契机下，公司创新经营模式，在半成品菜的基础上，根据不同季节定期推出新菜为企事业单位提供工作餐，为衡水市盐业专营有限公司、恒洁天然气、建投天然气、建设银行等6家企事业单位提供职工营养餐，同时积极开拓校餐市场，发展前景良好。

2月12日，区长崔邦文（左二）到区供销社调研“新鲜到家”半成品菜电子商务项目

区供销社　供图

【天然气业务平稳快速发展】 恒洁、建投两家管道天然气公司积极化危为机，真抓实干，以“安全运营、止损增收、稳健管理、稳步发展”为目标，积极稳定市场、服务客户，把疫情影响力争降到最低。同时建投公司与衡水鸿华燃气有限公司洽谈，拟将该公司作为第二气源供应方，保障供气稳定性和可靠性。

【提升为农服务能力】 深化供销社综合改革，依托系统庄稼医院、村级农资服务站开展便民农资农技服务。农技人员采取电话、微信群预约订货、送货上门、视频技术指导、微信群农技讲座等方式，灵活开展服务。2020年销售各类农资5880吨，有力地支援全区农业生产。

加大开放办社力度，不断加强与各类新型农业经营主体的联合与合作。区供销社吸收开放办社企业14家，农民专业合作社265家，土地流转面积4.07万亩，土地托管面积4.3万亩。

【解决历史遗留难题】 解决长期以来欠发职工工资问题。多次召开党组会、职工大会，对《桃城区供销社机关工作人员绩效工资分配办法》进行多次修改，并经全体干部职工大会讨论、投票通过后，2020年6月，经多方筹措、想办法，为供销社干部职工补发自2017年11月份至2019年12月份欠发工资56.85万元。

【信访工作】 全力做好“两会”、国庆等重要时期的系统值班，保证全系统的信访工作。建立健全制度，提升信访工作制度化、规范化，完善领导班子接访制度，落实领导班子包联制，将重点案件分解到每位班子成员身上，压实责任，确保所有信访案件有人负责。区供销社共接待来访群众40余批50人次，办理信访案件2个，办结率100%。

【安全生产】 始终坚持“安全第一、预防为主、综合治理”的方针，以教育为先导，以综合治理为手段，以控制目标任务为动力，狠抓安全生产各项工作落实，层层落实责任制，保持全系统安全生产工作的和谐稳定局面。工作中加强组织领导，健全组织机构，落实“党政同责、一岗双责”。落实安全责任，签订安全责任书。明确企业主要负责人为本单位安全生产第一责任人，对安全生产工作负全面责任。开展安全生产专项整治三年行动。按照上级有关部门要求，供销社继续开展以预防和减少一般事故、遏制较大事故、杜绝重特大事故为中心的安全生产隐患大排查大整治大执法活动。2020年，共检查企业10余次，下发隐患整改通知10余份，整改率100%，有效避免隐患事故的发生。12月份，由滨湖新区安委办牵头，公安、消防、综合执法、卫生等部门配合，对鞭炮公司1772件过期库存库进行全部销毁，消除重大安全隐患。

【疫情防控】 年初，新冠肺炎疫情发生后，区供销社党组一班人带领全系统干部职工一手抓疫情防控，一手抓复工复产。疫情发生第一时间购置医用口罩、84消毒液、喷壶、医用手套、体温枪、消毒粉及医用酒精等防护用品；按照疫情防控指挥部要求，对在职及退休人员开展疫情排查并填写登记台账，累计排查196人，上报消毒场所面积8580平方米；对本系统干部职工及包联小区居民进行全覆盖、无死角的排查，严格落实日报告制度，确保区供销社系统零感染、零确诊。

烟草专卖管理

【概况】 2020年，区烟草专卖局（营销部）在市局党组和区委、区政府的正确领导下，学习贯彻中共十九大精神，按照市局的总体规划和年度计划，制订本辖区烟草发展规划和年度目标计划，实行宏观调控，改善市场环境，推进现代化烟草经济体系建设，健全行业高质量发展政策体系，烟草专卖实现较快增长。

【营销业务】 依法办理烟草专卖零售许可证，做好证件管理工作；依法开展本企业从事烟草专卖品的生产经营活动；为合法的生产经营活动提供保障和服务。定期对零售客户销售情况进行分析，为客户提供差异化、个性化的经营指导，协助客户做好库存管理，提高销售水平和经营管理能力。了解各品牌卷烟的市场状态、价格走势，了解客户真实需求，有侧重地推介卷烟，丰富卷烟品种；注重有效沟通，提升服务质量。做好卷烟安全宣传，提醒客户注意卷烟防湿防潮防盗，注意人身和财物安全，加强与零售户的沟通与关怀。

【严格执法】 开展法制宣传和法律咨询工作，加大力度对烟草相关法律法规进行普及教育。监督、检查《中华人民共和国烟草专卖法》及《中华人民共和国烟草专卖法实施条例》及国家局、省局有关政策规定在本市辖区的执行情况；依法对辖区从事烟草专卖品的生产经营活动进行专卖管理和执法监督，打击制假售假、走私贩私烟草制品的不法行为；全力打击物流快递售假售私行为，严肃查处违法户。配合公安部门，加强与邮政通信、物流快递等部门的协调联系。加强专卖执法监督，提升依法行政水平。做到烟草专卖行政处罚和许可案卷制作标准化、规范化。加强法规队伍建设，引导员工树立正确的理念，自觉学法，带头守法，增强专业素质，提高工作效能，提升法律服务水平，促进文明公正执法，树立良好行政执法队伍形象。

（吴玮）

桃城高新技术产业开发区

【概况】 桃城高新区党工委、管委会是区委、区政府派出机构，按照桃城区人民政府《关于印发河北衡水桃城高新技术产业开发区人事和薪酬制度改革实施方案的通知》精神，主要负责项目手续代办、招商服务、基础建设三个方面工作。行政审批、城管、人社、审计、安全生产、环境保护、消防、质量监督、食品药品安全监督、违建处理、土地执法等其他工作由桃城区各职能部门负责。

2016年8月，桃城高新技术产业开发区被批准为省级高新技术产业开发区。2020年机构设置：中国共产党河北衡水桃城高新技术产业开发区工作委员会、河北衡水桃城高新技术产业开发区管理委员会。内设机构包括“一办四局两中心”：党政综合办公室、经济发展局、财政局、招商局、科技创新局、政务服务中心、创新创业辅导中心。

【园区规划编制情况】 2020年，桃城高新区获省批复面积为3.53平方千米。按照小扩容、大提质要求，重点推进国土空间规划编制工作，聘请衡水规划设计院作为规划编制单位，完成规划初步成果，并与园区管委会多次进行专题汇报研究。12月14日，区委专门召开会议听取衡水市规划设计院汇报的《桃城高新技术产业园区国土空间规划》，上报市政府等待批复。

【产业发展情况】 全力打造高端装备制造、新材料、电子信息三大战略新兴产业，全力打造五大“园中园”。

京雄产业承接园。位于批复规划区内，利用现有的企业闲置厂房，通过对接京津冀协同发展战略和“雄安新区”规划建设，引进京津、雄安成熟型的高端装备制造企业，引进高精尖的产业项目，实现现有产业的转型升级和产业链的拓展。成功引进投产北京金太阳、北京顺隆千业、北京恒通腾发等一批首都产业转移外迁企业。

北航（衡水）无人机产业园。规划面积1000亩，位于人民路南、保衡路西、新光路北、高新路东和新光路南、衡保路西、邢衡高速连接线北、赵码线东，先期建设北航（衡水）中小型无人机和临近空间飞行器生产与测试综合基地，计划占地300亩，重点建设先进航电系统制造、小型航空发动机测试制造、中小型无人机总装制造、临近空间飞行器测试与生产4个板块。于8月3日正式签约，完成企业注册、筹办立项等前期工作。

5月28日上午，区长崔邦文（右二）、高新区管委会常务副主任王兰贵（右一）陪同市人大常委会主任王金刚（右三）和部分市人大代表到桃城高新区视察北航（衡水）中小型无人机和临近空间飞行器生产与测试综合基地建设现场　　桃城高新区　供图

机电产业园。规划面积131亩。位于人民路南、骑河王排干渠以西，计划入驻5个项目，分别是：胜都科技智能标识、西玛电机搬迁、金利康智能化医用气体设备、顺隆千业低压控制系统成套基地、太和公司配电设备搬迁。胜都科技智能标识项目进场施工，其他项目完成场地平整、圈建围墙，手续正在完善。

新材料产业园。规划面积1000亩，位于新光路南、骑河王排干渠西、邢衡高速引线北、格林路西。依托吴智深和其领衔的高技术纤维专家团队，引进建设高技术纤维生态链上的上下游产业项目，准备开工建设年产5000吨高性能玄武岩纤维项目。

桃城科技创新产业园。规划面积300亩，位于东护路南、衡保路西、人民路北、高新路两侧，一期在高新路西侧，占地106亩，容积率2.27，建筑密度41.8%。前期确定88.026亩建设，总建筑面积90519.17平方米，交付使用。服务机器人及特种机器人实训中心、创泽商用智能服务机器人等项目签约落地，润泽智慧灯杆、中科视语智能视觉验布机器人、北京航天和兴精密加工等一批项目推进签约进程。

【基础建设】 自2017年开始，按照“九通一平”和“新九通一平”要求，投资2.2亿元，启动园区7平方千米路网、水网、电网、管网、信息网等管网建设，以及亮化、绿化、景观河改造、无线Wi-Fi全覆盖等工程，主要包括新建5条道路、翻修2条道路、新建2座桥梁等重点建设内容。2020年，形成东西走向的人民西路、聚才路、聚贤路、聚英路，南北走向的高新街、滨河街、科技街路、科创街的“四纵四横”交通网络格局；绿网、管网、水网、电网、无线网等工程也相继落成，园区承载能力大大提高，整体形象有很大提升。

【改革任务情况】 “标准地+承诺制+代办制”改革。2020年，制定印发《关于进一步推进高新区企业投资项目“标准地+承诺制+代办制”改革的工作方案》，完成区域评估的“标准地”1157亩，按“标准地+承诺制”实施的项目有5个。

“四项改革”——体制机制改革任务。机构编制管理改革。内设机构和人员控制数方案经市、区编办备案批复。设有“一办四局两中心”，形成简便、快捷、高效的内部运行机制。园区共有工作人员29人，其中科级及以上干部13人，普通干部职工16人。人事和薪酬制度改革。在全市率先出台人事和薪酬制度改革政策，对内设机构人员的聘任、绩效考核、绩效工资的落实有详细规定。行政审批制度改革。建设政务服务大厅，成立营商环境领导小组，能够为入园企业和现有企业提供各项手续的帮办代办服务。投融资平台建设。依托桃城区衡湖股权投资基金中心，能够解决企业融资难问题，依托政府投融资平台——滏阳建设发展有限公司，能够更好融资，吸引社会资本，参与园区各项建设。

【招商引资】 全年成功签约落地项目17个，开工建设项目4个，2个项目摘地，待办理施工手续后开工建设。扬天空调项目正在推进土地出让手续办理，机电产业园4个项目正在推进建设用地使用权分割转让，准备开工。借助“招商之冬”活动，成立京津冀（雄安）、长三角、珠三角三个片区招商小组，实行全员招商机制，赴北京、西安、济南、青岛、石家庄、深圳等地外出招商20余次，邀请中铁二十局长安重工有限公司、中关村e谷（北京）科技服务有限公司、北京理工大学、北京市房山区工业总公司等企业、院校和机构到园区考察18次，推进北京冠华东方玻璃科技有限公司玻璃深加工、北京东方海华科技有限公司玻璃深加工、北京友邦基业科贸有限公司医疗器械及无菌模块、特变电工新疆新能源公司光储制氢多能互补集成优化示范工程、江西宜春宜联打印设备有限公司国产打印机区域总装工厂、河北富仑管业科技有限公司柔性不锈钢管道、天津运来塑料制品有限公司年产5000吨EPS新型节能建材项目7个项目的洽谈对接。

【队伍建设】 在区委、区政府的支持下，2020年共调出领导干部5名，充实领导干部3名，完成8名人员的调入工作，同意园区自主招聘人员8名。园区有干部职工29人，力量得到增强。

【推进高质量发展】 2020年，市委、市政府把开发区发展放在更加突出的位置，印发《衡水市推动开发区高质量高速度发展的三十条措施》，市长吴晓华主持召开开发区高质量发展会议，并实行每月调度通报制度。桃城区成立领导小组，建立5项制度，将48项任务分解到相关区领导和责任部门名下。从市里11月份的考核通报情况看，桃城区排名并列倒数第二位，不是很理想。

【基层党建】 园区企业党支部坚持学习内容与形式任务和中心工作相结合，定期召开党员学习会、研讨会。衡水睿韬环保技术有限公司联合党支部努力破解工学矛盾，坚持晨读活动，用党的声音聚人心、生动力。不断创新学习形式，11月，党工委组织企业党员和党组织负责人到北京房山区、北京亦庄开发区开展基层党组织建设现场学习非公党建经验，提高认识、开阔视野。桃城高新区明确10名党建指导员，坚持参加指导分包企业党的活动。围绕“推进党建标准化建设、推动党建高质量发展”这一主线，打造优质党建阵地。“七一”前夕，投资20余万元的衡水睿韬环保技术有限公司党支部新活动阵地投入使用，整体布局规范、主题突出、大气美观，展示园区非公企业党建新水平。“七一”期间，园区组织园区党员举办以“党建促业务、谋合作共发展”为主题的庆“七一”活动，重温入党誓词、庆祝建党99周年，营造比学赶超氛围。发挥党组织和党员作用，助力园区发展稳定。在新冠肺炎疫情防控和企业复工复产工作中，党员先锋岗、党员突击队成为园区发展的新亮点、攻坚克难的新动力。第一联合党支部联系创泽智能服务机器人公司分别为省、市、区防疫定点医院捐献全自动智能消毒杀菌机器人各1台，总价值60余万元。衡水睿韬环保技术有限公司支部牵头制定的《疫情期间医疗废物应急处置预案》，一次性通过专家评审，为全市防疫工作贡献力量。开展的“降低燃油成本”的书记项目，帮助企业寻找到新的解决方案，降低30%的生产成本，全年节约100万元。

【落实主体责任】 党工委坚决落实主体责任，统筹推进全面从严治党工作，全年共召开专题会议4次，开展廉政谈话5次，推动责任和任务落到实处。2020年年初，党工委制定《桃城高新区2020年落实全面从严治党主体责任年度工作计划清单》，层层传导压力，推动管党治党责任落实到位。严肃考核问效，坚持把管党治党工作纳入园区年度目标考核评价体系，既有量化考核，又有定性考核，将主体责任和党风廉政建设情况作为对干部业绩评定、奖励惩处、选拔任用的重要依据，充分激发各级党员干部抓好全面从严治党工作的积极性。持续有效监督，党工委印发《关于开展纠正“四风”和作风纪律专项整治攻坚月活动的意见》，利用一个月时间，在园区开展纠正“四风”和作风纪律专项整治攻坚月活动，进一步监督纠正人员在作风纪律方面存在的问题，并及时点明问题、跟进整改。全力支持纪工委书记行使权力，先后对园区各部门党风廉政建设和履职尽责情况进行4轮监督检查，发现干部纪律观念差、工作作风不实等15个问题，所有问题全部整改完毕。完成优化营商环境试点改革任务，在园区省级重点企业和规上企业中设置监督监察监测点3个，开通监督举报“绿色直通车”，全天24小时在线接听；发放监督举报电话提示牌50余个，基本实现园区企业和机关单位全覆盖。加强警示教育，提升园区党员干部的廉洁从政意识，对土地出让、政府采购、工程招投标、干部任用等事项，不插手、不干预、不谋取私利。认真履行“一岗双责”，厉行勤俭节约。

交通邮政

公路交通

【概况】 截至2020年年底，辖区内管养的国省干线公路有11条共139.1千米，桥梁81座。辖区管养的农村公路共635.9千米，桥梁41座（上述数据包括滨湖新区、工业新区数据，桃城区行政区域内农村公路里程349.3千米，其中县道18.3千米、乡道163.2千米、村道167.7千米，桥梁30座）。

【农村公路改造提升】 2020年，完成和正在推进的农村公路改造项目共11个。

完工项目6个。包括邓庄镇衡德路至速流村农村公路3.31千米、河沿镇西汪至北增（魏西路西延）农村公路3.8千米、赵宁线—赵码线中修工程10.8千米、赵圈镇赵码线至徐家庄农村公路0.95千米、赵圈镇保衡路至西杨庄农村公路2.03千米及人居环境整治项目刘家军营、李家军营通村道路硬化工程0.01平方千米。

因天气原因未完工项目2个。其中，106国道至速流农村公路建设项目1.43千米，完成路基施工；人居环境整治项目赵圈镇保衡线至戴口农村公路改建工程1.99千米，完成1.63千米的水泥混凝土路面，剩余359米完成路基灰土。

跑办前期手续的项目3个。包括邓庄镇索水口村至武邑界1.1千米农村道路、衡水湖国际香料小镇支线0.85千米、河沿镇种高村至王阎庄0.961千米农村道路建设项目，完成财政评审，启动招标程序。

【桃城高新区路网建设】 完成新光西路的全部路网管网工程、人民西路1.32千米两侧管网建设，完成新光路及恒星路与石津灌渠平交的两座箱涵，完成格林北路、恒星西路的管网工程，格林南路1.2千米工程正在施工中。截至2020年年底，高新区路网除格林南路涉及变更尚未完成外，其余建设任务基本完成，包括高新路2.232千米、恒星东路1.44千米、新光东路1.1千米、新光西路1.6千米共6.38千米的公路工程及管网配套设施建设，新光路及恒星路与石津灌渠平交的两座箱涵，人民西路1.32千米两侧管网建设。

【国省干线公路养护】 完成衡水保台线G240王许庄互通至G339线段养护工程7.45千米；完成东湖大道海河段排水及绿化改造工程2.14千米；完成新106国道路域环境提升工程4.94千米。

【道路养护】 提升标准，国省干线公路日常养护上水平。全年共完成路面小修挖补8294平方米，路面灌缝265500延米，整修路肩平台140.2千米，疏通边沟、排水沟140.2千米；完成绿化管护360.5千米，补植海棠299株，卫矛35760株，衡德路新植美国石竹、五彩石竹120平方米；维修、新建波形护栏310米，设置示警桩341个、防撞护栏弯头2个、防撞墩13个、便道井盖9套、隔离墩3个、路缘石355米，维修防撞护栏277米，维修边沟50米，维修中湖大道边坡2000米，维修隔离带花池9个，完成隔离带硬化982.6平方米，恢复水毁路基82立方米；公铁立交桥缝隙铁板更换 8 块、维修 10 块，拆除路牌 14 个，新增标志牌 49 块。

突出重点，加强农村公路日常养护。对桃城区重点乡村公路加大巡查、养护力度，及时处理路面病害。累计完成公路灌缝 44338 米，修整路肩 56440 平方米，处理水毁 36 处，喷划标线 4513.8 平方米，路面挖补 1683 平方米，垫路 20680 平方米，处理公路水毁 63 处。安装车辆让行标牌、警示柱 50 根，安装临水地段护栏 5 处。

【路域环境治理】 对国省干线公路实行网格化管理，对违章堆放、倾倒垃圾、违法建筑、擅设非公路标志、平交道口等影响路容和公路安全畅通的现象进行综合整治。累计查处侵犯路产路权案件 286 起，处理路损案件 36 起，收取赔偿款 167062 元；清除路面堆积物 2 起 56 立方米；清理打场晒粮 9 处，清理非公路标志 116 块，取缔摆摊设点 61 处，确保公路安全畅通。

牵头开展国省干线两侧有碍观瞻疑似违法违规建筑集中拆除行动，对衡水市交办的 27 处及自行排查出的 22 处疑似违建逐一核查，对 14 处确属违建的联合相关单位进行拆除，并督促其他 35 处有碍观瞻的建筑完成整改提升。

【公路治超】 严格执法。在公路治超工作中，坚持政府主导、部门联合，强化责任，并推行科技治超，利用北斗系统精确打击，使“双超”车辆无处遁形，取得良好效果。共计查扣违法超限超载车辆 430 台，共计卸载 23282 吨，全区超限超载现象、公路扬尘污染情况得到有效遏制。同时，严格落实“一超四罚”制度，对所有超限车辆的违法信息向车籍所在地的交通主管部门全部进行抄告。

【规范运输市场】 在运输市场管理中，不断改进服务方式、优化服务流程、提高服务效率，全力打造群众满意窗口。疫情防控期间，除正常办理经营性货物运输车辆年审及车辆技术等级评定业务外，对因疫情防控期间过期营运车辆不处罚、不停办业务。全年办理本区过户 435 辆，转籍外地车辆 1532 辆，注销车辆 4562 辆，年度审验 15425 辆，驾培课时审验 5760 人次，清理黄标车、报废车车辆档案 2100 份，维修企业备案 89 份，从业资格信誉考核 8078 人，从业资格审验 3790 人。

【安全生产管理】 牢固树立安全发展理念，全面落实安全生产主体责任，开展交通运输安全专项整治三年行动、安全生产月、安全生产大排查大整治攻坚行动，加快推进安全生产“双控”机制工作建设。全年全系统没有出现一起安全生产责任事故。

加强公路桥梁隐患排查治理。加大巡查力度，进一步完善公路标志、标线、防撞护栏、护墩等安全防护设施及警示标志。对 106 国道、衡德路等全线路口绿化带进行安全改造，进一步改善路口行车视线；重点对衡井线和肃临线的坑槽进行挖补维修罩面，对衡德路、106 国道、中湖大道、衡井线全线进行整治；对国省干线公路 118、121、周言、北苏、白塔 5 座立交桥的泵站设备及时进行检修，消除汛期安全隐患。

加强运输行业安全监管。重点对“两客一危”道路运输企业加强安全监管，严格督促运输企业落实安全生产主体责任制。工作中，采取“双随机”抽查、互查或联合检查等方式，对从业人员资质、车辆技术状况、车辆动态监管等情况加强监督，及时纠正和排除企业安全生产工作中存在的不足及安全隐患。累计巡查企业 303 家次，发现存在安全隐患企业 24 家次，下达整改 24 家，全部整改完毕。特别是“6·13”浙江温岭液化气槽罐车爆炸后，迅速对辖区内 5 家危货企业进行多次督查、巡查和执法检查，督促各企业加强全员安全教育培训、做好车辆定期维护及出车前的安全检查等安全工作。推动运输企业“双控”机制建设，全区共有89家运输企业落实“双控”机制建设。

平安工地建设。在施工项目现场开展日常检查、每周安全检查及不定期抽查等活动，建立安全台账，对所查出的安全隐患问题及时进行整改落实，确保施工安全。

铁路沿线安全隐患治理。对途经桃城区、涉及7个乡镇办的3条铁路共84.77千米的铁路沿线的安全隐患进行综合治理。按照铁路部门移交的工作任务表，完成整改64处安全隐患．并通过“回头看”对新增加的36处完成整改、销号。

加强应急值守。进一步完善应急救援预案，备齐应急救援物资，应急保障队伍及机械随时待命，并以道路抢修、紧急物资抢运为重点，进行防汛应急救援演练。严格落实领导带班、双人24小时应急值守等制度，确保遇有突发事件能迅速反应、高效处置。

【建设绿色交通】 全力做好大气污染防治工作。超额完成国三及以下排放标准营运柴油货车淘汰工作。经多次摸排、确认，桃城区淘汰任务共涉及1286辆，全市各县中任务最多、情况最复杂。作为牵头单位，该局积极协调市、区有关部门，科学合理安排，采取有力措施，攻坚克难，全力推进，全年共清理淘汰相关车辆1288辆，超额完成任务。

强化公路扬尘治理。以城乡接合部为重点，配合住建部门，对国省干线公路两侧公路用地范围内的垃圾、杂草、杂物、绿化等问题进行不间断、持续治理，全力抑制干线公路路面扬尘。

强化在建项目施工扬尘管控。对在建公路桥梁施工现场、拌和站及物料运输等部位、环节，采取增加围挡、苫盖、硬化出入口、冲洗等防尘抑尘措施，严控施工扬尘。

整顿规范汽车维修市场。重点排查汽车维修企业是否按照《危险废物贮存污染控制标准》建有危废间、危废是否规范贮存等问题。对发现问题的企业，下发限期整改通知书17份并督促全部完成整改。

【帮建提升】 扎实推进“三创四建”活动，特别是在省级文明城区创建工作中，严格按照创建标准和要求，科学安排部署，细化分解任务，在认真抓好系统内两个业务大厅窗口文明创建工作的同时，积极开展志愿服务，每周都利用周末时间，组织干部职工到分包的25个生活小区打扫卫生、清理小广告、发放创城宣传资料、开展问卷调查等活动，还组织志愿者到指定路口，开展文明交通劝导活动，完成相关创建工作，省级文明城区创建工作成效显著。

（乔治康）

公共交通

公路交通

【概况】 市区公交覆盖桃城区城区并延伸到全区各乡镇、各主要村庄，基本实现村村通公交车。

【衡水市公共交通总公司】 衡水市公共交通总公司成立于1985年，隶属衡水市交通运输局，是衡水市政府批准成立的唯一一家城市及近郊区公共汽车营运单位，下辖五个分公司，拥有职工900余名，公交线路40条，公交车743部，形成以公交客运为主，集车辆修理、定制公交为一体的综合型企业。

在市委、市政府和市交通运输局的关怀和领导下，在社会各界的大力支持下，积极贯彻落实“优先发展城市公共交通”政策，紧跟城市发展步伐，顺应市民出行需求，多措并举打造绿色公交、科技公交、便捷公交、人文公交、人民满意公交。

顺应形势，加快公交车辆转型和增容步伐，积极推广和应用新能源纯电动公交车，乘坐舒适、绿色环保。

注重科技，以5G技术为支撑，实施城市公交大数据信息服务提升项目，实现“用数据说话、用数据管理、用数据决策、用数据创新”，动态监控，高效运营。

积极构建以市区为主，辐射城乡、布局合理、便民利民、缓解城市拥堵的公共交通运营网络。

以人为本，在国内首开取暖季城市公交免费常态化先河；积极落实65周岁以上老年人、现役军人、残疾军人、盲人等免费乘车相关政策。突显社会公益性，完善公交服务功能。

衡水公交人弘扬“团结进取、创新务实、敬业奉献、服务社会”的企业精神，始终坚持“让政府放心，让市民满意”的经营理念，紧紧围绕“大公交”战略，为广大乘客提供“安全、正点、高效、便捷、舒适、经济”的乘车服务。

9月28日，衡水市公共交通总公司火车站公交枢纽站　　区地方志办公室　供图

衡水车务段

【概况】　2020年，衡水车务段管辖京九、石德普速铁路490公里范围内的27个车站和石济客运专线122公里范围内的4个车站，另设1个衡水行车公寓和1个信息化车间。主要担负着管内旅客运输和石油化工产品、煤炭、农产品、建材等物资运输。

2月，石济客运专线衡水北站外景　　　衡水车务段办公室　供图

【疫情防控】　坚持“疫情就是命令，防控就是责任”，提前为干部职工发放N95口罩，编制新冠疫情防控工作汇编，下发128份疫情防控通知和115期疫情防控简报，开展针对性的专项督查、专业性的检查督导、全员性的防疫监督，发放专项考核奖励，下拨专项餐饮补贴，851名党员自愿捐款，340人主动立下请战书，3名党员主动交纳特殊党费，通过全员的共同努力，实现职工“零感染”、旅客“零传播”。衡水北站被河北省评为“临时医疗救治组”抗疫先进集体。

【安全管理】　坚持安全基础和现实安全“两手抓”，扎实开展风险研判和安全防控，新建安全生产调度指挥中心，增设防盹睡系统，研发临客提示管理系统、客调命令信息管理系统，推广发车辅助确认系统；对1106台普通减速顶进行更新，将峰尾停车器升级为2+1模式，修建走行通道7410米；对上线安全管控进行全面规范，对驼峰环境进行“逐米”排查整治，对路外隐患进行逐站排查补强，整治普铁外部环境安全隐患315处，整治危树8639棵，经受春暑运、防洪度汛、防寒过冬、6次调图、两次大规模集中检修的考验，连续四年实现安全年。

【运输经营】　应对新冠疫情和高站台改造影响，挖掘运输潜力，提高服务质量，在异常困难的情况下取得好于预期的工作成效。全年主要运输任务按计划完成，旅客发送量、旅客接收量、货物卸车量分别超年计划12.3%、17.1%、4.6%，中停时分别压缩0.5~3.2分。

全年服务重点旅客294次，查找遗失物品283起，接到锦旗47面，表扬信23封，12306表扬工单28份。坚持依法经营、规范管理，优化全面预算管理，严格执行“三重一大”事项决策制度，最大限度组织网上阳光采购，确保经营工作依法合规。

【队伍建设】 立足提高全员基本功，依托技术比武，与星级评定、季度抽考、脱产培训等工作相结合，推进全员提素工程，营造学技练功氛围。全年组织技术比武1次、过筛子考核4次、全员培训12次、针对性专题培训53次，培训5.4万人次，组织实景演练13次；常态开展干部履责督查，督查车站91站次，312名管理人员年度绩效考评优称率100%。年内，13名新入路人员高质量定职，向集团公司调度所输送5名优秀人员，张少杰获国铁集团职业技能竞赛能手称号；在集团公司技术比武中，取得助理值班员全能第四、调车长第二、行车团体第一、客运团体第二的好成绩。

【文化引领】 坚持全面从严治党，加强党风廉政建设，开展食堂（伙食团）、办公用房使用管理和土地房屋租赁专项检查整治。坚持依法治企，广泛开展法治宣传教育，大力组织民法典学习宣传，引导全员牢固树立法治意识和法治思维。多措并举推进企业文化建设，荣获集团公司“企业文化建设优秀单位”。张少杰被评为2020年度“最美京铁人·技术技能精英”。

【职工保障】 完善职工诉求建议协调解决机制，组织全覆盖式思想状况分析，加强星级食堂（伙食团）建设，提高班中餐补贴标准，开展职场环境大清扫、大整治活动，加强生产生活设施整修，组织大众体育运动会；精准开展帮扶救助，及时为干部职工办理保险救助和各类困难补助，营造“一家人、大家庭”的和谐氛围，激发干部职工爱岗敬业的工作热情。

（张吟啸）

附：

衡水车务段领导班子成员

段　　长　任晓杰
党委书记　田　乐
副 段 长　宋胜利（　~2020.5）
　　　　　张清华
　　　　　马　昆
　　　　　郝红瑞
　　　　　赵　磊
党委副书记、纪委书记　郭宇翔
工会主席　曹奎英

邮政管理

【概况】 2020年，桃城区邮政快递业务收入同比增长35.5%；业务总量同比增长64.7%。其中，快递业务收入同比增长45.9%，快递业务量同比增长73.4%。

【推进疫情防控】 新冠肺炎疫情发生后，全行业迅速打响疫情防控阻击战、安全有序复工复产，充分发挥邮政快递业在“打通大动脉、畅通微循环”方面的先行作用，积极协调开通“绿色通道”，全力保障对疫情重点地区的应急救援物资和全区人民群众日常基本生活物资的运输和寄递服务。

【精神文明建设】 注重关心关爱快递（邮递）员，建设“小蜜蜂关爱站”，开展“夏送清凉、冬送温暖”、“健康义诊”、“战疫情，展技能，立新功”优秀技能人才慰问、“暖蜂行动”等活动。积极开展党员志愿服务活动、省级文明城市创建活动、省级文明单位创建活动。指导韵达、中通等快递公司争创“工人先锋号”，指导邮政公司、顺丰快递公司争建“青年文明号”。

【提升服务水平】 持续保持快递服务乡镇覆盖率100%和建制村直接通邮率100%。大力实施“快递进村”工程，建立“村邮乐购”站点、农村快递公共取送点和邮快合作网点。提升从业人员素质，连续开展“提质提效、文明服务”活动，行业从业人员队伍素质稳步提升。快递业“三化”建设和“三不”（不着地、不抛件、不摆地摊）治理成效明显。野蛮分拣、“摆地摊”现象得到有效遏制。普遍服务和快递服务满意度稳中有升，消费者申诉处理满意度达98.9%。

【聚力攻坚】 全力防范行业安全风险，实现部门联动，安全监管协作更加紧密；严格落实寄递安全三项制度，深入开展寄递渠道涉枪涉爆隐患排查等系列专项行动，圆满完成重要时期寄递渠道安保工作。全面助力精准脱贫，推广“村邮站+快递超市+电商服务+便民服务”模式。推进行业绿色环保治理，行业“瘦身胶带”封装比例达到90%，电商快件不再进行二次包装比例为88.2%；主要快递品牌企业循环中转袋总循环使用率达93.3%；邮政快递网点设置绿色回收装置率100%。

【提高行业治理水平】 强化法治邮政建设，执法人员素质大力提升。与公安、市场监管等部门建立稳固合作关系，实现信息共享、齐抓共管的长效机制。实现视频联网分拨场地全覆盖、县级快递网点全覆盖，完成寄递渠道安全监管“绿盾”工程，实现网上巡查和实地检查有效监管。

城乡建设管理

住房建设

综　述

【概况】　2020年,区住建局在区委、区政府的正确领导下,按照政府工作报告年度目标任务,以“三创四建”工作为推手,围绕民生重点建设项目,做好建筑工地疫情防控工作,高质量、严要求推进老旧小区改造、农村清洁取暖改造、违规违建项目清理等重点民生工程建设。

【住房保障】　做好保障房审核上报及租赁补贴发放。2020年审核合格上报市局公租房二类554户，新增公租房三类68户，共计622户。发放租赁补贴家庭4户，共计13980元。全年归集整理并审核公租房二类、三类年审家庭档案共计3085户，将年审结果上报至市住建局。

做好棚户区和城中村改造工作 。2020年桃城区棚户区改造基本建成任务2579套。分为4个项目：桃城区牛佐企业片区棚改项目161套、桃城区东明二期永兴路以北区域306套、桃城区孙三村二期棚户区改造项目659套、北沼村一期棚户区改造项目1453套，全部完成任务。

2020年全年完成6个单位，共计102户的公有住房出售工作，全部办完公有住房出售手续。完成北部产业新城的前期手续跑办工作；做好河东旧城区拆迁补偿和公租房管理工作；完成有建筑节能改造48万平方米任务。

【物业管理】　开展宣传扫黑除恶、物业企业消防安全、倡导文明养犬等活动，物业企业服务管理水平改善，为桃城区创建省级文明城市打下基础。积极解决物业信访投诉问题，全年共解决各类网上信访、电话投诉及衡水市12345政府服务热线等投诉问题2000多件。对投诉举报问题做到及时调查、核实、处理和反馈。现场接待来人来访共160多人次，广大居民的幸福感得到提高。

建筑业及管理

【概况】　截至2020年年底，在区住建局备案的建筑施工企业共44家，其中施工总承包企业16家，专业承包企业24家，劳务分包企业4家。2020年，全年建筑业产值155613万元，纳税3534万元（其中税收缴纳本地2706万元、外地828万元）。区属建筑企业拥有房屋施工、水利工程、公路工程、消防工程、钢结构工程、装饰装修、建筑智能等各种专业资质队伍，区属建筑业基本形成以施工总承包为龙头，以专业承包为主体、层次分明、结构合理的队伍体系。

【建筑市场管理】　完成省委部署的“6+1”违规违建清理规范工作。共计排查建设项目个数4031个，面积2148.5万平方米，经审核确认违规违建项目78个，面积35.6万平方米。通过6个月的集中整治，全部整改完毕。“回头看”期间，经各乡镇办自查新增漏排项目7个，面积7.1万平方米，为确保该次清理工作取得实效，制定违规违建项目清理工作长效管理机制，从源头上遏制违法建设行为的发生。

【安全和质量监管】 区住建局负责安全和质量监管的建筑施工项目工地15个，其中在建12个，竣工项目3个，“零事故”发生。明确安全生产责任范围，构建安全生产责任体系，严格实行“一岗双责”责任制。制定《桃城区城市建设安全生产专项整治三年行动实施方案》《复工复产安全生产大检查实施方案》《春季安全生产大检查实施方案》《两会期间安全生产大检查实施方案》《深基坑专项排查行动实施方案》。建立三年行动工作推进台账和“一表三清单”。

全年共计专项检查66次，重点监督排查施工单位的危大工程的专项方案编制、审核、专家论证及现场实施情况；重点排查起重机械等特种设备安全隐患；重点排查深基坑、高大支模、脚手架等危险性较大的分部分项工程隐患；重点排查建筑工地火灾和用电安全隐患等。每次活动都做到工作有记录。共发现安全隐患172处，下达限期整改通知书16份、停工整改9份，行政处罚1起，罚款1万元，约谈安全生产管理不力企业2家。同时，加强对建设项目质量监督管理。

重点监督排查物业企业小区消防和有限空间作业安全隐患。督促物业服务企业按照物业服务合同约定，加强对电梯和消防设备的维护和管理；督促企业加强巡查及时消除楼梯间及地下室堆放易燃物、电动车充电等安全隐患；对物业公司系统培训3次，发放宣传手册800份。

做好消防审核和验收工作。完成3处新建项目的消防审核和4处竣工项目的验收备案。完善制定住建系统消防工作考核实施方案。

【农民工工资保障】 2020年，所有建设项目全部落实农民工实名制和保障金制度。所有在建项目的工人均与施工方签订劳务合同，进行实名登记。施工单位将工人的劳务合同、身份证复印件、花名册进行完整登记。

全年为农民工追讨工资共计500余万元，涉及人数300余人。办理国家、省、市、区信访部门交办转办案件18件，市长服务热线交办件100余件，全部按期解决到位。矛盾纠纷均妥善化解，有力地维护了社会稳定。

老旧小区改造

【概况】 按照市委、市政府和区委、区政府的工作部署，区住建局牵头并协调各街道办事处，推进老旧小区改造工作，补齐民生短板、提升群众满意度，探索工作新模式，强力攻坚，扎实推进。

全区老旧小区改造取得明显成效。2018年至2020年省三年行动计划改造小区数量为213个，共涉及271万平方米，惠及居民约2.8万户，居民满意率达90%以上。

2020年，桃城区70个老旧小区改造，涉及居民10521户、279栋，建筑面积97.3145万平方米，预计投资1.93亿元。桃城区采取高位协调、简化手续、倒排工期等措施加快推进，各街道办按照改造程序，完成各项有序办理工作，于7月底全部进场施工、10月底全部完工。协调督促各街道办组织竣工验收，待完成竣工验收后，组织各街道办报审计部门进行决算审计。

【工作措施】 早谋划，整体前移安排部署。区住建局作为牵头部门积极组织各街道办及早谋划部署，对改造小区进行摸排调查，研讨改造方案、召集业委会及业主代表征求居民改造意愿。充分尊重民意，注重从居民群众的需求出发，把改善居民生活环境与城市发展需求结合起来，把老旧小区改造工程做得更好更优。做到精心组织、认真落实，明确责任目标，制定具体措施，对群众反映的问题，做到群策群力。让广大居民积极参与到老旧小区改造工作中，例如，中华街道办保险公司家属院，为孤寡老人免费疏通室内下水道；路北街道办化工厂小区路面改造后，居民自愿参与卫生打扫、路面养护工作；河西街道办组织楼院长带头全程参与老旧小区方案制定、施工过程监督管理，解决搬运生活区居民小房的“一户一表改造”，积极协调电力公司，动员楼院长、单元长收集所需材料，办理相关手续，安装任务完成过半。

围绕痛点、难点问题，做到上下合力。老旧小区最大难点是大家诉求不一，思想认识良莠不齐，存在私搭乱建、电线乱搭、车辆乱停、污水横流、道路坑洼等情况。针对老旧小区“乱象”问题，更加注重把握轻重缓急，拆除私搭乱建，弱电有序梳理，强电接线入地，规范设置停车位，封堵垃圾道摆放垃圾桶，雨污分流改造，因地制宜将闲置房改物业用房，增设居民健身器材等。通过老旧小区改造，原有“脏”“乱”“差”现象得到根本改变，规范小区生活秩序。2020 年，老旧小区改造共拆除违建 261 处、涉及 4379 平方米；新建路灯 41 个，监控设施 16 套；雨污分流改造约 3.8 万米；路面硬化约 25.5 万平方米。解决老旧小区拆除违建、规范停车位等难点问题，充分发挥社区党员代表带头示范作用，以社区党建工作引领老旧小区改造工作，达到上下合力效果，实现共建共治，共享美丽生活，提升居民幸福感、获得感。

建管结合，全面巩固老旧小区改造成果。积极探索创新老旧小区物业管理服务新模式，因地制宜，通过新建、重组、引进等方式，组建公益性物业服务实体，坚持公益属性、市场化运作，为辖区老旧小区和失管小区提供物业服务。2019 年老旧小区改造后，积极引进有实力的物业公司，把改造的小区成方连片打包进行管理，创建绿色社区 12 个，巩固改造成效。例如，中华大街街道办事处 2019 年改造后引入物业的小区：国税局生活区、民政局生活区、计生局生活区、科技局生活区、电机厂家属院等小区。2020 年引入物业的小区：纪检会生活区、机械公司家属院。河西街道办 2019 年改造后引入物业的小区：中心街社区通用小区、粉末冶金小区、地毯厂小区、师范文化局小区、运输公司小区等。

贫困户危房普查及改造

【概况】 严格按照“两不愁三保障”的要求，完成全区 74 户建档立卡贫困户住房安全保障工作，并通过上级的验收。

【农村住房普查】 2020 年，全区农村住房全面鉴定总户数 36546 户。对全部危房改造户改造质量达标情况进行检查。对 2012 年以后全区 535 户危房改造户（含 31 户建档立卡贫困户）改造后住房质量达标情况进行现场检查，并核查技术指导、施工巡查及监督检查记录以及竣工验收情况。对检查发现的问题，建立到户的问题清单，全部限期整改。

农村“双代”

【概况】 2020 年，全区完成农村“气代煤”改造 1788 户，实现辖区全域清零。2020 年度共改造农房节能门窗 300 户，为打赢蓝天保卫战奠定了基础。

【历年完成情况】 2016 年—2020 年，桃城区“气代煤”改造任务工程共涉及 7 个乡镇办事处、197 个村庄（分别是何庄乡 16 个村庄、河沿镇 63 个村庄、河东办 10 个村庄、邓庄乡 33 个村庄、中华办 1 个村庄、河西办 1 个村庄、赵圈镇 73 个村庄）；全区改造户数 40475 户（分别是 2016 年全区“气代煤”改造 1669 户、2017 年全区“气代煤”改造 36464 户、2018 年全区“气代煤”改造 554 户、2020 年全区“气代煤”改造 1788 户）；铺设中压燃气管道 329.53 千米、低压管道 1498.64 千米；

农村门窗节能改造1520户任务全部完成。2020年，全区“气代煤”改造工程均全面完成且安全稳定运行。

城市管理

【概况】 2020年，区城市综合管理执法局在区委、区政府的正确领导下，在各部门的大力支持下，围绕中心工作，始终坚持“廉洁、服务、高效”原则，推进综合执法工作，履行管理、保障和服务职能，强化管理方式、创新服务模式，较好地完成各项工作任务。

【疫情防控工作】 疫情防控期间，全力以赴投入抗击疫情第一线。全面开展清洁消杀工作。起草冬春季环境卫生整治工作方案，组织机关、公园、市场、环卫企业、全体人员学习《新型冠状病毒感染的肺炎防控知识手册》并按手册指导日常防控消杀工作，对公园、市场、公厕等场所每日进行消杀处理，尤其卫生死角进行彻底清理，同时按照疫情防控指挥部要求，在各机关设置废弃口罩回收箱，环卫公司在各城中村每村设置1~3个废弃口罩回收桶，并做好回收桶消杀工作。加强执法巡查工作。该局执法大队队员分成四个小组分别对应河西、河东、中华、路北（包括何庄）四个片区，各小组做好本片区的市政设施、环境卫生、占道经营、市容市貌的日常巡查督查，每天将发现的问题第一时间上报，协调局有关科室、辖区办事处城管委第一时间进行处理。确保巡查到位，督查有力，反应迅速，效果良好。对辖区内营业的门店，督促落实消杀、防控工作。做好包联小区防控工作。根据要求安排人员到包联社区暨粉末冶金生活区开展疫情防控工作。对包联小区开展“拉网式”“地毯式”入户排查并发放150个出入卡，悬挂2个宣传条幅，建立疫情防控小区群。严格按照上级部门要求，对各市政工程项目做好复工复产前、后工作人员的体温监测、上报及疫情防控措施的检查工作；对环卫公司做好宣传教育工作，上路对环卫工人疫情防护措施、废弃口罩正确处置方法、公厕消毒等方面进行抽查，对发现的问题进行督促整改。

【综合执法】 拆除违规建筑。该局联合路北办事处、远大环卫公司，出动工作人员30余人，环卫重型机械3辆，对裕华路中华大街东北角违建进行依法拆除，鉴于违建一直由90多岁高龄老人收敛废品辛苦独居，该局城管工作人员拆前做工作、拆中保安全、拆后促捐款，处处充满人性化和柔性执法的服务性，圆满完成多年的老大难问题，共拆除小街小巷道路两侧违建5.8万平方米。

广告牌匾整治。该局成立户外广告整治工作领导小组，按照“突出特色、一店一牌、一街一景”的原则，规范设置门头牌匾、禁止“一店多牌”“上下多牌”。坚决清理临街门窗“大花脸”，拆除楼顶广告76处，电子广告24块，清理小广告“大花脸”1639处，乱挂条幅17个。

加强日常巡查。对辖区内的庆丰街、报社街、自强街、康复街、利民路、永安路等街道进行专项治理。对公共设施、破道施工、占道经营等工作加强管理。同时在学校开学期间，加强对辖区内校园周边的流动摊点、占道经营、乱停乱放等行为进行整治和管控，规范越线经营150余起。

【创建文明城市工作】 做好牵头的“省级文明城市”创建工作、市容市貌整治、公厕建设和市场管理工作，各项工作均稳步推进。

美化市容市貌。联合“四办一乡”城管委，对辖区内的违规经营、乱停乱放、乱贴乱画进行整治，做好辖区内次干道、小街巷路缘石以上车辆占用盲道、乱停乱放现象的治理。

加强环境卫生、公厕管理及路灯维护。组

织环卫公司对城区主要街道进行清扫冲洗，确保街道整洁，没有烟头、痰渍等污物；开展公厕提标提质行动，对部分公厕导向牌和标识牌缺损进行更新，对配有无障碍设施的公厕进行维修，方便老人、残疾人如厕；对辖区内次干道、小街巷进行全面排查，对无路灯的路段安装太阳能路灯 138 盏、LED 路灯 26 盏；对损坏的路灯及时进行维修更换，共计 84 处。

全面加强市场管理工作。对滏阳、北辰市场进行统筹规划，加强内部环境卫生、食品安全等管理，做到划行规市，规范摊位。在市场内悬挂创城公益广告牌、施划停车位及自行车位、设置“一米线”。

提升园林绿化水平。以孔颖达公园、宝云公园一期为重点创建点位，按照创城办下发的指标体系和创建标准，做好公园创城工作。同时对管护范围内黄土裸露、缺株断带、苗木生长不良及景观效果差的重点路段，进行无缝隙苗木补植和更换。

帮扶小区建设。深入社区，向居民宣传创城的目的和意义，引导居民树立健康、文明生活习惯和城市文明意识。

组织局干部职工到帮建小区开展创城宣传活动，入户填写问卷调查，发放宣传袋、创城应知应会手册、折页及扇子等宣传品，对小区内的道路、停车位、健身场所等公共区域内的卫生进行彻底清扫。

【市区扬尘治理】 贯彻落实省、市关于大气污染防治工作，有效控制施工现场扬尘污染，进一步提升大气环境质量，持续加大施工扬尘专项整治力度，加强工地扬尘监管，落实防尘措施保障，对监管的 78 个项目，强化督察考核，紧紧围绕“坚决把扬尘污染降下来”的目标，严格落实精准治污、科学治污、依法治污。

健全工作机制。多次召开专题会议，研究部署扬尘工作，加大日常巡查及夜间巡查力度，发现问题及时下达整改通知书，对问题严重屡查屡犯的建筑工地进行定额处罚。共查处扬尘污染防治问题 269 项，其中限期整改 82 项，现场指挥立行立改 187 项。对御京府三期、北斗创业园、滏阳公馆、碧桂园悦北华府、米兰印象等 33 个建设工地项目进行行政处罚，共处罚金额 120.4 万元。对整改不彻底或整改后反弹的，责令相关责任主体进行严肃处理。

加大宣传力度，推广典型做法。通过自媒体等一切手段，宣传扬尘治理的重要性，努力营造各项目全员参与氛围，施工扬尘整治意识明显提升，结合在建项目情况该局选择几个项目作为标准化工地，组织其他项目负责人到现场观摩学习，以点带面、全面提升。

细化整治标准，强化监督检查。实行网格化管理，按照属地管理原则明确责任主体，各自负责辖区内建筑施工工地的扬尘防治工作。4 月份开始，根据市大气办统一部署，对扬尘污染源 PM_{10} 在线监测系统全部更新，局领导班子实行领导包片原则，多次深入建筑工地，实地调研，在摸清点位、台数的情况下邀请专家进行培训讲解，帮助在建工地解决现场中出现的实际问题，通过以点带面、多处开花的办法督促在建工地积极更换扬尘在线监测设备，一天一汇报，一周一总结，做到时时有更新，日日有进度。按照市大气办时间节点，桃城区 78 家在建工地 207 台扬尘在线监测设备全部更新联网完毕，并投入使用。

利用在线监控系统影像和 PM_{10} 在线监测系统的数据对桃城区施工工地划分，之前有违法行为受过处罚的、在学校等敏感区域的、位于居民区周边的污染源列为重点检查对象。在检查中对轻微问题、积极配合、立行立改马上改的以口头警告为主，每一个项目都告知其要严格落实“六个百分百”“八个标准”。

【基础设施建设】 稳步开展城区即有道路改造提升。先后完成永兴东路（太阳城小区—北仁新村）道路改造提升工程，康宁街（人民路

—胜利路）、自强街（和平路—新华路）行车道沥青罩面工程，问津街至沿河路、谢村胡同、华育胡同背街小巷改造工程，极大改善区域道路通行能力。2020年年底完成站北路（前进街—育才街）道路改造提升工程和华育胡同背街小巷改造工程。

推进河东老城区道路建设。按照城市道路规划对河东区域滏东街（永兴路—南环路）、南门口街（人民路—永兴路）、胜利东路（隆庆街—监狱）3条道路进行拓宽建设，2020年年底前全部通车。

加速实施市区雨污分流改造工程。对河东区域道路排水管网进行雨污分流改造，人民东路（滏东街—京衡大街）、胜利东路（平安街—东环路）、京衡大街（春风路—南环路）、红旗大街（干马路—滏阳一路）、永兴东路（南门口街—京衡大街）、英才路（南门口街—京衡大街）、平安街（人民路—胜利路）7条道路的排水系统雨污分流改造，圆满完成市级下达的改造任务。年底前完成和平路（彩虹桥—人民路）、程富路（京衡大街—程富家园）、河阳路（京衡大街—三院）、景和大街（京衡大街—南环路）、胜利东路（平安街—京衡大街北侧便道）、天洋花园胡同6条道路的雨污分流改造工作，实现河东区域排水管网全部雨污分流的工作目标。

做好市政基础设施补缺工作。补齐公厕、停车位短板，新建公厕8座，年底前全部建成使用；缓解市区停车压力，解决市区停车难问题，通过实地调研、科学布置等方式，施划便道停车位3900余个、自行车位1300余个，缓解市区居民停车压力；修补辖区内破损路面6100平方米、补齐便道砖2300平方米、调整路缘石450米。

【城市园林绿化】 城区绿地总面积为88.8万平方米，行道树11022株。其中：城区街道绿地面积为32.6万平方米，行道树9670为株；公园面积36.7万平方米；高新区绿地面积19.4万平方米，行道树1352株。

加强公园建设管理。孔颖达公园完善更换破损、缺失公益广告牌70余块、座椅粘贴“请勿躺卧”100余块，木桥栏杆粘贴“禁止攀爬”200余块，摆放分类垃圾桶8组，新添指引牌8处、婴儿桌椅2套，公厕增设门槛斜坡2处。同时，新修园路20米通往新置居民活动区域1处。宝云公园自9月1日接管以来，重点提升公园服务水平，完善园内便民服务设施。建设管理用房1处，公园西门硬化道路1条并绿化，园内摆放四分类垃圾箱4组，两分类垃圾箱（大）29个，两分类垃圾箱（小）30个，公厕改水电并建母婴室2个，粘贴公益广告180余张，增设指引牌16块，座椅粘贴“请勿躺卧”150余块等。同时，两个公园认真落实卫生深度保洁，不留死角，擦洗园内设施，及时清理瞬间垃圾，做到卫生管理区域全覆盖、时段无缝隙。

优化街道绿化环境，提升城区园林绿化景观品质和绿化“颜值”。重点区域补植，组织作业人员对管护范围内黄土裸露、缺株断带、苗木生长不良及景观效果差的重点路段，进行无缝隙苗木补植和更换。全年街道公园共计补植补栽各类乔木3500株、花灌木1200余株、绿篱3.4万余平方米、地被草花2.3万余平方米。全面清理公园、游园、道路绿地等区域绿化带死角的垃圾杂物；加强城区绿化带病虫害防治；对景观绿化带内设施条椅进行维修；加强对绿化带、草坪的修剪及卫生保洁，集中清除枯枝落叶和绿地杂草。

【滏东公园建设】 滏东公园由区住建局牵头建设，2020年受疫情影响，公园绿化工程项目完成90%；大风车萌宠乐园项目中的大型地标性游乐设施摩天轮主体和其他附属游乐设施主体安装完成。预计2021年3月底完工，4月开园迎客。

9月28日，区人民路、康宁街头的口袋公园　　区地方志办公室　供图

【城区环境卫生】　城区环卫清扫区域涉及53条次干道、316条小街巷、39个城中村，环卫面积达到241.5万平方米；同时接管国省干道和高新区道路保洁工作，面积约261万平方米。

街道垃圾清理管理，加大街道、城中村垃圾点的整治力度，按照城镇生活垃圾收集运输服务标准，对城区垃圾点进行集中整治。要求环卫公司提高垃圾收集效率，确保垃圾日产日清。每日收集转运生活垃圾在50吨左右，全部清运至衡水市垃圾处理厂，确保城区垃圾转运有序进行。

对城区街道两侧分类垃圾箱箱体分类标志进行涂新，共喷涂分类标志200余处，提升环卫设施管理水平。

每周至少2次安排保洁人员清擦果皮箱箱体，对果皮箱进行内部清掏，每周安排冲洗车对街道垃圾箱周边污染地面进行冲洗，地面见本色，提升街道环境卫生质量。

整治垃圾乱倒行为，对市区庆丰街、康宁街、自强街、报社街、招贤路、站前路、静安路、永安路、新桥北街等街道沿街商户、企业乱倒垃圾现象进行整治，通过入户宣传，劝导商户垃圾入桶，禁止沿街乱倒，倡导文明经营。共发放传单700余份。

对报社街新华路口、和平路庆丰街路口和前进街永安路西三个夜市点位进行重点整治，现场巡查餐厨垃圾下水口乱倒问题，劝导商户禁止乱倒垃圾的行为。

【公厕管理】　对新建的13所公厕按照衡水市公厕标准要求统一管理，制定公厕量化考核标准，安排专人负责日常巡查，确保公厕管理到位。增加公益牌 30 块，安装更新公厕指示牌 23 块。

【道路降尘】 按照《衡水市主城区交通道路扬尘污染专项整治工作方案》，对城区降尘监测点涉及的政通街、站前东路等街道，参照环卫保洁一级路标准，要求相关环卫企业提高街道保洁标准，加强机械保洁力度，每日路面洒水 4 次以上，有效抑制道路扬尘污染。

【公共事业管理】 加强次干道、小街巷、公厕等市政设施的维修维护；积极参与桃城区市政重点项目建设，完善城市路网、改善交通条件；做好汛期城区道路排沥防汛工作，组成城市道路应急抢险队伍，全员上岗，以雨情为命令，采取措施巡视抢险，防止路面积水，最大程度确保群众安全畅通出行。做好雨污分流管道清淤保畅工作，改善雨污水管道的输水能力，安排专人定期对排水设施进行检查，加强日常对排水设施的维修维护。

【扫黑除恶】 每月召开扫黑除恶专题会议，研究扫黑除恶专项斗争发展方向，组织全体干部职工进行教育学习，深入研究上级下达的文件指示精神。该局在分包的公园、便民市场等区域，通过标语、电子显示屏、展示牌等宣传载体，宣传扫黑除恶知识，广泛宣传发动。

开展十大行业领域专项整治，该局针对负责的市政工程领域涉黑涉恶七类问题，严格落实，在建工地建设、施工、监理单位积极展开自查，对发现的涉黑、涉恶、涉乱问题及时报送。

【安全生产工作】 市政工程项目专班成立后，严格按照相关安全生产工作要求，完成各市政项目施工过程中隐患排查及督促整改工作；加强对各项目专职安全员的业务培训，包括各项安全生产制度培训、施工过程中燃气管道处置安全培训、有限空间作业和消防安全培训及演练；每周对各项目现场进行安全生产检查，立查立改，并在每周工作例会中做出总结，就出现的问题举一反三，杜绝类似问题发生；建立各项应急机制，在大风、雨雪等恶劣天气时，做好事前安全防护工作及事后抢险工作。同时积极响应上级有关防汛、抗大灾的会议精神，修订完善 2020 年排水防汛方案。

【垃圾分类】 按照《衡水市生活垃圾分类工作实施方案》，制定桃城区 1+6 工作方案，即以《桃城区生活垃圾分类工作实施方案》为主导，按照《桃城区生活垃圾分类技术导则》，制定机关、学校、医疗机构、市场、公园、生活小区工作方案，为桃城区生活垃圾分类工作做好制度保障。

对城区范围内主要涉及的 59 个机关、3 家医院、41 所中小学校和中华大街街道辖区内 329 个生活小区（示范片区）进行全面摸底调查，制定《桃城区垃圾分类项目试点工作方案》，选定桃城区委、区政府、衡水市第四中学、滏阳市场等 12 个试点单位先行开展示范工作，试点涵盖机关、学校、医疗机构、市场、公园、生活小区。

全区公共机构及中华办示范片区全面启动生活垃圾分类工作，共投放生活垃圾分类收集容器 306 组，宣传手册 10000 册，可移动宣传架 14 个，宣传牌匾 23 块。22 台智能垃圾分类箱全部投放至垃圾分类示范小区内。

【概况】 2020年，衡水市生态环境局桃城区分局在市局和区委、区政府的坚强领导下，学习贯彻习近平生态文明思想，以开展“不忘初心、牢记使命”主题教育为契机，紧密围绕全年工作目标，立足根本，周密安排，上下联动，强化督导，各项重点工作扎实推进。

【空气质量】 2020年市定桃城区$PM_{2.5}$浓度目标为54微克/立方米，达标天数目标为206天。2020年全年桃城区$PM_{2.5}$浓度为52微克/立方米，在全市与枣强县、武强县和高新区并列第5名，较上年同期下降5.5%；达标天数为239天，全市排名第3名，完成市定两项考核目标。

【大气污染防治】 深化生物质、燃油锅炉综合整治。完成辖区17台生物质锅炉、3台醇基燃料锅炉深度治理工作，同时帮助各企业和单位整理锅炉补助资金申请材料。

加油站油气回收在线监控安装情况。辖区共有加油站37家，全部完成油气回收在线监测装置安装工作。同时，对37家站点油气回收系统的密闭性、液阻、气液比开展监督性监测，检查覆盖率达到100%。

涉VOCs重点企业深度治理。完成5家涉及VOCs重点企业深度治理工作。

双随机执法检查。制定《衡水市生态环境局桃城区分局双随机工作方案》《2020年度双随机抽查工作计划》《衡水市生态环境局桃城区分局“双随机、一公开”监管内部联合抽查机制》，对全区重点排污单位进行动态调整，做到与名录一致。

网格化环境监管。沟通各乡镇重新填报网格化监管人员明细表，成立桃城区网格化环境监管领导小组，制定《衡水市桃城区网格化环境监管工作实施方案》《衡水市桃城区网格化环境监管管理与评估考核办法》《桃城区网格化环境监管体系联席会议制度》等方案。

秸秆禁烧。桃城区2020年确认火点35起，累计行政处罚露天焚烧35人，累计行政处罚金额2.2128万元，其中邓庄镇确认火点9起，罚款金额4680元，河沿镇确认火点16起，罚款金额11178元，赵圈镇确认火点10起，罚款金额6270元。辖区8个乡镇街道共出动各类机械600台次，人工3600余人次，清理各类杂草、垃圾约240多吨。扣缴惩罚性资金1—2月份5万元、6月份2.5万元、10—11月份2.5万元，累计10万元整。

扬尘管控。2020年10月份以来，桃城区根据市大气办要求，成立国控站点精细化管控专班，由专人每天常态化对国控站点周围进行巡查，发现问题及时交办，督促整改。

应对重污染天气。指导并审核企业大气污染源清单系统的填报。开展重点行业企业绩效评级工作。修订《桃城区重污染天气应急响应企业减排措施清单》。完成企业“一厂一策”公示牌更新和企业重污染天气应急响应操作方案备案工作。按照要求启动和终止重污染天气应急响应工作。组织开展工业企业重污染天气应急减排措施核查监管（2019年因重污染天气期间拒不执行重污染天气应急减排措施查封扣押案件4起）。动态调整正面清单企业。配合开展建设一流营商环境相关工作。

开展执法工作。汇总上报执法专项检查30余个、执法情况总结20余次。“散乱污”动态清单及时报送、对2017年至2020年“散乱污”企业进行“回头看”。2020年26家企业进行分表计电设备安装并完成设备安装联网工作，联网证明交于生态分局备案。汇总2020年至2021年秋冬季1、2、3轮大气环境执法帮扶专项行动工作情况、情况说明报告、未处罚说明、立案处罚情况等报至区大气办，2020年年底问题全部整改完毕。

应对突发环境事件。2020年共有48家企业进行突发环境事件预案备案，2020年未发生一般及以上突发环境事件。2020年12月22日于河北美利达股份有限公司开展突发环境应急演练。按市局应急中心要求，报送2020年度环境应急管理工作调度表，同时制定《桃城区生态环境分局安全生产工作管理制度》以及《桃城区生态环境分局突发环境事件应急响应制度》，更新制定《衡水市桃城区突发环境事件应急预案》。

强化移动源污染防治、非道路移动机械环境管理。圆满完成路检路查及入户调查任务。2020年联合交警和交通部门累计开展路检路查共计55次，检查车辆5260辆，排查出尾气检测超标车辆129辆，累计处罚金额25800元。开展入户抽查工作累计出动执法人员51人次，检查各类重型柴油车566辆。在全市13个县（市、区）排名第二。出色完成非道路移动机械使用管控工作。2020年分局编码备案非道路移动机械共计566台，并向其发放环保标识、环保号牌和环保信息采集表；共计抽检非道路移动机械124辆，其中尾气检测不合格车辆9辆，处罚金额45000元；尾气净化装置未使用1辆，处罚5000元；禁高区内使用高排放的非道路移动机械处罚50000元，罚款金额共计100000元。在全市13个县（市、区）排名第二。完成849辆国Ⅳ、国Ⅴ中、重型柴油车车载诊断数据远程在线监控联网，实时监控车辆行驶路线与排放状况。

【水污染治理】 2020年1—12月份，5处考核断面共达标56次，断流2次，超标1次，因去年同期断流从该月考核断面总数中剔除1次，平均达标率94.92%。

加强地表水考核断面工作。桃城区共涉及考核断面5处，分别为滏阳河北外环路桥断面、滏阳新河侯店桥断面、滏阳新河周通小桥断面、滏东排河010乡道桥断面、滏东排河顺河庄村桥断面。该局以地表水考核断面水质达标为重点，通过强化对涉水企业执法检查促进工业企业达标排放、开展入河排污口排查整治及沿河农村污水治理等方式，多措并举，积极改善水环境质量。

强化对涉水工业企业污水达标排放监管力度。该局积极落实水污染防治工作要求，持续强化对涉水工业企业污水处理设施运行及排放情况监管，增加巡查频次及执法力度，严厉查处环境违法行为，确保污水处理设施稳定达标运行。2020年，12家涉水工业企业和1家污水处理厂均达标排放。

饮用水水源保护工作。桃城区管辖范围内仅有乡镇级饮用水水源地3处，水质稳定达到Ⅲ类标准，达标率100%。3处水源保护区获省政府批复，保护区内无违规项目。同时，该局按季度对水源进行监测，加强饮用水全过程监管，持续保障群众饮水安全。

入河排污口排查整治工作。9月底完成市水资源治理领导小组办公室下达桃城区的58个排水口的核查整治工作，非法排污口封堵取缔，雨水排放口无污水排放。12月5日，该局邀请市局水科科长张辉，对赵圈污水处理厂、郎子桥地表水厂入河排污口设置工作进行现场指导，督促加快完成入河排污口规范化建设。12月6日，抽调精干力量30余人，分6个组包段包片，由该局班子成员带队，对滏阳河自冀州区衡尚营村入境处至市区南外环沿线入河排污口进行全方位彻底排查。共发现入河排污口10处，河岸垃圾乱堆乱放6处，排查过后将排查结果向河沿镇政府做通报，要求其在规定时限内完成问题整改。

【土壤污染治理】 建设用地风险管控工作。2020年，该局共在全国污染地块系统中录入疑似污染地块和土地用途改变为住宅、公共管理或公共服务用地的地块共计15个，其中14个完成土壤环境状况调查，调查结果未超过筛选值，剩余1个地块完成报告编制和专家评审，正在修改。

土壤环境监督性监测工作。按照上级工作要求，2020年，该局委托第三方监测机构对桃城高新技术产业开发区和园区内1家土壤重点监管企业开展土壤环境监督性监测并编制土壤环境状况调查报告，2020年土壤环境质量状况报告通过专家评审并按专家意见完成修改，递交市局备案，土壤及地下水均未超过筛选值。

土壤重点监管企业自行监测工作。按照上级要求，该局组织5家2019年土壤污染重点监管单位和1家2020年新增的土壤污染重点监管单位开展土壤环境自行监测任务，全区6家土壤重点监管企业全部完成土壤环境自行监测工作，相关数据完成修改并上报。

完成农村生活污水治理管控工作。该局制定《衡水市桃城区2020年度农村生活污水治理实施方案》，按照方案要求，对29个村庄进行污水改厕一体化治理，对4个村庄通过建设管网化粪池进行生活污水治理，完成33个村的生活污水治理任务；向41个村庄发放文明公约、安装警示牌，完成生活污水管控任务。

危废企业管理情况。辖区内现共有危废经营单位1家，产废企业203家。正常161家，冻结42家。该局严格按照要求对辖区内涉及危险废物监管单位进行登记造册，并录入固废平台。要求产废单位使用规范化的危险废物台账，按照危险废物特性分类分区贮存，转移危险废物，严格执行危险废物转移联单制度，并配备相应的污染防治设施设备。2020年，共开展过3次危险废物专项检查，累计出动执法人员654人次，发现问题25个，均整改完成。

【环评审批及排污许可核发】 2020年，按照《2020排污许可工作方案》要求，该局完成所有企业的排污许可证核发工作，辖区内排污许可证登记管理类673家，发证类企业107家，全部完成登记及发证工作。

2020年，该局共审批环境影响评价文件23个，《建设项目环境影响登记表》备案370个，出具建设项目固废竣工验收意见10个。按照《衡水市生态环境局、衡水市行政审批局关于进一步做好行政许可划转工作的通知》文件要求，该局行政许可事项于2020年4月30日划转至行政审批局，并多次开展帮扶工作，实现环评文件审批“无缝衔接”。疫情防控期间，按照衡水市生态环境局印发的《关于转发进一步强化重点项目环评审批服务措施和进一步做好环评审批正面清单落实工作的通知》要求，推进实施环评审批正面清单，落实推进豁免登记一批、告知承诺一批、优化服务一批工作。2020年，豁免5个登记备案类项目，各业主单位对“豁免审批”给予高度评价。

【环境执法监管】 强化日常执法。对重点行业企业日常监管中，全面落实“双随机”环境监管机制，开展污染源日常监管“双随机”抽查工作。2020年，检查150家，完成全年任务，其中一般排污单位95家，重点排污单位52家，特殊排污单位3家。对涉水、涉气重点排污单位全部在线联网，对在线监测数据超标（异常）企业进行严肃查处。使用移动执法App，在执法名录库中，6名执法人员全年检查企业并录入执法App的有1872家，人均录入312条。

开展专项行动。积极参与省、市级的执法专项行动中各地执法检查，并自发开展重污染天气专项检查、“利剑斩霾”专项行动、VOCs

企业专项执法检查工作；对省、市交办的问题全部整改完成。

实施行政处罚。2020年，该局共处罚案卷46件，处罚金额共计45.4718万元。适用四个配套办法的案卷共4个，其中查封扣押4件。

整改交办工作。该局针对所有上级交办的环境执法问题均开展执法稽查“回头看”工作，确保交办问题全部整改到位；另外，该局积极参与执法大练兵工作，确保行政处罚案件的质量。对部、省、市交办的督查问题全部在时限要求内完成整改，并经该局执法人员后督察，均整改到位。

环境信访处理情况。2020年以来，该局收到各类投诉举报1380起，各类投诉举报案件均按期办结。该局受理各类生态环境信访举报案件中：生态环境部交办2起，省厅交办4起，阳光理政平台交办33起，12369环保热线交办349起，12345市长公开电话交办896起，微信举报89起，局长信箱举报1起，领导交办案件6起，均按期办结并答复举报人。

【创新工作举措】 多措并举应对重污染天气。高压执法检查。制定《重污染天气应急响应实施方案》，分局领导带队，对桃城区环保系统全体人员进行分组，开展24小时不间断巡查，特别是在清晨、中午、傍晚、半夜等重点敏感时段进行重点检查。

进行宣传提醒。每次重污染天气预警启动前，通过微信公众号、微信群、电话通知、书面通知等方式及时通知企业，并向其发放“重污染天气应急响应期间禁止使用此设备”温馨提示“封条”，由企业自愿粘贴在需要减排或停限产的关键设备上，确保企业按预案落实好应急减排工作。

坚持人防与技防相结合。利用分表记电平台、无人机等，对企业停限产、秸秆焚烧、散煤复燃等进行24小时动态监控，提高监管效率。另外，开展综合智能监管试点平台，将分表计电、VOCs超标报警、视频监控等在线监测系统融合一体，实现“一台多控”监管效果。

做好散煤复燃监管。组织各乡镇办环保所召开预防散煤复燃工作部署会，传达关于做好散煤复燃管控工作的会议精神，加大禁止散煤复燃宣传力度，悬挂宣传条幅，张贴宣传标语，印发《关于桃城区散煤复燃的一封信》；联系第三方公司，对原有秸秆禁烧视频监控平台增设二次分析服务器，安装散煤“冒烟”识别分析软件，提升平台监控能力。利用现有的一台无人机设备，积极配合各乡镇办开展散煤复燃排查工作，同时要求各级网格员按照巡查工作按时按量完成，建立通报制度，对未完成巡查任务及知情不报的网格员进行通报。

财税金融

财　政

【概况】　2020年，桃城区财政局坚持稳中求进工作总基调，统筹疫情防控和经济社会发展，按照高质量发展的要求，努力挖潜增收，深入落实减税降费，牢固树立“让政府过紧日子，让老百姓过好日子”的思想，坚持六稳原则，落实“六保”任务，坚守“三保”底线，全力以赴控疫情、促发展、惠民生、防风险、保稳定，全区财政运行基本稳定。

全区一般公共预算收入完成140993万元，支出完成281943万元，在严峻的收入形势下，全年支出同比增长4.6%，特别是民生支出同比增长7.98%；全区政府性基金收入完成127535万元，支出完成214690万元；社保基金收入完成181988万元，支出完成184516万元。实现困难局面下的财政平稳运行，真正做到“让政府过紧日子，让老百姓过好日子”。

【强化收支管理】　全区财税系统干部职工面对减税降费、疫情防控和经济下行造成的收入压力，勇于担当，主动作为，认真落实相关财政政策，积极组织收入，确保应收尽收；全面落实过紧日子要求，大力压减非急需非刚性支出，优化支出结构，创新支出方式，加快支出进度，努力保工资、保运转、保基本民生，财政保障能力持续增强。

全力以赴抓收入。不断完善征管举措，加强对重点行业、重点企业、重点建设项目进度的监测分析和收入稽查，保证税收及时足额征收入库，开源挖潜弥补减收，有针对性地加大征管力度，堵塞跑冒滴漏，严格落实减税降费政策，做到应收尽收，应减尽减；开拓创新、勇于担当，在全省县（市、区）中第一个开展银行债券质押方式资金增值运作，全年累计增加利息收益946万元，确保财政资金的保值增值。

积极争取上级资金。谋划争取专项债券项目资金6亿元，首次争取一般债券8000万元，实现桃城区一般债券零的突破，争取中央和省直达抗疫资金、特殊转移资金2.46亿元，争取省级农业转移人口市民化奖励资金5990万元，市级清洁取暖资金1500万元，有力弥补“减税降费”政策落实和新冠疫情造成的收入不足，确保疫情防控、助企纾困、困难群众救助资金需求，缓解企业经营压力，维持就业稳定，极大地保障桃城区重大（重点）项目建设和重点民生工程的资金需求，维护全区经济社会的良好发展。

多措并举保支出。强化项目支出管理，精确掌握项目进展，加快资金拨付；积极建议区政府并协调职能部门加密督导检查，开展定期通报，强力督促预算单位落实好预算执行的主体责任，加快财政资金支出进度；健全激励约束机制，加大盘活财政存量资金力度，对确难支出的资金及时收回统筹使用，实现财政资金的提质增效。

【加大民生投入】　努力压一般、保重点投入，不断优化支出结构，科学合理调度资金，全力保障疫情防控和“三保”支出，全区民生事业累计投入240105万元，占一般公共预算支出的85.2%，在财政压力极大的情况下民生支出实现同比增长7.98%。

支持疫情防控。积极克服财政短收造成的预算平衡压力，出台《桃城区支持企业复工复产财政支持政策》，多方筹措资金，全年累计拨付抗疫资金3000万元，充分保障防疫物资采购、核酸实验室建设、医疗支出、援鄂医务人员补助发放、防控人员经费等，为战胜新冠疫情提供坚实的物质保障；累计投入5060万元，支持桃城区妇幼保健院和二、四、五院发热门诊救治能力提升和基础设施改造等项目，大幅提升桃城区医疗保障水平；支持企业复工复产，全面落实国家对小微企业的税收优惠政策，加大援企稳岗保就业资金保障，推行减免国有资产经营类用房房租、办理贴息贷款、社保费“减、免、退、抵、缓”等政策，大力支持企业渡难关，全年累计为26家企业减免房租近50万元，办理贴息贷款1200万元，落实社保退费、技能补贴830万元，减轻企业负担，助力复工复产。

支持教育文化事业。全年累计投入66859万元支持学校建设、保障义务教育经费、“两免一补”、生均公用经费等，促进义务教育的均衡发展和质量提升。投资4700万元为中心城区中小学校增容240个教学班，建设装配式教室155个，分流学生1.7万人，取得基本消除“大班额”的突破；投资4400万元新建、改建南门口小学、学苑中学等12所学校；投资1670万元为困难学生免学费、发放助学金和生活补助等；投入资金1150万元落实中等职业教育免学费政策，支持现代职业教育发展；投入资金1280万元落实学校午间营养餐及课后托管工作，规范学生的课余管理，解决学生家长的现实困难；投入资金640万元扩容达标改造城区和农村学校厕所、为17所幼儿园下达建设经费158万元、投入资金326万元落实5个乡镇办农村小学营养改善计划，进一步推进城乡教育的均衡发展。全年累计投入文化体育与传媒事业经费750余万元，其中为图书馆、文化馆免费开放和数字图书馆建设投入资金190余万元，为融媒体建设投入资金125万元，全力支持全民健身工程等建设，促进城乡体育协调发展，为全民文化素养的提升提供坚实的物质保障。

支持社会保障事业。社会保障和就业全年累计投入38153万元，同比增长23.5%；医疗卫生事业全年累计投入36732万元，同比增长21.67%。为居民医保基金补助18900万元，为机关事业单位养老保险补助10800万元，为涉军人员发放生活补助和岗位补贴等4800万元，为城乡居民养老保险基金补助4200万元，为基本公共卫生服务投入资金3400万元，为企业职工养老保险补助2360万元，为困难群众和困难边缘人员拨付医疗救助资金287万元，保障低收入群体的基本生活，杜绝因病致贫现象，保障全区离退休人员养老金按时足额发放。城乡居民养老金发放标准提高到108元，基本公共卫生服务人均补助标准由69元提高到74元，居民医保财政缴费补贴增长到550元，城市低保资金补贴标准由740元/人·月增加至810元/人·月，农村低保由5300元/人·年增加至6000元/人·年，城市特困生活保障标准由970元/人·月增加至1060元/人·月，农村特困人员补贴分别由6900元/人·年增加至7800元/人·年，通过大力投入，社会保障能力和水平全面提升，增强群众的幸福感和获得感。

支持脱贫攻坚。全年累计投入扶贫领域资金4800万元，重点加大就业扶贫、教育扶贫、产业扶贫支持力度，落实城乡低保标准动态调整机制、贫困人口三重医疗保障制度，提高贫困人口的医疗保障水平，解决防贫防返贫机制建设资金需求。完善并用好财政扶贫资金动态监控系统，深入推进光伏扶贫等财政扶贫项目资金绩效管理，严格落实财政扶贫资金监督问责、公示公告、四方联审联签等制度，着力提高财政扶贫资金支出均衡性，实现资金的规范高效使用。

支持城市建设。全年累计投入资金 47000 万元，保障市区重点城建工程的顺利实施，主要支出包括：滏东新城、南华、北沼三个棚户区改造 15600 万元，70 个老旧小区改造 12700 万元，孔颖达、滏东等公园建设 3000 万元，滏东新城道路建设 3000 万元，人民东路、胜利东路等 7 条道路雨污分流 2860 万元，人民路西延改造提升 1000 万元，永兴东路和站北路建设 850 万元，还支持滏东街南延、胜利路拓宽、康宁街、自强街等次干道和小街巷改造提升等项目。全力推进北部产业新城 PPP 项目并正式纳入财政部综合信息服务平台项目管理库。城市基础设施水平大幅提高，市区环境实现更绿更美更便捷。

【支持创新发展】 积极筹措资金，重点保障区委、区政府安排部署的科技创新、产业转型和生态环保工程项目建设的资金需求，推进传统经济转型升级。

支持创新驱动。深入实施创新驱动发展战略，全年投入科技创新发展资金 35000 万元，在极为困难的财政形势下实现同比增长 12.48%，支持科技事业发展和高新技术重大工程、重点项目的建设。主要支出包括：支持中湖数字产业新城建设 28500 万元，科技九条奖励等资金 680 万元，支持双创基地建设 550 万元，支持北航中小型无人机和临近空间飞行器基地项目 5000 万元，支持市县科技创新和科学普及 233 万元，为桃城区吸引高新技术企业投资、支持高新技术企业发展、加快推进科技兴区提供资金保障，全区科技创新呈现出大好局面。

支持乡村振兴。全年累计投入资金 67600 万元，着力支持农业、农村经济发展、农村面貌提升和农业生产基础设施建设。主要支出包括：国际设施园艺产业园 30000 万元，地下水超采综合治理 10400 万元，高标准农田建设 4500 万元，农村公路建设 2000 万元，水利工程建设 3200 万元，耕地地力保护 2050 万元，农村人居环境整治 1210 万元，扶持发展村集体经济项目 250 万元，保障村级组织运转经费 4200 余万元，桃城区顺利入选全国第三批节水型社会建设达标县（区），极大地推进传统农业的转型升级，保障省级乡村振兴示范区建设的快速推进。

支持生态环保。贯彻“绿水青山就是金山银山”的发展理念，积极支持桃城区生态环保事业，全年投入节能环保资金 12100 万元。主要支出包括：既有建筑节能改造 3700 万元，大气污染防治、散乱污和纳污坑塘整治等 2230 万元，气代煤、电代煤等清洁取暖 3167 万元，投入资金 3000 余万元用于 3800 余亩植树造林项目，确保群众温暖过冬，改善桃城区生态环境。

【改革创新】 把高质量财政建设贯穿财政改革全过程，实施更加积极的财政政策，财政治理效能持续提升。

实施预算绩效管理改革。围绕党的十九大提出的“全面实施绩效管理”的部署，认真落实党中央、国务院《关于全面实施预算绩效管理的意见》，基本建成全方位、全过程、全覆盖的预算绩效管理体系。将政府收支预算全面纳入绩效管理，提升部门预算编制精准度，进一步完善预算绩效管理流程，建立健全预算绩效指标和标准体系，将各项改革措施有效融入预算管理相关环节；对绩效运行和支出进度实施“双监控”，围绕科技创新、脱贫攻坚、污染防治、民生保障等重点领域资金开展绩效评价，提高财政资金使用效益。

落实预决算公开。在桃城区人民政府网站首页上开设“财政预决算公开”专栏，对所有预算单位的预、决算全部通过部门门户网站和区级网站进行及时和长期公开，保障人大和公众对财政资金支出的知情权，强化对财政资金支出的监督，打造真正意义上的阳光财政。

1月20日，区财政局召开民主生活会，区委常委、纪委书记刘素云（左三）参加

区财政局　供图

推进财政业务电子化改革。实现财政性资金全部通过财政一体化网络平台下达资金支付额度，国库集中支付电子化全面普及，公务卡结算全面落实，差旅费电子凭证网上报销管理改革持续深化，财政电子票据改革实现全覆盖；会计集中核算信息化全面普及，核算系统使用率达到全市最高，最大限度地减轻财务人员的工作压力，提高核算的规范性和工作效率。

开展政府采购“放管服”改革。全年通过政府采购系统完成采购10139万元，政府采购行为进一步公开、透明和阳光规范；全力推进贫困地区农副产品采购“832平台”的推广应用，开通采购交易人账号93个，完成交易额21万元，有力扶持贫困地区产业发展，助力脱贫攻坚。

加强财政监督监管。按全省财政系统统一部署开展内控制度建设，组织全区会计信息质量检查、代理记账机构审批年检和扶贫领域财政专项资金检查，开展2019年度部门管理和使用的专项资金以及项目支出资金绩效评价，进一步推进财政资金配置、使用效益，提升政府公共服务管理水平。加强财政投资项目评审工作，结合新的财政形势需要，研究修订《桃城区财政投资项目评审管理考核办法》，全年完成项目评审104个，送审金额50392万元，审减金额5276万元，审减率达到10.5%，实现财政资金的节支增效。

防范化解政府债务风险。强化风险意识和底线思维，进一步完善“举债有度、偿债有方、管理有序、防控有力”的债务管理体系，对桃城区2017年以来的政府债务情况进行全面梳理，深入排查债务风险隐患，严格落实隐性债务年度化解目标，压实部门责任，加强政府隐性债务风险防控，将政府债券还本付息足额列入年度预算，最大限度化解存量债务，全年完成隐性债务化解任务27101万元，维护全区经济安全和社会稳定。

税　务

【概况】　2020年，面对新冠肺炎疫情影响的复杂严峻经济形势和繁重的税收改革发展任务，区税务局上下全面贯彻落实市局和区委、区政府各项工作部署，齐心协力，克难奋进，统筹推进疫情防控和经济社会发展，做出积极贡献，荣获2020年市级绩效管理先进单位荣誉称号。

【“减”“收”结合】　受疫情、减税降费政策、经济下行等不利因素影响，组织收入工作遇到前所未有的挑战，该局党委坚持原则、勇于担当，采取“减”“收”结合措施，税收主业打开新局面，交出一份服务桃城经济发展的满意答卷。

提升减税降费效能。严格落实减税降费工作责任制，坚决扛牢落实支持疫情防控税收优惠政策的政治责任，开展网络课堂培训，点对点、面对面开展政策辅导和问需问诊，真正做到减税降费“实打实、硬碰硬”，累计减税降费36.09亿元。

提升税费收入质量。严格落实组织收入原则，依法规范征缴税费；强化税源管理，紧盯辖区内重点企业生产经营和重点项目建设进度，确保税款及时足额入库。

3月4日，区委书记郝卫东（右二）就组织收入工作到税务局调研　　区税务局　供图

精准检查，提升风险防控水平。开展税收风险核查、增值税发票检查等专项检查活动，在有效防范化解风险的同时，达到堵漏增收的效果。2020年，该局累计完成各项收入63亿元，其中税收收入40.24亿元，社会保险基金收入21.45亿元，非税收入1.21亿元，其他收入959万元。

【“点”“面”共管】 围绕组织收入中心工作，进一步规范税收执法行为，不断提升执法能力和法治水平，法治税务有新突破。

强化组织领导。坚持一把手负总责，做好统筹协调和督促落实，充分发挥全面依法行政工作领导小组、内控工作领导小组以及税务行政复议委员会等机构职能作用，有效解决依法治税工作中存在的各种问题。

利用内控平台监控疑点数据。加强执法监督，建立健全常态化的责任追究机制，对内控平台推送的疑点数据进行核查反馈，累计责任追究3人次。

提高征管数据质量。加强业务培训，认真落实税收征管操作规范，配合省、市局做好税收征管质量5C监控评价体系的试运行工作，先后提取明细数据5万余条，验证6类145项5C指标口径，向省、市局提交修改建议11条，总局对该局建议有针对性反馈2条。

【“管”“服”并重】 紧紧围绕市局和区委区政府关于“放管服”改革各项决策部署，坚持“管”“服”并进，助力税收营商环境持续不断优化。

精抓细管，助力复工复产。依托大数据、信息共享、部门协作等方式，开展发票信息精准分析，撰写《关于利用发票数据对桃城区疫情期间企业复工复产情况分析的报告》等8篇，为上级决策部署提供参考，得到区委、区政府领导6人次肯定批示。

紧扣需求，实施精准服务。推行“非接触式”办税，梳理185个涉税缴费事项网上办理清单，落实便民办税缴费20条新举措，全面畅通电子税务局、手机App、微信等网络办税缴费通道，印制《增值税发票领用明白纸》，进一步简化流程，缩短审批时限。

整合资源，提升办税效能。对标学习烟台市、唐山市等先进经验，对办税服务厅进行改造升级，构建“主+辅”蛛网智慧办税厅，配置各类型的自助终端40余台，方便纳税人就近办税。落实“一窗式”服务、限时办结、“最多跑一次”等服务制度，及时办结投诉事项，提高服务质效。

【“管”“爱”相辅】 认真落实困难慰问、大病救助、健康体检等制度，严管善待、关心关爱干部职工，不断激发队伍活力，凝聚干事创业的正能量。

认真落实职级并行政策。吃透文件精神，厘清队伍现状，设计最优方案，开展多轮次的政策解释和谈心谈话工作，通过思想引导、情绪纾解、激励教育，让干部职工对个人进退得失有正确理性的认识，以良好的心态面对工作和生活。

持续强化“岗位大练兵、业务大比武”活动。制定练兵比武活动方案，采用网络测试和试卷测试相结合的方式，开展征管规范测试、廉政测试、纳税服务规范测试、党务知识练兵测试等活动，累计组织20余人参加信息安全、企业所得税、出口退税、兼职教师等岗位业务比武展示，有4位优秀选手被市局选拔为岗位能手。

金融监管

【概况】 2020年，区地方金融监督管理局在区委、区政府领导下，认真开展各项工作，积极应对疫情防控，着力增加金融供给，全力支持企业复工复产，主动适应新情况解决新问题。

【支持实体经济发展】 开展“政府陪行长走企业”活动。协调银行等金融机构用足用好金融政策。3月区政府主要领导、主管领导陪同中农工建等金融机构主要负责人或主管负责人走访桃城区新光新材料科技有限公司、美利达颜料工业有限公司等11家重点企业，并当场解决企业在融资过程中遇到的困难。2020年度开展系列全区“政府陪行长走企业”活动，辖区内15家金融机构共为256家企业提供贷款约43.25亿元。

开展银企对接活动。4月在“双创双服”基地召开区银企对接会，参会企业60余家，把银行的优惠政策送到企业手中，起到良好的效果。5月与农行胜利支行合作，开展普惠金融助力桃城农村经济发展，到河沿镇贾家庄、西康村，开展“信e贷、两委贷、惠农便捷贷、惠农e贷”业务，走访农户和村镇农业龙头企业，共评定信用村6个，评定信用户35户，授信79万元。9月召开桃城区金融支持实体经济发展工作会，10家银行和50家中小微企业参加会议，现场了解企业困难诉求并解决困难。建行桃城支行围绕“党建+信用+金融”扶贫，向农户提供专属信用额度，以“裕农快贷”“集体云贷”等多种产品形成农业专属信贷产品体系，共为桃城区14户农户投放195万元纯用贷款，利用“民工惠”产品为18家小微企业发放1.5亿元贷款，用于支付5400余名农民工工资。

开展专项对接，支持中小微企业发展。3月陪同建行为60余户小微企业上门推介无抵押、无担保额度信用产品。为牧源养殖、浅休服饰、酷祥贸易、润冬管道、鸿昊、华旭酒店等约20家企业协调信用贷款5000万元。

精准帮扶，精准施策，有针对性地解决企业融资困难。4月由副区长夏奎来带队，组织区金融监督局、衡水众鑫工程橡塑、衡水金徽水利公司到建行就尽快解决该企业账户及个人卡解封问题进行商洽，银企达成共识。了解到桃城区山枝保健公司急需贷款而信用问题遇到瓶颈，5月份，与农行多次上门对接，最后经过多方努力为该企业解决贷款200万元，解决该企业收购麦苗的资金，帮助企业渡过难关。

用足用好政府应急转贷基金，集中培育和扶持中小微科技企业发展。2020年与衡水银行、衡水农商行、邢台银行合作累计为18家企业办理应急转贷基金5.2亿元，解决部分企业融资困难。

【推进科技型中小企业挂牌融资】 精心筛选，精准对接帮扶。结合桃城实际，实行区级领导包联、地方金融监管局主抓的工作方法，形成政府推动、政策带动、企业行动的良好局面。2020年，全区挂牌上市企业累计达到10家（2家“新三板”、8家省级区域股权市场），企业挂牌上市后备资源库达到10家。达儒环境艺术工程设计（衡水）股份有限公司成功在石交所挂牌。

【严厉打击非法集资、非法金融活动】 建立长效机制，加强制度建设。该局深入开展金融领域扫黑除恶专项斗争，相继开展打击非法集资集中宣传月活动、打击非法集资风险排查整治活动、金融（放贷）行业领域专项整治活动等一系列专项行动，进一步明确各乡（镇）人民政府、街道办事处，区直有关部门处置地方金融机构风险事件的工作职责与分工，建立健全地方金融机构突发风险快速反应机制，有效防范地方金融机构风险，维护全区金融稳定。辖区监管区域实行“网格化”管理，把金融领域扫黑除恶专项斗争贯穿于日常工作中，加强排查工作的有效性、针对性。

金融领域行业治理成效显著。全区开展的大规模打击非法集资非法金融机构专项行动，排查取缔非法金融机构5家。检查各类广告经营者、发布者216家，拆除非法宣传牌匾30余块，通过综合整治净化桃城区的金融环境。对“担保”类公司的专项排查，发现衡水天隆担保有限公司等7家企业未经地方金融监管部门批准开展担保业务，发函给市监分局将7家企业列入经营异常目录。聘请会计师事务所对辖区内7家典当行和2家小额贷款公司进行专项审计，对小额通宝公司下达整改通知，后收回该公司河北小额贷款协会会员单位牌匾。

【扶贫资金贴息】 2020年，累计为11户贫困户贷款39.9万元扶持种植、养殖业，累计支付扶贫贷款贴息约1.55万元。

（王越）

衡水银行简介

【概况】 衡水银行是经原中国银行业监督管理委员会批准在衡水市商业银行基础上更名成立的股份制商业银行，先后经历衡水城市信用联合社、衡水市城市信用社、衡水市商业银行、衡水银行四个发展阶段。截至2020年年末，衡水银行共有分支机构52家，有在岗员工1400余人。

【经营范围】 衡水银行主要经营范围包括：吸收公众存款，发放短期、中期和长期贷款，办理结算业务，办理票据承兑与贴现；代理发行、代理兑付、承销政府债券，发行金融债券，从事同业拆借，代理收付款项，从事银行卡业务；提供保管箱服务；提供信用证服务及担保；经国务院银行业监督管理机构批准的其他业务。

衡水银行始终坚守“服务地方经济、服务中小企业、服务城乡居民”的创立初心，坚持与时俱进，积极适应市场经济动态发展要求，转变经营理念，实施战略转型，提高服务质量，创新金融产品，努力实现由传统型银行向创新型银行转变。

教　　育

【概况】　2020年，全区共有各级各类学校165所，其中：小学50所（区直25所、乡镇20所、教学点5个），初中12所（区直6所、乡镇4所、民办完中1所、民办完小1所），幼儿园106所（区直4所、乡镇14所、民办88所），普通高中6所（区直1所、区管民办5所），职教中心1所，教师进修学校1所，青少年学生校外活动中心1所。共有在校学生116585人，其中小学54512人，初中33460人，普通高中24398人，职高4215人，幼儿园14287人。全区共有在编教师4209人（不含民办、青少年活动中心），其中幼儿教师138人，小学教师2138人，初中教师1291人，高中教师346人，职教中心教师226人，进修学校教师70人；青少年活动中心9人。

【基础设施建设】　2020年，全区学前教育、义务教育建设6所学校，项目总投资约1.7亿元，建筑面积70480平方米。新建学苑小学项目投入使用；迁建南门口小学项目开学投入使用。新建第十五中学、新建巨吴渠小学、新建第五幼儿园项目主体及二次结构均完成。扩建东明小学项目施工证办理完成，正在桩基建设。总投资3474.57万元，新建装配式教室141个，全部投入使用。

【立德树人】　认真贯彻落实《新时代爱国主义教育实施纲要》《关于深化新时代学校思想政治理论课改革创新的若干意见》《大中小学劳动教育指导纲要（试行）》。组织开展河北省第四届“迎冬奥”大中小学学生艺术作品征集评选活动，该次活动主要有书法（篆刻）、设计、摄影、征文等内容。开展“新时代好少年”评选活动，评选出新时代好少年28名。在全区中小学校组织开展省级文明校园创建活动和省级绿色学校创建行动。组织全区中小学生参加“辉煌七十年，奋进新时代”全国青少年爱国主义读书教育系列活动和第九届衡水市青少年“阅·知·行”读书活动。在全区中小学开展“学习新思想，做好接班人”主题阅读活动。启动开展“茶文化进校园”活动和生态环境宣传“进校园”活动。启动“关注时事·胸怀天下”暨纪念中国共产党建党100周年中小学生时事知识竞赛活动。组织开展2019—2020学年普通中小学省、市和区级三好学生、优秀学生干部和先进班集体评选活动，涌现出省级三好学生75名、优秀学生干部21名、先进班集体9个。组织开展“燕赵节水行 共筑青春梦”节约用水主题宣传教育活动，建设“节水宣传示范校园”1所、创作“节水作品”50余件、评选出“节水大使”3人。

【队伍建设】　注重师德师风建设。印发《桃城区教育局师德师风提升年实施方案》，通过活动开展促进广大党员干部教师师德师风的转变；出台《桃城区教育局中小学在职教师有偿家教整治实施方案》，加大对教师有偿家教、有偿办班、教育乱收费督查，教育发展环境得到进一步优化；组织开展市级师德标兵评选活动，评选市级师德标兵10人。强化教研培训，举办小学语文学科及新教师入职培训，培训教师293人；组织区级中小学校长培训68人；组织遴选中小学教师参与“国培”629人，“省培”9人；幼儿园教师“国培”50人；组织河北省中小学幼儿园全员远程培训3136人。优化师资配置，公开招聘教师250名，劳务派遣教师51名，使得教师年龄结构进一步优化。

【校园疫情防控】 科学部署疫情防控。研究制订下发《桃城区教育系统新型冠状病毒感染的肺炎疫情防控工作方案》和《桃城区教育系统新型冠状病毒感染的肺炎疫情防控应急预案》，确保疫情防控工作科学有序、高效运行；建立健全健康监测机制。全区各级各类学校建立健全师生员工健康监测机制，实行全区师生员工摸排管控“日报告、零报告”制度。深化健康知识科普宣传。全区各学校通过教育系统“一把手”微信群、学校班级群、学校家长群，观看网络专题讲座、绘制疫情防控知识手抄报等形式，深入开展新冠病毒防控科普宣传。深刻体会家国情怀。在全区中小学生中开展抗击疫情思政教育活动，组织学生利用书信、绘画、手抄报创作以及网络留言、微视频等多种方式，引导学生们在疫情中体认家国情怀，使疫情防控工作成为中小学生爱国、爱党、爱家、爱人的鲜活教材。规范线上教学。各学校结合本校实际制定具体的实施方案，积极向学生及其家长推荐线上教学资源，并跟踪开展线上教学指导，线上教学活动全面展开。做好复学复课审核。局各包联督查组人员深入全区各级各类学校，对照河北省2020年春季开学条件核查验收工作方案规定的14个核查验收项目、24项具体核验内容开展督查核验。复学复课后做好疫情防控常态化管理。加强晨午晚检和因病缺课学生以及重点人群的追踪管理，做好每日的通风消毒，保障充足的防控物资储备，认真做好排查，不断提高突发应急事件的处置能力。

【教育科研】 疫情防控期间停课不停学，组织教师开展线上教学：教研室推荐名师、骨干教师参加衡水市教育局“湖城云课堂”优质课录制，学科教研员指导录课教师备课教学。先后有22名教师、教研员在“湖城云课堂”授课，共授课650节。组织教师参加衡水市教育局“创新教学设计”和“战疫”教育叙事活动。共上报“创新教学设计”19个、“战疫”教育叙事27篇。组织全区教师申报区级“战疫情”专项课题活动，共220个课题立项。开展桃城区2020年中小学学科教学展评活动，全区共有274名教师参与。积极参加衡水市名师工作室建设。全市名师工作室最多。组织开展“一师一优课、一课一名师”活动，择优推荐15名教师参加衡水市“一师一优课、一课一名师”评比活动。申报河北省教育科学规划办课题4项，衡水市教育科学规划办课题14项。申报衡水市基础教育成果11项。

【推进省级文明城区建设】 坚持抓好学校这个主阵地，将全区广大干部师生以及家长作为宣传引导的主要群体，针对学校特点，重点加强对文明常识、文明礼仪、文明行为规范和社会主义核心价值观等具体内容的宣传，达到社会辐射效应。把全面落实立德树人根本任务与创城工作结合起来，继续夯实未成年人思想道德建设，精准对标未成年人思想道德建设测评标准，把爱国主义教育、民族精神教育、诚信教育、法制教育、社会公德教育等内容纳入各科教学和班团队活动中。同时，继续开展“平语进校园”“扣好人生第一粒扣子”“新时代好少年”等主题活动。以文明校园“六个好”为标准，继续加强校园文化建设、提升教育发展质量。对所帮建的5个小区进行全面摸底，对破损的公益广告牌进行更换。深入开展志愿服务活动，营造氛围，扩大知晓率，为桃城区顺利通过省级文明城区验收贡献一份力量。

【基础教育】 加快推进学前教育普及普惠发展。大力实施幼儿园建设工程，新建幼儿园2所：第五幼儿园、谈庄幼儿园。推进小区配套幼儿园专项治理，用于举办公办园或普惠性幼儿园。2020年，30所小区配建幼儿园，有22所完成移交手续，其中18所办成普惠园，1所办成公办园。

义务教育优质均衡发展。大力推进城乡义务教育优质均衡发展，着力解决城区挤和农村弱的状况。开展消除中小学大班额专项行动。按照消除义务教育学校大班额专项规划和年度计划，建立工作台账，制定实施方案，精准施策，全力推进，对存在大班额的学校实行销号管理。加强乡村小规模学校和乡镇寄宿制学校标准化建设，提高乡村薄弱学校管理水平和办学质量。探索实施义务教育学区一体化管理，鼓励集团化办学模式改革，促进县域内义务教育优质均衡发展。

加快普通高中教育改革发展，推进高中阶段教育普及工程。研究制定本区普及高中阶段教育实施方案，加大公办普通高中新建和改扩建力度，优化师资结构，扩大办学规模，提升办学质量。鼓励普通高中办学体制改革。积极探索集团化办学模式改革，由公办学校、公办学校参与举办的民办学校等办学主体组成紧密型或松散型教育发展联合体，由名校作为核心成员校，其他成员校共享核心成员校的教育资源，促进区域教育均衡发展和整体提升。支持十四中加入衡水中学教育集团，实现与衡中深度联合办学。

【职业教育】 桃城区只有一所普通中等职业学校——衡水市职教中心。该学校是一所集普通中专、对口升学、阳光工程培训、职业技能资格鉴定为一体的综合性国办职业技术教育中心，是国家级重点中等职业学校，国家级改革与发展示范校，教育部现代学徒制试点学校，教育部1+X证书制度试点学校，中央电教馆职业院校“数字校园”建设实验校，河北省“120所职业教育质量提升工程”名牌学校，京津冀职业教育联盟常任理事单位，河北省法治示范校。

改善办学条件。2020年改建高配置多媒体教室9个，现建有校内实训基地13个，实训室58个，工位数2500多个。大力推进智慧校园建设，升级大数据分析等功能为一体的八个校园信息化平台，扩容数字化图书馆，电子图书达到88万册，实现校园网无线全覆盖，学校光波接入带宽430M。

优化专业设置。现开设有动漫设计与游戏制作、平面设计、学前教育、数控技术应用等专业16个。平面设计、数控技术应用、学前教育为省级骨干专业，动漫设计与游戏制作专业为省级特色专业；财会电算化、畜牧兽医等6个专业为市级骨干专业。

探索现代学徒制教学模式。2020年，学校“五共一体”校企合作机制形成。学校以校企合作委员会为纽带，打造“一平台、二协会、四集团、六方式”合作框架，形成校企“共建、共育、共管、共评、共赢，学工一体”的运行机制。通过“引企入校、校办企业、园校共建、订单培养、技术服务、顶岗实习”等六种方式，搭建合作平台与企业共建校外实训基地达76个，与学校合作的企业增至110个，联办专业5个，与11家企业联合办学。与8家企业开展订单式培养。

加强教师队伍建设。致力于打造专兼结合的师资队伍，形成以专业带头人为核心，以骨干教师为主线，以“双师型”教师为支撑，专兼结合的“四体合一”的教师队伍。2020年，培养专业带头人30名，骨干教师72名；参与教学的行业企业专家达到85名；双师型教师比例达到90%。学校质量效益不断提升。毕业生初次就业率98%，对口就业率86%，很多毕业生成为企业的骨干或技术能手。

（孙斌）

衡水学院

【概况】 衡水学院创办于1923年，是衡水市唯一一所普通高等教育学校，坐落在衡水市桃城区人民西路，校园占地面积32.1万平方米，校舍建筑面积33.8万平方米，固定资产总值7.6亿元。校园风景优美，环境宜人，荣膺“全国文明单位”“全国部门造林绿化400佳”“河北省爱国卫生先进单位”称号，三次荣获“河北省园林式单位”称号。

衡水学院有15个二级学院，2个公共教学部，54个本科专业，分属文学、理学、工学、教育学、经济学、管理学、艺术学、法学、农学9个学科门类。有全日制在校生1.4万人，函授生达到9000人，生源来自全国除港澳台和西藏之外的30个省、市、自治区。

7月6日，衡水学院新校区风貌

衡水学院办公室　供图

5月19日，衡水学院繁花盛开　　衡水学院办公室　供图

【历史沿革】 学院前身为始建于1923年的直隶第六师范，1948年成立冀南建设学院，1949年改建为河北冀县师范学校，1960年迁至衡水并更名为河北衡水师范学校。1978年经国务院批准，在衡水师范学校的基础上建立衡水师范专科学校。1998年10月，经河北省人民政府批准，衡水师专与衡水教育学院合并，成立新的衡水师范专科学校，并以此为基础筹建衡水学院。2004年5月17日，经教育部批准，衡水师专改建为衡水学院。

【办学条件】 学校有专任教师914名，其中高级职称教师466人，博士硕士学历（学位）教师882名，拥有一批获得国务院特殊津贴专家、全国模范教师、曾宪梓奖获得者、省级突出贡献专家、省级教学名师、省级中青年社科专家、省“三三三”人才、省级优秀教师、省以及市级专业技术拔尖人才等荣誉称号的教师。学校是河北省非物质文化遗产研究基地、哲学社会科学研究基地和河北省董仲舒研究会会长单位，建有省级实验教学示范中心和衡水湖湿地保护研究所等一批科研机构，编辑出版面向国内外发行的《衡水学院学报》。学校教学文化设施齐全，馆藏纸质图书125万册，电子图书633万册，有各类文献数据库供师生免费使用。

【质量立校】 学校是“国家语言文字规范化示范学校”；教务处被命名为“全国普通高校先进教务处”；拥有“中国古代文学史”“外国文学史”“英国文学”等省级精品课程；建有“管理科学与工程”“微生物学”“遗传学”“分析化学”“动画设计”等重点优势学科和重点特色发展学科；本科毕业生考研录取率、大学英语等级考试通过率和非计算机专业计算机一级考试通过率均在全省同类院校名列前茅；学校在河北省历届大运会上屡创佳绩；成功承办全国蹴球邀请赛、河北省民族体育运动会射弩比赛。顺利通过教育部本科教学工作合格评估，生物科学专业通过普通高等学校师范类专业二级省级预评估。

【进步教育】 学校以“守正出新”为校训，坚持让每一位师生都进步，师生共同进步，形成具有丰富内涵的“进步教育”办学理念。注重发掘学生潜能，把社会实践、文学艺术、志愿服务等作为拓展学生素质、促进学生全面发展的重要途径。支持学生参加各种与教学联系紧密的竞赛活动，提高实践能力和创新能力，学生在全国大学生数学建模竞赛、全国大学生职业生涯规划大赛、全国高校大学生艺术展演、全国手风琴展演比赛、中国音乐金钟奖首届合唱比赛、河北省高校网络技能大赛、河北省高校“世纪之星”英语演讲大赛、“挑战杯”河北省大学生课外学术科技作品竞赛中，均有不俗表现，摘取金、银等多种奖项。被命名为“河北省少数民族体育项目训练基地”“河北省桥牌教学基地”“衡水市青少年科技创新教育示范基地”“衡水市体育指导员培训中心”。

【精细化管理】 学校坚持以师生为本，不断提高办学管理水平，荣获“全国文明单位”“河北省文明单位”“全国高等院校后勤工作先进集体”“全国群众体育工作先进单位”“河北省高校学生工作先进单位”“河北省大学生就业指导工作先进单位”、河北省“青年文明号”、河北省高校暑期“三下乡”社会实践活动先进集体、“衡水市治安防范先进学校”“衡水市文保系统安全稳定先进单位”“全国民族团结进步示范学校”等荣誉称号。

科学技术

【概况】 2020年，区科学技术局班子坚持围绕中心、服务大局，全面贯彻创新驱动发展战略，有效为全区经济高质量发展提供科技支撑，取得重大成果。县域科技创新能力在全省排名中由B类跃居A类县（区），填补全市空白；新增国家级、省级科技型中小企业及科技创新平台数量均跃居全市第一，技术合同认定登记总额全市排名第一；下大力在全区推行科技工作站、工业科技特派员机制，典型经验在全省推广。由于工作实绩突出，该局被省科技厅、省人社厅授予“2016—2020年河北省科技管理工作先进集体”荣誉称号；获得“第八届河北省创新创业大赛（衡水赛区）暨第二届衡水市创新创业大赛组织工作先进单位”荣誉称号，开创桃城科技创新工作新局面。

【培育壮大创新主体】 大力实施高新技术企业、科技型中小企业培育计划，着力做好企业入库管理、梯队培育、辅导培训、申报认定、优惠政策落实等环节的精准服务，进一步扩大科技型企业群体规模。2020 年，新增高新技术企业 8 家、科技型中小企业 95 家，新认定国家级高新技术企业 15 家，累计达到 60 家；新认定省级科技型中小企业 149 家，累计达到 743 家，位居全市第一。全区形成以高新技术企业和科技型中小企业为主体的强大创新体系。

8 月 28 日，省工信厅中小企业处王立杰处长（右二）一行到衡水创新创业孵化基地就运营情况进行实地考察评估　　区科技局　供图

【提升科技创新能力】 2020 年任务指标：落实《河北省县域科技创新跃升计划（2019—2025 年）》相关要求，全面推进桃城区县域科技创新能力跃升。为扎实做好此项工作，该局紧紧围绕县域科技创新跃升计划目标任务，牵头制定《2020 年县域科技创新跃升计划项目管理暂行办法》，进行任务分解，明确工作标准、完成时限。2020 年桃城区县域科技创新能力在全省排名中成功跃升到 A 类县区。

【创新平台建设】 2020 年，全区计划建成企业技术中心、技术创新中心、工业设计中心、产业技术研究院、科技企业孵化器、产业技术创新战略联盟、科普示范基地、众创空间等科技创新平台 4 家以上。新增创新平台 4 家，其中包括：新认定市级技术创新中心 2 家、市级产业技术创新战略联盟1家、省级企业技术中心1家。

【围绕疫情防控加大科技创新】 该局机关工作人员多次走访相关科技型企业，送“政策上门”，鼓励企业加大应对疫情防控产品的研发与生产，取得较好效果。鑫考教育为全国各地300所学校、百万名中小学提供的“空中课堂公益行动”教学服务、“小鑫作业平台”以及“智慧云考试”系统，得到广大师生的广泛认可，被科技部认定为“疫情防控支持复工复学先进方案”。威云公司研发的“微云疫情管控大数据平台”被河北省软件与信息服务业协会评为“支撑疫情防控和复工复产复课软件与大数据解决方案优秀产品”。

【加大项目申报力度】 组织精干力量深入企业调研走访，挖掘优秀项目，助力企业对接国家、省、市级科技计划，引导企业加大新技术新产品开发力度，增强企业科技创新能力，助力桃城区企业充分享受到科技优惠政策支持。

【加快科技成果转移转化】 辅助“双创基地”重新启动一站式服务大厅，对“入孵”企业免费提供高端型企业、科技型小企业培育认定、技术合同登记、科技项目申报、科技成果转移转化等相关工作事宜，助力科技成果落地。依托院士工作站、中关村天合衡水科转中心等平台，开展“双创双助”“科技成果直通车”“科技成果项目发布会”等活动，广泛挖掘具有较强产业化前景的国家、省级科技计划和省内外科研人员持有的优秀科技成果，向桃城区科技企业、领军企业、高新园区推介，并跟踪服务，促进科技成果转化。据统计，全年共举办活动7场，包含项目37个，活动覆盖全区高新、科小等企业200余家。

【举办创新创业大赛】 依托千人发展研究院，举办“才聚桃城·科创未来”创新创业大赛，以创新创业大赛为媒，推进创新技术与企业、创业团队与资本、落地项目与园区的对接，孵化落地一批高科技项目，催生一批科技型旗舰企业。该局积极组织力量对晋级决赛项目考核论证，了解参赛项目落户意向。

【开展线上培训】 为有效防控疫情，减少人员接触，更好地服务桃城区科技型企业，该局依托省科技厅专家志愿团队，利用天合科转中心直播平台“网络大讲堂”，开展32场线上科技培训，内容包含科技政策、企业经营策略、企业风险防控、投资技巧、高新企业申报、技术合同认定登记等多类专业知识，线上培训人数累计1200余人次。

【狠抓安全生产工作】 区科技局在区安委会的领导下，认真落实区安全生产工作会议精神，坚持“安全第一、预防为主、综合治理”的方针，牢固树立安全发展理念，广泛深入开展安全生产隐患排查治理活动，做到安全生产思想到位，安全措施到位，责任落实到位，认真、细致、全面开展隐患大排查大整治工作，不漏死角，不走过场，不留盲区，发现问题和隐患，及时上报，第一时间采取措施消除安全生产隐患，确保安全生产各项任务目标的实现。

【提升科技队伍素养】 2020年，该局班子为有效提高全员政治理论及业务素养，坚持三管齐下狠抓教育培训工作。

创新工作机制。坚持从完善和创新学习制度入手，专门研究制定中长期培训计划和具体实施方案，要求每个干部职工都要结合自身实际，制定个人学习计划和目标，建立个人学习档案。实行“一把手”工程，成立以局长为组长的学习领导小组，实行教育培训局长亲自抓，分管领导具体抓，中层干部为骨干，着力构建齐抓共管的组织网络。

开设“讲堂”，以考促学。精心谋划和开设“科技大讲堂”，把每周一上午定为固定学习日，采取“轮流讲、互相学”的形式，由业务骨干轮流担任主讲，每次一个主题，并就重点难点问题进行交流探讨，每季度还组织一次考试，以考促学，检验学习成果，杜绝学习流于形式。

丰富载体，鼓励先进。采取“请进来，走出去”的方式，定期邀请科技方面的专家学者到机关作专题授课，还积极组织业务骨干到省厅、市局进行对口学习，并鼓励大家要把学习和科技工作紧密结合起来，做到在“干中学”、在“学中干”。同时，将个人学习情况作为年终评选先进的重要依据。

文　化

【概况】　1983 年 11 月，县级衡水市政府批准成立衡水市文化局，隶属县级衡水市委、市政府领导，办公地点设在东明路 112 号。1996 年 7 月，地、市合并，衡水市文化局更名为衡水市桃城区文化局。12 月，区体委、区文联并入市文化局，组建桃城区文化体育局，对外保留牌子，办公地点设在新建街 160 号。2003 年 9 月 20 日，桃城区文化体育局经区编制委员会（以下简称区编委）批准更名为桃城区文化体育旅游局。2011 年 7 月 8 日，经区编委批准更名为桃城区文化体育广电新闻出版局（简称文广新局）。2019 年 3 月 28 日，经区编委批准更名为桃城区文化和旅游局。

2020 年，在区委、区政府的正确领导下，区文化和旅游局围绕全区重点工作，着力发展文化和旅游产业，全局干部职工克服困难、解决问题，深入开展文化惠民、旅游改造提升工作。

【实施文化惠民工程】　全民阅读深入推广。按照中央、省、市图书馆免费开放相关要求，区图书馆充分利用免费开放资金不定期维护电子书借阅机，对馆内环境进行优化。在不定期推出网上展厅的同时，加强微信公众号及移动图书馆的维护和更新。公开招标采购纸质图书 6000 余册，依托省、市图书馆在“世界读书日”进行统一的线上活动，并与社会合作进行有奖阅读活动。针对疫情特性，持续做好全民阅读推广工作，图书馆疫情防控期间推送 1000 多条（篇）阅读推荐信息。

文化惠民活动持续开展。结合 2020 年重要时间节点，该局筹办以“奋斗新时代 幸福新桃城”为主题的 2020 年桃城区迎新春晚会、桃城区庆祝新中国成立 70 周年歌咏大会、以“放飞童心 相伴成长”为主题的少儿新年联欢晚会。组织开展“我们的中国梦 文化进万家”“非遗过大年 文化进万家”等系列文化活动 5 场，惠及群众 5000 人次。结合培育和践行社会主义核心价值观主题，创新宣传形式，拓宽宣传领域，开展“道德模范”“身边好人”“美德少年”推荐评选和传统文化节日等活动。在 6 月 13 日文化和自然遗产日期间，组织六个非遗代表性项目参加省、市非遗购物节线上平台活动。举办“非遗周末聚”系列雅集活动，特别是举办的“扇面书画品鉴雅集”，线上线下双线开展，其主题丰富、健康、高雅。以“端午文化 屈原精神”为主题，邀请多位非遗传承人和传统手艺人共同畅谈“端午”，让更多的人了解中华文化魅力和爱国之情。组织“安乐秧歌”传承与发展座谈会、“遇见非遗匠心传承”——我是小小讲解员体验系列活动、衡水首届文化旅游网红直播节、桃城区 2020 第二届声力新星才艺大赛等大型文化活动。深入开展“双创双服”公共文化服务专项工程，全区 8 个乡镇街道文化站、257 村（社区）综合性文化服务中心全部建成，开展“七进”演出 78 场次。针对 2020 年新冠肺炎疫情特性，区文化旅游局文化馆发挥自身职能，组织桃城区文艺工作者以极大的热情创作大批歌曲、曲艺、绘画、书法、摄影、诗歌、戏曲等艺术门类的文艺作品100余件，其中部分作品在省、市官方微信公众号和融媒体展览和刊登。举办“众志成城 抗击疫情 小画家在行动”主题美术作品百米长卷绘画活动，活动共有23所学校和美术教育机构参加，征集作品2000余幅。

【推动文化旅游产业发展】　持续开展旅游帮创工作。继续开展旅游厕所建设管理质量提升专项行动，2020年计划建设的8座旅游厕所全部建成。及时统计文旅企业疫情损失情况，为上级提供决策依据。针对疫情为企纾困解忧，对30家旅行社退还80%的质量保证金272万元。积极帮助文旅企业争取“稳就业促复产”等政策性金融支持专项申报。积极谋划智慧旅游工作，制定桃城智慧文旅平台建设方案。积极推动AAA级旅游景区创建工作，协助通航办完成衡水航空飞行营地AAA级旅游景区质量等级评定工作，帮助衡水湖国际香料小镇、中湖数字产业新城做好AAA级旅游景区创建工作。推出桃城文化之旅、乡村休闲游、特色小镇之旅3条精品旅游线路。

8月23日，站前北路71街区37度文化节文旅、餐饮、休闲夜市

区地方志办公室　供图

逐步推进中国传统建筑凝萃园项目。土地手续获省里批复，项目土地批复公告进行公示。区自然资源和规划分局修改完善规划条件和土地出让方案后通过市司法局预审，进入市自然资源和规划局预审程序。项目分两期立项，项目区，走项目备案；商业区，走项目核

准，项目区完成立项。详细规划修改完成，项目区内高压线迁移完毕，施工道路拓宽，移栽树木 100 多棵，围挡安装完成。

【推进“招商之冬”工作】 组织外出考察 1 次，联系到桃城区考察投资洽谈 2 项（与北京东方祥云文化公司联系洽谈宝云寺改造项目；与长沙中惠旅智慧景区管理服务股份有限公司接洽到桃城区考察旅游发展项目），搜集到桃城区投资线索 4 条。

【文旅市场监管】 为逐步提升全区文化旅游市场经营秩序，确保文化旅游市场平稳安全，文化市场行政执法队采取日常检查与专项检查相结合，加大对文化旅游市场管理力度。共出动执法人员 500 余人次，检查经营单位 200 家次。同时，结合开展扫黑除恶专项行动工作，重点检查歌舞娱乐场所、网吧等聚集性文化场所，深入开展线索摸排及惩恶治乱工作。旅游经营单位和文化公共场所暂停营业，为做好停业期间场所的疫情防控工作，该局下发文化场所防疫指南，并不定时对经营单位开展巡查，杜绝擅自营业现象发生。为确保经营场所停业期间和复工复产后特别是全国“两会”期间生产安全，该局不断加大市场巡查力度，开展打通“生命通道”专项整治工作，制定桃城区文化旅游行业安全生产三年专项整治方案，并牵头联合区市监局桃城分局、消防大队、交通局开展旅游行业隐患排查整治，及时消除隐患。督导所辖网吧、歌厅、景区、星级酒店共 22 家场所，完成安全生产“双控”机制建设工作，并利用微信群等方法通知经营单位开展自查，做好电气线路排查检修，做到及时断电，做好隐患排查工作。其间共出动执法人员 400 余人次，对 70 余家经营单位进行多次反复巡查，确保市场的稳定与安全。

加强黑恶势力线索摸排。根据上级要求，在全区聘请 6 名农村文化市场信息监督员，要求他们在做好文化市场监管工作的同时，肩负起对所在村黑恶势力的线索摸排工作，第一时间发现、第一时间向政法公安部门举报。继续深入推进互联网上网服务行业和娱乐行业转型升级，推动积极健康的文化服务及产品占领意识形态阵地，挤压不良文化的生存空间，清除黑恶势力滋生土壤。鼓励创排演出各类扫黑除恶、反腐、禁毒等题材文艺节目；鼓励将扫黑除恶宣传教育与基层文艺骨干培训、文化下乡、文化进校园等活动有机结合。召开文旅系统扫黑除恶专项斗争专题会议 6 次，系统学习会议 6 次。

文　物

【概况】 桃城区境域内有历史文物多处，省级及省级以上重点文物保护单位有宝云塔、安济桥、孔颖达墓三处。

【重点文物】 宝云塔（原名擎天塔） 坐落在桃城区郑家河沿镇旧城村东，坐北朝南，为八面九层菱形锥体砖木结构、楼阁造型，通高 35 米，塔基周长 25.6 米。塔顶安装葫芦形镇塔宝刹。塔的第一层为双檐，其余各层斗拱雕饰风格各异，无一雷同。全塔采用外沿与内攀相结合之建筑方法。一至五层为穿心式结构，有券门与砖梯相通，每上一层要绕到塔体外一尺多宽的外檐，盘旋至另一个入口，依次上到第五层。第六至九层为空心式结构，内有固定木梯上下贯通可达塔顶。据史料记载，宝云塔始建于唐贞观年间，史上曾多次进行修缮。兼具唐宋代建筑特点，为古建筑精品。2006 年，国务院公布宝云塔为第六批全国重点文物保护单位。2012 年 6 月，宝云塔保护修缮工程经国家文物局批准立项，2013 年竣工。

安济桥 位于胜利东路，横跨滏阳河两岸，为石质七孔连拱桥。桥长 116 米，宽 7.5

米，桥两侧各有60个石柱，上雕形象生动、姿态各异的石狮，每尊石狮下还雕有1~2个幼狮，造型俏皮、栩栩如生，狮下有莲花座。狮柱通高1.62米，宽0.32米。栏板高0.84米，上浮雕卷云纹。桥墩分水口月台用大石块堆砌，桥孔上方雕有龙头。整座石桥浑然一体，雄伟壮观。该桥建于清乾隆三十年（1765年），乾隆皇帝赐名“安济桥”。民国26年（1937年）10月，侵华日军炸毁安济桥中孔，衡水县商会出资搭建木梁衔接断桥。中华人民共和国成立后，1952年和1956年两次修缮断孔处。1982年，衡水地区公路队用钢筋混凝土修复中孔，以水泥铺盖桥面。1993年7月15日，被省政府公布为省级文物保护单位。1996年在桥头安装限流栏杆。2009年，将被掩埋的石桥东孔挖出，申报第七批国家级重点文物保护单位并通过专家评审。2010年完成安济桥的保护维修规划。

【文物保护】　2019年5月，安济桥修缮工程开始施工，2020年年底主体工程基本完成，开始进行附属设施施工。

老白干工业遗产六号工房作为老白干制酒工艺展示的工业遗存，被市政府公布为历史建筑，6月4日由市住建局与区文化旅游局共同为其揭牌。

5月18日，结合“5·18”世界博物馆日宣传活动，发放宣传材料300余册，以图文并茂的形式向市民群众讲解文物保护的相关常识。

区文化旅游局完成省级以上文物保护单位调查确认，完成全区不可移动革命文物名录上报工作及市县级、一般不可移动文物录入工作。

体育 卫健 医保

体 育

【概况】 2020 年，全区人均体育场地面积达到 1.9 平方米，满足了全区广大人民群众的健身需求。现有体育总会、老年体协、农民体协等社会团体组织 18 个，组建业余篮球、足球、羽毛球等队伍 100 多支。

【建立全民健身公共服务体系】 桃城区投入资金 1304.7127 万元，建设衡丰社区健身健康融合中心、河西街道全民健身活动中心、路北中关村 e 谷创业小镇多功能运动场等 7 项全民健身重点工程。为各社区、小区、村升级改造各个健身站点。通过政府购买服务的方式，增加全民健身场所的供给。

【校园体育活动】 全区有 70% 中小学校开展有本校特色的体育活动，如第四中学、和平路小学的射箭、新苑小学的乒乓球、裕华路小学和胜利路小学的冰雪运动等。全区各学校组建轮滑、滑轮、陆地冰壶等冰雪项目运动队。2020 年，在衡水市第二届冰雪运动会中取得青少年组金牌及青少年团体总分排名第一的优异成绩。成功举办桃城区第二届冰雪运动会。

卫生健康

【概况】 2020 年，是卫健系统极为特殊、极不平凡的一年，经历百年不遇的新冠疫情大流行大暴发，全体干部职工全部参与这场与疫魔斗争的生死较量。在区委、区政府的正确领导下，在卫生行政部门的监督指导下，团结带领广大干部职工，坚持疫情防控和正常医疗服务两手抓，应急、发展两不误，团结奋斗、克服困难，付出超常努力，实现大疫之年无大害，保持各项诊疗活动基本正常运转，把疫情影响降到最低限度、最小范围。

【医疗卫生工作】 2020 年，严格落实健康扶贫“先诊疗后付费”政策，全区共确定“先诊疗后付费”定点医疗机构 8 家；2020 年，慢性病示范区创建工作取得阶段性进展，经评估后达到省级慢性病综合防控示范区的标准；为进一步加强桃城区医疗质量管理与控制，提高诊疗水平，2020 年，桃城区新建桃城区呼吸专业医疗质量管理控制中心和药学专业医疗质量管理与控制中心。

【疾病预防工作】 2020 年，共报告传染病病例 4648 例，其中乙类传染病病例 3582 例，丙类传染病病例 553 例，其他传染病病例 312 例。全年为辖区孕产妇提供免费艾梅乙咨询检测 10059 人，免费为 258 例新生儿实施乙肝母婴阻断，无创筛查 5610 人；桃城区全年完成宫颈癌筛查 6201 人。叶酸发放任务数为 4000 人，实际新增叶酸服用人数 4297 人，项目完成率 107.4%，服药依从率 97.25%，超额完成任务。

【乡村医疗体系建设】 为解决村卫生室不足问题，制定《2020 年桃城区村卫生室建设实施方案》，以村委会为建设主体，乡镇人民政府为监督主体，按照由衡水设计院出具的标准化村卫生室建设图纸，高标准建设35个标准化集体产权村卫生室，满足乡村居民需求。

切实推进乡村医生队伍建设，区政府第52次常务会研究通过《桃城区进一步加强乡村医生队伍建设实施方案》《桃城区乡村医生招聘方案》《桃城区乡村医生薪酬和社会保障方案》，按照“招得进、留得住”的原则，在充分走访调研的基础上，采用调配和招录相结合的方式，调配11名、招录23名乡村医生充实到乡村医生队伍，其劳务绩效按照3∶7确定，由卫生院考核后给予落实，平均工资水平约3500元。

【人口和计划生育工作】 2020年，桃城区期末总人口401586人，期初总人口400204人，出生合计1078人。其中一孩471人，二孩570人，均为政策内；多孩37人，其中政策内19人。2020年度符合政策生育率98.33%，出生率2.69‰，自然增长率1.83‰。

2020年，农村部分计生家庭奖励2542人，发放资金244万元；特别扶助316人，发放资金约137万元；农村独生子女父母奖励2329人，发放资金约27.7万元；为农村独生子女98人办理高考加分；中秋、春节为计生特殊家庭发放慰问金、慰问品，约合人民币27万元，免费体检一次。

【新冠肺炎防控工作】 1月23日，桃城区成立新型冠状病毒感染的肺炎（以下简称新冠肺炎）疫情防控工作领导小组，并组建工作专班立即开展办公。根据疫情发展形势，1月24日，启动重大突发公共卫生事件一级响应。1月28日，桃城区新冠肺炎防控工作领导小组升级为桃城区新冠肺炎疫情防控工作指挥部，由区委书记任政委，区长任指挥长，区委副书记为第一副指挥长，常务副区长为常务副指挥长，9名区级相关领导为副指挥长，42个部门单位主要负责人为成员，实现一个班子、一套流程、一抓到底、集中办公的组织架构。各级各部门也按照统一部署，全部成立由“一把手”挂帅的疫情防控领导小组，全力以赴推动疫情防控工作。

对辖区所有确诊病例的密切接触者进行流行病学的调查、分析，采集、运送标本，排查人员流调及核酸检测。截至6月底，共完成2例确诊病人、1例无症状感染者及其密切接触者的流行病学调查及采样工作；共完成标本运送30025人次。

6月份以来，根据上级有关部门的要求，每半月对涉及冷链相关食品的商超、冷库、集贸市场、批发市场等单位进行样品标本采集，共采集运送标本10000余份。

2020年年初，新冠肺炎疫情突如其来，桃城区医务人员不畏危险，逆行而上，先后派出援鄂医疗队员21名，派出支援衡水市三院医疗队员4名，完成任务安全回归。

【城区医院建设】 衡水市第二人民医院成功申报市级科研项目12项，省级科研课题7项。完成市（厅）级科研课题6项，获市（厅）级科技进步三等奖3项；发表论文73篇；2020年11月13日，市二院被省卫健委正式命名为“河北省全科医生转岗培训临床培训基地”；2020年7月，市二院通过“河北省市级宫颈癌、乳腺癌防控技术培训基地”现场评审，专家组给予充分肯定及高度评价。

2020年10月，衡水市第四人民医院获国家卫生健康委财务司2019年全国医疗服务价格和成本检测与研究网络“先进机构”称号；2020年8月，在康宁街西侧租赁医疗综合楼一栋，面积4.1万平方米左右，增加床位500张，全院床位达1300张，有效缓解住院难及楼道加床现象。

衡水市第五人民医院神经内科和儿童康复科为市级重点（发展）学科，成人康复科为“河北省中医重点专科”建设单位，衡水市儿童康复专业医疗质量与控制中心挂靠该院。儿童康复中心多次被评定为国家、省、市残联贫困脑瘫儿童、贫困孤独症儿童、贫困智障儿童康复救助定点机构，“河北省残疾人之家”。2020年，通过二级甲等综合医院评审。

2020年6月4日，国家能源爱心行动“新生儿先天性心脏病免费筛查”项目考核专家组到桃城区妇幼保健院听取汇报，进行工作指导。

【区属医院选介】 衡水市第四人民医院是一家现代化的大型三级综合医院，由衡水解放前的坦然正骨医院演变而来。在抗日救国时期曾做出卓越贡献的刘坦然将祖传的中医正骨技术无私地传给后人。几十载峥嵘岁月，后又经过几代人的不懈努力，建设成为一所以省级重点发展学科骨科为龙头，多科齐头并进的现代化三级国有综合医院。医院集医疗、教学、科研、预防、急救、康复于一体，是承德医学院、河北大学医学部、衡水卫校等院校的教学医院和中国初级卫生保健基金会扶贫定点医院。被省卫健委和省教育厅批准成为承德医学院非隶属附属医院。医院先后被评为百姓放心示范医院、模范爱婴医院、文明服务三星级单位、河北省首批百佳医院、省级住院医师规范化培训基地等。

有正式职工1440人。其中，高级专业技术人员184名，中级专业技术人员329名，硕士研究生85名，博士2名，享受市级特殊津贴拔尖人才1人，省级拔尖人才19人。河北省“三三三人才工程”共6人。医院有一级学

8月，市第四人民医院外景　　市四院　供图

科35个，二级学科45个，三级学科20个。2018年10月，四院北院区2万平方米正式投入使用，正式开启衡水市医、养、康一体化医疗模式。西院区4.1万平方米预计2020年年底将投入使用，届时该院医疗用房面积将达到11万平方米，总床位达到1300余张。西院区将开设儿科特需病房、产科特需病房、儿科重症（PICU）、新生儿重症（NICU）、层流手术室等科室。

四院购进美国GE公司光纤磁共振MR.360.1.5T 64排螺旋CT机、美国柯达750ODR系统、美国柯达CR950系统、GE-SOOMa高频大型X线机、英国GE数字化遥控胃肠机、万东遥控透视X光机、普勒高频c型臂×线机、核磁共振机、德国西门子大型数字减影血管造影机、美国GE公司ViVid7、ViVid4、LOGlQ400、日本阿洛卡公司a10、德国西门子公司ACUSON Antares六台高档进口形超等一系列100万元以上的先进治疗仪器30余台，为疾病的诊疗提供有力的保障。

衡水市肛肠病防治、衡水骨关节病脊柱外科、衡水市心脑血管病防治、衡水呼吸疾病防治、衡水市耳鼻咽喉头颈外科、衡水市尿控研究所等6个研究所落户该院。该院骨科、耳鼻咽喉头颈外科是衡水市医学重点学科，心内科、重症医学科、泌尿外科、妇产科、麻醉科为市级医学重点发展学科。衡水市骨科专业质量管理与控制中心、衡水市产科专业质量管理与控制中心均挂靠该院。

科室设置：在内科设有心血管内科、神经内科、呼吸、消化、内分泌、肾病、老年病等专业科室；骨科有骨创、骨病、脊柱、矫形、关节、手外、小儿骨科；外科设有普外、胸外、脑外、泌尿外科、血管外科；此外还有妇科、产科、儿科、肛肠科、眼科、耳鼻喉科、口腔科、肿瘤科、中医科、精神心理科、按摩理疗等63个行政、临床、医技科室，配备有当今世界领先的空气净化层流手术室，快捷的综合急救系统和CCU、ICU抢救治疗中心。

骨科是四院的龙头科室。创伤、手外、脊柱、关节、小儿骨科等专业不断发展壮大。广泛开展各部位创伤性骨折整复技术、脊柱、关节、显微外科、矫形外科；小儿先天性髋关节脱位手术及腰椎间盘突出；膝关节病变的微创手术。小切髋关节置换技术填补河北省空白。膝关节后交叉韧带断裂是一种难以治疗的损伤，市四院的骨科医生经过研究，采用半肌腱移植替代重建后交叉韧带，收到良好的效果。在小儿先天性髋关节脱位方面，独创髓臼成型新技术，对难度较大的手术如：断肢（指）再植，髋、膝关节置换，脊髓肿痛切除等手术能熟练掌握。四院还发挥中医特长，采用中西医结合的疗法在治疗骨折不愈合、伤口久不愈合、急慢性骨炎等骨科疑难病方面积累丰富的临床经验。

加强京津冀技术合作，相继与省级、国家级知名医院建立长期协作关系，使一些医学前沿技术得到迅猛发展。心脏外科、心脏介入（冠状动脉造影、支架置入、射频消融、先心病封堵）骨科的全髋、全膝关节置换、断指（肢）再植、关节镜、腰椎间盘镜等高难度技术均达到省内、国内领先水平。近年来，获省、市科研成果奖80余项。在省部级、国家级刊物上发表论文700余篇。

2015年该院开始承担住院医师规范化培训任务，设有内科、儿科、急诊科、精神等20个住院医师规范化培训专业基地，建有600平方米的临床技能实训中心，配置各种基本技能训练模具、模型及虚拟专科技能训练器等，可满足执业医师考前培训、住培医师考核及各类培训、考核工作的需要。

医疗保障

【概况】 桃城区医疗保障局紧紧围绕区委、区政府确定的工作中心，坚持以人民群众健康为中心的发展思想，按照“保基本、可持续、解民忧、推改革”的总体要求，统筹兼顾，真抓实干，以“打击欺诈骗保”专项活动为抓手，落实各项医保待遇政策，提升经办服务水平，进一步巩固医疗保障成果。

【医保基金应收尽收】 医疗保障工作事关千家万户，是一项重要的民生工程。在居民医保征缴工作中该局始终坚持未雨绸缪、加强管理。成立专门工作小组，解决以往缴费网点及社区拥挤不堪、群众费时又费力难题，局长任组长，亲自指挥调度，加强与区税务分局的协调配合，举全局之力做好征缴工作。针对不同人群研究制定“三步走”缴费方式：对农村居民，采取由代办员以便携式智能终端收缴为主、微信缴纳为辅的方式；对城镇居民，采取微信缴纳和银行网点缴纳相结合的方式；对在校学生，采取先由医保确认信息再到税务部门申报缴费的方式。2020年全区城乡居民医保总收入28620.18万元，其中各级财政补助收入18771.50万元（中央财政补助10953万元，市、区财政补助7818.50万元）全部拨付到位；缴费收入9198.13万元；利息及其他收入650.55万元。支出合计27276.73万元，基金当期结余1343.45万元，累计结余18397.02万元，实现城乡居民医保全覆盖、保基本、可持续。职工医保征缴方面，2020年全区职工医保参保单位3581家，参保职工6.3万人，比上年同期增加1.4万人。2020年全区职工医疗保险基金总收入为25382.77万元（其中基本医疗保险统筹基金收入13418.24万元，个人账户基金收入10812.85万元，市医保拨回上级补助收入1151.68万元）。基金支出18873.33万元（其中医疗保险待遇支出8632.03万元，生育保险待遇支出2218.95万元；个人账户基金支出8022.35万元）。基金累计结余28193.53万元（上年结余21684.1万元，2020年结余为6509.44万元），其中统筹基金累计结余11305.39万元，个人账户基金累计结余为16888.14万元。

【抗击疫情】 疫情防控工作启动以来，坚持疫情就是命令，防控就是责任，把疫情防控工作作为政治任务，研究制定工作方案，全力做好救治保障，为打赢疫情防控阻击战贡献医保力量。

建立健全疫情救治保障工作机制。成立疫情防控医疗保障工作领导小组，多次召开局党组扩大会议，传达学习习近平总书记重要讲话及省、市、区疫情防控工作文件会议精神，安排部署疫情防控期间医疗保障工作。为给桃城区参保群众提供优质高效的医保服务，该局机关全体干部职工及业务窗口放弃春节假日，坚持“防疫”与“服务”两不误。建立疫情信息报送制度，保持医疗保障系统信息畅通。安排专人对所有在岗人员每天两次体温测量、公共场所消毒、进出人员管控，并做好台账记录。同时对医保服务大厅、各办公室、楼梯、走廊等场所进行全面消毒处理，为全局干部职工配发一次性口罩、手套，各窗口、科室配备洗手液，并在微信工作群定期发布自我防护要点，业务大厅及机关办公区设置废弃口罩垃圾桶，防止二次污染，不断提升干部职工应对疫情的自我防范意识。同时，为加强业务大厅的防控工作，该局推出“一米线”安全线隔离制，提醒群众在大厅办理业务时保持安全距离。

创新服务方式，努力做到“四个办理”“减半征收”。为减少人员聚集，方便群众办事，积极优化办理流程，创新服务方式，努力做到“四个办理”“减半征收”，着力提升疫情防控期间医保经办服务水平。做到“提前办理”，实行医保基金预付制，第一时间向区内定点医疗机构预拨医保基金180万元。落实动态监测和预警分析机制，根据疫情防控需要，适时调整预拨额度，确保医院救治费用充足。做到“线上办理”，实行部分业务“不见面”

办理，将参保缴费、医药机构结算、个人账户查询、信息变更、转诊转院进行“网上办”“电话办”等非接触式线上办理。2020年受理线上服务6057人次，异地转院网上备案达到100%。做到“便民办理”，对门诊特殊疾病参保患者执行“长处方”政策，合理增加单次处方用药量，将一次购药量放宽至最长3个月，减少患者医院往返次数。做到“延期办理”，延期办理职工医疗保险关系接续、手工报销材料受理等业务。延长定点医药机构费用结算报送时限，根据系统上传数据先行结算拨付资金。落实“减半征收”，对职工基本医疗保险单位缴费实行减半征收，2020年共为企业减免2266.73万元，惠及企业1504家。为打赢疫情防控阻击战贡献医保力量。

【打击欺诈骗保】 高度重视医保基金风险管控工作，及时召开会议进行专题学习和研究部署，分析研判当前医保领域存在的基金监管风险，把管好用好医保基金、依法打击欺诈骗保行为、防范化解重大风险作为全年工作的重中之重。

专项宣传。4月，在全区开展以“打击欺诈骗保，维护基金安全”为主题的2020年度打击欺诈骗保集中宣传月活动，制作宣传海报500份、宣传折页3000份、手提袋500个，悬挂宣传横幅标语100条，微信公众号发布欺诈骗保动漫宣传片10条，聘请社会监督员5名，各定点医疗机构签订承诺书152份。同时，在微信公众号和经办大厅公布举报投诉渠道，有效促进医保定点服务机构自律，提升参保群众辨别能力、守法意识，努力营造维护医保基金安全的良好社会氛围。

开展定点医疗机构存量问题专项整治。按照《衡水市关于开展定点医疗机构存量问题专项整治工作的通知》要求，区医保局负责衡水市第二人民医院、衡水市第四人民医院、衡水市第五人民医院、桃城区妇幼保健院、衡水振华安济医院以及9家乡镇卫生院的存量整治工作，共建立问题台账1154项，涉及违规金额166.35万元，全部退回。

开展定点医疗机构自查自纠专项治理工作。14家定点医疗机构参照《河北省医疗保障基金检查问题指南》逐项自查并建立自查自纠专项治理台账，相关问题涉及的医务人员、科室主任、分管院长、医保办主任、主管医保院长和定点医疗机构负责人签字确认。违规项目共计73项，涉及违规资金9.65万元，全部主动退还到医保基金账户。

开展定点医疗机构规范使用医保基金自查自纠工作，退回医保基金4.06万元。

开展规范医疗机构药品采购行为。7月8日，召开药品采购异常通气提醒会，分别对二院、四院、五院、区妇幼、5家乡镇卫生院、12家执业点及5家社区卫生服务站共26家医疗机构部分药品采购异常情况进行当面提醒，涉及的医疗机构对省医保局提取的异常数据逐项进行梳理、解释。该次规范药品整改26家医疗机构，通过降价、替换、暂停等措施预计节约医保基金1830万余元。

开展定点医疗机构慢性病管理专项检查，追回基金0.31万元。

【扶贫救助工作】 聚焦“三落实”“三精准”“三保障”，解决实际问题，脱贫攻坚细化职责任务清单，强化攻坚责任，确保高质量全面完成脱贫攻坚目标任务。挂牌督战工作取得实效。按照《衡水市医疗保障局2020年脱贫攻坚挂牌督战工作实施方案》要求，举一反三、深入排查，全面贯彻落实国家和省、市2020年脱贫攻坚决策部署，确保“三保障”医保扶贫问题全部整改到位、政策精准落实到位。

自3月30日起，抽调专门人员利用一周的时间，对全区所有建档立卡贫困人口开展大排查。通过入户走访，对贫困人口的参保情况、慢病情况、费用报销情况以及对医保政策的了解情况等逐一登记，进一步提升精准扶贫水平。4月22日，组织20名建档立卡贫困人口进行慢性病统一鉴定，对符合条件的11人发放慢性病证（其中，5人新发证，6人增加病种），并及时录入医保待遇系统。由专人负责盯办，全面落实医疗保障扶贫政策，确保政策的稳定性和连续性，切实防止脱贫户因病返贫。

2020年，全区建档立卡贫困人口住院39人次，住院总费用32.65万元，政策内费用28.89万元，补偿金额27.62万元；门诊慢性病报销326人次，门诊政策内费用24.13万元，补偿金额22.42万元。住院和门诊报销比例均达到90%以上。医疗救助解民忧。按照防贫工作要求，每日将医保系统中的报销数据上传至全市防贫预警系统，对发出预警并符合医疗救助条件的人员及时落实救助政策，确保高质量完成脱贫攻坚任务目标。2020年，共支出救助资金136.91万元（其中预警人员47.01万元，非预警人员89.9万元），惠及314人次（其中预警人员99人次，非预警人员215人次），切实防止特困户、低保户因病致贫。

【药品集中带量采购】 桃城区国家第一批、第二批和第三批“4+7”药品集中带量采购、省“两病”带量采购、三明联盟联合带量采购全部按照时间节点及程序落地实施，中选药品保证供应数量和质量，得到社会各界普遍认可。全年集中采购132个中选药品价格平均降幅达65%，涉及桃城区24家定点医疗机构，惠及全区42万参保群众。国家第一批第一个采购周期圆满结束，超额完成228.2%，节约采购资金1800余万元。同时，按照冀医保字〔2019〕56号文件要求，全部取消公立医疗机构医用耗材加成。结合实际，经过数据测算、征求意见、部门会签等程序完成桃城区区乡（镇）基层价格调整工作，并出台《衡水市桃城区公立基层医疗机构取消医用耗材加成专项改革实施方案》，通过调整医疗服务价格、财政补贴和内部消化等方式，确保公立医疗机构良性平稳运行、医保基金可承受、群众整体负担总体不增加。

【医保电子凭证推广】 5月29日，全市医保电子凭证应用启动仪式在桃城区赵圈镇前王家村卫生室举行，标志着该区医保凭证从“卡时代”进入“码时代”，现场解答群众咨询约500人次，发放宣传资料500余份。为倡导广大医保参保者积极激活医保电子凭证，该局认真落实国家、省、市医保局把医保服务与“互联网+”相结合的精神，精心组织，强化宣传，采取“线上线下”齐发力的方式，积极营造推广应用医保电子凭证的浓厚氛围。积极与第三方培训机构联系，于6月、10月先后两次组织全区5个乡镇卫生院、4个执业点和180个村卫生室，对医保电子凭证推广使用进行专门培训，印发宣传资料5000余份。

【门诊慢性病集中鉴定】 5月22日，开展2020年度上半年城镇职工、城乡居民门诊普通慢性病集中鉴定工作，进一步提高全区参保患者的医疗保险待遇水平，减轻参保人员门诊医疗费用负担；组织哈励逊国际和平医院、二院、四院等医院专家成立鉴定小组，经过专家审核，240人符合职工普通慢性病鉴定标准，707人符合居民普通慢性病鉴定标准，全部录入医保系统，确保参保对象及时享受医保待遇。下半年城镇职工、城乡居民门诊普通慢性病集中鉴定工作，组织专家鉴定和统一体检。符合慢性病鉴定标准的人员将于2021年1月1日起享受待遇。

【落实“两病”政策】 确保参保群众享受待遇。严格按照省、市局要求，2020年积极组织工作人员以及“两病”定点医务人员到乡村

5 月 29 日，衡水市医保电子凭证应用推广现场会在桃城区赵圈镇前王家村卫生室举行

区医保局　供图

集市进行现场宣传、免费体检、免费发放宣传品等多种形式进行政策宣传，多次召开专题调度会，及时把“两病”相关政策情况传达到“两病”定点，及时协调各定点医疗机构做好“两病”人员认定。2020 年，桃城区符合条件的“两病”患者共计 28944 人（其中糖尿病 7525 人，高血压 21419 人）及时纳入待遇系统，正常享受待遇。

【加强行风建设】 提升服务水平。健全完善各项内控制度和经办规程。对照省、市 2020 年医保基金监管工作要点和工作要求，从制度建设、岗位职责、操作规范、风险控制、工作流程等方面对原有内控制度进行全面系统地修订、完善和补充，形成《桃城区医保经办机构内控管理制度汇编》，内容覆盖到经办机构所有人员、岗位和科室，贯穿于基金管理全过程，使各项业务行为切实做到有章可循。还进一步完善首问负责、限时办结、一次告知、岗位责任、AB 岗等管理制度，并定期督促落实。

整合服务环节，压缩办理时间。倡议参保人员充分利用网络系统、“衡水医保”手机 App、“湖城医保”微信公众号、服务咨询电话等办理或咨询业务，实现医保事项“马上办、网上办、就近办、一次办”。

开展“提质提效、文明服务”创建活动。4 月份，该局组织全体干部职工召开“提质提效、文明服务”创建竞赛活动动员会，制定《中共衡水市桃城区医疗保障局党组关于开展“提质提效、文明服务”创建竞赛活动实施方案》，成立医保局文明服务工作规范领导小组，“一把手”亲自抓，负总责，各科室、中心具体抓，层层抓落实。各科室、中心将“提质提效、文明服务”创建竞赛活动与本单位的工作同部署、同安排，切实解决窗口的“懒”“慢”“拖”“虚”等作风问题。通过创建竞赛活动，进一步激发职工大局意识，着力实现办事效率高、服务水平优，营造人人都是形象、处处都是文明的良好氛围。

开展文明礼仪培训，切实提升窗口服务水平。利用周末休息时间邀请国家职业技能鉴定高级考评员、高级服务技师开展一次文明礼仪行为规范培训。培训现场，老师主要从工作规范、沟通技巧等方面，通过讲解、案例分析、现场演示等方式，为窗口工作人员上了一堂形象生动的文明礼仪课，并结合工作中的实际案例与参训人员进行现场互动。通过培训，各窗口单位干部职工认识到自己在日常工作生活中，在文明礼仪方面存在的差距和不足，进一步增强对窗口单位文明礼仪服务重要性的认识，提高文明礼仪知识和素养。

开展行政执法培训，努力提升医疗保障监管能力。10 月 25 日，邀请桃城区司法局法律专家对该局所有执法人员就行政执法三项制度、“双随机一公开”、行政执法实务等依法行政专业知识进行培训，进一步加强该局行政执法队伍建设，努力提升医疗保障监管能力。

强化社会监督。动员社会各界积极参与医保基金监管，从“两代表、一委员”、公益志愿者及有一定社会影响力和较强公信力的社会人士中，公开聘任 6 名作为医疗保障社会监督员，负责义务监督、举报欺诈骗保行为，反馈群众意见建议，营造全民关注和自觉维护医疗保障基金安全的深厚氛围。

人力资源和社会保障

【概况】 2020年，区人力资源和社会保障局牢牢把握“民生为本、人才优先、服务发展”的工作主基调，多项民生指标提前超额完成既定任务。1月，根治拖欠农民工工资工作得到副省长张古江和市、区两级政府主要领导批示鼓励，同时省、市根治拖欠农民工工资工作领导小组专门通报表扬。10月，被省人社厅评为“全省人力资源社会保障系统先进集体”。2021年1月，被市人社局评为“2020年度综合工作实绩突出单位”，其中人事人才、社保体系建设、新闻宣传三个单项工作分别被评为“人事人才工作先进单位”“多层次社保体系建设工作先进单位”“新闻宣传工作先进单位”。市人社局还专门发来表扬信，对就业创业工作、社保扩面工作给予充分肯定。

【民生指标】 各项民生指标超额完成全年任务。参保指标：企业养老保险新增参保14130人，工伤保险新增参保12897人，失业保险新增参保23961人，城乡居民养老保险参保人数94870人，参保率达98.93%，各险种参保扩面均超额完成全年任务目标。“减免缓”政策：养老保险减免退费2.22亿元，工伤保险减免退费1932.81万元，失业保险减免退费573.99万元。就业创业：新增就业6681人，提前超额完成全年任务目标；组织开展各类职业技能提升3454人，开展各类创业服务8820余人次，落实公益岗位补贴1028万元。社保扶贫：建档立卡贫困人员74户49名有劳动能力和就业意愿的贫困劳动力全部实现就业。

【就业创业服务】 抓培训提升就业能力。开设专门技能培训咨询、报名服务窗口，由区职教中心驻点办公，便于失业人员报名参训。在全区范围内重新评审选拔11家优质培训机构作为定点，依托人社厅公布的就业技能培训网络平台、第三方视频教学平台，开展“线上+线下”培训活动，累计举办专业培训班42期。

抓招聘挖掘就业岗位。构建“线上线下”多元招聘新模式，先后举办“春风行动”、民营企业招聘周、“2020年桃城网络招聘会”、“金秋招聘月”等主题招聘活动，充分挖掘就业岗位。同时引导67家用人单位在市人才官网注册，实施更大范围的网上“云招聘”。

成功举办创新创业大赛激发创业热情。联合发改局、科技局、扶贫办、团区委、残联等部门筹备举办桃城区2020年创业创新大赛暨第四届“中国创翼”创业创新大赛桃城区选拔赛活动，成功吸引36家单位报名参赛，按照百分制从创新性、社会价值、项目团队、发展现状及前景四个方面对参赛项目进行量化打分，选拔出15家单位纳入区项目储备库，制作项目宣传册，网络直播大赛决赛，15家单位现场进行项目展示向外推介，最终对评选出的一等奖给予1万元奖励、二等奖给予5000元奖励、三等奖给予3000元奖励，当日点击率6万多人次。还将15家单位向市创业大赛积极推送，有5个项目又喜获市级大赛就业组一等奖，创新组二等奖、三等奖。其中，最为突出的90后大学生王斯颐的剪纸项目，获得市、区两级大赛一等奖，该项目不仅在传承创新中把申遗项目产业化，更是实现每年带动吸纳200多人就业的社会效应。为此，将其树为全区创业带动就业的典型进行重点培树和宣传，以提高社会影响力。增强全区大众创业社会氛围和创业热情，更好促进和带动就业。

6月24日，区人社局组织的创业大赛决赛开幕式现场　　区人社局　供图

【人事人才工作】　加大事业单位招聘规模，为事业单位招聘教师251人，为其他事业单位招聘36人，安排大学生见习岗位52名，大学生临时公益性岗位13名。教师招聘为历年招聘人数最多的一次。从岗位设置上还适当向高校毕业生倾斜，实行“先上岗、再考证”阶段性措施。具体组织中，坚持“组织领导到位、宣传发动到位、全程监督到位、疫情防控到位”四个到位，有效保障招聘各环节组织有力，衔接有序，阳光操作，为37个教师岗位招聘251人。并完成非教师类其他事业单位招聘36人。同时以落实“三支一扶”计划和“大学生见习岗位”为契机，与教育、卫生部门及乡镇办联合进行摸底调查，掌握需求情况，按照专业合适、相对集中、便于管理原则，引导和鼓励高校毕业生面向基层就业服务。2020年，招募大学生志愿者8名，安排大学生见习岗位52名，大学生临时公益性岗位13名。

【社会保险工作】　创优社保服务环境。封闭一楼长廊，对社保业务大厅增容扩建，使企业养老、工伤、失业三个社保险种的新开户、申报审核等业务“一厅”受理。同时开设专门的等候服务区，安排专人引导帮办，营造温馨贴心的服务环境。

开通“网上办理”快车道。及时对接省、市社保网络平台，与市局同步开通养老、工伤、失业三险种参保、申报、缴费等网上办理业务。持续精简压缩“线下”办理流程，凡网络信息系统共享数据包含信息，都不再提供纸制证明材料，极大方便群众。特别在疫情前期，针对“已纳税未参保企业”集中办理参保登记业务需求，从6月1日起，在微信公众号增设“网上预约”功能，有效防止人员聚集，明显缩短群众等待时间。全区80%的社保业务实现网上办理，线下业务提供材料项数削减约三分之二，做到应减尽减，做到“群众少跑腿，数据多跑路”。

讲透参保利企优惠政策。通过微信公众号持续推送减税降费优惠政策以及支持企业复工复产达产的利好政策，并深入企业、工地、车间、商业楼宇、居民楼院、创业基地等进行“面对面”座谈宣讲，明确告知受疫情影响经营困难企业及灵活就业人员，可自愿暂缓缴费直至2021年年底，让他们心中有数更有底，吸引更多企业自主参保。

【社保基金风险防控】 健全和完善基金防控监管机制。制定出台《桃城区人力资源和社会保障局关于建立社会保险基金监管机制的意见》和《社会保险协调联动推进工作机制》，形成多股所协调联动工作机制，最大限度地信息同步共享，实时监控。

严格规范日常基金监管。建立跨险种、跨部门数据比对机制，制定《桃城区人力资源和社会保障业务专网安全管理暂行办法》，把信息数据管理存在的风险、信息系统权限管理风险降低到零。

畅通社会监督渠道。畅通区人社局、各社保中心、乡镇街道办劳动保障站三级来人来访、热线电话和信访、网络平台等举报、投诉、反映渠道。2020年以来未发生“重复领取社会保险待遇”“死亡冒领社会保险待遇”等情况，并于6月15日、23日分别顺利通过省、市社保基金风险防控专项检查。

【劳动保障】 开展“阳光执法”，全力保障劳动者权益。树立“仲裁为民”服务意识。在处理劳动纠纷等仲裁案件中，始终做到接待来访群众热情周到态度好，询问案情解释政策耐心细致服务好，裁决宣判有理有据政策法规运用好，切实保障劳动者权益。

全力做好根治拖欠农民工工资工作。开辟争议处理“绿色通道”，对涉及拖欠农民工工资的争议案件优先受理、优先开庭、及时裁决、快速结案。对举报投诉和检查中发现的重大欠薪矛盾隐患、上级督导督办的欠薪案件与信访和行业主管部门实时沟通，建立欠薪线索台账，以小组办公室名义印发通知等红头文件10件，督办函19件，督促责任单位在规定期限内快办快结，做到欠薪案件限时清零。2020年以来，全区16家规模以上企业劳动合同签订率100%，依法受理仲裁劳动争议案件87件，为劳动者挽回损失425万余元；依法处置中湖大道旅游开发项目拖欠工资问题；为366名工人解决拖欠农民工工资1340.7327万元。依托桃城区劳务实名制信息管理平台，督促用人单位签订劳动合同，以“大数据”管理的方式，对在建项目在线、实时督导和监管。

加大城乡居民基本养老保障力度。建立城乡居民养老保险丧葬补助制度，经过与兄弟县区横向交流，结合实地测算数据，起草制定《关于建立城乡居民养老保险待遇领取人员丧葬补助金意见》，有效提升参保待遇，得到城乡居民的一致好评。

【脱贫扶贫工作】 落实全区建档立卡贫困人员符合享受代缴城乡居民养老保险100元政策，实现应保尽保。针对有就业意愿和能力的建档立卡人员采取上门送用工信息、送技能培训、送工作岗位等多形式，帮扶就业。与区扶贫办联合制定《桃城区2020年度扶贫公益岗位开发方案》，联合下发疫情防控期间《关于当前形势下做好就业扶贫工作的通知》，保障就业。精准帮扶的区内西葛村、大葛村、武邑夹河村建档立卡贫困户，全部达到“两不愁，三保障”的要求，实现稳定脱贫。

民　政

【概况】 2020年，区民政局在区委、区政府的正确领导下，坚持以人民为中心的发展理念，围绕年度责任目标任务，突出重点、强化措施，着力保障和改善民生，按时保质保量推进各项工作。

【社会事务管理】 推动社会事务全面协调可持续发展，服务和谐社会建设。

依法依规做好弃婴、孤儿、困境和留守儿童权益保障工作。严格执法、依法办理儿童收养登记，做到登记一例，归档一例，合法登记率100%。做好儿童保障工作。截至2020年12月，保障孤儿和事实无人抚养儿童共64人，至今累计发放孤儿和事实无人抚养儿童基本生活费69.3万元，发放临时价格补贴3.13万元。按照农村留守儿童“合力监护、相伴成长”关爱保护专项行动通知要求，做好摸底排查工作，及时更新农村留守儿童信息台账，建立农村留守儿童基本信息库，做到底数清、情况明。

创新养老机构服务运行机制，推进养老服务体系建设。完成养老机构2020年星级评定工作，有4家申报一星级示范性养老服务机构，经市民政局安排第三方机构评估，全部符合一星级示范性养老机构标准。为经济困难的高龄、失能老人发放养老服务补贴。经评估认定符合条件的经济困难的高龄老人62人，失能、半失能老人144人，共计206人，每人每月按照100元的标准予以补贴，共发放补贴资金16.1万元。对全区养老机构进行备案登记，完成24家民办养老机构、1家社区居家养老服务中心备案登记工作。

双残补助。全年为生活困难和重度残疾人1008人，发放生活补贴199.46万元。

福彩助学。按照省福彩中心2020年度福彩助学活动安排，举办第十八届福彩助学公益活动，对农村和城镇的低保困难家庭17名贫困学生，发放资助金7.9万元，帮助寒门学子圆大学梦。

日间照料中心建设工作列入区政府民生实事。投资141万元，谋划筹建、改扩建5家日间照料中心：河西街道汇鑫社区慈爱之家日间照料中心、路北街道金光社区居家养老服务站、河东街道东湖社区日间照料中心、中华街道衡丰社区日间照料中心、河东街道城东社区日间照料中心。11月底全部投入运营，养老服务体系更加完善。

婚姻登记。全年共办理婚姻登记各项业务6487件。其中，结婚登记2853对，离婚登记1743对，补发婚姻登记证1197对，涉外婚姻登记4对，档案查询690件。婚姻登记率、婚姻登记合格率、婚姻登记档案完好率均达100%。

【社会救助】 充分发挥职能，兜底保障困难群众基本生活。

特困人员供养及城乡最低生活保障标准提标政策落实及时到位。7月，全面完成低保、特困调标工作。现农村低保标准为6000元/年，城市低保标准为810元/月，农村特困人员每年7800元，城市特困人员1060元/月。照料护理补贴，全自理的特困人员90元/月，丧失部分生活自理能力的180元/月，完全丧失生活自理能力的360元/月。农村低保人均补差300元，城市低保人均补差470元。截至2020年年底，桃城区共有城市低保户462户，679人；农村低保户979户，1472人；特困供养人员829人（其中城市特困68人）。全年共发放城乡低保金1181余万元，城乡特困供养金796万余元，有力地保障困难群体的基本生活水平。

临时救助。对因灾、因交通事故等意外事件，家庭成员突发重大疾病等原因，导致基本生活暂时出现严重困难的家庭，或者因生活必需支出突然增加超出家庭承受能力，导致基本生活暂时出现严重困难的最低生活保障家庭，以及遭遇其他特殊困难的家庭，给予临时救助。2020年度共救助84人，发放临时救助金16.38万元。

低收入居民认定。2020年，共为2810户廉租房的辖区居民进行档案整理工作，并对他们进行低收入认定，为准确及时落实困难群体的廉租房进行精准认定。

发放临时价格补贴。落实河北省发展和改革委员会等六部门《关于启动社会救助和保障标准与物价上涨挂钩联动机制的通知》要求，累计为城乡低保户14419户、21136人发放临时价格补贴173.63万元，累计为7798户特困户发放临时价格补贴56.1万元。

【基层政权建设】 扎实推进基层政权工作，促进城乡社区治理创新。

整治农村人居环境。完成河沿、赵圈、邓庄3个镇120多个“任务村”村庄、街、路、巷名牌的悬挂工作，并按照市局的要求做进一步的规范，全部按照要求安装到位。

办理门牌证。2020年共办理过户更换门牌证5600余个。新建小区预售审核2个。为14个新建小区办理楼户牌、门牌证6900余个。

县级行政区域勘界。桃城区牵头完成第四轮行政区域界线联合检查（桃城区—枣强线）。

退役军人事务

【概况】 2020年，区退役军人事务局认真贯彻落实区委、区政府决策部署，围绕建设“经济强区，美丽桃城”目标，不断完善退役军人管理服务机制，全面落实退役军人军属优抚政策，坚持把退役军人服务摆在突出位置，强化对退役军人的管理服务，让军人真正成为全社会尊崇的职业，增强军人军属的荣誉感和获得感。

【发放光荣牌及优待证】 2020年，区退役军人事务局共组织发放退役军人光荣牌19633个。在相关公共服务领域和场所设置规范、醒目的优先优待标识，通过形式多样的方式，大力宣传退役军人优先优待政策，在全区营造优待、尊敬退役军人的良好氛围，在全区各单位工作作风群众满意度测评中获得第六名。

【促进退役军人就业创业】 2020年，区退役军人事务局为帮助和鼓励退役军人积极就业创业，成立全市第一家退役军人就业创业促进会，依托退役军人就业创业促进会对退役军人进行培训，多措并举做好军队退役人员的就业创业工作。全年共举办两期退役军人就业创业适应性及技能培训，参加培训的退役士兵共计120余人，取得良好成效。组织参与衡水市创业创新大赛，桃城区参赛的2家退役军人创办的企业获得三等奖。

【优抚关爱】 2020年，区退役军人事务局动员社会力量积极参与关爱退役军人行动。按照省厅要求，率先在全市成立第一家退役军人关爱基金会，用于帮扶援助困难退役军人，体现国家和社会对退役军人的尊重、优待。根据省双拥办《关于做好新时代全省社会拥军志愿服务工作的意见》文件精神，为扎实做好新时代全省社会拥军志愿服务工作，充分凝聚社会拥军力量，营造浓厚的社会拥军氛围，让军人成为全社会尊崇的职业，桃城区退役军人事务局于3月20日率先成立全市第一家拥军志愿服务协会，全称为“衡水市桃城区爱国拥军志愿者联合会”。河西街道办事处杨树社区退役军人服务站2019年3月成立以来，坚持将服务站工作与社区各项工作有机结合，以“党建+红墙文化”品牌为引领，建立健全制度机制，深入选树宣传典型，努力把退役军人服务站打造成退役军人、军属的温馨家园。该社区先后荣获全国和谐社区建设示范社区、全国民主法治建设示范社区、全国科普建设示范社区、全国“平安家庭”优秀示范社区等近百项荣誉称号。国家退役军人服务中心主任张培祥到衡水调研时，给予充分肯定，要求在全国推广其经验做法。市、区领导也对杨树社区退役军人服务工作进行批示，要求各级各部门认真学习借鉴。

何家庄乡

【概况】 何家庄乡位于市区腹地，东、南两面均依滏阳河，西邻前进大街，北依北外环，全乡行政面积2199公顷，耕地总资源2246.8公顷，辖31个行政村（全部纳入行政规划），8013户，31602人。

2020年，在区委、区政府的正确领导下，何家庄乡坚持以习近平新时代中国特色社会主义思想为指导，贯彻落实中央、省、市、区决策部署，聚焦高质量发展，坚持“跨越发展、绿色崛起”理念，团结带领全乡广大干部群众践行初心使命，实干担当奋进。

【科学防控疫情】 始终把人民身体健康和生命安全放在第一位，科学防治、精准施策，第一时间出台《新冠肺炎疫情防控工作方案》和《何家庄乡人民政府新型冠状病毒肺炎防控工作应急预案》。组建乡、村、志愿者参加的防控小组，24小时轮流值班，在全乡筑牢铜墙铁壁。实施人员动态排查管理机制。

【助力省级文明城区创建】 坚持精神文明建设，大力开展省级文明城区创建。制作公益展

11月30日，区委副书记孟洪义（右二）参加何家庄乡民营经济人士沟通协商会议

何家庄乡　供图

牌1000多块，举办文艺活动5场次，开展志愿服务11次，通过线上、线下发放问卷2000余份，通过公众号推送社会主义核心价值观及创城相关内容3期，全乡新增公益广告100余个。广泛开展“十星级文明户”和文明村评选活动，制定《何家庄乡“十星级文明户”评选标准》和《何家庄乡文明村、小区创建工作实施方案》，共评选出“十星级文明户”30户、文明村18个、文明小区3个。深入开展新时代文明实践活动，全年依托新时代文明实践所（站）累计开展宣讲10次，组织开展孝老爱亲、慰问困难户、抗疫防控等各类志愿服务活动12次。顺利通过省级文明单位的复核。何家庄村被评为第六届全国文明村，同时何家庄村、张里马村、西康村被评为市级文明村。

【项目引领】 坚持项目带动，发展后劲持续增强。积极布局高铁商圈产业发展，先后引进衡水国际医疗健康中心、九州科技城、北斗创业园等21个三产服务业项目。2020年全乡累计完成固定资产投资21.97亿元，营业收入15.4亿元，批零、住宿、餐饮企业实现销售额9.05亿元。

【打好三大攻坚战】 全力以赴抓重点、补短板、强弱项，奠定全面建成小康社会坚实基础。严格按照党的十九大和省委、市、区委部署要求，聚焦重点领域、重点区域、重点人群，全力攻坚，务求实效，着力夯实全面建成小康社会基础。坚决打好新时代基层社会治理攻坚战。深入推进“双控”机制建设，强化安全生产长效监督，共计检查整治各类问题隐患170个。建立乡村两级矛盾排查网络，调解各类矛盾纠纷12件，解答法律咨询50人次。坚决打好脱贫防贫攻坚战，精准扶贫脱贫水平全面提升。全面落实党政同责、一岗双责，制定脱贫、防贫工作计划和方案，对低保户、特困户、边缘户实行动态管理，精准识别。累计发放低保金7.15万元、特困人员生活补贴16.62万元。坚决打好污染防治攻坚战，生态环境持续改善。2020年，开展“散乱污”企业排查120余次，未发现“散乱污”反弹现象。乡村秸秆禁烧巡查共计12次，清理杂草面积约22000平方米，杜绝火灾隐患。每周至少两次对辖区10个在建工地进行巡查，新上抑尘设备34台，下达停工整改5次，限期整改通知49次。

【保障和改善民生】 坚持以人民为中心，提升群众的获得感、幸福感。拆迁工作顺利推进。完成振华路南延涉及仲代、卢村及回迁管厂区域等地上附着物清理拆除工作。完成庆丰街、清平街打通征地及建筑物拆除。东康二期改造区域拆除完毕，土地即将进入招拍挂程序。大力提高农村基础设施建设。积极推进雨污分流等工程，进一步改善生态环境。2020年，全乡39个小区中23个小区完成改造，有16个小区内部实现雨污分流，待接市政管网。全力推进人大“6+1”重点领域清理规范工作。违规违建项目方面，共排查588处，经上级认定后，对违建违规项目进行全部拆除。违法违规占用土地方面，共涉及114项。上级认定35项属于违法违规，其中有30项拆除，其他5项正在完善手续。地下水综合治理方面，滏阳河周村段养殖场总面积约5.47公顷，共涉及4个养殖户，全部拆除完毕。11个村自来水改造全部完成。还封存9眼自备井，每年可节约用水21万立方米。

（尚春桓）

郑家河沿镇

【概况】 郑家河沿镇位于桃城区西南，是位于主城区、衡水滨湖新区和冀州区之间的唯一建制镇，地理位置优越、交通便利，中湖大道贯通南北。辖区总面积10843.4公顷，耕地面积6754.9公顷，辖64个行政村（划分为7个片区），总人口52085人，其中集体户6055人，人口自然增长率3.6%；常住人口4.1331万人。2020年，全镇人均纯收入18691元。

镇党委下设基层党支部76个（64个农村支部），党员1966名，预备党员25名。镇政府下设党政综合办公室、党建工作办公室、应急管理办公室、自然资源和生态环境办公室、综合行政执法队、行政综合服务中心、农业综合服务中心、退役军人服务站8个委办，分河沿院、道口院、谈庄院、北沼院4个院办公。近几年，该镇着力提升项目建设，航空飞行营地、中湖数字产业新城、学谷小镇相继落户，形成低空、数字、教育三大产业集群。

【经济运行情况】 2020年，全镇规模以上企业5家，工业总产值5.39亿元，工业增加值1.53亿元；上缴税金1047万元。

固定资产投资。完成魏西路西延农村道路、滏阳河清淤工程、衡水市第十五中学建设项目、衡水市巨吴渠小学建设项目、衡水市桃城区第五幼儿园建设项目、天正·金域学府建设项目（房产）、衡水市区东西轴线贯通（滏阳路贯通）道路工程（中湖大道—顺平街段）、泰昌悦湖庄园二区（房产）8个项目的新增入库工作。全年共完成固定资产投资36.3806亿元，同比增长1.6%。

【疫情防控工作】 新冠肺炎疫情突发后，该镇将疫情防控作为头等大事要事来抓。做到“三个率先”。在疫情中，率先提出全镇干部一律取消外出计划，保持通信畅通，随叫随到。率先号召全镇居民取消聚会，取消团拜等活动。疫情发生后，率先设置农村卡口。迅速开展摸底排查。全镇党员、干部始终坚持战斗在疫情防控第一线，共完成64个村、3个小区信息排查和录入工作，积极有序开展核酸检测，全镇未发生确诊病例、疑似病例。建立协调联动机制。与公安派出所、医院、市监所等建立协调联动机制，强化农村、企业、门店等单位疫情防控措施的落实，积极引导群众不聚会、不扎堆。积极主动引导舆论。先后有5篇经验做法消息、通讯被市级媒体报道，“三个十”工作规范、“党旗红”活动、全域消杀防控措施等被区级指挥部和媒体转载。2月1日，省领导梁田庚检查河东李村疫情防控工作，给予充分肯定。

【三项重点工作攻坚】 开展“三创四建”活动，聚焦重点领域、区域和重点人群，全力攻坚，务求实效。

打好脱贫防贫攻坚战。精准落实“两不愁三保障”政策，全镇26户贫困户全部如期脱贫，坚持脱贫防贫同步推进，扶贫机制进一步完善。疫情防控期间，为6名在外务工人员办理稳岗补贴，发放资金1800元。将301户低保户、150户分散特困供养户、38户非贫困低收入户共计854人纳入全市防贫监测预警系统。全面推进“百企帮百村”工作，17家有担当有责任的企业对15个村26户贫困户进行帮扶。

打好污染防治攻坚战。出台《秸秆禁烧管理办法》，将秸秆禁烧工作纳入绩效管理，全面落实网格化管理，明确负责人，严格落实奖惩制度；加强宣传，组织村民清除路边、荒地、沟渠杂草，杜绝起火隐患。在扬尘治理工作上，加大对开工和即将开工的工地抑尘措施的监管力度，多次召开工地负责人参加的扬尘治理专题会，约谈工地负责人4人。做好河长制工作，2020年，排查河湖“四乱”55处，其中“乱堆”37处、“乱建”13处、乱占5处，针对排查出来的问题，全部建立问题台账，明确拆除时限、拆除方式，全镇55处“四乱”全部按时完成整治，共清理乱建1200

平方米、乱堆56立方米，旧城滏阳河河滩地内违建牛场得到彻底清理。

打好防范化解重大风险攻坚战。聚焦信访工作、安全生产等重点领域，立足解决问题，力促矛盾化解，全镇信访总量持续下降，有力维护全镇和谐稳定。对辖区内30多家企业进行安全检查，并建立全镇“安全生产专项整治三年行动”台账，督促辖区内30多家企业建立“一个台账、四个清单”，督促19家企业完成“双控”体系建设；为落实安全责任制，与全镇64个村及企业签订安全生产责任书、消防安全承诺书；消防工作坚持以“预防为主 消防结合”的工作方针，共集中检查13次，检查单位26家，发现消防隐患50余处，全部整改。同时，8个违规违建项目、25个违法圈占土地项目全部整改到位。

【实施乡村振兴战略】 紧扣人居环境整治和农业基础设施建设，改善农村人居环境、提高农民生活水平，加快新农村建设步伐。道路硬化。全年共硬化乡村道路1800.5米，面积为19825平方米；村庄内铺砖29606平方米。污水治理。桃城中学6千米的污水管网建成并入市区污水管网；陈村、道口、南李村、邵庄、侯庄、路庄、南增等22个村，发放环保水桶，生活废水收集后再利用。农村改厕。建立统一的工作台账，全镇64个村，54个村有改厕任务，共计12451户，常住户数8852户。2017年年底前改厕4541个，2018年改造1751个，2019年完成改造265个，2020年改厕1943个，各项数据的录入全部完成。环境整治。2020年，该镇以创城攻坚战为契机，开展卫生整治行动。全面清理乱堆乱放，拆除乱搭乱建、乱堆乱放380多处，拆除破旧危房和违搭乱建1500平方米，整治破旧杂物间143户，改造、新建村庄公共文化活动场所6处，修建文化墙1200余米。

【重点项目工作】 低空产业集群培育，临时起降点和空域获中部战区正式批复，中体飞行、合众九州等10家通航公司入驻该镇航空营地。1月，衡水桃城机场被国家民航总局批准成立，成为国家民航总局机场备案审批改革后通过的第一家通航机场。数字信息安全产业集群培育，中湖数字产业新城项目，产业发展中心建成投入使用，1万平方米的创客街区装修基本完成即将对外开放，5万平方米的创意中心和2万平方米的孵化中心完成基础工程。文教旅游产业集群培育，桃城中学建成，并全面投入使用，在校师生近3万名；桃城中学高中部也投入使用，学校规模不断扩大。都市农业产业集群培育，中国传统建筑凝萃园项目进场施工。

【机构改革工作】 按照省、市、区的总体部署，设置“4办、1队、1站、2中心”8个机构。4月29日，完成新组建内设机构集中挂牌。健全综合行政执法队相关制度，提升执法能力。建立《郑家河沿镇行政执法公示制度》《郑家河沿镇行政执法人员管理制度》等7项制度，规范执法行为，现有综合执法权限共计90项。完善行政综合服务配套设施，提升服务能力。机构改革后，配套相关软件，可直接办结事项13项，审核转报事项18项，上级部门向乡镇政府赋权下放事项9项并签订委托书，可向乡镇延伸受理环节或进驻办理事项13项，基本公共服务事项34项。硬件建设，对原有的服务大厅进行升级改造，由原来的43平方米扩建为102平方米，服务中心按要求配备窗口工作所需的计算机、打印机、高拍仪、座机电话等设备，制定AB岗工作制度、限时办结制度、一次性告知制度。

【基层党建工作】 围绕“抓防促保”，大力实施壮大集体经济工程。按照“党支部+合作社”的模式，依托全区低空、教育、数字三大集群，打造乡村发展新引擎，附近各村成立合作社，服务项目发展，带动群众持续增收。大力实施“领头羊”工程，按照“培育一名能人、发展一村经济”的思路，先后引进西康村特色甜瓜、北沼村“南果北种”等农业特色园区。扶持北沼、种高2个村集体经济项目，北沼村被评为“省级发展壮大农村集体经济先进党组织”。

赵家圈镇

【概况】 赵家圈镇位于桃城区西部，南部、西部分别与冀州区、深州市接壤。总面积11500公顷，在册耕地面积7498.8公顷，人均耕地2.91亩，总人口38646人。

【经济发展情况】 森辉橡塑有限公司等三家小微企业顺利升为规上企业；与四川新雅轩集团合作的千亩“新一代”辣椒基地初具规模；五个省、市扶持壮大村级集体经济项目，当年投入、当年见效，实现增收45万元。全镇52名建档立卡贫困户在2019年全部脱贫的基础上，疫情防控期间又开发稳岗、临岗11个，人均纯收入1.1万元，比2019年人均纯收入提高10%以上，10月底完成市级考核。在“招商之冬”活动中，邀请中科院韩布兴院士团队和世界500强中国建材集团负责人到桃城区考察，签约航空航天用新材料、服务雄安新区建设新型建材和农产品深加工等产业类项目4个，总投资10亿元。

【环境提升工作】 全年累计清理修复乡级公路4.7万米，进村主干路4.4万米，连村路1.5万米，清理坑塘面积90余亩，绿化面积3000余亩。国省干线等重点部位29处违建全部清零，安华建材260亩违建实现拆除并转产，特别是东康村56户、1.4万平方米违建“无震荡”拆除，得到省人大常委会党组书记、常务副主任范照兵等省、市领导的高度评价。利用拆出的310亩建设用地、410余亩村庄空地，引进总投资6.9亿元农产品深加工项目1个，建设党建主题广场、大戏台、集贸市场、集体仓库、游园菜园等373个，实现“道路林荫化、村庄森林化、街塘景观化、庭院花果化、空地园林化”的初期目标。

【生态环保治理】 统筹推进“散乱污”排查整治、秸秆禁烧、地炕散煤治理、坑塘治理、地下水压采等各项工作。2020年集中改厕1722户，改厕率达到90%以上；具备条件的村庄全部建成集中或分散的生活污水处理设施，生活污水乱排乱放得到管控；新增实施高效节水灌溉9000亩，可压减地下水超采量5.4万立方米。实施的小西河引水项目，灌溉辐射面积近万亩，一年可节省灌溉费用240余万元，节省地下水180万立方米，全镇新增年压减地下水超采量完成市定目标。水环境质量考核的5个考核断面全部达标，农田灌溉水有效利用系数达到0.74以上，规模以上工业用水重复利用率超过91%，再生水利用率达到30%，畜禽粪污综合利用率达到75%以上，规模养殖场粪污处理设施装备配套率达到100%。

【重点工作攻坚】 聘请第三方专家对全镇企业逐一进行检查，发现各类问题1916个，全部整改到位；10家危化企业、8家重点骨干企业、55家小微企业全部完成“双控”机制建设，并完成验收。市区胡堂排干生态修复、赵圈污水处理厂提标改造、人民西路景观建设、石衡沧港高铁建设等省、市重点项目的征拆工作全部顺利推进，高新区规划区内所有土地实现有效管控，具备条件的建设用地全部组卷报批；统战宗教、意识形态、法治建设、扫黑除恶、人口普查等工作全部高质量完成，多次承接国家和省、市对退役军人、机构改革、法治乡村、基层党建等工作的调研指导。2020年，镇、村两级获得文明村镇、森林乡村、法治示范村等国家级荣誉2个、省级7个、市级7个。

邓庄镇

【概况】 邓庄镇，地处桃城区东部，东与武邑县清凉店镇接壤，东南与枣强县马屯镇相连，南靠枣强县肖张镇，西南与彭杜村乡相连，西与河东街道，西北与大麻森乡为邻，北连武邑县武邑镇，区域面积约10000公顷，截至2020年年底，耕地总面积约6666.67公顷，户籍人口31138人，人口自然增长率-1.46%，综合人均耕地面积约0.21533公顷。

2020年，邓庄镇在区委、区政府的正确领导下，认真贯彻落实中央和省、市、区委决策部署，统筹疫情防控与经济社会发展，实施乡村振兴战略，团结带领全镇广大党员干部群众，抓紧抓实抓细常态化疫情防控，全力推进农村基础设施建设，统筹推进重点项目建设、农村基层组织建设、产业结构调整等各项工作。西葛村被评为省级森林乡村，镇统计站在衡水市第四次经济普查工作中获得市级“工作突出集体”称号。

【经济运行情况】 2020年，实现企业总产值95452万元，同比增长6.2%，销售收入94494万元，同比增长6.1%；利润8014万元，同比增长4.2%；税金3460万元，同比增长4.4%；企业固定资产投入28691万元，同比增长15.8%。全镇共有民营企业36家，其中入统工业企业5家，总产值6.3亿元，税金3028万元。。

【疫情防控工作】 严格落实三级责任制，制定疫情排查机制、防控机制、隔离机制，建立党员服务队伍40余支，固化党员志愿服务制度、弱势群体包联制度，建立常态化排查机制，及时开展高中低风险地区返邓人员排查上报、全镇居住人员、外来务工人员排查登记造册、全民核酸检测预案完善等工作。疫情防控工作开展以来，共排查各类人员30158人，落实集中隔离25人，居家隔离951人。同时制定农村、企业复工复产疫情防控和生产保障措施，有序引导农村、企业、门店开工复产，切实保障全镇疫情防控工作扎实有效开展和各重项工作协同推进。

【项目建设工作】 坚持项目带动，确保发展后劲不减。7个重点项目稳定发展，2020年完成投资2.86亿元，完成土地征收233亩。

香料小镇一期工程。衡水湖国际香料小镇项目，由河北泰城农业科技发展有限公司规划实施，项目2018年引进并正式开工建设，项目规划总占地面积约为3万亩，核心区域占地3447亩，意在打造国际化的香料香药科技孵化中心、科研中心、技术研发中心、成果转化中心和标准制定中心。2020年完成速流至衡德路外环路建设3.1千米；新修干渠以南道路1.4千米；田间路网景观绿化约11千米，北环主路绿化680米；速流干渠路网桥完工。香料加工厂土地摘牌办证、设计完成，办理环评手续，开始施工。科创中心总建筑面积约6500平方米投入使用。香料广场，完成地面硬化、侧石铺装等工作，道路面层铺装、广场绿化完成。

国际设施园艺产业园。项目位于衡水市桃城区邓庄镇中部偏西，G106高速公路以东，计划总投资4.8亿元，预计建设规模357亩。项目建设内容主要包括垂直农业综合体、智慧农业展示区、都市休闲农业创新区和户外田园四部分，完成雨林温室、农场温室、自然温室、智慧农业展示区约2万平方米基础工程建设。垂直农场主体完工，消防水池基础完工。

衡水市国防动员综合训练基地。项目包括培训及展览会议功能部分、生活保障部分、训练场地部分。综合楼、应急兵器库、射击场、食堂、综合库在抓紧施工，预计2021年5月份可交付。

其他重点项目。完成衡水牧原农牧有限公司桃城一场生猪养殖项目建设，共投资6900万元，建设面积4万平方米，年可出栏生猪5万头。东郊变电站、衡水恒大高科农业小镇项目、京衡供应链智慧产业园项目在办理前期手续。

【基础设施建设】 结合桃城区重项工作部署，灵活运用上级资金提升基础设施建设。

“美丽乡村”河北样板村建设。深入推进农村基础设施提升，扎实推动农业农村高质量发展，加快邓庄村、东邢疃村两个村庄的“美丽乡村河北样板村”项目建设。其中，邓庄村总投资300.442万元，主要进行村庄规划修编1项；主要道路硬化900米，温室区道路硬化380平方米，绿化美化1500平方米，建设村民休闲广场3处共1800平方米，坑塘治理1处；建设智能育苗连栋温室1栋3360平方米，建设新型日光温室2栋；基础设施和环境卫生维护1项；乡风文明选树活动2项。东邢疃村总投资300.443万元，主要进行村庄规划修编1项；主要道路硬化1350米，巷道硬化3225平方米，绿地美化850平方米，建设村民文化广场1处共500平方米，安装路灯80盏；建设冷藏保鲜库600平方米；基础设施和环境卫生维护1项；乡风文明选树活动2项。全部工程完成。

乡村振兴建设。推进前邢疃、中邢疃、东邢疃、邓庄、梁家庄、北苏闸、武家庄、胡家庄等基础设施全面提升。邓庄第五水厂蓄水设施建设完成。对新增的600户进行“气代煤”改造。通过一事一议，完成投资156万元，主要为张洼庄村维修路面3213平方米、为东王庄修路1720平方米并安装太阳灯路灯46盏、为东庄村硬化路面2082平方米、为石辛庄路面及路肩硬化645平方米和2754.5平方米、为南苏闸村硬化路面2500平方米并安装太阳能路灯10盏、为南苏闸建设排水沟470米，持续带动基础设施升级。关注公共卫生建设，分别在东庄村、彭庄村、前邢疃、曹庄村、孙单驼村新建卫生室5座，总投资76万元，2020年全部完工。

人居环境整治工程。推进村庄清洁行动，先后出动车辆2200余车次，人工1万余人次，清理生活垃圾3800余吨，路边、林下杂草、树枝等1万余方，建成小菜园、小花园50余个，使群众“眼前的垃圾少，风景多”。持续推进“厕所革命”，全年新改建厕所1399座，结合往期数据，2017年至2020年共改厕7021座，占全镇常住户数的91.5%，超额完成全省改厕率90%以上的任务目标。

精神文明创建。完成省级文明城区创建工作，更换机关内宣传栏6块，新设大型展牌2块；新增更换公益广告100多处；各村更换制作各类公益广告等1200余块；衡德路围挡更换公益广告320平方米。镇区清理杂物50车、小广告350余条、不规范牌匾100块。绘制机动车和非机动车停车位2500平方米，安排秩序巡逻员6名，硬化、整修路面2000平方米，修剪绿化树木5000平方米，安装街道路牌5个。

【生态环境管控结合】 完成32家企业双控机制建设；完成水源热泵取暖改造2处；完成“气代煤”安装任务633台；完成邓庄中学（彭庄）生活污水接入镇区污水管网工程；完成大葛村小学污水治理设施安装以及北苏闸村和邓庄村2个集中式污水处理站提标改造工程，全镇2个村实现污水集中式治理，11个村分散式污水改厕治理一体化，20个村实现污水管控。排查取缔“散乱污”企业5家，清理违规违建项目2处，对河湖清“四乱”重点问题积极整改。

【法治政府建设】 提升政府效能。聘请法律顾问，规范重大事项决策行为，决策的科学化、民主化、法治化水平不断提升。结合机构改革工作，完成“4办、1队、1站、2中心”8个机构挂牌工作，全面梳理行政审批、行政执法清单，制定《行政执法公示制度》《行政执法人员管理制度》等10余项，将与基层群众生产生活息息相关的便民服务事项全部纳入行政综合服务大厅进行集中办理，制定统一规范的服务指南和标准的办理流程模板，便民环境进一步优化。

推进依法治镇。积极发挥镇人大代表职能，以“6+1”联动监督为抓手，紧紧围绕区人大及镇党委提出的目标任务，综合运用多种方式开展监督，重点解决产业发展、农村基础设施建设、河湖违建拆除等一系列群众的关心事和揪心事。同时深入推进扫黑除恶专项斗争、社会矛盾排查化解等工作，依法严厉打击各类违法犯罪行为，提高干部群众法治观念和法律意识，切实增强群众安全感，着力构建共建共治共享的社会治理新格局。

推进镇村综治中心建设。坚持自治为基、法治为本、德治为先，发挥好群众组织作用，切实提升基层社会治理及服务水平，完善“六位一体”全科网格，对6类500余人进行重新梳理，将200余名镇村党员干部定为网格节点，实现划片管理，结对帮扶，确保有问题及时发现、有纠纷及时处理、有苗头及时介入，全村覆盖无死角的“三及时一全面”。

河东街道办事处

【概况】 河东街道办事处（以下简称河东办）位于市区东郊，属城乡接合部。东接邓庄镇，西邻滏阳河，北靠大麻森乡，南连彭杜村乡，总面积2280公顷，耕地786.667公顷。下辖20个行政村，8个社区，常住人口6.3万人，其中农村1.9万人。有43个基层党组织，1692名党员。

【旧城区改造】 河东办坚持以人民为中心，聚力改善居民居住环境，积极实施河东旧城改造，建设完成和正在建设的项目有30个，拆迁土地面积约336.067公顷。近几年，先后成功启动科农、水厂、集贤新村、南门口、东门口、南华6个片区的旧城改造。2017年，围绕河东新城建设，成功启动京衡大街两侧区域拆迁，滏东公园、南华扫尾和南外环东延、胜利东路片区拆迁，人民路大庆路东延拆迁工程全面启动。同时，借助旧城改造腾出的土地，引进泰华旭景城、精信龙源名著、集贤米兰印象等12个三产项目，在完成拆迁改造的基础上，帮助企业加快跑办施工手续，加快让群众回迁进程。

【民营企业】 辖区工业以民营经济为主体，形成橡胶、金属制品制造业、服装针织、三产服务等四大特色产业，共有企业199家。河北衡水橡胶城作为全国最大的橡胶制品及原辅材料生产基地、专营市场，有商户200多家，年市场交易额突破15亿元。衡水东明实业有限责任公司下设蔬菜果品、陶瓷建材、石材市场和仓储物流公司，固定资产1.3亿元，先后被评为省农业产业化“龙型经济组织”、“全国商品交易市场先进单位”、省“三星级”市场。

【农业生产】 辖区内共有耕地733.33公顷。河东办认真落实国家惠农政策，加大科技培训力度，积极推进农业产业结构调整，重点发展东明蔬菜交易、煜丰农业种植、新合作农业物流三大主导产业。共有市级农民专业示范社1个，农业产业化生产基地1个，农村经济合作组织42个，家庭农场6个。

河西街道办事处

【概况】 河西街道办事处（以下简称街道）地处市区中心，位于中心街以东、铁路以南、滏阳河以西、干马桥以北，总人口8.9万人，人口自然增长率6.02‰。

2020年，在区委、区政府的正确领导下，做好疫情防控工作，积极优化营商环境，不断探索城市管理和社区治理工作创新，老旧小区改造、雨污分流等各项工作扎实推进，完成上级下达的目标任务。杨树社区退役军人服务站经验做法得到国家退役军人服务中心领导高度评价，并要求在全国推广，市、区领导先后做出重要批示。

【经济指标】 街道入统规上企业有衡水供电公司和衡水征峰面粉厂2家，1—12月两家企业共实现总产值775670万元，与上年同期基本持平。其中，征峰面粉厂总产值5489万元，供电公司总产值770181万元。全年，固定资产投资累计完成169331万元，超额完成任务1925万元。1—12月限额以上批发业销售额264318.3万元，同比下降5.3%；限额以上零售业销售额118246.9万元，同比下降15%；限额以上住宿业营业额1624.7万元，同比减少53%。顺利完成第七次人口普查相关工作。

【重点项目建设】 新建项目1个：富力·院士廷项目，由衡水富明房地产开发公司承建，总投资5.8亿元，该项目列为市级重点项目，分两期建设10栋高层住宅楼及1栋配建楼，建筑面积13000平方米，其中一期占地45亩，建设六栋住宅楼及配建楼，二期占地11亩，建设四栋住宅楼。一期手续准备齐全，六栋住宅楼主体开工，二期正在办理相关用地手续。

【安全生产、消防安全工作】 加强安全生产工作力度，规范应急办各项制度，在辖区内开展形式多样的宣传活动和隐患排查整治行动，辖区内企业安全状况改善。街道分别与领导班子成员、14个社区签订安全生产“一岗双责”责任书、各社区与辖区单位分别签订安全生产承诺书。各社区建立安全责任到人的分包制度，形成街道、社区、企业三级安全责任网络，使安全生产各项任务责任落实到边、到底。围绕“十一”“中秋”等重要节点，专门组织召开专题会议，制定一系列工作方案，明确工作任务，责任落实到人，在全辖区形成一级抓一级、一级对一级负责、层层抓落实的工作局面，坚决防止重特大事故发生，有效维护辖区的安全稳定。

【推进基层党建】 打造党群服务中心。大力推进社区党群服务中心建设，2020年完成广场、滏兴、萃景、享园、牛佐、滨河6个社区党群服务中心的打造。14个社区办公用房面积均达到500平方米，新增办公用房面积共计6708平方米。

打造社区党建示范点。深入开展党建示范区创建活动，根据各社区实际，5个党建示范点全部完成特色品牌打造。杨树社区“党建+”品牌、中心街社区“智汇”品牌、河西街社区“和美”品牌、游园社区“人文”品牌、汇鑫社区“民主协商”品牌打造完成。其中，杨树社区“党建+”品牌和中心街社区“智汇”品牌成功打造成省级党建示范区。

扩大党的组织覆盖。以基层党建质量提升年为契机，落实“七个延伸”，积极扩大非公党组织覆盖面和影响力。

建立“六位一体”社会治理体系。各社区党组织组织领导辖区内的社区居委会、业主委员会、楼院长、物业服务公司、综合服务站共同参与社区治理。

【老旧小区改造】 全年共改造20个老旧小区，涉及7个社区，106栋楼，惠及4099户居民。总计改造建筑面积约43.5万平方米。改造主要内容为道路维修及硬化、楼顶防水改造、室外排水系统改造、内外墙粉刷、围墙及储藏间粉刷、外墙及阳台修补、楼梯扶手刷漆、楼梯间踢脚粉刷、更换楼梯间窗、更换落水管、监控系统安装、线路整理及改造、增设消防设施、垃圾道封堵、设置垃圾箱、小区照明、违建拆除等。2020年，老旧小区改造主体工程全部完工，街道正结合老旧小区改造工作，着力探索小区长效管理机制。一方面社区牵头，根据小区实际选举出楼院长、单元长，成立居民自治小组（或居民业主委员会），借助居民代表会议、议事会、听证会等制度载体，依靠居民公约等形式，完善社区居民自治机制，培育社区治理内生动力，逐步引导居民从“旁观者”向“参与者”转变。另一方面，根据小区实际情况和特点，分类施策，探索实施不同形式的管理机制。对具有一定规模、配套设施齐全、群众对物业管理接受度较高的小区，引入物业服务企业，实施市场化、专业化管理；对小区规模较小、配套设施较弱的小区，采用“党建+居民自治”方式管理，通过自治为居民提供基础服务，维护小区干净、和谐、平安的环境，逐渐提高居民花钱购买服务的意识，过渡到市场化物业服务模式。河西街道与多家物业公司反复沟通洽谈，制定出连片物业管理模式，选定中心街社区为试点推行，将临近的运输公司家属院、师范文化局小区、通用生活区等多个小区打包托管，由物业公司进行统一管理，得到居民支持。河西街道14个社区共216个小区，单位管理的小区有12个，物业管理小区57个，连片物业管理小区10个，居民自治收费管理的小区4个，15个小区成立业主委员会，72个小区成立居民自治小组，小区管理模式初见成效。

【雨污分流工作】 辖区内共有216个生活小区，实现雨污分流152个，改造中2个，待切换8个，待改造54个（列入2021年老旧小区改造和二期雨污分流改造）。涉及“五路两街”的小区131个：实现雨污分流103个、待切换3个、改造中1个、待改造24个。小街小巷（胡同）52条，实现雨污分流30个、改造中5个、待改造12个（由市排水管理中心改造1条、另11条小街巷因其管道流入的主干道路暂未施工而待改造）。其中，“五路两街”小街巷37条：实现分流32条，正改造4条，待改造1条（由市排水管理中心负责）。

【疫情防控工作】 强化领导，压实责任。明确街道书记主任负总责，班子成员是分包社区疫情防控的第一责任人，社区主任是直接责任人，严格落实属地责任，认真做好中高风险地区来衡人员排查、落实隔离、数据统计、防控宣传等工作，确保上报数据及时准确。全体工作人员减少外出，做好个人防护，如无特殊情况，一律不得到中高风险地区。深入排查，每天监测。

全民动员，广泛宣传。街道通过宣传车、条幅、微信公众号、微信群发消息等多种方式，对辖区居民进行防疫知识普及，提高全民防护意识和居民健康素养，倡导群众少走动、少聚会，防止病毒感染，无特殊情况的尽量少出门，宣讲如何做好个人防护等防范知识。同时，通过微信群通知、悬挂条幅、宣传栏张贴通知宣传到位，鼓励小区居民在做好自我保护的同时，配合街道社区做好疫情信息收集、报告、人员隔离及公共卫生措施的实施工作。分类施策，探索建立联防联控机制。针对辖区物业管理的小区，要求小区物业做好“健康码”准入、外来人员登记等措施，严格落实小区防控措施。针对没有物业管理的小区，社区充分发动楼院长、志愿者等群体积极性，通过居民自治自防的方式，落实好小区防控措施。

完善预案，加强值守。结合街道实际情况，完善河西街道新冠肺炎疫情防控工作应急预案。按照预案强化应急防控，严肃纪律，确保人员到位、信息畅通，把疫情防控各项工作落到实处。同时，街道积极协调医药公司、药房等单位，加强防控物品物资储备，确保各类物资及时保障到位。

【城市管理工作】 结合创建省级文明城区，推进城市综合管理。抓好市容整治工作。治理各类门店“大花脸”、小广告、横幅1200余条；坚持日常巡查与联合执法相结合，治理乱摆乱放、占道经营1600多处；清理占道广告牌匾76个。抓好违章建筑拆除工作。按照市委、市政府和区委、区政府对“双违”整治的工作要求，全年共出动车辆120余次，出动执法人员380人次，拆除违章建筑153处，共计3000余平方米，制止私搭乱建37处，发出《限期整改通知书》30余份。

做好扬尘整治工作。2020年按照省、市、区大气办及环保部门要求对辖区内12家在建建筑工地进行扬尘治理检查共计49次，对不达标工地下达《施工现场扬尘治理限期整改通知单》42份，对扬尘污染严重的工地下达《工程暂停施工通知单》11份，对屡次整改不达标的工地在综合执法局的配合下进行行政处罚，共计罚款24万元。

做好辖区内背街小巷等环境卫生的整治工作。响应两级政府及爱卫办的工作部署，扎实开展创建国家卫生城市的各项工作。循环监督辖区背街小巷街道卫生，督促环卫公司保洁工作及时到位；持续开展环境卫生综合整治行动，多次集中清理小区积存垃圾和辖区背街小巷卫生死角，清理积存垃圾达500吨以上，净化社区环境，提高居民生活满意度。为分包的小区统一购置消防器材，并安装指示标志，统一购置分类垃圾箱；安排专业人员对小区墙面进行统一粉刷，保证墙面整洁无小广告；在小区内绘制非机动车停车区，保证车辆有序停放；联合环卫部门对所有小区进行垃圾清理，彻底清除卫生死角。共增划20多个小区消防通道，清理小广告、粉刷墙面4000多平方米，清理大宗垃圾230立方米，补充更换近千块公益广告。

【扫黑除恶和信访工作】 深入开展扫黑除恶斗争。共召开扫黑除恶会议12次，研究部署扫黑除恶工作，街道主要领导与各社区、科室谈心谈话2次、53人次。开展扫黑除恶宣传4场，发宣传资料1200余份，悬挂条幅80条。

化解信访案件。对辖区内重点信访积案，由街道主要负责人直接包案，与上访人逐人见面沟通，协调制定具体解决方案并做好稳控工作。2020年，共排查调解矛盾纠纷39件，调解成功率97.4%。

【打造退役军人服务亮点】 街道以杨树社区为试点，探索构建新时代退役军人基层治理新格局。

坚持服务有场所，积极营造“家”的环境。为更好地服务退役军人，在杨树社区办公用房极其紧张的情况下，合理规划，专门为退役军人搭建“一墙、一场、一厅、一家、一站、三室”等多功能活动场所，让退役军人“兵”至如归。

坚持困难有帮扶，充分给予“家”的慰藉。充分发挥统筹协调作用，坚持以退役军人为中心，把全心全意服务退役军人作为工作的出发点和落脚点，为军人家庭悬挂光荣牌，帮助退役军人实现就业，与退役军人结成帮扶对子，解决合理诉求，走访慰问退役军人及亲属，发放节日慰问金。

坚持奉献有舞台，不断增强“家”的功能。根据杨树辖区退役军人中党员参与社区治理形式和内容的差异化，把退役军人党员吸纳入“红色网格”“红色先锋”“红色联盟”“红色社团”4个党小组，通过设置楼院长、社区安全巡视员等红色岗位，引导退役军人党员立足自身特长、优势，在参与社会治理、矛盾排查化解、文明城市创建等实践中当先锋、作表率。

坚持先进有褒奖，充分体现“家”的关爱。深入挖掘推介退役军人先进典型，大力宣传褒奖退役军人时代风采。在社区专门设立荣誉墙，陈列辖区退役军人荣获的勋章、证书，展示英雄老兵的往昔风采。利用微信公众号开辟专栏推送、制作图片展板，大力宣传辖区退役军人的先进事迹。积极开展退役军人先进典型评选活动，对自主创业模范、助人为乐先锋、自学成才典范等进行公开表彰。7月，国家退役军人服务中心主任张培祥到衡水调研时，对杨树社区退役军人服务保障工作给予高度评价，要求在全国推广经验做法。同时，邀请该社区党支部书记、退役军人服务站站长王敬平9月3日赴北京参加全国2020年第一期省及地级市退役军人服务中心业务骨干培训班，并作为全国两个、全省唯一的基层社区代表作典型发言，受到一致好评。

【大气污染防治】 大力开展燃煤治理工作，对辖区内冬季取暖情况进行常态性巡查和不定期检查，积极开展禁止燃煤、烧柴、焚烧垃圾环保宣传工作，提高市民的环保意识，辖区实现禁煤全覆盖。

深入开展“散乱污”整治工作，全面提升“散乱污”企业整治水平，各社区每周对各自辖区进行排查，发现问题及时上报，防止新的散乱污企业出现。对废品收购站取缔开展“回头看”。对牛佐荣星废品收购站及问津街西侧废品收购站进行“回头看”，确保取缔工作全覆盖、无死角、无遗漏，确保关停取缔类企业“两断三清”到位，杜绝关停取缔类企业反弹。

VOCs专项整治。开展汽修喷漆业VOCs2.0和广告喷绘行业专项整治，所有汽修喷漆业和广告喷绘行业要求必须安装高效净化装置，确保达标排放，不能达标排放的，一律停业整顿。辖区内汽修喷漆、广告涉VOCs喷涂作业全部取缔。

餐饮业油烟治理。加强对辖区餐饮企业油烟排放的监管治理，重点检查报社街、招贤路、站前路餐饮门店，要求每7~15天对油烟净化装置进行一次清洗，建立清洗台账。对未安装油烟净化装置、油烟净化设施不标准、未正常使用、未定期清洗的餐饮企业，责令暂停营业并限期整改。

（贾正德）

中华大街街道办事处

【概况】 桃城区中华大街街道办事处（以下简称街道）成立于2002年8月，位于市区中心城区，东起中心街，西至衡水高新技术产业开发区，南到滏阳河，北至石德铁路，辖区总面积890公顷，下辖17个社区居民委员会，居民小区338个，共有居民7.6万余户，15.1万人，党员3200人，辖区单位94个。

2020年，广厦家园小区被评为老旧小区改造省级示范小区；北盐道社区、区府社区、育才社区被评为市文明社区，利业胡同、电力局小区、天缘盛世、电厂家属院、丽景名都、丽景名苑、金域华府、九派香邻、翡翠华府二期、税务局前里马生活区、盛世桃城二区、三区、大陆裕丰小区被评为市文明小区。

【经济运行情况】 2020年，街道完成营业收入14139万元；完成总产值134706万元，完成增加值41001万元，同比减少1%；累计完成固定资产投资27000万元，各项指标平稳运行。

【筑牢疫情防护屏障】 面对疫情，街道第一时间召开会议研究对策，明确“党建引领、全员发动、分级包联、分类管理”的工作思路，建立“网格化管理、精细化作战”疫情防控工作体系，从细处着眼，小处着手，实处着力，街道党工委带领社区党支部组建17个临时党支部和127个临时党小组，发动1728名党员加入疫情防控，形成群策群力、联防联控的工作格局，308个小区严格落实“一门通”全封闭管理。

【基层党建工作】 凝心聚力打造党建示范点建设，特色突出、亮点纷呈。紧紧围绕基层社区党群服务中心建设、社区治理等工作，将高质量党建工作贯穿始终，扎实做好基层党支部建设工作，以党的高质量建设促动经济社会高质量发展。

提升标准，夯实阵地建设。高标准建成育才、北盐道、广厦等9个社区党群服务中心，对衡丰社区1000多平方米的党建服务中心进行高规格的改建提升，打造福苑、裕丰、丽景、广厦4个党建示范点，实现基层党群服务中心的开放集约、共建共享。福苑社区受中央、省、市领导调研6次，得到高度肯定。

打造红色品牌，激发队伍建设活力。先后成立非公企业、社会组织党支部22个，红色业委会15个，组建5个红色物业联盟，新发展恒富物业、金海物业、爱尔眼科医院、恒通律师事务所4家非公企业党支部，实现“双向联系”“双向服务”“双向认领”，形成街道、社区、非公党组织共同参与社区治理的强大合力。

做足准备工作，社区“两委”换届顺利推进。按照党组织书记50周岁以下、专科以上学历、“一肩挑”比例“三个百分之百”、“三个全面覆盖”的任务目标，街道积极做好人员调整配备，确定目标人选，确保退伍兵、引进的社区工作者进入社区“两委”，15名热心党员群众、14名优秀在职党员、3名红色物业负责人兼职社区党支部、居委会委员；为保证人选质量，55名现任“两委”成员因年龄学历调整退出，17名社区党组织书记平均年龄下降至42岁；60名“两委”成员平均年龄下降至40岁，大专以上学历达到80%以上，为社区“两委”换届做好人才储备。

【社区治理工作】 抓好社区综合治理，加强基层阵地建设，为民服务能力大幅提升。

积极协调，加大社区办公用房跑办力度。按照“办公用房最小化，服务用房最大化”的原则，对育才、育新、丽景、广厦、北盐道、衡丰6个社区办公用房进行整合优化，进一步提升为居民服务、便捷办事的效能。

垃圾分类工作全面铺开。街道坚持“政府推动、市场运作、全民参与”的原则，在福苑小区、盛世桃城小区、大陆裕丰小区和丽景名都等22个小区配置智能垃圾桶设备。30个老旧小区完成垃圾道封堵，配备垃圾桶440余组，安装垃圾分类宣传牌，垃圾分类工作稳步推进。

推进省级文明城区创建。创新“互联网+创建”模式，开通抖音短视频，线上线下同开展“树文明形象 展文明之风”主题宣传活动，印发文明宣传手册4000余册，开展系列文明创建活动、志愿服务活动60余次，新设立创城宣传栏63个，电子屏播放公益广告10000余次，推送相关信息300余条。制定“12336”创城工作方案，机关党员干部全部下沉一线，开展环境“净颜”、脏乱差“美颜”活动，建立“徒步查创城、整改促提升”早查机制。街道组建6个创城工作组，深入小区、街巷开展“你我同参与 共创文明城”活动，集中开展环境卫生整治行动共30余次，清理垃圾1040立方米，清除杂物100余处，对小广告严重的31

个小区进行整体粉刷。对照创城标准，不断创新工作思路，打造亮点、示范点，建成孝亲、家风等主题的特色胡同15条，示范小区21个，对辖区4个便民市场进行规范提升，完善消防器材，补充更换创城公益展牌500余块。

【机构改革】 机构设置落实到位。强化街道基层党建、城市管理、公共服务、社区治理等职能，设置“5办（党政综合办公室、党建工作办公室、应急管理办公室、自然资源和生态环境办公室、社区建设和物业监督管理办公室）、1队（综合行政执法队）、1站（退役军人服务站）、2中心（行政综合服务中心、综合指挥和信息化网络中心）”9个机构，构建系统完备、科学规范、运行有效的基层治理体制，提升为民服务效能。

人员调整落实到位。按照“编随事走、人随编走”的原则，街道共核定行政编制20名，事业编制79名，按照新的内设机构重新调整班子成员分工和中层干部10名，新提拔使用副科级干部3人（党建工作办公室主任1名，综合执法队队长1名，行政综合服务中心主任1名），改革过程中做到工作不断档、不延误，逐步形成“加强党的全面领导、审批服务一窗口、综合执法一队伍、基层治理一网格、指挥调度一中心”的“1+4”治理模式。

权责承接落实到位。按照“把工作重心转到抓党建、抓治理、抓服务、抓优化发展环境上来”的职能转变要求，进一步理顺街道与区直部门的关系，理优街道内部机构之间的关系，理清街道与居委会的关系，理清权责边界，承接下放权力135项（审批服务类45项、综合执法类90项），积极与区直部门对接，学业务、学知识、学规矩，努力做到接得住、用得好、有监督，真正使街道治理体系与解决基层社会治理的主要矛盾相匹配、相适应。

【民生工程】 全力推进老旧小区改造，实现改管齐头并进。通过“一走二访四讲清”全面做好宣传引导，完成30个老旧小区的改造提升工作。街道探索“物业引领入驻，服务先尝后买”的小区治理新路径，打造“区域联合、以大托小、订单服务、自助管理、托底保障”5种社区物业服务管理新模式，促进居民对美好生活的向往与物业服务企业提供优质服务两者目标的相向而行、高度契合；对接泰华、金海等物业公司，对格林小区、地税片区、南盐道片区开展物业示范进驻，裕丰、丽景、福苑3个社区实现物业服务全覆盖，老旧小区旧貌换上新颜，居民生活幸福指数得到普遍提升。广厦家园被评为老旧小区改造省级示范小区。

做好小区雨污分流工作。街道建立“一社区一片长一专班”工作责任机制，利用“早查”全程跟踪对辖区范围内雨污分流改造项目进度、质量、效果，完成166个小区、71条小街巷的雨污改造工作，实现环境改善和群众满意“双赢”。

【城市治理】 创新管理模式，实现经营秩序规范化。街道实行日常管理、监督巡查、集中整治“三结合”的工作方法，运用“错时工作法”“高峰站点、平峰巡查”管理模式，及时规范和处理辖区内出现的乱批乱挂、乱堆乱放、乱搭乱建、非机动车乱停乱放、不文明店外经营等各类市容乱象，建成康宁街、庆丰街两个示范街。对四个便民市场进行建设提升，建成自强街、康宁街食品安全示范街，进一步增强辖区餐饮企业、食品经营户的安全意识和自律意识，提升经营环境和服务能力，不断满足百姓饮食安全需求。全年治理占道经营流动摊贩4800人次，规范店外经营商户1980个次，拆除各类大型广告600余处、条幅广告1792条，清理破损广告5200余处，清理“大花脸”9000余平方米，彻底改善市容市貌。

“双违”整治落地落实。对辖区内违建开展地毯式排查，共下达违建拆除文书180余份，拆除违建面积1300平方米左右；辖区内共排查568个建设项目，认定为违规违建项目160处（包括历史遗留问题和违规违建），全部拆除；房地产开发项目清理规范工作共排查房地产开发项目69个；在清理规范违法违规圈占土地工作中共排查图斑代码编码465个，调查进度100%，质检通过率100%。

加大环境保护和大气污染防治工作。按照责任分包到位、排查摸底到位、清理整治到位“三到位”原则，积极推进扬尘治理、油烟治理、垃圾禁烧和“散乱污”整治，确保辖区436家餐饮企业油烟排放全部达标、23个建筑工地扬尘治理到位、未发现黑臭水体污染源、街道97辆国三车辆淘汰率100%。

【安全稳定工作】 严格按照“无死角、全覆盖、零容忍、严排查、重整治、保成效”的工作原则开展安全生产、应急处置工作，积极营造安全型街道；同时深入开展法治社区创建，推进矛盾纠纷调处工作，切实解决突出问题，为街道其他各项工作提供和谐稳定的社会环境和公正高效的法治环境。

规范管理，构筑街区安全网。街道成立3个工作组对辖区内易得电子城、信誉楼等人员密集场所及沿街门店开展安全隐患排查，及时消除各类安全隐患。组织福苑、裕丰、育新、电业等社区共开展各类安全培训12轮次，开展“消除事故隐患，筑牢安全防线”宣传活动20余场。

整合资源，健全治安防控网。深化“雪亮工程”，深入推进智慧平安社区建设，对辖区104个小区安装红外线高清摄像头，实现治安防控“全覆盖、无死角”。按照上级“五个一”标准，街道17个社区全部完成法治社区建设任务。

多措并举，加大信访源头治理。信访工作实行网格化管理，做到每一件信访积案都能息诉息访、案结事了。街道建立社区、居民调解小组共同参与、法律顾问协同配合三级调解网络，全年共调解案件134件。

路北街道办事处

【概况】 路北街道办事处（以下简称街道）成立于1982年5月，地处桃城区北部，因辖石德铁路以北区域而得名。辖区总面积12.5平方千米，东至滏阳河、南至石德铁路、西至前进街、北至北外环路。辖区内南北向有5条主要街道，东西向有4条主要街道，9条次干道、31条小街巷。2020年，下辖12个社区居委会，总人口9.7万人。2020年，街道在区委、区政府的正确领导下，贯彻落实各级会议精神，深入实施“打造智慧路北、创建魅力社区”战略，直面挑战、创新举措，推动各项工作高质量发展。

【基层党建工作】 抓好社区“两委”换届，配强班子。把社区“两委”换届作为首要任务，坚持“高度重视、深度谋划、从严排查、审慎操作、又快又好”五项工作要求，完成对社区“两委”换届的摸底排查，对“两委”成员现任情况和目标人选情况建立台账，对社区“六位一体”治理架构、辖区人口总数、户数、党员数进行登记。党工委书记和组织委员对社区党支部书记进行谈话，分包社区班子成员和包社区干部对社区“两委”成员逐一进行谈心谈话。其中，新提拔社区支部书记1名、调整5名。

抓好党员队伍建设，筑牢基础。把学习贯彻习近平新时代中国特色社会主义思想作为首要任务，采用集中学习、廉政约谈、党课辅导、大讲堂等形式抓党员干部素质建设。全年党工委理论学习研讨12次，廉政谈话3次，组织开展街道先锋大讲堂6次，班子成员、社区干部下基层讲党课36次。2020年，辖区新发展预备党员2名，预备党员转正11名，党员组织关系共转入党员98名，转出党员34名，及时在全国党员管理信息系统中对接转情况进行更新。在街道1680名党员中评出10名各行各业的先进代表，成为街道“十大党员之星”，达到“崇尚先进、学习先进、争当先进”的目的。

【项目建设】 坚持把重点项目建设作为落实稳增长的重要抓手。街道全年实现营业收入23亿元，产值16.2亿元，增加值2.8亿元，利润1153万元，税金1219万元，完成固定资产投入6.46亿元。在建项目有8个，分别是星河湾荣景园项目、信合商厦项目、昊和沁园六期项目、泰华梧桐苑一期项目、区行政执法局雨污分流项目、路北街道老旧小区改造项目、路北街道雨污分流项目、荣军房地产公司君悦学府一期项目。其中，星河湾荣景园项目，计划总投资12.3亿元，2018年8月开工建设，累计投资8.77亿元，2020年投资2.15亿元，一期7栋完工，二期4栋主体开工建设。信合商厦项目，总投资2.1亿元，完成全部投资，预计2021年开业。昊和沁园六期项目，总投资1.6亿元，项目完工。泰华梧桐苑一期项目，总投资2.5亿元，2月开工，主题封顶、进行内装修，累计投资2.436亿元，预计2021年6月完工。区行政执法局雨污分流项目，总投资1.2亿元，2020年完成投资6022万元，完成路面管道施工。路北街道老旧小区改造项目，总投资3749万元，工程完工。路北街道雨污分流项目，总投资451万元，工程完工。荣军房地产公司君悦学府一期项目，计划总投资11.8亿元，开始跑办手续。

推进招商引资及企业转型升级。积极推动辖区企业转型升级，借助意谷创业小镇积极推动项目创业，为拟入驻企业进行政策宣讲、实地考察，吸引高科技项目入驻。全年接待企业85家，搜集企业需求200项。组织企业参加衡水电商节活动、“2020河北购物狂欢节”、“政策面对面”、“科技服务专家志愿团公益培训”等活动，及时推送送政策到企业基层。与华商知识产权公司合作，开展申请、认证工作，共搜集符合条件企业信息200家，经过筛选、初审共推荐上报省科学技术厅34家企业。

【提升社会治理水平】 共克时艰抗疫情。疫情防控期间，第一时间成立“一把手”挂帅的街道应对新型冠状病毒感染的肺炎疫情防控工作指挥部，统一领导全街道疫情防控应对工作，组建7个工作组，抽调10余名精干力量集中办公。其间，共成立14个临时党支部和97个临时党小组。街道党工委书记、主任坐镇，每晚六点召开疫情防控工作调度会，逐社区听汇报。对于重点难点问题，书记主任亲自上手，协调解决。12名社区党支部书记带头做好排查、封堵、隔离、引导等工作，统筹安排辖区126个小区设立24小时值守点，要求各值守点严格落实封闭式管理，落实“九有三规范”工作举措。

完善社会保障体系。坚持“应保尽保，应保必保，动态管理”的原则，实现困难群众应保尽保。辖区享受最低生活保障121户，特困9名，共有残疾人549人，残疾人“两补”工作每月发放一次，发放前的核实、入户等项工作能够有序开展。截至2020年年底享受护理补贴207人，生活补贴85人。此外6名儿童办理孤儿津贴，尽最大努力及时为他们解决生活中实际困难。2020年7月至12月进行全国第七次人口普查，共划分438个普查小区，指导员116人，普查员455人。完成小区划分、两员培训、入户摸底、数据上传、数据比对等普查工作，共登记人口16.27万人，现有人口13.37万人，户籍人口8.26万人。

【基础设施建设】 坚持民生工程不放松。2020年，老旧小区改造工作涉及4个社区，10

个小区，共计楼房40栋，总建筑面积约16万平方米，涉及居民1833户。辖区内的6个社区，涉及24个老旧小区的住宅楼进行节能改造，改造保温建筑面积为215137.13平方米；全力推进社区创建工作，2020年红光社区、衡板社区、冀衡社区、金光社区、华庭社区、牛佐社区6个社区办公用房建设完成，搬迁至新址。

凝心聚力同创城。成立省级文明城区创建工作指挥部组织架构，明确创城工作整体思路，下设指挥部办公室与8个创建工作组，对照创城标准，对辖区街道、12个社区、127个小区、1个便民市场等点位进行规范提升，补充完善创城公益展牌4200余块。以“机关单位与生活小区帮扶共建”“访千楼进万家 共创文明城”等主题志愿服务活动为载体，组织干部职工继续利用好每周三下午开展入户走访、政策宣传。共发放宣传资料1630余份，填写《入户调查问卷》《活动情况登记表》2120余份。

促进城市管理上台阶。进一步完善城市管理长效机制，把清理次干道、整治市容市貌、规范城区经营秩序作为提升城市形象的三大工作重点，对永安路、利民路以及其他次干道等路段和区域实行重治严管，对土产、盛世华庭、铁六等小区的大宗垃圾进行彻底清整，拆除违建177处1500平方米。街道城管中队每天正常值勤的同时，实行错时上下班，定点看护、管理和巡查。

【涉污企业治理】 做好“散乱污”企业的取缔整治“回头看”工作。充分发挥社区网格化监管作用，安排专人做好对取缔的企业进行经常性回访，确保不让已取缔的“散乱污”企业“死灰复燃”，以社区为单位对辖区的闲置厂房、院落和居民小区车库进行地毯式排查。全年共出动100多人次，排查160多个居民小区和闲置厂房院落，督促5家新建企业（昌益机加工、浩远机床加工、华盛装饰等）办理环评备案手续。

积极做好重污染天气应急响应工作。按照《衡水市重污染天气应急预案》文件要求，做好各级重污染天气应急响应工作，按照重污染应急响应级数，通知辖区10家工业企业按要求做好限产、停产等相应处置，对企业的处置措施进行监督检查；加强对建筑施工工地及老旧小区改造工地的巡查检查，发现土石方作业、室外刷浆喷涂等现象，坚决制止，对于不听劝阻的单位和个人，及时上报环保执法部门进行处理，确保响应工作落实到位。

做好违规违建项目的环评手续催办工作。辖区内违规违建项目共涉及53家企事业单位，其中需要办理登记表的36家、需要办理环评报告表的17家，办理环评手续的24家，说明情况的12家，经筛查核实不需要办理环评手续的居民小区、垃圾站、倒闭企业14家，还有协调移交其他乡镇的企业，全面完成工作任务。

【化解矛盾保稳定】 坚持领导接访、每周例会、创新工作方法三项制度，完成各类利益诉求群体的维稳工作，共办理网上信访16件。集中治理重复信访，化解信访积案。辖区重复访治理2件，全部息诉罢访，实现辖区重复访全部化解。

人 物

国家级荣誉获得者

衡水市法医鉴定中心鉴定人张华良、李强、李双萍荣获第三届“宋慈杯”优秀司法鉴定文书评选三等奖，9月司法部公共法律服务管理局颁发获奖证书。

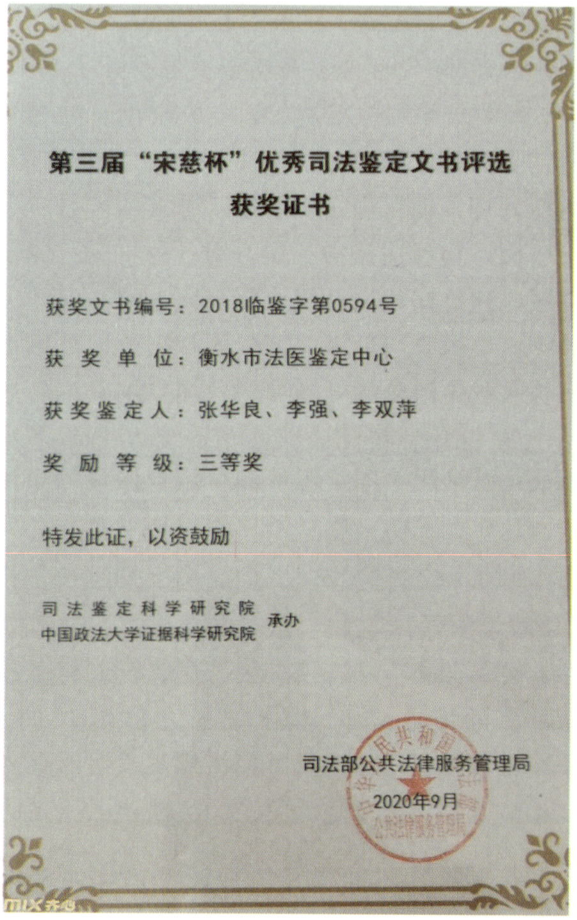

第三届“宋慈杯”优秀司法鉴定文书评选

获奖证书

获奖文书编号：2018临鉴字第0594号

获 奖 单 位：衡水市法医鉴定中心

获奖鉴定人：张华良、李强、李双萍

奖 励 等 级：三等奖

特发此证，以资鼓励

司法鉴定科学研究院
中国政法大学证据科学研究院 承办

司法部公共法律服务管理局

2020年9月

11月，区审计局孙兰助在2021年度全国审计宣传工作中成绩优异，被中国审计报社评为“先进个人”。

12月9日，区司法局河东司法所所长王正被司法部评为“全国模范人民调解员”。

省级荣誉获得者

1月，区审计局法规审理室负责人张瑞娜被中共河北省委审计委员会办公室、河北省审计厅、河北省人社厅评为“全省审计系统先进工作者”，享受市级劳模待遇。

2月，区审计局办公室主任孙兰助被河北省审计厅评为“2020年度审计通联宣传工作先进个人”。

2月，区审计局许志新被衡水市精神文明建设委员会评为“2018至2020年省级文明城市创建工作突出贡献先进个人”。

6月，区医疗保障局孟红才被中共河北省委组织部、河北省扶贫开发办公室评为“2019年度全省扶贫脱贫‘优秀驻村第一书记’”。

荣誉证书

孟红才 同志：

被评为2019年度全省扶贫脱贫“优秀驻村第一书记”。

中共河北省委组织部 河北省扶贫开发办公室

二〇二〇年六月

7月28日，国家税务总局衡水市桃城区税务局赵建雄荣获国家税务总局河北省税务局授予的“全省税务系统减税降费专项工作奖励嘉奖”。

9月1日，国家电网桃城区供电公司张磊荣获中国民主促进会河北省委员会授予的“先进个人”称号。

10月1日，国家电网桃城区供电公司贾文静荣获团河北省委授予的“冀青之星”称号。

10月26日，国家税务总局衡水市桃城区税务局第一税务分局张一森荣获中国共产主义青年团河北省委员会授予的“冀青之星”称号。

区人民法院刘福升被河北省高级人民法院荣记扫黑除恶专项斗争个人三等功。

区供销社孔宪周荣获河北省供销合作社授予的“全省供销合作社系统劳动模范”称号。

市级荣誉获得者

6月15日，国家税务总局衡水市桃城区税务局李恒荣获国家税务总局衡水市税务局授予的“征管体制改革工作中成绩突出的个人嘉奖”。

6月15日，国家税务总局衡水市桃城区税务局黄理华荣获国家税务总局衡水市税务局授予的“征管体制改革工作中成绩突出的个人嘉奖”。

6月15日，国家税务总局衡水市桃城区税务局赵圈税务分局支建国荣获国家税务总局衡水市税务局授予的“征管体制改革工作中成绩突出的个人嘉奖”。

7月，区科学技术局张柱明荣获中共衡水市委授予的“全市优秀共产党员”称号。

11月1日，国家税务总局衡水市桃城区税务局中华税务分局王同怀荣获中共衡水市委讲师团授予的“2020年全市党委讲师团系统理论宣讲比赛决赛三等奖”。

11月10日，国家税务总局衡水市桃城区税务局办公室宋建丽荣获市精神文明办公室授予的“衡水市文明市民”称号。

11月10日，国家税务总局衡水市桃城区税务局中华税务分局杨双杰荣获市精神文明办公室授予的“衡水市文明市民”称号。

11月16日，国家税务总局衡水市桃城区税务局康红亮郭旭文和李宝印荣获中共衡水市委宣传部授予的“‘学习强国’学习个人典型”称号。

11月16日，国家税务总局衡水市桃城区税务局河东税务分局郭旭文和李宝印荣获中共衡水市委宣传部授予的“‘学习强国’学习个人典型”称号。

2020年，区法院范真被衡水市中级人民法院评为2019年度全市法院调研工作先进个人；宫卫红、牛金雪、马林被衡水市中级人民法院荣记2019年度个人三等功。

先进人物事迹

【孟红才事迹】 驻村扶贫伊始，认真贯彻落实习近平总书记扶贫开发战略思想，全面落实脱贫攻坚工作，围绕“强化基层组织、推动精准扶贫、办好为民实事、发展集体经济”四项职责，开展驻村帮扶工作。夹河村有建档立卡贫困户45户96人，已全部脱贫并继续享受各项政策。入户走访落实各项扶贫政策，帮助贫困户解决好生产生活中的困难，因户施策，提高贫困户收入。通过帮扶涌现出李兵涛自强脱贫、幸福脱单、积极入党的先进典型，武邑宣传部、《衡水日报》、新华社客户端予以报道。

加强基层组织建设，定期组织村“两委”干部和党员开展“不忘初心、牢记使命”主题教育。落实“三会一课”“民主生活会”各项制度，培养入党积极分子。

利用滏阳河清淤改造之际，积极跑办吸引投资100万元发展生态旅游业，全面壮大集体经济。带动贫困户发展养殖业，提高贫困户收入。利用工作经费为村口安装监控，保障村民生活安全。为村办公室安装空调、广播音响、购置办公椅，提升村委会办公条件。疫情防控期间，大年初一到岗参与村内防疫工作，并购置消毒液、口罩等急需物资，同时为村内捐款1000元。

【孔宪周事迹】 孔宪周，男，1967年出生，大专学历，中共党员，1986年参加工作，历任衡水第二生产资料公司业务科长、副经理、经理。2020年任衡水市桃城区供销合作社联合社党组成员、理事会副主任。负责系统安全生产、资产运营、业务经营、综合改革和扶贫等工作。他思想解放、敢抓敢管、勇于担当，牢记初心使命，带头履职尽责，以钉钉子的精神，认真抓好分管工作，始终保持个人廉洁自律的严格要求。

2019年，孔宪周负责牵头组建农村产权交易中心工作，他带领有关人员多次到沧州河间、石家庄等地进行参观学习，积极与市供销社沟通协调，参与指导农村产权交易中心组建。在他的积极推动下，2019年12月，由市、区供销社共同出资成立的衡水市农村产权交易中心挂牌组建，2020年正式入驻衡水市市民中心开展业务运营，承担桃城区、滨湖新区、高新技术开发区三个区的农村产权交易业务，完成交易业务46宗，交易金额650万元。

2020年，他带动全区供销系统克服困难、主动作为，强化责任担当，一手抓疫情防控，一手抓农资供应，充分利用系统点多面广、贴近群众的服务网络优势，依托系统“庄稼医院”、村级农资服务站开展便民农资农技服务。

2019年，面对困难，他不等不靠，积极想办法、找出路，带领有关人员赴外地考察对接项目。经过大量前期工作和努力，2019年12月份，“新鲜到家”半成品菜电子商务项目正式上线运营。

他分管业务经营后，大力实施“项目兴社、开放办社”的发展战略，促进社有企业提质增效、强筋壮骨，通过多次到企业实地考察、调研，先后与兴业橡胶、嘉泽农业、泰诚农业（香料小镇）、山枝保健、京南产业批发市场等15家涉农企业签订入社合作协议，拉近供销合作社与各类农业经营主体之间的利益关系，实现双方优势互补，整合社会资源，提升供销合作社服务乡村振兴的能力和水平。

孔宪周多次到贫困户家中进行走访看望，了解贫困户实际困难，提出有针对性的帮扶措施。

为解决资产年久失修、房屋老旧、租金偏低等问题，他带队对老旧资产进行及时修缮和改造，使其面貌焕然一新，合理布局承租经营业态。

孔宪周以事业心强、业务过硬、工作作风扎实受到全系统广大干部职工的肯定和好评。他勤思实干，任劳任怨，一心扑在为农服务事业上，展现出新时代供销人的良好精神风貌。

衡水市桃城区 2020 年国民经济和社会发展统计公报

2020 年，在区委、区政府的正确领导下，全区上下认真学习贯彻落实习近平新时代中国特色社会主义思想，统筹推进新冠肺炎疫情防控和经济社会发展，疫情防控取得显著成果，经济稳步恢复向好，社会事业明显改善，全面建成小康社会取得重大成就。

【综合】 初步核算，2020 年全区实现地区生产总值 219.56 亿元，比上年增长 3.4%。其中，第一产业增加值 9.1 亿元，增长 0.9%；第二产业增加值 48.81 亿元，增长 5.4%；第三产业增加值 161.65 亿元，增长 3%。第一、二、三次产业结构比重为 4.15：22.23：73.62。

年末，全区户籍户数 17.3 万户，户籍人口 54.6 万人，比上年末增加 3.8 万人，比上年增长 7.6%。从城乡结构看，城镇人口 45.4 万人，乡村人口 9.2 万人，户籍人口城镇化率 83.2%，比上年提高 1.7 个百分点。从性别结构看，男性人口 26.2 万人，女性人口 28.4 万人，总人口性别比 92.2（以女性为 100）。

全年新增登记市场主体 9907 户，年末市场主体总数达 5.9 万户。

全区全年实际利用外资 394 万美元，比上年下降 14.5%。

【农业】 全年粮食播种面积 40.43 万亩，比上年下降 0.1%；粮食总产 18.5 万吨，比上年增产 0.8%；单产 458.3 公斤/亩，增长 0.9%。其中，夏收粮食播种面积 18.36 万亩，比上年下降 0.8%，夏粮总产 8.5 万吨，增产 0.1%，单产 464.7 公斤/亩，增长 0.9%；秋收粮食播种面积 22.08 万亩，比上年增长 0.5%，秋粮总产 10 万吨，增产 1.5%，单产 453 公斤/亩，增长 1%。

棉花播种面积 0.37 万亩，比上年下降 10.6%，总产 251.3 吨，减产 8.6%，单产（皮棉）67.9 公斤/亩，增长 2.3%。

油料播种面积 1.8 万亩，比上年增长 9.2%，总产 4405.6 吨，增产 7.9%，单产 247.5 公斤/亩，下降 1.2%。

蔬菜播种面积 3.7 万亩，比上年增长 3.9%，总产 18 万吨，增产 1.6%，单产 4831.5 公斤/亩，下降 2.3%。

水果总产量 2.7 万吨，比上年增长 3.8%。其中，园林水果产量 1.7 万吨，增长 4.5%。

肉类总产量 1.05 万吨，比上年下降 11.3%；禽蛋总产量 0.65 万吨，下降 5.8%；奶类总产量 0.68 万吨，增长 13.2%。

蔬菜、畜牧、果品三大优势产业产值占农林牧渔业总产值比重 64.6%，比上年增加 1.4 个百分点。

【工业和建筑业】 全年全部工业增加值 34.1 亿元，比上年增长 3.6%。规模以上工业增加值比上年增长 3.3%。高新技术产业增加值下降 2.4%，占规模以上工业增加值的比重为 2.85%。

规模以上工业企业实现利润总额 2.1 亿元，比上年增长 9.9%。

年末，具有资质等级的总承包和专业承包建筑企业 62 家。全年签订合同额 117.5 亿元，比上年增长38.8%，其中本年新签合同额58.9亿元，增长78%。全年建筑业总产值完成58.9亿元，比上年增长22.1%。

【固定资产投资】 全社会固定资产投资比上年下降3%，其中固定资产投资（不含农户）下降3%。

城乡建设项目投资比上年增长21.2%，其中工业投资增长92.3%，在工业投资中技术改造投资增长78.9%、高新技术产业投资增长2.1%。房地产开发投资下降11.9%。

【国内贸易】 社会消费品零售总额实现109亿元，比上年下降2.6%。按经营单位所在地统计，城镇市场零售额77.3亿元，下降6.7%；乡村市场零售额31.7亿元，增长9.4%。按消费形态统计，商品零售103.3亿元，下降2.5%；餐饮收入5.7亿元，下降4.3%。

全年限额以上批发和零售业单位零售额中，粮油、食品类零售额比上年增长41.8%，饮料类增长103.2%，烟酒类增长91.8%，服装、鞋帽、针纺织品类增长2.2%，化妆品类增长5.6%，金银珠宝类下降7.7%，日用品类增长16.7%，体育娱乐用品类下降89.6%，书报杂志类增长11.8%，家用电器和音像器材类下降35%，文化办公用品类下降9.9%，家具类下降77.7%，通信器材类增长18.1%，石油及制品类下降28.2%，汽车类下降0.6%。

【财政、金融】 全部财政收入41.9亿元，比上年下降13.1%。一般公共预算收入（市区两级）21.5亿元，下降9.5%；区本级一般公共预算收入14.1亿元，下降6.1%。全区一般公共预算支出28.2亿元，比上年增长4.6%。

年末，金融机构人民币各项存款余额1357.8亿元，比上年增长9.2%，比年初增加73.5亿元；年末金融机构人民币各项贷款余额969.6亿元，增长4.6%，比年初增加47亿元。全区金融机构人民币存量存贷比为71.4%，比上年减少3.1个百分点。

【居民收入和社会保障】 城镇居民年人均可支配收入39625元，比上年增长4.5%；农村居民年人均可支配收入18691元，增长7.5%。

年末，参加城镇职工基本养老保险人数9.2万人，其中参保在职职工7.3万人，参保离退休人员1.9万人。参加城乡居民基本养老保险人数9.5万人。

年末，参加基本医疗保险人数43.2万人，比上年增加3.2万人。其中，参加城镇职工基本医疗保险人数6.3万人，增加1.5万人；参加城乡居民基本医疗保险人数36.9万人，增加1.8万人。参加生育保险的人数4.7万人，增加340人。

年末，参加失业保险的人数5.0万人，领取失业保险金人数602人。参加工伤保险的人数7.5万人，其中参加工伤保险农民工2.2万人。

年末，享受城市最低生活保障人数679人；享受农村最低生活保障人数1472人；享受农村特困人员救助供养人数827人。

全年国家抚恤、补助退役军人和其他优抚对象2650人。

【教育、体育和科学技术】 区管基础教育学校101所，在校生12.1万人，招生数3.2万人，毕业生数2.5万人，专任教师8128人。职业高中1所，在校生4215人，招生1183人，毕业生1818人，专任教师414人。普通高中5所，在校生2.4万人，比上年增长4.0%；招生9695人，增长17%；毕业生7706人，增长87.4%；专任教师1918人。普通初中12所，在校生3.3万人，比上年增长4.7%；招生1.1万人，增长2.7%；毕业生9344人，下降7.1%；专任教师2693人。普通小学50所，在校生5.5万人，比上年增长10.1%；招生1万人，增长6.7%；毕业生6096人，下降16.9%；专任教师2643人。

桃城区代表队在衡水市第二届冰雪运动会上，获得青少年组奖牌及团体总分第一名，获奖牌30枚，其中金牌11枚，银牌7枚，铜牌12枚；获得社会组奖牌第二名，获金牌2枚。

全年发明专利授权50件，年末有效发明专利198件。全年注册商标1562件。

【文化和旅游】 年末，区文化和旅游系统艺术表演团体1个，博物馆2个、文化馆1个。区公共图书馆图书藏量64500册。

助推全民阅读。加强区图书馆微信公众号、移动图书馆的维护，疫情防控期间推送千余条（篇）阅读推荐信息。

文化活动多样。举办了桃城区迎新春晚会、庆祝中华人民共和国成立70周年歌咏大会、少儿新年联欢晚会。组织了“我们的中国梦 文化进万家”“非遗过大年 文化进万家”大型文化活动5场。举办了“众志成城 抗击疫情 小画家在行动”主题美术作品百米长卷绘画活动等。

开展文物保护。安济桥修缮工程，主体工程基本完成。衡水老白干制酒工艺展示的工业遗存——老白干工业遗产六号工房被市政府定为历史建筑。

推动区域旅游。衡水航空飞行营地被评定为国家AAA级旅游景区。推出了桃城文化之旅、乡村休闲游线路、特色小镇之旅3条精品旅游线路。中国传统建筑凝萃园项目，项目区已完成立项。

【卫生和健康】 年末，医疗卫生机构792个。其中：医院34个，有综合医院10个、中医医院3个、中西医结合医院1个、专科医院20个；基层医疗卫生机构749个，有社区卫生服务中心（站）46个、卫生院6个、村卫生室291个、门诊部14个、诊所（卫生所、医务室）392个；专业公共卫生机构8个，有疾病预防控制中心2个、专科疾病防治所2个、妇幼保健院2个、采供血机构1个、卫生监督所1个。

年末卫生技术人员10601人，其中执业医师和执业助理医师4760人，注册护士4373人。医疗卫生机构床位6613张，其中医院6108张，基层医疗卫生机构207张。全年总诊疗532.6万人次。

【节能、资源、环境和安全生产】 全年万元生产总值能耗下降3.67%，万元生产总值电耗增长3.23%。

全年国有建设用地供应总量90.1公顷。全年水资源总量12891万立方米。全年完成造林面积253.8公顷。

空气质量综合指数5.16，居全市第2位；$PM_{2.5}$平均浓度为52微克/立方米，居全市第5位，比上年降低5.45%；达标天数为239天，占有效监测天数（366天）65.3%，比上年增加34天；重污染以上天数为15天，占有效监测天数（366天）4.1%，比上年减少5天。

全年各类安全生产事故死亡人数为零。

衡水市桃城区统计局

（2021年4月13日）

说明：

1. 本公报所列2020年部分统计数据为快报数据。

2. 地区生产总值、各产业增加值绝对数按当年价格计算，增长速度按不变价格计算。

3. 规模以上工业指年主营业务收入2000万元及以上的工业法人单位。

贸易业限额以上单位包括年主营业务收入2000万元及以上的批发业法人单位和个体经营户，年主营业务收入500万元及以上的零售业法人单位和个体经营户，年主营业务收入200万元及以上的住宿业、餐饮业法人单位和个体经营户。

4. 公报中部分数据合计数或相对数由于单位取舍不同而产生的计算误差，均未作机械调整。

5. 数据来源：

本公报中户籍人口数据来自衡水市公安局桃城分局；市场主体、专利、商标数据来自衡水市市场监督管理局桃城分局；财政数据来自区财政局；货币金融数据来自中国人民银行衡水市支行；基本养老、失业、工伤保险数据来自区人力资源和社会保障局；基本医疗、生育保险数据来自区医疗保障局；城乡低保、农村特困人员救助供养数据来自区民政局；优抚对象数据来自区退役军人事务局；教育、体育数据来自区教育局；文化和旅游数据来自区文化和旅游局；卫生数据来自区卫生健康局；建设用地、造林面积数据来自衡水市自然资源和规划局桃城分局；水资源数据来自区水利局；环境检测数据来自衡水市生态环境局桃城分局；安全生产数据来自区应急管理局；城镇、农村居民年人均可支配收入数据来自国家统计局衡水市调查队；其他数据来自区统计局。

先进集体名录

荣获国家级荣誉单位

【桃城区检察院】 被评为2016至2020年度全国检察机关文明接待室、全国检察宣传先进单位。

【国家电网桃城供电公司】 5月1日，区供电公司营销团支部荣获共青团中央授予的“五四红旗团支部”称号。

【何家庄乡何家庄村、赵圈镇前铺村、桃城区童莉家庭、衡水市康复街小学】 荣获全国精神文明建设表彰。

【河西街道办事处杨树社区】 退役军人服务站经验做法得到国家退役军人服务中心领导高度评价，并要求在全国推广。

荣获省级荣誉单位

【区委宣传部】 荣获“全省先进基层理论宣讲站”称号。

【区委政法委】 在2020年河北省168个县（市、区）“平安建设群众安全感”问卷调查通报中位列全省第二；在全省县（市、区）政法队伍人民满意度调查中，位居全省第七。

【区审计局】 2月24日，被河北省审计厅评为2020年度全省审计信息宣传和联通宣传工作先进单位；3月25日，被河北省审计厅评为“2019年提质提效、文明执法”竞赛优胜单位；6月23日，被河北省审计厅评为全省审计系统十佳“人民满意的公务员集体”。

【国家电网桃城供电公司】 5月1日，区供电公司团委荣获团衡水市委授予的“衡水市五四红旗团委”称号；8月2日，区供电公司、区供电公司邓庄供电所荣获河北省文明办授予的“文明单位”称号；11月1日，区供电公司赵圈园区供电所荣获国网河北省电力有限公司所授予的“工人先锋号”称号。

【区纪律检查委员会】 2020年8月衡水市桃城区纪委监委案件审理室在全省纪检监察系统“双十佳”评选中被评为2019年度“争创人民满意的公务员集体”。

【区人力资源和社会保障局】 10月，被省人社厅评为“全省人力资源社会保障系统先进集体”。

【区检察院】 被评为2016年至2020年度全省先进基层检察院。

【区人民法院】 被河北省高级人民法院荣记集体二等功。

【邓庄镇】 西葛村被评为省级森林乡村。

【中华大街街道办事处】 广厦家园小区被评为老旧小区改造省级示范小区。

荣获市级荣誉单位

【区人力资源和社会保障局】 2021 年 1 月，被市人社局评为“2020 年度综合工作实绩突出单位”。

【国家税务总局衡水市桃城区税务局】 11 月 16 日，被中共衡水市委宣传部授予“学习强国”先进学习管理组织称号。

【邓庄镇】 统计站在衡水市第四次经济普查工作中获得市级工作突出集体称号。

【中华大街街道办事处】 北盐道社区、区府社区、育才社区被评为市文明社区；利业胡同、电力局小区、天缘盛世、电厂家属院、丽景名都、丽景名苑、金域华府、九派香邻、翡翠华府二期、税务局前里马生活区、盛世桃城二区、三区、大陆裕丰小区被评为市文明小区。

桃城区组织机构和负责人

【区内主要机构及负责人名录】

中国共产党衡水市桃城区委员会

书　　记　　郝卫东
副 书 记　　崔邦文
　　　　　　孟洪义
　　　　　　王智杰
区委常委　　王国斌
　　　　　　刘素云（女）
　　　　　　冀学志（2020年2月—）
　　　　　　李建高
　　　　　　高福顺
　　　　　　张建涛（—2020年3月）
　　　　　　李玉红（2020年8月—）
　　　　　　孙希浩

区委工作机构

纪律检查委员会监察委员会机关
书　记　　刘素云（女）
副书记　　赵　飞　曹继兴
主　任　　刘素云（女）
副主任　　赵　飞　曹继兴

区委办公室
常务副主任　　刘国彬

区委组织部
部　　长　　张建涛（—2020年3月）
　　　　　　李玉红（2020年8月—）
常务副部长　　张亚群

区委宣传部
部　　长　　孙希浩
常务副部长　　赵占木

区委政法委
书　　记　　高福顺
常务副书记　　韩新海

区委统战部
部　　长　　李建高
常务副部长　　刘金广

区直机关工委
书　记　　王建森

档案馆
馆　长　　张建民（—2020年6月）
　　　　　国占峰（2020年6月—）

信访局
局　长　　张际贤

机构编制委员会办公室
主　任　　刘洪泽

区委网信办
主　任　　何　童

区委巡察办
主　任　　候志丰

党　校
校　长　　孟洪义
常务副校长　　桑文清

工　会
主　席　　张　奔（—2020年6月）
　　　　　董明远（2020年6月—）

共青团桃城区委员会
书　记　　安玉莹

妇女联合会
主　席　　李　雪

科学技术协会

主　席　　赵　东（—2020 年 6 月）
　　　　　孙彩虹（2020 年 6 月—）

工商业联合会

主　席　　张培培

社区工作办公室

主　任　　魏艳梅

桃城区人民代表大会常务委员会

主　任　　胡建军
副主任　　王世江
　　　　　郑明辉
　　　　　陈立平（女）

桃城区人大常委会工作机构

办公室

主　任　　魏国振

桃城区人民政府

区　　长　　崔邦文
常务副区长　冀学志
副 区 长　　岳广龙
　　　　　　何红卫（女）
　　　　　　明丙振
　　　　　　夏奎来
　　　　　　郗亚明
党组成员　　王加平
　　　　　　王洪兴
　　　　　　王兰贵

区政府工作机构

办公室

主　任　　李金瑞

司法局

局　长　　韩　强

人力资源和社会保障局

局　长　　霍晓红

发展和改革局

局　长　　商立峰

住房和城乡建设局

局　长　　白彦民

财政局

局　长　　姚文前

审计局

局　长　　张　杰

统计局

局　长　　王彦杰（—2020 年 6 月）
　　　　　支有强（2020 年 6 月—）

文化和旅游局

局　长　　李进国

卫生健康局

局　长　　房超捷

水利局

局　长　　葛淑娟

教育局

局　长　　张国良（—2020 年 6 月）
　　　　　韩晓寒（2020 年 6 月—）

民政局

局　长　　孙铁柱

应急管理局

局　长　　吴俊义（—2020 年 6 月）
　　　　　王彦杰（2020 年 6 月—）

残疾人联合会

理事长　　樊武涛

工业和信息化局

局　长　　何宏伟

交通运输局

局　长　　董明远（—2020年6月）
　　　　　支向崇（2020年6月—）

行政审批局

局　长　　李　克

城市综合管理执法局

局　长　　王淑萍

科学技术局

局　长　　白新辉

农业农村局

局　长　　李永刚

退役军人事务局

局　长　　孙玉龙

医疗保障局

局　长　　郑　伟

地方金融监督管理局

局　长　　张中峰

供销合作联合社

党组书记、
理事会主任　　马金民

政协衡水市桃城区委员会

主　席　　张稳坐
副主席　　尹永水
　　　　　李乃刚
　　　　　吴新巧（女）
　　　　　丁占宽

政协衡水市桃城区委员会工作机构

主　任　　崔殿奎

桃城区人民武装部

部　长　　王国斌

衡水市公安局桃城区分局

局　长　　郗亚明

衡水市桃城区人民检察院

院　长　　王占生

衡水市桃城区人民法院

院　长　　刁宏震

中央、省、市垂直管理部门

国家税务总局衡水市桃城区税务局

局　长　　孙慕先（—2020年12月）
　　　　　羡增国（2020年12月—）

烟草专卖局

局　长　　代　艺

衡水市市场监督管理局桃城区分局

局　长　　常志明（—2020年9月）
　　　　　王立魁（2020年9月—）

衡水市自然资源和规划局桃城分局

局　长　　张华伟

衡水市生态环境局桃城区分局

局　长　　姚葆辉

国家电网桃城供电公司

总经理、
党委副书记　　赵建勋（—2020年5月）
　　　　　　　李书军（2020年5月—）
党委书记、
副总经理　　李景保（—2020年5月）
　　　　　　马增瑞（2020年5月—）

【乡镇及街道办事处负责人名录】

何庄乡

党委书记　　孔宪峰
乡　长　　李振虎

郑家河沿镇

党委书记　　　魏春荣
镇　长　　　　田海珊

赵家圈镇

党委书记　　　徽长宁
镇　长　　　　李向阳

邓庄镇

党委书记　　　韩新民
镇　长　　　　郝　强

河东街道办事处

党工委书记　　庞建新
主　任　　　　庞长松

河西街道办事处

党工委书记　　周　杰
主　任　　　　周　妍

中华大街街道办事处

党工委书记　　周志丽
主　任　　　　代广川

路北街道办事处

党工委书记　　袁宏伟
主　任　　　　支向崇（—2020 年 6 月）
　　　　　　　乔　洋（2020 年 6 月—）

【桃城高新技术产业开发区负责人名录】

桃城高新区

党工委书记、管委会主任　　　王兰贵
党工委副书记、管委会副主任　何宏伟

【临时工作机构】

衡水通航产业发展委员会办公室

主　　任　　　孙希浩
常务副主任　　何　童

特殊用词和专用词语

为了方便阅读，本卷编者对《桃城年鉴 2021》中出现的部分特殊用词和专用词进行归纳，按照出现的先后顺序对其含义进行简要注释。

三重　重大国家战略、重大项目建设、重大民生工程。

11241　中共衡水市桃城区委制定的工作思路：一个思路、一个定位、两个排头兵、四个突破、一个总抓手。“一个思路”是指牢固树立“高远站位、创新发展、拼搏包容、跨越提升”工作思路；“一个定位”是指紧紧围绕“增强辐射带动功能，建设设施完善、魅力彰显、舒适宜居的现代化主城区”的发展定位；“两个排头兵”是指努力在全市争当经济转型的排头兵、全面建成小康社会的排头兵；“四个突破”是指在城市建设、信息产业、旅游开发、高新区提升四个方面实现强力突破；“一个总抓手”是指项目攻坚。

三创四建　“三创”是指：创新、创业和创建全国文明城市、国家卫生城市、国家森林城市；“四建”是指：建设现代化经济体系，建设城乡融合高质量发展体系，建设一流营商环境体系，建设现代化社会治理体系。

六进　进校园、进农村、进机关、进社区、进企业、进军营。

三进　进校园、进课堂、进头脑。

双创四进　“双创”是指设立创建和谐寺观教堂指导员和创建星级和谐寺观教堂。“四进”是指开展国旗、宪法和法律法规、社会主义核心价值观、中华优秀传统文化进宗教活动场所。

六稳　稳就业、稳金融、稳外贸、稳外资、稳投资、稳预期工作。

六保　保居民就业、保基本民生、保市场主体、保粮食能源安全、保产业链供应链稳定、保基层运转。

双创双助　“双创”是指大众创业、万众创新；“双助”是指科技专家助力企业成长、科技成果助力企业升级。

六清　线索清仓、逃犯清零、案件清结、伞网清除、黑财清底、行业清源。

三落实　责任落实、政策落实、工作落实。

三精准　底数核查要精准、帮扶措施要精准、帮扶措施要精准。

三保障　保障义务教育、基本医疗和住房安全。

四不摘　扶贫工作摘帽不摘责任、摘帽不摘政策、摘帽不摘帮扶、摘帽不摘监管。

六位一体　社区党建、社区经济、社区自治、社区服务、社区教育、社区管理六位一体。

三重一大　重大事项决策、重要干部任免、重要项目安排、大额资金的使用。

三道防线　防输入、防感染、防扩散。

三区同建　工业园区、农业园区和新型农村社区三区同建。

新九通一平　信息通、市场通、法规通、配套通、物流通、资金通、人才通、技术通、服务通和面向 21 世纪的新经济平台。

放管服　简政放权、放管结合、优化服务。

雪亮工程　以县、乡、村三级综治中心为指挥平台，以综治信息化为支撑、以网格化管理为基础，以公共安全视频监控联网应用为重点的群众性治安防工程。

三农 农业、农村和农民。

三重四创五优化 “三重四创”前文已注释，“五优化”指优化政治生态、优化经济结构、优化自然生态、优化营商环境、优化基层治理。

小升规 小微企业升级为规模企业。

一会三书一证 指将项目审批流程的立项用地规划许可阶段、工程建设许可阶段、施工许可阶段优化成五个环节，即：项目经市政府市长办公专题会集体审议，取得《项目启动通知书》《项目立项批准文书》《工程规划审查意见书》《建设工程施工许可证》即可开工建设。

“两山”理念 习近平总书记提出的“金山银山不如碧水青山”的生态保护理念。

四个意识 政治意识、大局意识、核心意识、看齐意识。

四个自信 中国特色社会主义道路自信、理论自信、制度自信、文化自信。

两个维护 坚决维护党中央的核心、全党的核心地位，坚决维护党中央权威和集中统一领导。

六大产业集群 装备制造、通用航空、信息智能、新材料、文教旅游、都市农业产业集群。

人大“6+1”联动 组织人大代表开展对清理规范违法违规占用土地、违规违建项目、资源能源项目、房地产开发项目、矿山综合治理、地下水超采综合治理的6个重点领域，及加强公共卫生管理。

三定 定机构、定编制、定职能。

鑫考云课堂 河北鑫考教育科技股份有限公司开发的教育辅助类软件。

新三板 全称是全国中小企业股份转让系统，是经国务院批准设立的全国性证券交易场所，为非上市股份有限公司的股份公开转让、融资、并购等相关业务提供服务。

双控 学校安全风险分级管控和隐患排查治理双重预防控制。

农村“三资” 农村集体资金、农村集体资产和农村集体资源。

三区同建 工业园区、农业园区和新型农村社区同时建设。

五清三建一改 “五清”即清理交通干线两侧垃圾杂物、清理农村生活垃圾、清理村内水沟壕坑消除黑水污水、清理畜禽养殖粪污等农业生产废弃物、清理整治残垣断壁及庭院；“三建”即对清理出的场地规划建设小花园、小菜园、小游园等；“一改”即逐步改变影响农村人居环境的不良习惯。

六有 一是有坚强有力的领导班子，二是有本领过硬的骨干队伍，三是有功能实用的服务场所，四是有形式多样的服务载体，五是有健全完善的制度机制，六是有群众满意的服务业绩。

四优化四提升 优化流程再造，提升为民服务质效；优化服务举措，提升为民服务质量；优化服务方式，提升为民服务水平；优化工作作风，提升为民服务形象。

两委 社区（村）支部委员会、居（村）民委员会。

三坐班两解决 “三坐班”是指农村两委干部全天坐班、乡镇包村干部定期坐班、乡镇领导干部择村坐班；“两解决”是指坐班地点就在各村党群服务中心，及时了解民情民意，实现一般问题坐班干部即时解决、复杂问题乡镇党委精准解决。

平“语”六进 习近平总书记一系列重要讲话（文章、谈话）进校园、进农村、进机关、进社区、进企业、进军营。

两微一端 微博、微信及新闻客户端。

两会 党的十九大、十九届五中全会。

文化惠民“七进” 文化惠民活动进企业、进农村、进机关、进校园、进社区、进网络、进军营。

一中心一站 信息化网络中心、社区行政村网信工作服务站。

三下乡 文化、科技、卫生方面的内容知识在农村普及。

一设立五有 “一设立”是指设立工商联党组；“五有”是指有满足工作需要的人员编制、有保证工作正常运转的工作经费、有独立的办公场所、有必要的办公设备、有丰富的活动内容。

三率 信访案件受理率，按期办结率，息诉罢访率。

发展党员“十六字”方针 控制总量、优化结构、提高质量、发挥作用

五室一站 “五室”是指多功能活动室、警务室、社区综治办和人民调解室、图书室、残疾人康复活动室；“一站”是指社区服务站。

四不两直三统筹 “四不”是指不发通知、不打招呼、不听汇报、不用陪同接待；“两直筹”是指直奔基层、直插现场；“三统筹”是指统筹疫情防控和保供监督、统筹疫情防控和扶贫监督、统筹疫情防控和日常监督。

三查三看 一是查执行纪律标准，看是否存在组织观念淡化、纪律观念弱化、不遵守“六大纪律”和规矩等问题，着力解决纪律规矩意识不强，落实八项规定精神不到位，“四风”花样翻新屡禁不止问题；二是查改进工作作风，看是否存在服务意识不强、服务态度不端正、权力任性办事拖拉等问题，着力解决“慵懒散混”问题；三是查责任担当意识，看是否存在责任心不强、担当作为不力、工作消极应付和推诿扯皮等问题，着力解决廉而不为、廉而慢为问题。

四种形态 经常开展批评和自我批评、约谈函询，让“红红脸、出出汗”成为常态；党纪轻处分、组织调整成为违纪处理的大多数；党纪重处分、重大职责调整的成为少数；严重违纪涉嫌违法立案审查的成为极少数。

五小 小革新、小发明、小改造、小设计、小建议。

四类人员 一是确诊的新型冠状病毒感染的肺炎患者，二是疑似的新型冠状病毒感染的肺炎患者，三是无法明确排除新型冠状病毒感染肺炎可能的发热患者，四是确诊患者的密切接触者。

扶贫“四个一” 专项扶贫、行业扶贫、社会扶贫、援建扶贫。

三长 学校校长、医院院长、农技站站长。

六建 建立健全源头治理的防范整治机制，建立健全智能公开的举报奖励机制，建立健全打早打小的依法惩处机制，建立健全精准有效的督导督办机制，建立健全激励约束的考核评价机制，建立健全持续推进的组织领导机制。

一案三查 针对每一个案件查办黑恶势力犯罪，追查黑恶势力背后的“关系网”和“保护伞”，倒查党委政府的主体责任和部门的监督管理责任。

三书一函 “三书”指《监察建议》、《司法建议书》、《检察建议书》，“一函”指公安机关的提示（建议）函。

五个一 建设一个法治型基层组织，搭建一个法律服务平台，创建一个普法宣教体系，建立一套社会治安防范体系，完善一套村规民约。

二包一提 包案接访、包案化解、提级复核。

一标三实 “一标”是指标准地址，“三实”是指标准地址下的“实有人口、实有房屋、实有单位”。

四乱 乱占、乱采、乱堆、乱建。

四类案件 涉及群体性纠纷，可能影响社会稳定的案件，疑难、复杂且在社会上有重大影响的案件，与本院或者上级法院的判决可能发生冲突的案件、有关单位或者个人反映法官

有违法审判行为的案件。

六专四室 “六专”是指专用囚车、专用囚车库、专用羁押通道、专用电梯、专用桌椅、专用卫生间，“四室”是指羁押室、监控室、警用装备室、枪弹室。

法律“七进” 法律知识宣传进机关、进学校、进社区、进乡村、进寺庙、进企业、进单位工作。

双随机一公开 随机抽取检查对象，随机选派执法检查人员，抽查情况及查处结果及时向社会公开。

一体两翼 “一体”是指农业转移人口市民化、城乡要素配置合理化、城乡基本公共服务均等化、城乡基础设施建管一体化，“两翼”是指建设东西两翼卫星城。

四上企业 是指规模以上工业企业、资质等级建筑业企业、限额以上批零住餐企业、国家重点服务业企业等这四类规模以上企业的统称。

三个责任 地方人民政府的主体责任、水行政主管等部门的行业监管责任、供水单位的运行管理责任。

三个公开 责任单位、责任人和供水服务电话公开。

三零 零上门、零审批、零投资

三免两减 厂房租金三年免除、两年减半。

两符 账账相符、账实相符

三专 专仓储存、专人保管、专账记载。

四落实 数量落实、质量落实、品种落实、地点落实。

一符四无 “一符”即账物相符，保管总账会计账、统计账、分仓保管账与仓房粮食数量相符；“四无”是指无虫害、无鼠雀、无霉变、无事故。

九通一平 “九通”指通市政道路、雨水、污水、自来水、天然气、电力、电信、热力及有线电视管线，“一平”指土地自然地貌平整。

双超 超载、超限。

一超四罚 对超限超载行为的运输车辆、驾驶人、货运企业、承运人源头企业进行处罚。

双控 风险分级管控和隐患排查治理双重预防机制。

三不 不着地、不抛件、不摆地摊。

三化 营业场所标准化、分拨中心规范化、作业流程制度化。

双代 气代煤、电代煤。

三保 保工资、保稳定、保增长。

832平台 “832”是指我国832个国家级贫困县，“832平台”全称是贫困地区网络销售平台。

四个办理 常规事项线上办理、紧急事项快捷办理、特殊业务主动办理、医保待遇及时办理。

一岗双责 “一岗”是指领导干部职务对应的岗位；“双责”是指领导干部既要履行岗位业务工作职责，又要履行安全生产工作职责。

两断三清 “两断”断水、断电，“三清”清原料、清设备、清场地。

一走二访四讲清 “一走 ”走下（基层）去开展工作，“二访 ”走访党员干部、走访群众，“ 四讲清”讲清形势、讲清任务、讲清措施、讲清责任。

九有三规范 “九有”是指有保温板房或帐篷、有床和办公桌、有热水、有取暖设施、有消毒设施、有体温计、有登记表、有检查警示标识；“三规范”是指规范流程、规范保障、规范督查。

索 引

说明：

1. 本索引为主题索引。特载、大事记、附录等部分及类目下的综述与分目下的概况未列入索引。
2. 本索引按汉语拼音音序排列。同音字按声调，首字相同者按第二个字的音序排列，以此类推。

A

B

C

D

F

G

K

L

M

N

P

Q

R

S

T

W

X

Y

Z